CONTABILIDADE E ORÇAMENTO GOVERNAMENTAL

Eduardo Bernardo Monteiro Valadares
Marcelo Jacomo Lemos

CONTABILIDADE E ORÇAMENTO GOVERNAMENTAL

2ª Edição

Freitas Bastos Editora

Editor: *Isaac D. Abulafia*
Capa e Diagramação: *Jair Domingos de Sousa*

DADOS INTERNACIONAIS PARA CATALOGAÇÃO
NA PUBLICAÇÃO (CIP)

V136c

Valadares, Eduardo Bernardo Monteiro

Contabilidade e orçamento governamental / Eduardo Bernardo
Monteiro Valadares, Marcelo Jacomo Lemos. – 2. ed. – Rio de Janeiro,
RJ : Freitas Bastos, 2021.

578 p. ; 16cm x 23cm.

ISBN: 978-65-5675-034-7

1. Ciências Contábeis. 2. Orçamento governamental. 3. Administração
pública. I. Lemos, Marcelo Jacomo. II. Título.

2021-325   CDD 657   CDU 657

Freitas Bastos Editora

Tel. (21) 2276-4500
freitasbastos@freitasbastos.com
vendas@freitasbastos.com
www. freitasbastos.com

*Aos meus pais Alenir e Domingos Valadares (in memorian)
que foram os pilares na minha vida e com muito esforço
e dedicação proporcionaram aos filhos a oportunidade de
alcançar o sucesso profissional.*

*À minha querida e amada esposa Fernanda Rodrigues
Nunes, que sempre me incentivou e participou dos projetos
profissionais das nossas vidas.*

*Às minhas queridas filhas Fernanda e Erika Valadares,
que são ingredientes a mais para que eu me sinta sempre
motivado.*

*Ao meu grande amigo Professor Francisco Lorentz, que
incentivou e motivou a escrever essa obra junto ao amigo
Professor Marcelo J. Lemos.*

*Aos professores que foram o ponto de partida e chegada
aonde me encontro hoje: Maria da Saúde, que me
alfabetizou, meus orientadores do Doutorado e Mestrado
respectivamente, Pablo Garcia (in memoriun), Lino
Martins e Júlio Sergio Cardoso (in memorian), meu eterno
agradecimento por todos os ensinamentos e conhecimentos
que adquiri.*

*Às irmãs, sobrinhos, cunhados, cunhadas, sogro, sogra e
os demais amigos, que compartilham sempre das minhas
alegrias com os sucessos alcançados.*

Eduardo Bernardo Monteiro Valadares

Aos meus saudosos pais, mesmo com todas as adversidades da vida, dedicaram-se à educação de seus filhos.

A minha esposa e filha, cujo apoio e compreensão foram fundamentais para a elaboração dessa obra.

Marcelo Jacomo Lemos

Agradecimentos especiais a Fernanda Rodrigues Nunes, que com sua expertise em gestão de imóveis na administração pública, colaborou com a inclusão do vigésimo capítulo, que contribuirá para enriquecer os conhecimentos dos leitores dessa obra.

APRESENTAÇÃO

As particularidades que envolvem a contabilidade governamental requerem um conhecimento aprofundado das normas gerais de direito financeiro para elaboração e controle dos orçamentos, balanços da União, dos Estados, dos Municípios e do Distrito Federal, conforme estatuído na Lei 4.320/64.

Ao longo da carreira dos autores, acompanhamos a evolução da contabilidade governamental e o orçamento público, aliás, é bom esclarecer a existência simbiótica entre os dois, um não vive sem o outro. Na administração pública, o orçamento é o ponto de partida para o início dos registros na contabilidade governamental no exercício. Sem o orçamento, a administração pública não poderia executar as ações de governo, e sem a contabilidade governamental, o orçamento não poderia ser registrado.

As diversas leis, decretos e instruções normativas, que se entrelaçam com a Lei 4.320/64, requerem uma atualização constante dos profissionais da área pública.

Com a dificuldade de adequar a gestão dos recursos públicos e a preparação do orçamento, aliados a outros problemas como, o emprego de métodos rudimentares e inadequados de trabalho, a falta de informações gerenciais em todos os níveis da administração pública, e ainda a defasagem na escrituração contábil e a inexistência de mecanismos eficientes que pudessem evitar o desvio de recursos públicos, surge a STN (Secretária do Tesouro Nacional) e com ela o SIAFI (Sistema de Administração Financeira do Governo Federal) no ano de 1987, auxiliando desde então a Administração Pública Federal em sua missão de fiscalizar e otimizar os gastos públicos. A ferramenta vem sendo atualizada com novas tecnologias, como, por exemplo, a versão *web* do módulo gerencial do sistema.

A implantação do sistema facilitou uma melhor compreensão das informações da administração pública com relatórios contábeis e orçamentários precisos e a qualquer momento que se desejar obter informações gerenciais e de controles atualizadas, obteremos essas informações de forma instantâneas.

Na esteira do Sistema de Administração Financeira do Governo Federal, vieram outros sistemas que contribuíram para o desenvolvimento e controle na administração pública, como, Sistema Integrado de Planejamento e Orçamento – SIOP, Sistema Integrado de Administração e Serviços Gerais – SIASG, detalhados no capítulo 13 deste livro, e ainda o SIAPE – Sistema Integrado de Administração de Recursos Humanos, um sistema de abrangência nacional, que tem a missão de integrar todas as plataformas de gestão da folha dos servidores públicos.

A partir do ano de 2008, com o processo de convergência pelo qual passa a Contabilidade Pública no Brasil, com a publicação das NBCT's (Normas Técnicas de Contabilidade) 16.1 a 16.11, ganhou uma nova "roupagem". Várias mudanças importantes ocorreram, a qual destacamos o novo enfoque na contabilidade aplicada ao setor público, o que era estritamente ligada à execução do orçamento público, passa também buscar o objeto da Ciências Contábeis que é o Patrimônio.

Com intuito de servir de base de estudos nos cursos de graduação e pós-graduação (presenciais e à distância) em Ciências Contábeis, Administração Pública e outro correlatos, como também aqueles que querem prestarem de concursos públicos, que requerem conhecimentos da área de orçamento e contabilidade pública.

Procuramos fazer uso de uma linguagem mais simples, notadamente no que tange ao orçamento público, entendendo assim, ser um facilitador para o aprendizado.

Dois pontos são destacados nesse livro, o sistema de custos na administração pública e a gestão de imóveis público.

A Lei 4320/64, em seu artigo 85 dispõe:

> *Os serviços de contabilidade serão organizados de forma a permitirem o acompanhamento da execução orçamentária, o conhecimento da composição patrimonial, a **determinação dos custos dos serviços industriais**, o levantamento dos balanços gerais, a análise e a interpretação dos resultados econômicos e financeiros. **Grifo nosso!***

Observamos aí, já em 1964, o legislador incluía a palavra custos aos serviços de contabilidade, que nunca foram implantados oficialmente, e agora se torna realidade.

Para ilustrarmos esse aspecto, o autor mais antigo desse livro, ao ingressar no serviço público em 1978, foi recepcionado por uma senhora de nome Miriam que entregou a ele um pacote contendo: um perfurador de papéis, um grampeador, duas canetas (azul e vermelha), lápis, borracha e apontador e um copo de vidro com o meu nome marcado por uma rotuladora manual. Fazendo assinar um termo de recebimento, e informando que havendo a necessidade de troca ou reposição de qualquer material que comunicasse a ela.

O máximo a atitude daquela senhorinha de idade bem avançada. Após elogios, a chefe da seção informou que aquilo era iniciativa dela e que não era oficial. A saudosa senhoria com seu controle, estava controlando e criando um sistema de custo no setor.

O outro ponto que também é destaque dessa obra, refere-se ao capítulo 20, que trata da gestão de imóveis públicos com ênfase em locação de imóveis para administração pública. Esse capítulo, contou com a colaboração e a expertise da Chefe da Seção de Gestão de Imóveis do Tribunal Regional Eleitoral do Estado do Rio de Janeiro - TRE/RJ que contribuirá para o aumento do conhecimento dos leitores, uma vez que existe pouca abordagem desse tema em livros. Os capítulos 18 e 20, complementam o diferencial da nossa obra.

Deste modo, esperamos contribuir e oferecer aos estudantes, professores e gestores interessados nos temas tratados nessa obra, uma visão objetiva, esclarecedora e prática da Contabilidade e Orçamento Governamental e suas aplicações no setor público.

Os Autores

Dezembro/2020

PREFÁCIO

O Orçamento Público é um dos principais instrumentos de planejamento à disposição dos governos nos seus diversos níveis, federal, estadual ou municipal, com escopos de curto, médio e longo prazo. Nele, constam as despesas da administração pública para um ano, em equilíbrio com a arrecadação das receitas previstas. É o documento onde o governo reúne todas as receitas arrecadadas e programa o que de fato vai ser feito com esses recursos. Nele, procura-se incluir tanto as despesas destinadas ao funcionamento da máquina pública no seu dia a dia, quanto às despesas que irão melhorar o desempenho do Estado no médio e longo prazo, normalmente representadas por investimentos de cunho mais estratégico.

A proposição de tal documento envolve um longo e complexo processo que se repete, uma parte a cada quatro anos, o Plano Plurianual (PPA) e outra anualmente, a Lei de Diretrizes Orçamentárias (LDO) e a Lei Orçamentária Anual (LOA), o orçamento público propriamente dito. Tal processo é reconhecido pela Constituição Federal, devendo ser adotado pelos Municípios, pelos Estados e pela União, indiscriminadamente. Cabe ao poder Executivo propor tais leis.

O tipo de orçamento utilizado atualmente no Brasil, em todas as unidades da federação, é o orçamento-programa. A adoção do orçamento-programa na esfera federal foi efetivada em 1964, quando inserido na Lei nº 4.320. O orçamento-programa pode ser definido como um plano de trabalho expresso por objetivos, ações e metas a serem alcançadas, vinculadas a um processo de planejamento público de médio ou longo prazo e pela identificação dos recursos necessários à sua execução.

Com objetivos, tão amplos, faz-se necessário um sistema de controle, onde se possa fiscalizar a efetiva execução do programa preestabelecido. Por fiscalização contábil, financeira e orçamentária, entende-se o procedimento de análise e fiscalização do dispêndio de receitas por parte de determinadas pessoas. Essas pessoas poderão ser: o chefe do executivo; ordenadores de despesa; qualquer pessoa jurídica pública ou privada que mexer com recursos públicos.

Nesse processo de fiscalização, Prefeituras são jurisdicionadas aos respectivos Tribunais de Contas Municipais – TCMs, quando existentes, ou aos Tribunais de Contas Estaduais – TCEs. Desta forma, os gastos das prefeituras são fiscalizados pelos TCEs e/ou TCMs. Já o Tribunal de Contas da União (TCU), órgão de assessoria do Poder Legislativo, é o responsável por analisar e julgar as contas dos administradores de recursos públicos federais. O dinheiro pode estar sob a responsabilidade de servidores, gestores ou de qualquer outra pessoa física ou jurídica.

Para que o orçamento público cumpra o papel que dele é esperado e para que ele seja passível de fiscalização, faz-se necessária a presença de uma importante aliada: a contabilidade governamental. A Contabilidade Aplicada ao Setor Público é o ramo da ciência contábil que aplica, no processo gerador de informações, os Princípios de Contabilidade e as normas contábeis direcionados ao controle patrimonial de entidades do setor público. O seu objetivo é fornecer aos usuários informações sobre os resultados alcançados e os aspectos de natureza orçamentária, econômica, financeira e física do patrimônio da entidade do setor público e suas mutações, em apoio ao processo de tomada de decisão; a adequada prestação de contas; e o necessário suporte para a instrumentalização do controle social.

Esta obra possui a grande virtude de entender a abordagem sistêmica que o orçamento público tem a oferece ao gestor público e a importância de bem controlar o funcionamento desse sistema nos seus mais diversos aspectos, sejam operacionais ou estratégicos, por meio do correto uso da contabilidade governamental e dos diversos sistemas disponíveis. Mostra, por meio de exemplar apresentação de conceitos e situações práticas, como corretamente utilizar os princípios constitucionais pertinentes, leis ordinárias, como a Lei nº 4.320/64, Leis Complementares, como a Lei nº 101/2000, Normas Brasileiras de Contabilidade Aplicadas ao Setor Público e diversas Instruções Normativas oriundas dos órgãos de controle.

A experiência profissional dos autores ainda permite que bem exemplifiquem como fazer o melhor uso de todo o potencial de sistemas como o Sistema de Administração Financeira do Governo Federal (SIAFI), o Sistema Integrado de Planejamento e Orçamento (SIOP), o Sistema Integrado de Administração e Serviços Gerais (SIASG), e o Sistema Integrado de Administração de Recursos Humanos (SIAPE), para potencializar o bom uso dos recursos públicos e melhor controlá-los.

O leitor está diante, portanto, de uma oportunidade ímpar de ver todos esses temas, com um tratamento técnico de excelência, em linguagem simples, objetiva e, em diversos aspectos, bem inovadora, ao fazer ligações e relações entre diversos conceitos, importantes para o bom entendimento do orçamento público, do controle governamental, da contabilidade pública, e dos sistemas existentes para apoio à execução financeira e orçamentária e ao processo decisório nas organizações públicas.

Artur Luiz Santana Moreira
Diretor da Escola de Administração Pública da UNIRIO

Rio de Janeiro, Dezembro de 2020

SUMÁRIO

Capítulo 7

Capítulo 8

Capítulo 9

Capítulo 12
CONTABILIDADE APLICADA AO SETOR PÚBLICO 194

Capítulo 13
NOÇÕES DOS SISTEMAS DE INFORMAÇÕES SIAFI,
SIOP E SIASG...214

Capítulo 1

ESTRUTURA DA ADMINISTRAÇÃO PÚBLICA

1.1 Introdução

A administração pública é o conjunto de órgãos, serviços e agentes do Estado que procura satisfazer as necessidades da sociedade, tais como educação, cultura, segurança, saúde etc. Denomina-se administração pública a gestão dos interesses públicos por meio da prestação de serviços públicos, sendo dividida em administração direta e indireta.

Em síntese, pode-se defini-la como sendo o conjunto harmônico de princípios jurídicos que regem os órgãos, os agentes e as atividades públicas tendentes a realizar concreta, direta e imediatamente os fins desejados pelo Estado.

"Administrar significa não só prestar serviço e executá-lo como, igualmente, dirigir, governar, exercer a vontade com o objetivo de obter um resultado útil e que até, em sentido vulgar, administrar quer dizer traçar programa de ação e executá-lo." (DI PIETRO, 2010, p. 44).

1.2 Iniciação ao Estudo do Estado

A República Federativa do Brasil, simplesmente denominada Brasil, uma Federação (desde a Constituição de 1891), é formada pela União indissolúvel dos Estados e Municípios e do Distrito Federal, constituindo-se em Estado Democrático de Direito (CF/1988, art. 1º), em que se assegura autonomia político-administrativa aos Estados-membros, Distrito Federal e Municípios (art. 18, 25 e 29), cuja administração há de corresponder, estruturalmente, a esses postulados constitucionais, cabendo, em cada um deles, o comando da administração ao respectivo Chefe do Executivo – Presidente da República, Governador e Prefeito.

1

Art. 1º A República Federativa do Brasil, formada pela União indissolúvel dos Estados e Municípios e do Distrito Federal, constitui-se em Estado Democrático de Direito e tem como fundamentos:

[...]

Art. 18. A organização político-administrativa da República Federativa do Brasil compreende a União, os Estados, o Distrito Federal e os Municípios, todos autônomos, nos termos desta Constituição.

§ 1º – Brasília é a Capital Federal.

§ 2º – Os Territórios Federais integram a União, e sua criação, transformação em Estado ou reintegração ao Estado de origem serão reguladas em lei complementar.

§ 3º – Os Estados podem incorporar-se entre si, subdividir-se ou desmembrar-se para se anexarem a outros, ou formarem novos Estados ou Territórios Federais, mediante aprovação da população diretamente interessada, através de plebiscito, e do Congresso Nacional, por lei complementar.

§ 4º A criação, a incorporação, a fusão e o desmembramento de Municípios, far-se-ão por lei estadual, dentro do período determinado por Lei Complementar Federal, e dependerão de consulta prévia, mediante plebiscito, às populações dos Municípios envolvidos, após divulgação dos Estudos de Viabilidade Municipal, apresentados e publicados na forma da lei.

[...]

Art. 25. Os Estados organizam-se e regem-se pelas Constituições e leis que adotarem, observados os princípios desta Constituição.

§ 1º – São reservadas aos Estados as competências que não lhes sejam vedadas por esta Constituição.

§ 2º – Cabe aos Estados explorar diretamente, ou mediante concessão, os serviços locais de gás canalizado, na forma da lei, vedada a edição de medida provisória para a sua regulamentação.

§ 3º – Os Estados poderão, mediante lei complementar, instituir regiões metropolitanas, aglomerações urbanas e microrregiões, constituídas por agrupamentos de municípios limítrofes, para integrar a organização, o planejamento e a execução de funções públicas de interesse comum.

[...]

Art. 29. O Município reger-se-á por lei orgânica, votada em dois turnos, com o interstício mínimo de dez dias, e aprovada por dois terços dos membros da Câmara Municipal, que a promulgará, atendidos os princípios estabelecidos nesta Constituição, na Constituição do respectivo Estado e os seguintes preceitos:

[...]

1.3 Classificação dos Órgãos na Administração Pública

No sistema governamental há quatro espécies de Administração Pública:

- Administração Pública Federal – representada pela União; tem por finalidade o dever de administrar os interesses públicos.
- Administração Pública do Distrito Federal – representada pelo Distrito Federal, tem por finalidade atender aos interesses da população ali residente e de ser responsável pelo recebimento de representações diplomáticas ao Brasil quando tem em vista satisfazer os interesses da população de seu limite territorial geográfico como Estado-membro local dentro dos limites territoriais do município.
- Administração Pública Estadual – promove todas as iniciativas para satisfazer os interesses da população de seu limite territorial geográfico como Estado-membro.
- Administração Pública Municipal – zela pelos interesses da população local dentro dos limites territoriais do Município.

1.4 Organização da Administração Pública

Dispõe o Decreto-Lei nº 200/67,

A Administração Pública Federal compreende:

a) Administração Direta

b) Administração Indireta

Apesar deste decreto-lei ser obrigatório apenas para a esfera federal, traz conceitos e princípios que, por fruírem assento constitucional, são aplicáveis às demais pessoas federativas.

Também a Administração Pública dos Estados-membros, Distrito Federal e Municípios bipartem-se em Direta e Indireta.

1.4.1 Administração Direta

Constituída por todos os órgãos das pessoas jurídicas políticas (União, Estados, Distrito Federal e Municípios) que executam a atividade administrativa. Observe-se, porém, que esse conceito é bem mais amplo do que o posto do DL 200/67, restringindo a Administração Direta ao âmbito do Poder Executivo, dizendo-a constituída, na esfera federal, pelos serviços integrados na estrutura administrativa da Presidência da República e dos Ministérios.

Podemos citar como exemplo de órgãos da administração direta: Senado Federal, Tribunal de Contas, Ministérios, Secretarias de Estado, Tribunal de Justiça etc.

1.4.2 Administração Indireta

A administração pública indireta, por sua vez, é composta por entidades que, por meio de descentralização de competências do governo, foram criadas para desempenhar papeis nos mais variados setores da sociedade e prestar serviços à população. Essas entidades possuem personalidade jurídica própria (CNPJ), e, muitas vezes, recursos próprios, provenientes de atividades que geram receitas.

a) Autarquias Públicas

Elas são criadas por meio de lei e prestam serviços à população de forma descentralizada, nas mais diferentes áreas. Um exemplo de autarquia é o INSS (Instituto Nacional de Seguridade Social), hoje vinculado ao Ministério do Desenvolvimento Social e Agrário. O INSS atende aos aposentados e pensionistas cobertos pela previdência social e é responsável pelo pagamento de benefícios a milhões de cidadãos.

Temos ainda as autarquias institucionais, que prestam serviços autônomos personalizados e as autarquias corporativas, representadas por órgãos fiscalizadores de profissões (CRC, CREA, CRM etc.).

b) Fundações Públicas

Nas autarquias e fundações, em regra, os cargos públicos são ocupados por servidores estatutários, assim como na Administração Direta, ressalvadas algumas exceções. Esses servidores também deverão se submeter a concurso público, como previsto na Constituição Federal. São entidades dotadas de personalidade jurídica de direito privado, sem fins lucrativos, criadas em virtude de autorização legislativa e custeadas com recursos do ente público ou de outras fontes.

Exemplo: Fundação Oswaldo Cruz – FIOCRUZ, que tem por finalidade desenvolver atividades no campo da saúde, da educação e do desenvolvimento científico e tecnológico, Universidade Federal do Estado do Rio de Janeiro (UFRJ), UNIRIO, Fundação Parques e Jardins etc.

Lembramos ainda que as autarquias e as fundações públicas podem ser qualificadas como agências executivas, o que ocorrerá mediante decreto, após a entidade ter firmado um contrato de gestão com o ente instituidor e possuir um plano estratégico de reestruturação institucional.

c) Empresa Pública

É a pessoa jurídica de direito privado cujas ações pertencem 100% ao Estado (existem nas esferas federal, estadual e municipal). Essas empresas atuam em atividades econômicas e são criadas somente após autorização do Legislativo por meio de lei.

As empresas públicas, tendo em vista suas atividades, obtêm também receitas próprias provenientes dos serviços prestados aos cidadãos. Em alguns casos, podem gerar lucros, como é o caso da Caixa. Este lucro pode ser reinvestido em melhor infraestrutura e serviços. Destarte informar, são chamadas estatais dependentes, que necessitam de aportes de recursos públicos para custear seu funcionamento.

Exemplo de empresas públicas dos mais variados segmentos: Companhia Estadual de Águas e Esgotos do Rio de Janeiro (CEDAE), os Correios, a Caixa Econômica Federal (CEF), Empresa Brasileira de Pesquisa Agropecuária (EMBRAPA), Companhia Nacional de Abastecimento (CONAB) etc.

d) Sociedades de Economia Mista

São pessoas jurídicas de direito privado cujas ações pertencem tanto ao poder público quanto a outras pessoas, empresas e fundos de investimento no Brasil e no exterior. As ações são negociadas em bolsa de valores e esses acionistas têm direito a voto e participação nos lucros da estatal. Apesar da participação de sócios privados, o controle majoritário é do Estado.

Também são criadas após autorização do Poder Legislativo por meio de lei e atuam em vários setores da economia. Temos como exemplo na esfera federal o Banco do Brasil e a Petrobras (Petróleo Brasileiro S.A.); ambos possuem receita própria e capacidade financeira para manter seus custos sem aportes do Tesouro.

Nas empresas públicas, assim como nas sociedades de economia mista, existem empregados públicos, contratados pela CLT (Consolidação das Leis do Trabalho), e se submetem a concurso público.

1.4.3 Administração Auxiliar

Nestes tópicos, abordaremos a administração auxiliar, ou paraestatal – que significa "ao lado", "paralelo ao Estado". As entidades paraestatais seriam pessoas jurídicas que atuam ao lado do Estado, sem serem integrantes da Administração Pública. Seguindo as lições da Prof. Maria Sylvia Zanella Di Pietro e do Prof. Celso Antônio Bandeira de Mello,

> as "entidades paraestatais" são pessoas de Direito Privado, sem fins lucrativos, que exercem atividades de interesse público, mas não exclusivas de Estado, recebendo fomento do Poder Público, e que não integram a estrutura da Administração Pública em sentido formal (ALEXANDRINO & PAULO, 2013, p. 136).

No conceito de entidades paraestatais está enquadrado o "Sistema S" (Serviços Sociais Autônomos). Como exemplos dessas instituições pode-se citar o Serviço Nacional de Aprendizagem Industrial (SENAI), o Serviço Social da Indústria (SESI), o Serviço Social do Comércio (SESC), As Organizações Sociais – Lei Federal nº 9.637/98; as Organizações da Sociedade Civil de Interesse Público (OSCIP) – Lei Federal nº 9.790/99; as Entidades de Apoio – Lei Federal nº 8.958/94, entre outras.

Se a entidade tiver fins lucrativos não será considerada pertencente ao Terceiro Setor, bem como se não receber fomento do Estado. O conceito mais restrito de Terceiro Setor não engloba o que se convencionou chamar de Organização Não-Governamental (ONG).

EXERCÍCIOS

1. (CESPE – Juiz Substituto/TJ CE/2018) Relativamente às entidades da administração pública indireta, assinale a opção correta.

(A) Autarquias e fundações públicas podem receber, por meio de lei específica, a qualificação de agência executiva, para garantir o exercício de suas atividades com maior eficiência e operacionalidade.

(B) São traços distintivos do regime jurídico especial das agências reguladoras: a investidura especial de seus dirigentes; o mandato por prazo determinado; e o período de quarentena após o término do mandato diretivo.

(C) A instituição de fundação pública de direito público, diferentemente das autarquias, cuja criação se dá por meio de edição de lei, exige, além de previsão legal, a inscrição de seu ato constitutivo junto ao registro civil das pessoas jurídicas.

(D) Embora seja reconhecida a natureza autárquica dos conselhos de classe, em razão da natureza privada dos recursos que lhes são destinados, essas entidades não se submetem ao controle externo exercido pelo TCU.

(E) As empresas públicas e as sociedades de economia mista poderão ser constituídas sob qualquer forma empresarial admitida em direito, ressalvando-se, em relação às empresas públicas, a obrigatoriedade de que o capital social seja exclusivamente público.

2. (CESPE – EMAP/2018) As autarquias somente podem ser criadas mediante lei específica, enquanto empresas públicas, sociedades de economia mista e fundações, que integram a administração indireta, podem ter sua criação autorizada mediante decreto do Presidente da República.
( ) Certo   ( ) Errado

3. (CESPE – CGM João Pessoa PB/2018) Autarquia é pessoa jurídica criada por lei específica, com personalidade jurídica de direito público.
( ) Certo   ( ) Errado

4. (CESPE – CGM João Pessoa PB/2018) É possível a constituição de fundação pública de direito público ou de direito privado para a exploração direta de atividade econômica pelo Estado, quando relevante ao interesse público.
( ) Certo   ( ) Errado

5. (CESPE – Auditor de Contas Públicas/TCE PB/2018) As entidades que integram a administração pública indireta incluem as:
(A) autarquias, as empresas públicas e as sociedades de economia mista.
(B) secretarias estaduais, as autarquias e as fundações privada.
(C) autarquias, as fundações e as organizações sociais.

(D) organizações sociais, os serviços sociais autônomos e as entidades paraestatais.

e) empresas públicas, as sociedades de economia mista e os serviços sociais autônomos.

6. (CESPE – Analista de Gestão – Administrador/TCE PE/2017) As autarquias e as fundações públicas incluem-se entre as entidades que integram a administração pública indireta.

( ) Certo   ( ) Errado

7. (CESPE Procurador Municipal/Prefeitura de Fortaleza – CE/2017) Ao instituir programa para a reforma de presídios federais, o governo federal determinou que fosse criada uma entidade para fiscalizar e controlar a prestação dos serviços de reforma. Nessa situação, tal entidade, devido à sua finalidade e desde que criada mediante lei específica, constituirá uma agência executiva.

( ) Certo   ( ) Errado

8. (CESPE – Tecnologia da Informação/SEDF/2017) João, servidor público ocupante do cargo de motorista de determinada autarquia do DF, estava conduzindo o veículo oficial durante o expediente quando avistou sua esposa no carro de um homem. Imediatamente, João dolosamente acelerou em direção ao veículo do homem, provocando uma batida e, por consequência, dano aos veículos. O homem, então, ingressou com ação judicial contra a autarquia requerendo a reparação dos danos materiais sofridos. A autarquia instaurou procedimento administrativo disciplinar contra João para apurar suposta violação de dever funcional. No que se refere à situação hipotética apresentada, julgue o item a seguir.

João é servidor de entidade integrante da administração indireta.

( ) Certo   ( ) Errado

9. (CESPE – Nível Médio/SEDF/2017) As secretarias municipais de determinado município integram a administração indireta desse ente federado.

( ) Certo   ( ) Errado

10. (CESPE – Técnico Judiciário/TRE PI/2016) O Tribunal Regional Eleitoral do Piauí (TRE/PI), cuja sede se encontra na capital do estado, integra a administração.

a) direta federal.

b) direta fundacional federal.

c) indireta estadual.

d) autárquica indireta federal.

e) indireta autárquica estadual

GABARITO

1) GABARITO: B

Comentário

(A) de fato, as autarquias e fundações públicas podem ser qualificadas como agências executivas, no entanto a qualificação ocorrerá mediante decreto, após a entidade ter firmado um contrato de gestão com o ente instituidor e possuir um plano estratégico de reestruturação institucional. – **Errada**.

(B) sem dúvidas, a característica mais marcante da maior autonomia das agências reguladoras trata-se dos atributos do mandato de seus dirigentes. Eles passam por um rito especial para investidura (submetem–se à aprovação do Poder Legislativo); depois possuem mandato com duração fixada em lei, logo não são demissíveis *ad nutum* (após preencher determinados requisitos legais, eles não podem ser livremente exonerados); por fim, submetem-se à quarentena, de conteúdo moralizador, ao proibir o ex-dirigente de exercer atividade ou prestar qualquer serviço no setor regulado pela respectiva agência, por período fixado em lei, contados da exoneração ou do término de seu mandato – **Correta**.

(C) as fundações de direito público, também conhecidas como autarquias fundacionais, são criadas diretamente da lei – logo, não precisam de registro do ato constitutivo. Somente as entidades cujas criações são "autorizadas por lei" é que demandam a inscrição do ato constitutivo, como ocorre com as EP, as SEM e as FP de direito privado – **Errada**.

(D) os conselhos profissionais são autarquias e, portanto, submetem-se à fiscalização do TCU. Essa regra somente é excepcionada pela OAB (Organização dos Advogados do Brasil), que não possui natureza de autarquia, nem compõe a Administração Pública, e não presta contas ao TCU, conforme firmado no precedente STF ADI 3026 – **Errada**.

(E) as SEM só podem ser constituídas sob a forma de "S/A", já as EP admitem qualquer forma empresarial – **Errada**.

2) GABARITO: Errado

Comentário

A criação/autorização de entidades administrativas submete-se ao princípio da reserva legal, vale dizer, sempre dependerá de lei. No caso das entidades de direito público (autarquias e FP de direito público), a lei específica criará a entidade; já no caso de entidades de direito privado (EP, SEM e FP de direito privado), a lei autorizará a criação da entidade, mas que se consolidará por um ato subsequente: o registro do ato constitutivo. Logo, o decreto do Presidente não é instrumento hábil para autorizar a criação de entidade administrativa.

3) GABARITO: Correto

Comentário

A autarquia é pessoa jurídica de direito público, integrante da administração indireta, criada por lei para desempenhar funções que, despidas de caráter econômico, sejam próprias e típicas do Estado.

4) GABARITO: Errado

Comentário

Independentemente da natureza jurídica (pública ou privada), as fundações públicas não podem exercer atividades econômicas. Em geral, as fundações públicas exercem atividades de interesse social. Somente as EP e as SEM podem exercer atividade de caráter econômico.

5) GABARITO: A

Comentário

Vamos identificar o erro nas das opções e informar a alternativa correta.

(A) administração indireta é composta por autarquias, fundações públicas, empresas públicas e sociedades de economia mista – **Certa.**

(B) secretarias estaduais são órgãos da Administração Direta, e fundações privadas (não confundir com fundação pública e direito privado) são entidades particulares – **Errada.**

(C) as organizações sociais (OS) são pessoas jurídicas de direito privado sem fins lucrativos, integrantes do terceiro setor, e que receberam essa qualificação do poder público após terem firmado um contrato de gestão – **Errada.**

(D) as organizações sociais (já vimos acima) e os serviços sociais autônomos (SSA) – que são pessoas jurídicas com personalidade de direito privado, sem fins lucrativos, criadas por meio de autorização legal, para ministrar assistência ou ensino a certas categorias sociais ou grupos profissionais, sendo mantidos por dotações orçamentárias ou por contribuições parafiscais –, e as entidades paraestatais – esse é um conceito genérico para se referir às entidades do terceiro setor que tenham firmado algum tipo de parceria com o poder público, como ocorre com as OS e os SSA – **Errada.**

(E) empresas públicas, as sociedades de economia mista e os serviços sociais autônomos (vimos que os SSA não fazem parte da Administração) – **Errada.**

6) GABARITO: Correto

Comentário

A Administração Indireta é formada pelas entidades administrativas, todas com personalidade jurídica própria. São elas: as autarquias, as fundações públicas, as empresas públicas e as sociedades de economia mista.

7) GABARITO: Errado

Comentário

"A agência executiva é uma qualificação dada à autarquia ou fundação que tenha celebrado contrato de gestão com o órgão da Administração Direta a que se acha vinculada, para melhoria da eficiência e redução de custos. Não se trata de entidade instituída com a denominação de agência executiva. Trata-se de entidade preexistente (autarquia ou fundação governamental) que, uma vez preenchidos os requisitos legais, recebe a qualificação de agência executiva, podendo perdê-la se deixar de atender aos requisitos. Portanto, como no caso do enunciado foi criada uma nova entidade, não seria uma agência executiva". (Profa. Maria Sylvia Zanella Di Pietro)

8) GABARITO: Correto

Comentário

João ocupa cargo em uma autarquia do DF. Nesse caso, ele exerce suas funções em uma entidade da administração indireta distrital.

9) GABARITO: Errado

Comentário

As secretarias municipais são exemplo clássico de desconcentração administrativa. Elas são órgãos integrantes de uma mesma pessoa jurídica, caracterizando a distribuição interna de competências na Administração Direta.

10) GABARITO: A

Comentário

A Administração Direta é o conjunto de órgãos que integram as pessoas políticas ou federativas (União, estados, Distrito Federal e municípios) aos quais foi atribuída a competência para o exercício das atividades administrativas do Estado de forma centralizada.

A Administração Indireta é composta pelas entidades administrativas, que possuem personalidade jurídica própria e são responsáveis por executar atividades administrativas de forma descentralizada. São elas: as autarquias, as fundações públicas e as empresas estatais (empresas públicas e sociedades de economia mista).

Com essas definições, já eliminaríamos as alternativas C, D e E, pois o TRE–PI, sendo um órgão do Poder Judiciário, compõe a administração direta.

Ainda assim, se ainda ficássemos em dúvida quanto às duas alternativas para analisar (A e B), eliminaríamos a alternativa B, tendo em vista que as fundações públicas compõem a administração indireta.

A alternativa A é a correta, uma vez que os TREs (assim como TRTs e TRFs) são órgãos da administração direta federal.

Capítulo 2

ORÇAMENTO PÚBLICO

2.1 Introdução

Iniciamos nossos estudos neste capítulo com a seguinte pergunta: O que é Orçamento Público?

É a representação de um planejamento de aplicação dos recursos esperados, em programas de custeios, investimentos, transferências, e inversões durante um período financeiro.

É importante considerar que o orçamento público é um quadro organizacional da administração pública, é através dele que se planeja o quanto vai entrar e o quanto vai sair dos cofres públicos; é nele que se estudam as potencialidades de investimento, as necessidades e as precariedades nas três esferas de governo (União, Estado e Município), decidindo-se por esse ou aquele investimento – portanto, é através do orçamento que se define o quanto arrecadaremos e gastaremos. E para que? Para fornecer uma ampla e complexa rede de serviços, tais como postos de saúde, hospitais, escolas, assistência social, coleta e tratamento de esgoto e lixo, pagamento de pessoal, segurança, saúde etc.

Esses recursos públicos devem ser administrados com competência e segurança nos objetivos a serem traçados pelos governantes, fazendo com que os recursos arrecadados sejam aplicados de acordo com as necessidades da população.

2.2 Tipos de Orçamentos

Os orçamentos públicos são definidos por três categorias: Legislativo, Executivo e Misto. Vamos entender cada um desses orçamentos:

a) O primeiro, Legislativo, é característico dos países com regime de governo parlamentarista; o poder legislativo elabora, vota e aprova, cabendo ao poder executivo apenas a sua execução.

b) O segundo, Executivo, é característico de países absolutistas; o poder executivo elabora, aprova, executa e controla. Nos períodos de regime ditatorial no Brasil (1937-1945 e 1964-1985), essa categoria de orçamento foi adotada.

c) O terceiro, Misto, é adotado por países cujo Congresso ou Parlamento é ativo; o Poder Executivo atua na elaboração e execução, cabendo ao poder legislativo votar e fiscalizar a prática do orçamento, aplicado atualmente no Brasil. O orçamento no Brasil é uma via de mão dupla, onde o Poder Executivo encaminha as propostas sobre os instrumentos de planejamento para o Poder Legislativo, após apreciar e votar, devolve para o Executivo para executar o que foi aprovado.

2.3 Entendendo a Necessidade do Orçamento Público

Para entendermos como funciona o orçamento público, vamos contextualizar fazendo uso de uma personagem que chamaremos de Clarinha.

Como em nossas casas, é bom que tudo esteja funcionando bem, na nossa cidade também, mas nem sempre é assim.

A nossa personagem, que tem cinco anos de idade, gosta muito de brincar na pracinha, mas a falta de manutenção no brinquedo em que ela gosta mais de brincar provocou um corte no seu pé, o que fez com que sua mãe a levasse rápido para o hospital. Chegando lá, sua mãe foi informada que faltavam médicos e enfermeiros, assim como materiais hospitalares, como anestesias, gases, ataduras e medicamentos para atender a quantidade de pessoas que necessitavam de atendimento, mesmo elas estando ali há mais de duas horas.

Sabe como a Clarinha foi parar no hospital? A falta de manutenção do escorrega da pracinha que se encontrava quebrado contribuiu para que a nossa personagem fosse parar no hospital.

A falta de manutenção dos mobiliários da cidade, criação de parques, praças, materiais e funcionários para atender a população nos hospitais, escolas etc., tudo isso tem que haver orçamento público.

Não só coisas desagradáveis têm a ver com o orçamento público, coisas boas também ocorrem, como a coleta de lixo, a iluminação pública, os bombeiros, a segurança etc.

Para que tudo isso funcione o governo precisa de dinheiro, por isso ele arrecada recursos, cuja maior parte vem dos tributos que a população paga. O governo, então, utiliza desses recursos para solucionar os problemas da população.

O orçamento público é o documento que mostra o quanto de taxas, impostos e contribuições se recolhe e o quanto será gasto em cada área.

2.4 Sistema Orçamentário

O governo precisa cobrar tributos para resolver problemas da população, e todos nós sabemos que são problemas graves, como transporte, segurança e saúde. São tantos os problemas que não conseguiremos fazer tudo de uma vez, e por isso é necessário priorizar quais são mais urgentes. É aí que entra o governo, que irá elaborar o orçamento. Entretanto, antes ele prepara uma lei chamada LDO (Lei das Diretrizes Orçamentárias), que define o que é mais importante e como cada recurso deve ser aplicado a cada ano.

O Orçamento Público e a LDO seguem um plano maior, que define os grandes investimentos que os governos (federal, estadual e municipal) irão realizar no seu mandato. Esse plano chama-se PPA (Plano Plurianual), e define, por exemplo, quais rodovias e hidrelétricas que serão construídas, quais aeroportos que serão reformados, museus restaurados, hospitais reformados ou construídos etc. E não são somente obras, equipamentos para hospitais e delegacias, entre outras despesas.

Então temos três leis PPA (Plano Plurianual), LDO (Lei das Diretrizes Orçamentárias), e a LOA (Lei Orçamentária Anual) – esse último que é o orçamento propriamente dito. Para explicar essas três leis, usaremos como exemplo um evento esportivo. As Olimpíadas têm regras para cada uma das suas diversas modalidades. O regulamento dos jogos, que diz o que pode ser feito ou não, estaria no PPA. O planejamento de todos os jogos da competição seria a LDO, e as competições, essas sim seriam o orçamento, que no nosso exemplo, seria a LOA.

O sistema orçamentário brasileiro tem seu início no PPA que define a estratégia, as metas e as diretrizes para um período de quatro anos, e ainda temos as leis anuais, LDO, que define regras e prioridades para o ano seguinte, e a LOA que estima as receitas a cada ano de acordo com as prioridades do PPA e as regras estabelecidas pela LDO. Cumpre ressaltar que nenhuma despesa pública pode ser executada sem estar prevista na LOA.

2.4.1 PPA – Plano Plurianual

Quando estamos em nossas casas realizamos várias tarefas: usamos máquinas de lavar, ferro de passar, liquidificador etc. Nossa personagem Clarinha gosta muito de brincar com o seu videogame e estudar no seu computador e ver televisão. Ela só fica muito triste quando falta luz. Para que as demais pessoas da casa não fiquem tão tristes como a Clarinha, elas precisam de energia elétrica, que não é tão simples como parece. Ter energia para iluminação e equipamentos em nossas casas não é tão fácil, e, para que isso aconteça, ou seja, para que ocorra a geração de energia e sua subsequente distribuição, o governo terá que fazer grandes investimentos em hidrelétricas, estações de energia e linhas de transmissão. A construção de uma hidrelétrica simples é complexa e cara e precisa, principalmente, de planejamento.

Para grandes investimentos como esse é necessário que o governo elabore um plano a cada quatro anos, o qual é discutido e aprovado no Congresso Nacional na forma da lei chamado PPA. Esse plano define as grandes prioridades nacionais e regionais, para um período de quatro anos, em cada área de atuação, como saúde, educação, saneamento, transporte, energia, segurança, entre outros.

A lei de grande planejamento do país faz uma ligação entre o plano estratégico do governo e o orçamento de cada ano. Lembramos que não são apenas grandes obras que figuram no PPA, também são incluídos os gastos necessários para ofertar plenamente determinados serviços públicos, por exemplo, o financiamento para agricultores, os armazéns para estoque que garanta a compra para a população de baixa renda e a distribuição de cestas básicas para pessoas carentes.

Importante: Nem todo investimento está no PPA do governo federal, isso porque cada esfera do governo tem suas próprias responsabilidades – no caso dos municípios, por exemplo, a responsabilidade da manutenção do calçamento das ruas, a coleta de lixo, a iluminação pública; já os estados, por exemplo, são responsáveis pela repressão policial a crimes comuns, as investigações da Polícia Civil, e ainda a formulação e execução de políticas comuns, como a área dos governos municipais e federal, como saúde, educação e desenvolvimento urbano. Todas essas despesas são executadas por meio de tributos, impostos, taxas e contribuições de recursos transferidos a municípios e estados pelo governo federal, e outras referentes ao empréstimo de instituições públicas e privadas.

2.4.1.1 Elaboração e acompanhamento do PPA

No plano federal, os diversos ministérios e órgãos, assim como os três poderes, planejam suas propostas de acordo com as demandas que recebem dos estados e dos municípios, trazidas pela população e cobradas por seus representantes políticos. Se a solução for muito onerosa para o município, como a construção de viadutos, túneis, metrô etc., por exemplo, essa demanda é repassada para o governo estadual e federal. O Ministério do Planejamento então organiza as propostas dos ministérios e dos órgãos públicos e as envia para a Casa Civil da Presidência na forma de um projeto de lei. Nesse momento o Presidente da República envia para o Congresso Nacional o projeto do PPA, o que deve acontecer até 31 de agosto do primeiro ano de seu mandato. Quando chega ao Congresso Nacional, o PPA é encaminhado para a Comissão Mista de Orçamento, onde é discutido e alterado pelos parlamentares, seguindo então para o Plenário do Congresso, onde deverá ser votado até 22 de dezembro do mesmo ano em que foi enviado para a casa legislativa. A sociedade pode participar desse processo por meio de sugestões dos deputados, senadores e ainda por meio de audiências públicas.

Depois de aprovado, o projeto volta para sanção do Presidente da República e sua publicação como lei. O período do PPA é o mesmo do mandato presidencial, mas não são necessariamente coincidem – o primeiro fica em vigor a partir do segundo ano do mandato presidencial atual até o primeiro mandato do seguinte, quando um novo governo elaborará o seu PPA para ser discutido outra vez e votado no Congresso. A cada ano é feita uma avaliação do PPA.

2.4.2 LDO – Lei das Diretrizes Orçamentárias

Para realizar é preciso planejar, e no caso do orçamento público, o governo trabalha com um planejamento de médio prazo chamado o plano plurianual ou simplesmente PPA, e nele são definidas as grandes prioridades nacionais e regionais para cada período de quatro anos. Antes de se fazer o orçamento de cada ano, no entanto, o governo prepara e encaminha outra lei chamada Lei das Diretrizes Orçamentárias, conhecida como LDO, para ser discutida no Congresso, e é nessa lei que se define como deverá ser feito o orçamento anual e quais são os gastos mais importantes para aquele período.

No parágrafo anterior, já comentamos que no PPA estão as grandes prioridades para um período de quatro anos, mas esse planejamento precisa ser ajustado a cada ano de acordo com as necessidades e metas do governo para o ano seguinte. O ideal, portanto, é verificar quais são as despesas mais importantes que o governo deve fazer a cada ano. Por isso podemos dizer que a LDO, que faz a ligação entre o plano estratégico de médio prazo estabelecido no PPA com o plano operacional de curto prazo representado pelo orçamento anual, além de definir quais são as prioridades que deverão estar no orçamento anual, traz uma série de regras para elaborar, organizar e executar um orçamento. Ela indica, por exemplo, qual será o reajuste do salário-mínimo enquanto o governo precisa poupar todo ano para pagar sua dívida. Também define regras, como a que proíbe o envio de dinheiro do governo federal para ONGs (organizações não governamentais) comandadas por parentes de políticos. Outras atribuições da LDO são as eventuais alterações na cobrança de tributos e as regras temporárias para o caso de o orçamento não ser aprovado até o final do ano. A Lei de Diretrizes Orçamentárias define ainda a política de investimentos das agências oficiais de fomento, como o Banco Nacional de Desenvolvimento Econômico e Social (BNDES), o Banco do Nordeste e o Banco da Amazônia (BASA), que são instituições que usam recursos públicos federais para financiar projetos que promovam o desenvolvimento do país.

2.4.2.1 Elaboração da LDO

A LDO é elaborada no Ministério do Planejamento com o apoio técnico do Ministério da Fazenda. O Presidente da República tem até 15 de abril de cada ano para enviar o projeto de Lei das Diretrizes Orçamentárias ao Congresso Nacional, onde o projeto é discutido e alterado na Comissão Mista de Orçamento para depois ser votado no plenário do Congresso até 17 de julho – este é o único projeto de lei que se não for votado dentro do prazo impede o Congresso de entrar em recesso. É importante saber que para as leis orçamentárias dos estados e municípios valem os prazos definidos na Constituição do estado ou na lei orgânica do município; somente se essas datas não estiverem fixadas é que valem os prazos determinados na Constituição Federal.

2.4.3 LOA – Lei Orçamentária Anual

O orçamento federal inclui toda a programação de gastos da administração pública, como p pagamento de pessoal, investimentos em saúde e educação, e até os investimentos das empresas estatais, que são aquelas controladas pelo governo. Já sabemos que o orçamento público é uma lei discutida é aprovada todo ano chamada LOA. Nela os gastos do governo estão organizados por assunto ou áreas de governo, como são chamados. Cada uma dessas áreas tem seus programas e ações de governo, como por exemplo, a segurança, que pode trazer um programa de fortalecimento da segurança pública, como construções de presídios, capacitação de agentes penitenciários, ou na área de educação um programa na melhoria na qualidade do ensino que inclui a implantação de escolas em tempo integral e instalações de laboratórios de ciências. Cada uma dessas ações tem em seu orçamento sua programação de gastos.

O governo precisa estimar quanto vai arrecadar para custear as despesas do ano seguinte, por isso a LOA não compreende apenas as despesas, mas também as receitas esperadas para aquele ano, receitas essas que vêm principalmente da cobrança de tributos como imposto de renda e a contribuição previdenciária.

É importante que saibamos que existem três tipos de tributos: as taxas, as contribuições e os impostos. Os impostos se dividem em dois tipos, os diretos e os indiretos. Os impostos diretos, como o nome sugere, são aqueles pagos diretamente pelos contribuintes, como o imposto de renda, enquanto os indiretos estão incluídos no preço de todos os produtos que compramos, o mais importante sendo o Imposto Sobre Circulação de Mercadorias e Serviços, conhecido como ICMS – por ser um imposto indireto, quem repassa o ICMS para o governo é quem vende o produto, como lojas e supermercados, comércios varejistas em geral e postos de gasolina. Além dos impostos, também pagamos contribuições, como as que vão para a Previdência Social, e taxas, como a da iluminação pública. A Lei Orçamentária Anual, ou apenas LOA, é discutida é aprovada todo ano e traz a programação dos gastos do governo em cada área e a previsão das receitas para custear esses gastos.

2.4.3.1 Elaboração da LOA

Para elaborar o Plano Plurianual (PPA), os ministérios e órgãos dos poderes Executivo, Legislativo e Judiciário planejam suas propostas a partir de demandas dos estados e municípios. Com a Lei Orçamentária Anual (LOA) acontece igual, por exemplo: se uma comunidade sofre com a seca, mas não possui recursos para construir um açude que ajudaria a minimizar o problema a prefeitura, ela pode solicitar providências junto ao governo federal. Como no plano maior, o PPA, o Ministério do Planejamento organiza todas as propostas dos demais ministérios e órgãos públicos e as envia para a Casa Civil da Presidência da República na forma de um projeto de lei, só então envia para o Congresso Nacional o projeto da LOA, o que deve acontecer até 31 de agosto de cada ano. Lá, o projeto é encaminhado para a Comissão Mista de Orçamento para ser discutido e alterado pelos parlamentares por meio de emendas. Após toda discussão, vai ao para o plenário do Congresso, quando será votado até o dia 22 de dezembro daquele ano. Se os parlamentares não conseguirem concluir a votação da LOA até o final do ano a liberação de recursos do orçamento seguirá as regras temporárias. Tão logo seja aprovada, o Congresso devolve o texto ao Executivo para a sanção e publicação do Presidente. Depois de publicada, a LOA começa a ser executada. A participação da sociedade é importante para discussão do projeto da LOA, bem como o acompanhamento de sua execução, de modo a verificar se os recursos foram bem aplicados em consonância com o aprovado na lei orçamentária.

2.5 Resumo do Capítulo

1) Leis Orçamentárias:

A Constituição Federal de 1988, em seu art. 165, prevê 03 (três) leis orçamentárias:

PPA – Plano Plurianual.

Art. 165, § 1º da CF/88 – "A lei que instituir o plano plurianual estabelecerá, de forma regionalizada, as diretrizes, objetivos e metas da administração pública federal para as despesas de capital e outras delas decorrentes e para as relativas aos programas de duração continuada".

LDO – Lei de Diretrizes Orçamentárias

Art. 165, § 2º da CF/88 – "A lei de diretrizes orçamentárias compreenderá as metas e prioridades da administração pública federal, incluindo as despesas de capital para o exercício financeiro subsequente, orientará a elaboração da lei orçamentária anual, disporá sobre as alterações na legislação tributária e estabelecerá a política de aplicação das agencias financeiras oficiais de fomento".

LOA – Lei Orçamentária Anual.

Art. 165, § 5º da CF/88 – "a lei orçamentária anual compreenderá:

– o orçamento fiscal (OF) – referente aos Poderes da União, seus fundos, órgãos e entidades da administração direta e indireta, inclusive fundações instituídas e mantidas pelo Poder Público;

– o orçamento de investimento (OI) – das empresas em que a União, direta ou indiretamente, detenha a maioria do capital social com direito a voto;

– o orçamento da seguridade social (OSS) – abrangendo todas as entidades e órgãos a ela vinculados, da administração direta ou indireta, bem como os fundos e fundações instituídos e mantidos pelo Poder Público".

Esquema referente às Leis Orçamentárias

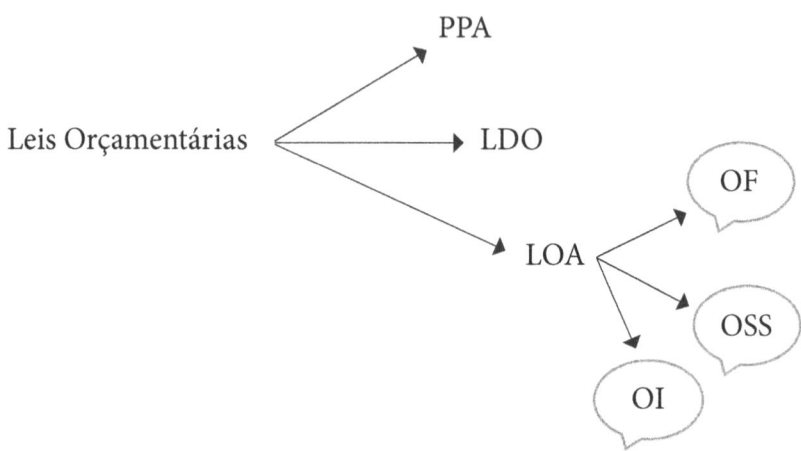

Os prazos de envio e devolução do projeto de lei para a União são:

Projeto	Prazo de envio pelo Executivo (até)	Prazo de devolução pelo Legislativo (até)
PPA	4 meses antes do encerramento do 1º exercício financeiro. Na prática, deve ser encaminhado até 31/08.	Encerramento da sessão legislativa. Na prática, deve ser devolvido até 22/12.
LDO	8,5 meses antes do encerramento do exercício financeiro. Na prática, deve ser encaminhado até 15/04.	Encerramento do primeiro período da sessão legislativa. Na prática, deve ser devolvido até 17/07.
LOA	4 meses antes do encerramento do exercício financeiro. Na prática, deve ser encaminhado até 31/08.	Encerramento da sessão legislativa. Na prática, deve ser devolvido até 22/12.

EXERCÍCIOS

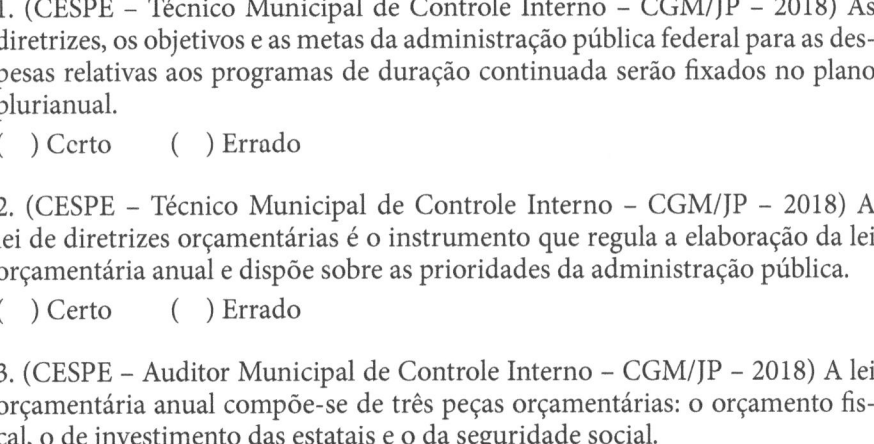

1. (CESPE – Técnico Municipal de Controle Interno – CGM/JP – 2018) As diretrizes, os objetivos e as metas da administração pública federal para as despesas relativas aos programas de duração continuada serão fixados no plano plurianual.
( ) Certo   ( ) Errado

2. (CESPE – Técnico Municipal de Controle Interno – CGM/JP – 2018) A lei de diretrizes orçamentárias é o instrumento que regula a elaboração da lei orçamentária anual e dispõe sobre as prioridades da administração pública.
( ) Certo   ( ) Errado

3. (CESPE – Auditor Municipal de Controle Interno – CGM/JP – 2018) A lei orçamentária anual compõe-se de três peças orçamentárias: o orçamento fiscal, o de investimento das estatais e o da seguridade social.
( ) Certo   ( ) Errado

4. (CESPE – Técnico Municipal de Controle Interno – CGM/JP – 2018) A lei orçamentária anual deve compreender, além do orçamento fiscal e da seguridade social, o orçamento de investimento das empresas em que a União, direta ou indiretamente, detenha a maioria do capital social com direito a voto.
( ) Certo   ( ) Errado

5. (CESPE – Técnico Municipal de Controle Interno – CGM/JP – 2018) O plano plurianual é estabelecido por lei de iniciativa do Poder Legislativo.
( ) Certo   ( ) Errado

6. (CESPE – Auditor Municipal de Controle Interno – CGM/JP – 2018) O orçamento de investimento de determinada empresa somente deve ser incluído na lei orçamentária anual se a União detiver a maioria do capital social com direito a voto dessa empresa.
( ) Certo   ( ) Errado

7. (CESPE – Auditor Municipal de Controle Interno – CGM/JP – 2018) A duração do plano plurianual é de quatro anos: inicia-se no primeiro ano do mandato presidencial e encerra-se no último ano do mesmo mandato.
( ) Certo   ( ) Errado

8. (CESPE – Auditor de Contas Públicas – TCE/PB – 2018) A LOA compreende o orçamento da seguridade social das entidades e órgãos vinculados à União, inclusive de todas as fundações, autarquias, empresas públicas e sociedades de economia mista.
( ) Certo   ( ) Errado

9. (CESPE – Auditor de Contas Públicas – TCE/PB – 2018) O plano plurianual tem por objetivo estabelecer a previsão da receita e a fixação da despesa para o período de quatro anos.
( ) Certo   ( ) Errado

10. (CESPE – Auditor de Contas Públicas – TCE/PB – 2018) As eventuais alterações na legislação tributária com impacto na previsão de receita devem ser incorporadas à LOA.
( ) Certo   ( ) Errado

11. (CESPE – Auditor de Contas Públicas – TCE/PB – 2018) A LDO deve anteceder a edição da LOA, independentemente da esfera federativa, em virtude do seu caráter anual.
( ) Certo   ( ) Errado

12. (CESPE – Analista de Controle Externo – Contas Públicas – TCE/PE 2017) Integram o orçamento fiscal, previsto na lei orçamentária anual, os fundos de incentivos fiscais e o orçamento das empresas públicas independentes.
( ) Certo   ( ) Errado

13. (CESPE – Analista Judiciário – Administrativa – TRE/PE – 2017) O orçamento anual deve incorporar os orçamentos fiscal, de investimentos, da seguridade social e das empresas nas quais o poder público tenha participação.
( ) Certo   ( ) Errado

14. (CESPE – Especialista – FNDE – 2012) Conforme determinações constantes na CF, a LOA deve compor-se de três orçamentos: fiscal, monetário e de investimento das empresas estatais.
( ) Certo   ( ) Errado

15. (CESPE – Analista Judiciário – Administrativa – TRE/PI – 2016) O PPA deve estabelecer como uma de suas despesas os recursos de operação e manutenção de investimentos em bens de capital.
( ) Certo   ( ) Errado

16. (CESPE – Agente Administrativo – DPU – 2016) As diretrizes orçamentárias são estabelecidas por leis de iniciativa do Poder Executivo.
( ) Certo   ( ) Errado

17. (CESPE – Analista Judiciário – Judiciária – TRT/8 – 2016) A lei orçamentária anual é composta pelos orçamentos fiscal, de investimento das empresas estatais e da seguridade social.
( ) Certo   ( ) Errado

18. (CESPE – Analista Judiciário – Judiciária – TRT/8 – 2016) A LOA prevê as despesas para o decurso do exercício financeiro e, após aprovada, garante aos entes públicos que suas necessidades de recursos financeiros serão plenamente atendidas.
( ) Certo   ( ) Errado

19. (CESPE – Analista Judiciário – Judiciária – TRT/8 – 2016) A lei orçamentária anual é desvinculada do plano plurianual e da lei de diretrizes orçamentárias.
( ) Certo   ( ) Errado

20. (CESPE – Agente Administrativo – DPU – 2016) O PPA e a LDO devem ser aprovados pelo Poder Legislativo.
( ) Certo   ( ) Errado

21. (CESPE – Economista – DPU – 2016) A LDO é o instrumento legal e normatizador que orienta a elaboração e execução do orçamento anual e dispõe sobre o planejamento governamental de longo prazo.
( ) Certo   ( ) Errado

22. (CESPE – Auditor – Conselheiro Substituto – TCE/PR – 2016) O projeto de LOA da União para o exercício seguinte deve ser enviado ao Congresso Nacional até o final do exercício corrente.
( ) Certo   ( ) Errado

23. (CESPE – Analista Judiciário – Judiciária – TRT/8 – 2016) A lei de diretrizes orçamentárias fundamenta e orienta a elaboração do plano plurianual.
( ) Certo   ( ) Errado

24. (CESPE – Analista Judiciário – Judiciária – TRT/8 – 2016) Conforme dispositivo legal, a LOA compreende o orçamento de investimento das estatais, limitado às empresas em que a União detenha, de forma direta, a maioria do capital social.
( ) Certo   ( ) Errado

25. (CESPE – Agente Penitenciário Nacional – DEPEN – 2015) Será inconstitucional a lei de iniciativa da Câmara dos Deputados que estabelecer as diretrizes orçamentárias para o exercício financeiro subsequente.
( ) Certo   ( ) Errado

26. (CESPE – Administrador – FUB – 2015) O processo orçamentário brasileiro é direcionado principalmente por três leis distintas: o plano plurianual com maior vigência, a lei de diretrizes orçamentárias em conjunto com o anexo de metas e riscos fiscais e, por fim, a lei orçamentária anual, na qual se incluem o orçamento fiscal, o de seguridade social e o de investimentos das empresas.
( ) Certo   ( ) Errado

27. (CESPE – Agente Administrativo – CADE – 2014) O papel desempenhado pela lei de diretrizes orçamentárias é de fundamental importância para a integração entre o plano plurianual e o orçamento anual.
( ) Certo   ( ) Errado

28. (CESPE – Analista Judiciário – Administrativa – CNJ – 2013) Considere que os Poderes Executivo e Judiciário tenham firmado convênio para expandir a presença da justiça no interior do país, em resposta ao aumento da criminalidade, ficando o Poder Executivo responsável pela construção de novas edificações para o funcionamento conjunto de órgãos do Poder Judiciário e da defensoria pública. Nessa situação, apesar de o convênio ter sido firmado du-

rante a vigência de um PPA que não previa essas despesas, cuja duração seria superior a um exercício financeiro, não é necessária a alteração imediata do PPA, bastando a inclusão desse novo item de gasto na LOA em vigência.

( ) Certo   ( ) Errado

29. (CESPE – Analista Judiciário – Judiciária – CNJ – 2013) Considerando que João seja responsável pela elaboração da proposta orçamentária de um tribunal federal, que irá compor o projeto de lei orçamentária anual (LOA) para 2014. Com vistas a assegurar a execução do orçamento proposto, após o envio da proposta orçamentária destinada a compor a lei orçamentária para 2014, o tribunal deverá inserir todas as metas e prioridades no projeto de lei de diretrizes orçamentárias para 2014.

( ) Certo   ( ) Errado

30. (FCC – Analista Legislativo – Contabilidade – Assembleia Legislativa/PE – 2014) A Lei de Diretrizes Orçamentárias – LDO disporá sobre:

I. A distribuição dos recursos correntes e de capital de forma regionalizada.

II. As alterações na legislação tributária.

III. O equilíbrio entre receitas e despesas.

IV. As normas relativas ao controle de custos e a avaliação dos resultados dos programas financiados com recursos dos orçamentos.

V. As diretrizes, objetivos e metas para as despesas de capital e outras dela decorrentes e para os programas de duração continuada.

É correto o que se afirmar APENAS em

(A) I, II e III.

(B) I, III e IV.

(C) II, III e IV.

(D) I, II e V.

(E) III, IV e V.

31. (FGV – Agente Público – TCE/BA – 2014) As normas relativas ao controle de custos e à avaliação dos resultados dos programas financiados com recursos dos orçamentos estão contidas na

(A) Constituição Federal.

(B) Lei de Responsabilidade Social.

(C) Lei de Diretrizes Orçamentárias.

(D) Lei do Plano Plurianual.

(E) Lei Orçamentária Anual.

32. (CESPE – TCE/PA – Fiscalização e Contabilidade – 2016) A Constituição Federal de 1988 atribuiu ao Poder Executivo a competência para a elabora-

ção da proposta orçamentária e ao Poder Legislativo a competência para a sua aprovação.

( ) Certo   ( ) Errado

GABARITO

1) GABARITO: Certa.

Comentário

A lei que instituir o plano plurianual estabelecerá, de forma regionalizada, as diretrizes, objetivos e metas da administração pública federal para as despesas de capital e outras delas decorrentes e para as relativas aos programas de duração continuada (art. 165, § 1º, da CF/1988).

2) GABARITO: Certa.

Comentário

A lei de diretrizes orçamentárias compreenderá as metas e prioridades da administração pública federal, incluindo as despesas de capital para o exercício financeiro subsequente, orientará a elaboração da lei orçamentária anual, disporá sobre as alterações na legislação tributária e estabelecerá a política de aplicação das agências financeiras oficiais de fomento (art. 165, § 2º, da CF/1988).

3) GABARITO: Certa.

Comentário

A LOA conterá o orçamento fiscal, o orçamento da seguridade social e o orçamento de investimento das empresas (ou investimentos das estatais).

4) GABARITO: Certa.

Comentário

A LOA compreende o orçamento fiscal, o orçamento da seguridade social e o orçamento de investimentos das empresas em que a União, direta ou indiretamente, detenha a maioria do capital social com direito a voto.

5) GABARITO: Errada.

Comentário

O plano plurianual é estabelecido por lei de iniciativa do Poder Executivo.

6) GABARITO: Certa.

Comentário

A LOA compreende o orçamento fiscal, o orçamento da seguridade social e o orçamento de investimentos das empresas em que a União, direta ou indiretamente, detenha a maioria do capital social com direito a voto.

7) **GABARITO: Errada.**

Comentário

O PPA não se confunde com o mandato do chefe do Executivo. O PPA é elaborado no primeiro ano de governo e entra em vigor no segundo ano. A partir daí, tem sua vigência até o final do primeiro ano do mandato seguinte.

8) **GABARITO: Errada.**

Comentário

A lei orçamentária anual compreenderá, entre outros, orçamento da seguridade social, incluindo todas as entidades e órgãos a ela vinculados, da administração direta ou indireta, bem como os fundos e fundações instituídos e mantidos pelo Poder Público (art. 165, § 5º, III, da CF/1988).

9) **GABARITO: Errada.**

Comentário

A lei que instituir o plano plurianual estabelecerá, de forma regionalizada, as diretrizes, objetivos e metas da administração pública federal para as despesas de capital e outras delas decorrentes e para as relativas aos programas de duração continuada (art. 165, § 1º, da CF/1988). Não tem o objetivo de estabelecer previsão da receita e a fixação da despesa

10) **GABARITO: Errada.**

Comentário

A lei de diretrizes orçamentárias compreenderá as metas e prioridades da administração pública federal, incluindo as despesas de capital para o exercício financeiro subsequente, orientará a elaboração da lei orçamentária anual, disporá sobre as alterações na legislação tributária e estabelecerá a política de aplicação das agências financeiras oficiais de fomento.

11) **GABARITO: Certa.**

Comentário

Cabe à LDO orientar a elaboração da LOA, e deve ser encaminhada antes do envio da LOA para que o planejamento orçamentário fique coerente.

12) **GABARITO: Errada.**

Comentário

Os investimentos das empresas públicas não dependentes (ou independentes) integram o orçamento de investimentos das estatais.

13) **GABARITO: Errada.**

Comentário

A LOA compreende o orçamento fiscal, o orçamento da seguridade social e o orçamento de investimentos das empresas em que a União, direta ou indiretamente, detenha a maioria do capital social com direito a voto.

O erro na questão está no fato de mencionar que, além do orçamento fiscal e do orçamento da seguridade social, há o orçamento de investimentos e ainda outro orçamento das empresas nas quais o poder público tenha participação.

14) GABARITO: Errada.

Comentário

De acordo com a CF/1988, a LOA conterá o orçamento fiscal, o orçamento da seguridade social e o orçamento de investimento das empresas (ou investimentos das estatais).

O orçamento monetário e orçamentos paralelos inexistem.

15) GABARITO: Certa.

Comentário

A lei que instituir o plano plurianual estabelecerá, de forma regionalizada, as diretrizes, objetivos e metas da administração pública federal para as despesas de capital e outras delas decorrentes e para as relativas aos programas de duração continuada (art. 165, § 1º, da CF/1988).

16) GABARITO: Certa.

Comentário

Segundo o art. 165, I a III, da Constituição Federal de 1988: Art. 165. Leis de iniciativa do Poder Executivo estabelecerão:

I – o plano plurianual;

II – as diretrizes orçamentárias;

III – os orçamentos anuais.

17) GABARITO: Certa.

Comentário

Integram a LOA os orçamentos fiscais, de investimento das empresas estatais e da seguridade social.

18) GABARITO: Errada.

Comentário

Não é possível garantir aos entes públicos que suas necessidades de recursos financeiros serão plenamente atendidas, uma vez que os recursos são escassos. São necessárias escolhas no momento da elaboração dos instrumentos de planejamento e orçamento onde alguns setores serão mais beneficiados, em sintonia com as ideias dominantes dos governantes em determinado momento

19) **GABARITO: Errada.**

Comentário

No âmbito de cada ente, PPA, LDO e LOA constituem etapas distintas, porém integradas, de forma que permitam um planejamento estrutural das ações governamentais.

20) **GABARITO: Certa.**

Comentário

De acordo com o art. 166 da CF/1988, os projetos de lei relativos ao plano plurianual, às diretrizes orçamentárias, ao orçamento anual e aos créditos adicionais serão apreciados pelas duas Casas do Congresso Nacional, na forma do regimento comum. Cabendo ao Poder Legislativo, analisar e votar esses instrumentos de planejamento.

21) **GABARITO: Errada.**

Comentário

A LDO é o instrumento legal e normatizador que orienta a elaboração e execução do orçamento anual, mas de curto prazo.

22) **GABARITO: Errada.**

Comentário

O projeto da Lei Orçamentária anual deverá ser encaminhado ao Legislativo quatro meses antes do término do exercício financeiro (31 de agosto), e devolvido ao Executivo até o encerramento da sessão legislativa (22 de dezembro) do exercício de sua elaboração.

23) **GABARITO: Errada.**

Comentário

A lei de diretrizes orçamentárias fundamenta e orienta a elaboração da lei orçamentária anual.

24) **GABARITO: Errada.**

Comentário

Conforme dispositivo constitucional, a LOA compreende o orçamento de investimento das estatais, limitado às empresas em que a União detenha, de forma direta ou indireta, a maioria do capital social com direito a voto.

25) **GABARITO: Certa**

Comentário

Segundo o art. 165, I a III, da Constituição Federal de 1988: Art. 165. Leis de iniciativa do Poder Executivo estabelecerão:

I – o plano plurianual;

II – as diretrizes orçamentárias;

III – os orçamentos anuais.

Será inconstitucional a lei de iniciativa de outro Poder que estabelecer as diretrizes orçamentárias para o exercício financeiro subsequente.

26) GABARITO: Certa.

Comentário

O processo orçamentário brasileiro é direcionado principalmente por três leis distintas: PPA, LDO e LOA. O plano plurianual tem maior vigência, a qual é de quatro anos; a lei de diretrizes orçamentárias em conjunto com o anexo de metas e riscos fiscais conforme determina a Lei de Responsabilidade Fiscal e, por fim, a lei orçamentária anual, na qual se incluem o orçamento fiscal, o de seguridade social e o de investimentos das empresas.

27) GABARITO: Certa

Comentário

O surgimento da LDO por meio da Constituição Federal de 1988, já na intenção de ser o elo entre o planejamento estratégico (Plano Plurianual, médio prazo, quatro anos) e o planejamento operacional (Lei Orçamentária Anual, curto prazo, 1 ano).

28) GABARITO: Errada.

Comentário

Nenhum investimento cuja execução ultrapasse um exercício financeiro poderá ser iniciado sem prévia inclusão no plano plurianual, ou sem lei que autorize a inclusão, sob pena de crime de responsabilidade (art. 167, § 1º, da CF/1988). Desta forma, não basta incluir apenas na LOA, por se tratar de uma despesa que ultrapassa um exercício financeiro.

29) GABARITO: Errada.

Comentário

A Lei de Diretrizes Orçamentárias compreenderá as metas e prioridades da administração pública federal, incluindo as despesas de capital para o exercício financeiro subsequente, orientará a elaboração da lei orçamentária anual, disporá sobre as alterações na legislação tributária e estabelecerá a política de aplicação das agências financeiras oficiais de fomento (art. 165, § 2º, da CF/1988).

O tribunal deverá inserir todas as metas e prioridades no projeto de lei de diretrizes orçamentárias para 2014. Como a LDO é um instrumento prévio à LOA, não será após o envio da proposta orçamentária que as metas e prioridades serão inseridas no projeto da LDO.

30) GABARITO: C.

Comentário

I) **Errada**. Não cabe à LDO alocar os recursos.

II) **Correto**. A lei de diretrizes orçamentárias compreenderá as metas e priori-dades da administração pública federal, incluindo as despesas de capital para o exercício financeiro subsequente, orientará a elaboração da lei orçamentária anual, disporá sobre as alterações na legislação tributária e estabelecerá a po-lítica de aplicação das agências financeiras oficiais de fomento (art. 165, § 2º, da CF/1988).

III) e IV) **Corretos**. A lei de diretrizes orçamentárias disporá também sobre, entre outros, equilíbrio entre receitas e despesas e normas relativas ao controle de custos e à avaliação dos resultados dos programas financiados com recursos dos orçamentos (art. 4º, I, "a" e "e", da LRF).

V) **Errado**. A lei que instituir o plano plurianual estabelecerá, de forma regio-nalizada, as diretrizes, objetivos e metas da administração pública federal para as despesas de capital e outras delas decorrentes e para as relativas aos progra-mas de duração continuada (art. 165, § 1º, da CF/1988).

31) GABARITO: C

Comentário

Na LRF:

Art. 4º A lei de diretrizes orçamentárias atenderá o disposto no § 2º do art. 165 da Constituição e:

I – Disporá também sobre:

A) equilíbrio entre receitas e despesas;

B) critérios e forma de limitação de empenho, a ser efetivada nas hipóteses previstas na alínea b do inciso II deste artigo, no art. 9º e no inciso II do § 1º do art. 31;

(...)

E) normas relativas ao controle de custos e à avaliação dos resultados dos pro-gramas financiados com recursos dos orçamentos;

F) demais condições e exigências para transferências de recursos a entidades públicas e privadas.

32) GABARITO: Certo.

Comentário

O orçamento no Brasil é do tipo misto, é uma via de mão dupla: Executivo elabora e Legislativo aprova.

Capítulo 3

PRINCÍPIOS ORÇAMENTÁRIOS

3.1 Introdução

Os Princípios Orçamentários são regras básicas estabelecidas por normas constitucionais, infraconstitucionais e pela doutrina a fim de conferirem racionalidade, eficiência e transparência aos processos de elaboração, execução e controle do orçamento público. Devem ser observadas rigorosamente durante o processo de elaboração, execução e controle do Orçamento Público por todos os entes federativos, União, Estados, Distrito Federal e Municípios e de seus Poderes Executivo, Legislativo e Judiciário.

Sobre os princípios orçamentários, a Lei 4320/64 assim dispõe:

> Art. 2°. A Lei do Orçamento conterá a discriminação da receita e despesa de forma a evidenciar a política econômica financeira e o programa de trabalho do Governo, obedecidos os princípios de unidade, universalidade e anualidade.

As normas constitucionais e infraconstitucionais que estabelecem e disciplinam os princípios orçamentários são:

1. A Constituição Federal de 1988.
2. A Lei 4320/1964 (lei ordinária recepcionada como lei complementar).
3. A Lei de Responsabilidade Fiscal (Lei Complementar 101/2000).
4. O Manual Técnico do Orçamento e o MCASP – Parte I (Procedimentos Contábeis Orçamentários).
5. Decreto-Lei 200/1967.
6. Decreto 93.872/1986.
7. Portaria SOF e STN 163/2001.

3.2 Princípios Orçamentários

Segundo o saudoso e grande mestre Professor Lino Martins, os princípios orçamentários objetivam assegurar o cumprimento dos fins a que se propõe o orçamento e podem ser resumidos em dois aspectos: gerais e específicos, conforme a seguir:

Princípios Orçamen-tários	Princípios Orça-mentários Gerais (receita e despesa)	Substâncias	- Anualidade - Unidade - Universalidade - Equilíbrio - Exclusividade
		Formais ou de Apre-sentação	- Especificação - Publicidade - Uniformidade - Precedência
	Princípios Orça-mentários especí-ficos (só receita)	Não-afetação da receita Legalidade da Tributação	

Vamos agora estudar cada um desses principios, observando a sua vinculação com as normas.

1) PRINCÍPIO DA UNIDADE

De acordo com este princípio, o orçamento deve ser uno, ou seja, cada ente governamental deve elaborar um único orçamento. Este princípio é mencionado no *caput* do art. 2º da Lei nº 4.320, de 1964, e visa evitar múltiplos orçamentos dentro da mesma pessoa política.

Lei 4320/1964

Art. 2º. A Lei do Orçamento conterá a discriminação da receita e despesa de forma a evidenciar a política econômica financeira e o programa de trabalho do Governo, obedecidos os princípios de unidade, universalidade e anualidade.

Dessa forma, todas as receitas previstas e despesas fixadas, em cada exercício financeiro, devem integrar um único documento legal dentro de cada nível federativo.

2) PRINCÍPIO DA ANUALIDADE

Conforme este princípio, o exercício financeiro é o período de tempo ao qual se referem a previsão das receitas e a fixação das despesas registradas na LOA. Este princípio é mencionado no *caput* do art. 2º da Lei nº 4.320, de 1964. Segundo o art. 34 desta lei, o exercício financeiro coincidirá com o ano civil (1º de janeiro a 31 de dezembro).

> **Lei 4320/1964:**
>
> Art. 2º A Lei do Orçamento conterá a discriminação da receita e despesa de forma a evidenciar a política econômica financeira e o programa de trabalho do Governo, obedecidos os princípios de unidade, universalidade e anualidade.
>
> Art. 34. O exercício financeiro coincidirá com o ano civil.

3) PRINCÍPIO DA UNIVERSALIDADE

Segundo este princípio, a LOA de cada ente federado deverá conter todas as receitas e as despesas de todos os Poderes, órgãos, entidades, fundos e fundações instituídas e mantidas pelo poder público. Este princípio é mencionado no *caput* do art. 2º, e nos artigos 3º e 4º da Lei nº 4.320/1964, recepcionado e normatizado pelo § 5º do art. 165 da CF.

> **Lei 4320/1964:**
>
> Art. 2º A Lei do Orçamento conterá a discriminação da receita e despesa de forma a evidenciar a política econômica financeira e o programa de trabalho do Governo, obedecidos os princípios de unidade, universalidade e anualidade.
>
> Art. 3º A Lei de Orçamentos compreenderá todas as receitas, inclusive as de operações de crédito autorizadas em lei.
>
> Parágrafo único. Não se consideram para os fins deste artigo as operações de crédito por antecipação da receita, as emissões de papel-moeda e outras entradas compensatórias, no ativo e passivo financeiros.

Art. 4º A Lei de Orçamento compreenderá todas as despesas próprias dos órgãos do Governo e da administração centralizada, ou que, por intermédio deles se devam realizar, observado o disposto no artigo 2º.

3.1) Princípio Orçamentário do Orçamento-bruto

Este princípio clássico surgiu juntamente com o da universalidade, visando o mesmo objetivo. Todas as parcelas da receita e da despesa devem aparecer no orçamento em seus valores brutos, sem qualquer tipo de dedução.

A intenção é de impedir a inclusão de valores líquidos ou de saldos resultantes do confronto entre receitas e as despesas de determinado serviço público.

Receita Prevista Bruta	R$200.000	Este valor deve ser computado no orçamento como receita.
(-) Transferência para os Municípios (25%)	R$50.000	Este valor deve ser computado no orçamento como despesa.
= Receita Prevista Líquida	R$150.000	Não aparece no orçamento.

Lei nº 4320/64

Art. 6º. Todas as receitas e despesas constarão da lei de orçamento pelos seus totais, vedadas quaisquer deduções.

Segundo Sebastião de Sant'Anna e Silva, o principio da universalidade possibilita ao Legislativo:

* conhecer a priori todas as receitas e despesas do governo e dar prévia autorização para a respectiva arrecadação e realização;
* impedir ao Executivo a realização de qualquer operação de receita e despesa sem prévia autorização parlamentar;

- conhecer o exato volume global das despesas projetadas pelo governo, a fim de autorizar a cobrança dos tributos estritamente necessários para atendê-las.

4) PRINCÍPIO DA EXCLUSIVIDADE

Previsto no artigo 165, § 8º da Constituição Federal, estabelece que a Lei Orçamentária Anual não conterá dispositivo estranho à previsão da receita e à fixação da despesa, não se incluindo na proibição a autorização para abertura de créditos suplementares e a contratação de operações de crédito, inclusive por antecipação de receita orçamentária (AROs), nos termos da lei. As leis de créditos adicionais também devem observar esse princípio.

> Art. 165º (...)
>
> *§8º- A lei orçamentária anual não conterá dispositivo estranho à previsão da receita e à fixação da despesa, não se incluindo na proibição a autorização para a abertura de créditos suplementares e contratação de operações de crédito, ainda que por antecipação de receita, nos termos da lei.*

5) PRINCÍPIO DA ESPECIFICAÇÃO

Previsto no Art. 5º da Lei 4320, este princípio prevê que as receitas e as despesas orçamentárias devem ser autorizadas pelo Poder Legislativo em parcelas discriminadas e não pelo seu valor global, facilitando o acompanhamento e o controle do gasto público.

> **Lei 4320/1964:**
>
> "Art. 5º A Lei de Orçamento não consignará dotações globais destinadas a atender indiferentemente a despesas de pessoal, material, serviços de terceiros, transferências ou quaisquer outras [...]"
>
> "Art. 15º Na Lei de Orçamento a discriminação da despesa far-se-á no mínimo por elementos.
>
> *§ 1º Entende-se por elementos o desdobramento da despesa com pessoal, material, serviços, obras e outros meios de que se serve a administração pública para consecução dos seus fins.*

Vejamos o seguinte exemplo:

Uma lei orçamentária não pode ser aprovada apenas dizendo que o governo pode gastar R$3.000.000 no exercício de 2020. Tem que especificar os valores, dizer o que pode ser gasto com cada item (pessoal, material, serviços, obras etc.).

6) PRINCÍPIO DO EQUILÍBRIO

O MCASP (Manual de Contabilidade Aplicado ao Setor Público) estabelece neste princípio de que o montante da despesa autorizada em cada exercício financeiro não poderá ser superior ao total de receitas estimadas para o mesmo período.

Ocorrendo reestimativa de receitas com base no excesso de arrecadação e na observação da tendência do exercício, pode haver solicitação de crédito adicional. Nesse caso, para fins de atualização da previsão, devem ser considerados apenas os valores utilizados para a abertura de crédito adicional.

Lei nº 4.320/1964

Art. 3º A Lei de Orçamentos compreenderá todas as receitas, inclusive as de operações de crédito autorizadas em lei.

7) PRINCÍPIO DA PUBLICIDADE

Esse princípio básico das atividades da administração pública também é aplicado às peças orçamentárias. Justifica-se especialmente no fato de o orçamento ser fixado em lei, e esta para criar, modificar, extinguir ou condicionar direitos e deveres, obrigando a todos, há que ser publicada.

CF/1988:

Art. 37. A administração pública direta e indireta de qualquer dos Poderes da União, dos Estados, do Distrito Federal e dos Municípios obedecerá aos princípios de legalidade, impessoalidade, moralidade, publicidade e eficiência e, também, ao seguinte: [...]

8) PRINCÍPIO DA LEGALIDADE DE TRIBUTAR

Este princípio tem o mesmo fundamento do princípio da legalidade aplicado à administração pública, segundo o qual cabe ao Poder Público fazer ou deixar de fazer somente aquilo que a lei expressamente autorizar, ou seja, se subordina aos ditames da lei. A Constituição Federal de 1988 no artigo 37 estabelece os princípios da administração pública, dentre os quais o da legalidade e, no seu art. 165 (Leis de iniciativa do Poder Executivo estabelecerão: I – o plano plurianual; II – as diretrizes orçamentárias; III – os orçamentos anuais).

9) PRINCÍPIO ORÇAMENTÁRIO DA CLAREZA

O orçamento deve ser claro e compreensível para qualquer indivíduo, ou seja, deve ser apresentado em linguagem simples e compreensível a todas aquelas pessoas que, por força de ofício ou por interesse, precisem manipulá-lo (analisá-lo)

10) PRINCÍPIO DA UNIFORMIDADE

Para que cada orçamento não tenha uma estrutura distinta, um padrão deverá ser obedecido. Deve ser adotada uma estrutura que permita a comparação ao longo dos exercícios financeiros.

11) PRINCÍPIO ORÇAMENTÁRIO DA PRECEDÊNCIA

A aprovação do orçamento deve ocorrer antes do exercício financeiro a que se refere.

12) PRINCÍPIO ORÇAMENTÁRIO DA NÃO-AFETAÇÃO DA RECEITA

A Constituição Federal de 1988, no artigo 167 inciso IV, veda a vinculação de receita de impostos a órgão, fundo ou despesa. Porém temos que ter cuidado ao analisar esse princípio – vejamos:

1) Somente os impostos que não podem ser vinculados; as demais receitas podem. Nada impede que seja criada uma contribuição social, por exemplo, vinculada à saúde.

2) Existem exceções na vinculação de impostos para como:

2.1 – Destinação de recursos para as ações e serviços públicos de saúde, para manutenção e desenvolvimento do ensino e para realização de atividades da administração tributária;

2.2 – Prestação de garantias às operações de crédito por antecipação de receita;

2.3 – Prestação de garantia ou contragarantia à União e para pagamento de débitos para com esta.

2.4 – Pepartição do produto da arrecadação dos impostos a que se referem os arts. 158 e 159 da CF (Fundos de Participação dos Estados (FPE) e Fundos de Participação dos Municípios (FPM) e Fundos de Desenvolvimento das Regiões Norte (FNO), Nordeste (FNE) e Centro-Oeste (FCO)

3.3 QUADRO-RESUMO DOS PRINCÍPIOS

Princípio	Palavras-chaves
Princípio da Unidade	A LOA é uma só.
Princípio da Anualidade	O exercício financeiro coincide com o ano civil.
Princípio da Universalidade	Todas as receitas e despesas públicas devem constar na LOA.
Princípio do Orçamento Bruto	As receitas e despesas orçamentárias devem constar pelos seus totais.
Princípio da Exclusividade	Não se admite matéria estranha na LOA.
Princípio da Não Afetação	Em regra, não se pode vincular receitas de impostos.
Princípio da Especificação	Em regra, não se pode ter dotações globais.

Princípio do Equilíbrio	As operações de crédito não podem superar a despesas de capital.
Princípio da Publicidade	Para ser dar eficácia deve-se publicar as leis orçamentárias.
Princípio da Clareza	O orçamento deve ser elaborado em linguagem compreensível.
Princípio da Uniformidade	Deve-se adotar uma estrutura que permita a comparação ao longo dos anos.

EXERCÍCIOS

1. (Cespe/2013/MME/Analista) De acordo com o princípio da anualidade ou periodicidade, a vigência do orçamento é limitada no tempo, não sendo admitida, na forma da lei, a reabertura de limites e a incorporação de saldos a exercícios financeiros subsequentes.
( ) Certo   ( ) Errado

2. (Cespe/2013/MME/Analista) O princípio da unidade ou da totalidade, abordado parcialmente na CF, estabelece que o orçamento anual de cada esfera do governo deve ser segregado em três subgrupos: o fiscal, o de investimento e o de seguridade social.
( ) Certo   ( ) Errado

3. (Cespe/ 2014/ TCDF/ Analista) Considera-se respeitado o princípio da unidade orçamentária ainda que a lei orçamentária anual seja composta por três orçamentos diferentes, como ocorre no Brasil.

4. (Cespe/2013/Unipampa/Contador) Por intermédio do princípio da universalidade, segundo o qual a lei orçamentária deve conter a discriminação de todas as receitas e de todas as despesas do Estado, o Poder Legislativo pode impedir a execução de despesas sem a prévia autorização parlamentar.

5. (Cespe/2014/Câmara dos Deputados/Consultor) O princípio do orçamento bruto, embora bastante representativo, não está integrado à legislação brasileira.

6. (Cespe/2014/TCDF/Técnico) O princípio da universalidade está expresso no dispositivo constitucional que proíbe a concessão ou utilização de créditos ilimitados.

7. (Cespe/2013/MME/Analista Financeiro) Em consonância com o princípio da exclusividade, a CF estabelece que a LOA não deve abranger dispositivo estranho à previsão de receita e à fixação de despesa.

8. (Cespe/2014/TJ-CE/Analista) O princípio da não afetação das receitas determina que o produto da arrecadação dos tributos não pode estar vinculado a órgão, fundo ou despesa.

9.. (Cespe/2013/Unipampa/Contador) Salvo as exceções previstas em lei, o princípio da não afetação das receitas veda a vinculação da receita de impostos, taxas e contribuições de melhoria a determinado órgão, fundo ou despesa.

10. (Cespe/2014/TJ-CE/ Técnico) Em que pese a previsão constitucional do princípio da exclusividade orçamentária, é permitido que a LOA autorize previamente a abertura de operações de crédito.

11.. (Cespe/2013/Unipampa/Contador) Acerca de princípios orçamentários e orçamento público, julgue o item a seguir.
De acordo com o princípio da especialização, a despesa deve ser discriminada na lei orçamentária, no mínimo, por elementos, ressalvando-se a predição de alguns programas de investimento, a qual pode ser feita na forma global.

12. (Cespe/2007/INMETRO) Na lei orçamentária, a discriminação da despesa quanto à sua natureza deverá ser feita, no mínimo, por categoria econômica, grupo de natureza de despesa e modalidade de aplicação.

13. (Cespe/2014/TJ-CE/Técnico) A lei orçamentária anual . (LOA) não contém dispositivo estranho à previsão da receita e à fixação da despesa, em face do princípio da especificação.

14. (Cespe/2010/MPU/Economista) Todas as receitas devem ser recolhidas em estrita observância ao princípio de unidade de tesouraria, vedada qualquer fragmentação para criação de caixas especiais.

15.. (Cespe/2014/TJ-CE/Analista Administrativo) O princípio do equilíbrio não costuma ser observado no Brasil, visto que o orçamento fiscal geralmente é deficitário.

16. (Cespe/MME/2013/Assistente financeiro) O princípio da uniformidade prevê que a LOA apresente e conserve uma estrutura que permita a comparação ao longo dos diversos exercícios e mandatos.

17. (Cespe/ANAC/2012/Analista) De acordo com o princípio da clareza, a LOA deve ser elaborada em linguagem compreensível a todos os interessados.

18. (Cespe/TCU/2011) Como parte integrante do processo orçamentário, o PPA deve obedecer ao princípio da universalidade.

19. (Cespe/2016/TCE-PR) A Lei de Responsabilidade Fiscal reforça o princípio segundo o qual as obrigações assumidas no exercício devem ser compatíveis com os recursos financeiros obtidos no mesmo exercício. O princípio orçamentário vinculado a essa norma denomina-se princípio da:

. (A) unidade.

. (B) uniformidade.

. (C) clareza.

. (D) anualidade.

. (E) legalidade

20. (TCM-BA Auditor Estadual de Controle Externo Cespe 2018): A destinação de recursos advindos da arrecadação de impostos ao fundo de participação de estados e municípios constitui uma exceção ao princípio

. (A) do orçamento bruto.

. (B) da não afetação.

. (C) da exclusividade.

. (D) da unidade.

. (E) da universalidade.

21. (FCC/TRE-RO/2013) Após cassação do prefeito de Lindolândia, o vice-prefeito ao assumir a prefeitura encaminhou à Câmara Municipal proposta orçamentária, para um período de 12 meses, 01/07/2013 a 30/06/2014, prevendo receitas e fixando despesas no total de R$ 50.000,00. Com relação aos princípios orçamentários, é correto afirmar que a proposta orçamentária NÃO atende ao princípio da:

. (A) prudência.

. (B) anualidade.

. (C) exclusividade.

. (D) universalidade.

. (E) unidade.

22. (FCC/TRT-14ª Região/2013) O orçamento do TRT da 15º Região previu dotações globais para custear programas especiais de trabalho que, por sua natureza, não podem ser cumpridas subordinadas às normas gerais da execução da despesa. Esse fato representa exceção ao princípio orçamentário da:

(A) Unidade.

(B) Universalidade.

(C) Exclusividade.

(D) Especificação.

(E) Periodicidade.

QUADRO RESUMO DOS PRINCÍPIOS

Princípio	Palavras-chaves
Princípio da Unidade	A LOA é uma só.
Princípio da Anualidade	O exercício financeiro coincide com o ano civil.
Princípio da Universalidade	Todas as receitas e despesas públicas devem constar na LOA.
Princípio do Orçamento Bruto	As receitas e despesas orçamentárias devem constar pelos seus totais.
Princípio da Exclusividade	Não se admite matéria estranha na LOA.
Princípio da Não Afetação	Em regra, não se pode vincular receitas de impostos.
Princípio da Especificação	Em regra, não se pode ter dotações globais.
Princípio do Equilíbrio	As operações de crédito não podem superar a despesas de capital.
Princípio da Publicidade	Para ser dar eficácia deve-se publicar as leis orçamentárias.
Princípio da Clareza	O orçamento deve ser elaborado em linguagem compreensível.
Princípio da Uniformidade	Deve-se adotar uma estrutura que permita a comparação ao longo dos anos.

GABARITO

1) GABARITO: Errado.

Comentário

A reabertura de créditos é admissível em determinados casos.

2) GABARITO: Errado.

Comentário

O princípio da unidade é abordado totalmente na CF/1988. Cada esfera (federal, estadual, municipal) possui seu próprio orçamento.

3) GABARITO: Certo.

Comentário

A LOA é uma só, mas composta de três orçamentos: o fiscal, o de investimento e o de seguridade social.

4) GABARITO: Certo.

Comentário

As despesas públicas, orçamentárias, dependem de crédito prévio para ocorra o empenho. Assim, sem a aprovação da LOA pelo Legislativo, o Executivo não consegue executar o orçamento. Existem exceções como no caso do crédito extraordinário, mas a questão o usou o termo "pode".

5) GABARITO: Errado.

Comentário

O princípio do orçamento bruto está integrado à legislação brasileira.

6) GABARITO: Errado.

Comentário

O princípio da universalidade estabelece que todas as receitas e despesas públicas constam na LOA.

7) GABARITO: Certo.

Comentário

É exatamente o que consta na CF/1988.

8) GABARITO: Errado.

Comentário

O princípio da não afetação é para impostos, que é um dos tipos de tributos. Pode vincular receitas de taxas que são tributos.

9) GABARITO: Errado

Comentário

O princípio da não afetação é para impostos, que é um dos tipos de tributos. Pode vincular receitas de taxas que são tributos.

10) GABARITO: Certo.

Comentário

São duas exceções: autorização para abrir créditos suplementares e autorização para abrir operações de crédito inclusive ARO

11) GABARITO: Certo.

Comentário

Inicialmente ele não cita classificação quanto à natureza, assim está se referindo a lei 4.320/1964. Na lei 4320/1964 existe como exceção ao princípio da especificação os programas especiais de trabalho classificados como investimentos.

12) GABARITO: Certo.

Comentário

Como ele usou classificação quanto à natureza, ele está se referindo à portaria 163/2001.

13) GABARITO: Errado

Comentário

Seria princípio da exclusividade.

14) GABARITO: Certo.

Comentário

Como foi a cópia do artigo 56 da lei 4320/1964 e não houve menção especifica a conta única do tesouro está tudo certo.

15) GABARITO: Errado

Comentário

Ele deve ser observado. Além disso, o orçamento fiscal possui superávit que é usado para cobrir o orçamento da seguridade social.

16) GABARITO: Certo.

Comentário

Deve ser adotada uma estrutura que permita a comparabilidade.

17) **GABARITO: Certo.**

Comentário

Deve-se buscar uma linguagem cidadã.

18) **GABARITO: Errado**

Comentário

O PPA não contempla todas as receitas e despesas orçamentárias.

19) **GABARITO: D.**

Comentário

Considerando que o único princípio nas respostas que trata de utilização de recursos no mesmo exercício é o princípio da anualidade.

20) **GABARITO: C.**

Comentário

Seria uma das exceções ao princípio da exclusividade.

21) **GABARITO: B.**

Comentário

A prefeitura desrespeitou o princípio da anualidade que determina que o ano financeiro coincide com o ano civil.

22) **GABARITO: B.**

Comentário

O uso de dotações globais é exceção ao princípio da especificação.

Capítulo 4

CRÉDITOS ADICIONAIS

4.1 Introdução

Os créditos adicionais são mecanismos de ajuste do orçamento público. Muitas vezes estes créditos orçamentários são insuficientes para suportar as despesas fixadas na LOA e frequentemente surge a necessidade de ajustes ao orçamento público. Estes ajustes são denominados de créditos adicionais.

4.2 Classificação dos Créditos Adicionais

A Lei nº 4.320/1964, estabelece a seguinte classificação para os Créditos Adicionais:

Art. 41. Os créditos adicionais classificam-se em:

I – suplementares, os destinados a reforço de dotação orçamentária;

II – especiais, os destinados a despesas para as quais não haja dotação orçamentária específica;

III – extraordinários, os destinados a despesas urgentes e imprevistas, em caso de guerra, comoção intestina ou calamidade pública.

4.3 Fontes de recursos destinadas à abertura de créditos adicionais.

Superávit financeiro apurado em balanço patrimonial do exercício anterior, encerrado em 31/12 (art. 43, § 1º, inciso I, da Lei nº 4.320/1964).

Os provenientes de excesso de arrecadação (art. 43, § 1º, inciso II, da Lei nº 4.320/1964).

Os resultantes de anulação parcial ou total de dotações orçamentárias ou de créditos adicionais, autorizados em Lei (art. 43, § 1º, inciso III, da Lei nº 4.320/1964);

O produto de operações de credito autorizadas, em forma que juridicamente possibilite ao poder executivo realizá-las (art. 43, § 1º, inciso IV, da Lei nº 4.320/1964).

Os resultantes da reserva para contingências, estabelecido na LOA (art. 5º, inciso III, alínea b, da LRF).

Os recursos que, em decorrência de veto, emenda ou rejeição do projeto de lei orçamentária anual, ficarem sem despesas correspondentes, desde que haja prévia e específica autorização legislativa (art. 166, § 8º, da CF).

a) Superávit financeiro: será apurado no Balanço Patrimonial do exercício anterior.

Entende-se por Superávit Financeiro a diferença positiva entre o ativo financeiro e o passivo financeiro (Ativo Circulante e Passivo Circulante). A conta "valores a receber", deverá ser deduzida, do total do ativo circulante.

Exemplo: Balanço exercício anterior ao da solicitação do crédito adicional

Ativo	$	Passivo	$
Ativo Financeiro (Circulante)		**Passivo Financeiro (Circulante)**	
Caixa	200	Restos a Pagar	300
Banco	1000	Serviço da Dívida a Pagar	100
Valores a Receber	400	Depósito	400
Total Ativo Financeiro (Circulante)	**1600**	**Total Passivo Financeiro (Circulante)**	**800**
		Passivo Não Circulante	
Ativo Não Circulante	400	Dívida Fundada	300
		Patrimônio Líquido	900
Total do Ativo	**2000**	**Total do Ativo**	**2000**

Ativo Financeiro (Disponível) $ 1200

Menos: Passivo Financeiro <u>$ (800)</u>

Superávit Financeiro $ 400

Observação: Valores a Receber não entram no cálculo Ativo Financeiro

b) Provenientes de excesso de arrecadação: Diferenças acumuladas mês a mês entre a arrecadação prevista e a realizada, considerando-se, ainda, a tendência do exercício.

Exemplo: Excesso de arrecadação considerando a tendência do exercício:

ORÇAMENTO PARA 2019 – ÓRGÃO Y			
RECEITA PREVISTA		**DESPESA FIXADA**	
Receitas Correntes		Despesas correntes	
Tributária	6.000	Pessoal e Encargos Sociais	10.000
De serviços	20.000	Serviços de terceiros	4.000
Patrimonial	14.000	Material de consumo	6.000
Receitas de capital		Despesas de Capital	
Operações de crédito	20.000	Investimentos	30.000
		Inversões financeiras	10.000
Total das receitas	60.000	Total das despesas	60.000

Excesso de arrecadação até junho de 2019:

Mês	Receita Prevista – 2019	Receita Arrecadada – 2019	Receita Arrecadada – 2018
Janeiro	5.000	6.000	4.000

Feverei-ro	5.000	6.000		6.000	
Março	5.000	6.000		5.000	
Abril	5.000	8.000		6.000	
Maio	5.000	8.000		5.000	
Junho	5.000	6.000	40.000	4.000	30.000
Julho	5.000			2.000	
Agosto	5.000			2.000	
Setem-bro	5.000			4.000	
Outubro	5.000			6000	
Novem-bro	5.000			4.000	
Dezem-bro	5.000			6.000	24.000 *
Total	60.000			54.000	

Cálculo do excesso de arrecadação:

Taxa de incremento: 1º período de 2019/1º período de 2018 = 40.000/30.000 = 1,3333, ou seja, 33,33%	Considerando que não houve inflação no período.
24.000 X 33,33% = 8.000, adicionado 24.000* (intervalo de julho a dezembro de 2018) = 32.000.	

Demonstrativo do excesso de arrecadação:

Situação em 2019:	
Receitas arrecadadas de 1/1 a 30/6/2019	40.000
(+) Previsão de arrecadação de 1/7 a 31/12/2019	32.000
(-) Crédito extraordinário aberto	(4.000) **

| (-) Receitas previstas para o ano | (60.000) |
| = Excesso de arrecadação projetado | 8.000 |

** Caso houvesse aberto ou reaberto no exercício financeiro, de janeiro a junho de 2019, apenas um crédito extraordinário de $ 4.000

c) Resultados de anulação parcial ou total de dotações orçamentárias

A anulação parcial ou total de dotações orçamentárias é a modalidade mais utilizada para a abertura dos créditos adicionais. Além das dotações alocadas às diversas ações que compõem o orçamento, a anulação mencionada também poderá ser feita da Reserva de Contingência.

d) Produto de operações de crédito autorizadas: Operações de crédito (empréstimo) servem de base para a abertura de créditos suplementares – exceto as operações de crédito por ARO (antecipação de receita), que são receitas extra orçamentárias, e são destinadas a atender insuficiências de caixa, e não como fonte para abertura de créditos adicionais.

e) Recursos que, em decorrência de veto, emenda ou rejeição do projeto de Lei Orçamentária Anual, ficarem sem despesas correspondentes;

A Constituição federal de 1988, em seu § 2º, art. 166, dispõe:

> Os recursos que, em decorrência de veto, emenda ou rejeição do projeto de lei orçamentária anual, ficarem sem despesas correspondentes poderão ser utilizados, conforme o caso, mediante créditos especiais ou suplementares, com prévia e específica autorização legislativa.

f) Reserva de Contingência (LOA)

Compreende o volume de recursos destinados ao atendimento de passivos contingentes e outros riscos, bem como eventos fiscais imprevistos. Essa reserva poderá ser utilizada para abertura de créditos adicionais, desde que definida na LDO.

Além disso, para a abertura de novos créditos adicionais, deve-se descontar os créditos adicionais reabertos (créditos especiais e extraordinários nos últimos 4 meses) e os créditos extraordinários abertos no exercício.

4.4 Vigência dos créditos adicionais

CF/1988 – § 2º, art. 167,

> § *2º*. Os créditos especiais e extraordinários terão vigência no exercício financeiro em que forem autorizados, salvo se o ato de autorização for promulgado nos *últimos quatro meses daquele exercício*, caso em que, reabertos nos limites de seus saldos, serão incorporados ao orçamento do exercício financeiro subsequente.

Segue: Lei 4320/64

> Art. 45. Os créditos adicionais terão vigência adstrita ao exercício financeiro em que forem abertos, salvo expressa disposição legal em contrário, quanto aos especiais e extraordinários.

Cabe aqui destacar que quanto ao § 2º, art. 167, o legislador deixa claro que, para os créditos especiais e extraordinários, a vigência poderá ultrapassar o exercício solicitado, e poderá, ainda, ser reaberto no exercício seguinte, caso haja a necessidade de continuação da despesa, uma vez que após a data de 31/08 do envio da LOA para o Legislativo a referida despesa não poderá ser incluída no orçamento para o exercício seguinte, razão pela qual poderá ser reaberto.

4.5 QUADRO RESUMO

Espécies	Resumo
Suplementares	▪ Reforçar a despesa já prevista no orçamento. ▪ Vigência **somente no exercício em que for autorizado**. ▪ São autorizados por lei e abertos por decreto. ▪ Necessita de indicação de fonte de recursos e de justificativa.

Especiais	▪ Destinado a novas ações, sem dotação inicialmente prevista. ▪ Vigência no exercício de abertura, **salvo se abertos nos últimos quatro meses do exercício.** ▪ São autorizados por lei e abertos por decreto. ▪ Necessita de indicação prévia de fonte de recursos e de justificativa.
Extraordinários	▪ Despesas urgentes e imprevisíveis, decorrentes de guerra, comoção interna ou calamidade pública. ▪ Vigência no exercício de abertura, **salvo se abertos nos últimos quatro meses do exercício.** ▪ Podem ser abertos por decreto ou medida provisória. ▪ Não Necessita de indicação prévia de fonte de recursos e de autorização legislativa. ▪ Necessidade de justificativa.

EXERCÍCIOS

1. (CESPE – DPF/2014 – AGENTE ADM.) Considere que, na fronteira entre Brasil e Bolívia, incidentes envolvendo membros das forças de segurança brasileira e traficantes tenham demandado operações extras da Polícia Federal na região e que, apesar de o orçamento prever recursos para essas operações, eles não sejam suficientes para financiá-las. Nessa situação, os recursos adicionais necessários devem ser providos por meio da abertura de créditos extraordinários.
( ) Certo   ( ) Errado

2. (CESPE – DPF/2014 – AGENTE ADM.) Na execução do orçamento, as dotações inicialmente aprovadas na LOA podem revelar-se insuficientes para a realização dos programas de trabalho, caso em que poderá haver a abertura de créditos especiais destinados à conclusão dos programas, após autorização legislativa.
( ) Certo   ( ) Errado

3. (CESPE – TCDF/2014 – ACE) Créditos adicionais poderão ser abertos sem a necessidade de autorização legislativa prévia.
( ) Certo   ( ) Errado

4. (CESPE – TCE/PB/2014 – CONTROLE EXTERNO) Os créditos adicionais somente poderão ser aprovados se houver uma operação de credito que lhe de a contrapartida para o gasto.
( ) Certo   ( ) Errado

5. (CESPE – TJCE/2014 – CONTABILIDADE) Suponha que determinado crédito tenha sido aberto por meio de Medida Provisória. Neste caso, assinale a opção com a denominação correta da operação realizada.
(A) suplementar
(B) extraordinário
(C) adicional
(D) especial
(E) orçamentário

6. (CESPE – CNJ/2013 – ANAL. JUD. ADM – Adaptada) Se, em determinado exercício financeiro, for constatada a necessidade de abertura de créditos extraordinários, caberá ao Poder Executivo do Governo Federal, pela urgência do serviço, o presidente da república, adotará medida provisória para abertura dos créditos, o qual deverá ser submetido ao Poder Legislativo.
( ) Certo   ( ) Errado

7. (CESPE – CNJ/2013 – ANAL. JUD. CONTABILIDADE) No caso de comoção intestina, o presidente da República poderá abrir créditos suplementares e especiais mediante autorização legislativa. No entanto, é vedada a transposição, o remanejamento ou a transferência de recursos de uma categoria de programação para outra ou de um órgão para outro.
( ) Certo   ( ) Errado

8. (CESPE – CNJ/2013 – TÉC. JUD. ADM.) Se determinada unidade orçamentária precisar de recursos adicionais para cobrir necessidades de pessoa física, então a destinação desse recurso não poderá ser feita por meio de créditos adicionais.
( ) Certo   ( ) Errado

9. (CESPE – Analista-Contabilidade/TRT – 10ª Região – 2013 – Adaptada) Não é necessária a indicação de recursos para a abertura de créditos extraordinários. Sua abertura se faz, na União, por meio de medida provisória, em consonância com o que dispõe o artigo 62 da Constituição federal, e nos demais entes, por decreto do Executivo, conforme disposto na Lei 4320/64
( ) Certo   ( ) Errado

10. (CESPE – Analista – Gestão Financeira/INPI – 2013) Ao longo da execução do orçamento, algumas despesas projetadas na LOA e que já contam com dotação própria podem necessitar de recursos superiores aos previstos. Nesses casos, o reforço na dotação orçamentária ocorre por meio de créditos adicionais suplementares.

( ) Certo   ( ) Errado

11. (CESPE – Analista – Gestão Financeira/INPI – 2013) Os créditos suplementares e extraordinários podem ser executados sem a necessidade de justificativas adicionais, dependendo apenas da prévia existência de recursos, diferentemente dos créditos especiais que, por sua natureza específica, exigem justificativa para sua realização.

( ) Certo   ( ) Errado

12. (FCC – TRF/3ª/2014 – TÉC. CONTABILIDADE) No mês de outubro de 2013, o ordenador de despesa de um órgão do Poder Judiciário certificou-se que a dotação orçamentária disponível para o elemento de despesa Serviços de Consultoria era insuficiente para a contratação de tais serviços necessários à implementação das mudanças no Sistema de Contabilidade. Sendo assim, para realizar a despesa com Serviços de Consultoria, em outubro de 2013, deveria ocorrer

(A) suprimento de fundo.

(B) remanejamento de recursos de um órgão para outro.

(C) abertura de crédito adicional especial.

(D) abertura de crédito adicional extraordinário.

(E) abertura de crédito adicional suplementar.

13. (FCC – TRF/3ª/2014 – ANAL. JUD. CONTABILIDADE) Existe a possibilidade de que o orçamento do TRF da 3ª Região não tenha computadas ou tenha insuficientemente dotadas autorizações para determinadas despesas. Nesse caso, a Lei nº 4.320/64 prevê como solução a abertura de créditos adicionais, que podem ser classificados em suplementares, especiais e extraordinários. É regra atinente aos créditos adicionais:

(A) são extraordinários os destinados a despesas para as quais não haja dotação orçamentária específica.

(B) são especiais os destinados a reforço de dotação orçamentária.

(C) os créditos suplementares, especiais e extraordinários deverão ser autorizados por lei.

(D) consideram-se recursos disponíveis para a abertura de créditos suplementares os resultantes de anulação parcial de dotação orçamentária.

(E) a abertura de crédito adicional destinado à despesa urgente e imprevista em caso de calamidade pública independe de ciência ao Poder Legislativo.

14. (FCC – DPE/SP/2013 – CONTADOR) Os créditos adicionais classificam--se em:

(A) Suplementares, Especiais e Extraordinários.

(B) Complementares, Suplementares e de Calamidade Pública.

(C) Suplementares, de Reforço e Extraordinários.

(D) Complementares, Especiais e Extraordinários.

(E) Suplementares, Extraordinários e de Calamidade Pública.

15. (FCC – DPE/SP/2013 – ANAL. CONTABILIDADE) Em relação aos créditos adicionais, é correto afirmar:

(A) entendem-se as autorizações de receitas não previstas e despesas não computadas ou insuficientemente dotadas na lei orçamentária.

(B) os especiais são os destinados a reforço de dotação orçamentária.

(C) tem vigência até o término do exercício financeiro subsequente em que foram autorizados, independentemente do mês de abertura.

(D) a vigência restringe-se ao exercício financeiro em que foram autorizados, exceto os créditos especiais e extraordinários, abertos nos últimos quatro meses do exercício financeiro, que poderão ter seus saldos reabertos por instrumento legal apropriado, situação na qual a vigência fica prorrogada até o término do exercício financeiro subsequente.

(E) a vigência restringe-se ao exercício financeiro em que foram autorizados independentemente do mês de sua abertura.

16. (FCC – TRT/9ª/2013 ANAL. ADMINISTRATIVO) Durante a reestruturação de um dos departamentos administrativos de uma entidade pública, surgiu a necessidade de adquirir dois novos computadores e uma impressora. Todavia, na Lei Orçamentária Anual, não havia dotação orçamentária específica para a aquisição de tais itens, isso porque o gestor não conseguiu prever adequadamente todos os recursos necessários para a reestruturação do departamento. Sendo assim, para a aquisição dos computadores e impressora deve ocorrer

(A) a reabertura de créditos adicionais suplementares.

(B) a abertura de créditos adicionais suplementares.

(C) a abertura de créditos adicionais extraordinários.

(D) o empenho do crédito para Reserva de Contingência.

(E) a abertura de créditos adicionais especiais.

17. (ESAF – 2010 – SUSEP – Analista Técnico –Administração e Finanças) Assinale a opção falsa a respeito dos créditos adicionais de que tratam os artigos 40 a 46 da Lei nº 4.320/64.

(A) Crédito extraordinário é uma das classificações de créditos adicionais.

(B) Créditos especiais e suplementares são autorizados por lei.

(C) Créditos suplementares não podem ser abertos sem a indicação da fonte de recursos.

(D) Os créditos suplementares abertos no exercício não podem exceder a um terço daqueles originalmente consignados na lei orçamentária.

(E) O superávit financeiro apurado no balanço patrimonial pode ser fonte de recursos para a abertura de créditos adicionais.

18. (CESPE – 2015 – TRE-GO – Analista Judiciário – Área Administrativa) Com referência à programação e à execução orçamentária e financeira, inclusive suas alterações, julgue o item a seguir.

Suponha que um ente público faça solicitação de crédito suplementar na metade de determinado exercício e que, no processo de verificação da viabilidade de se atender à solicitação feita, seja apurado o seguinte:

< arrecadação de um excesso de R$ 40 em todos os meses, tudo indicando manutenção dessa tendência;

< economia mensal de R$ 15, tudo indicando, igualmente, manutenção dessa tendência;

< abertura de crédito extraordinário no total de R$ 75;

< déficit financeiro de R$ 60 no balanço patrimonial do exercício anterior;

< reabertura de créditos especiais de R$ 90

Nessa situação, seria possível abrir o crédito demandado, no limite de R$ 435.

( ) Certo   ( ) Errado

19. (CESPE – Contador – IPAJM – ES – 2010)

Orçamento inicial	800,00
Receita arrecadada	760,00
Despesa empenhada	690,00
Despesa liquidada	660,00
Superávit financeiro no Balanço Patrimonial do exercício anterior	130,00
Créditos adicionais reabertos	110,00
Despesa autorizada que não será realizada	60,00

A partir da tabela acima, que apresenta informações, com valores em reais, referentes a determinado órgão, constatou-se necessidade de suplementação de crédito pouco antes do encerramento do exercício. Considerando essas informações, é correto afirmar que a disponibilidade de recursos para a abertura do crédito suplementar é de

(A) R$ 80,00.

(B) R$ 120,00.

(C) R$ 150,00.

(D) R$ 180,00.

(E) R$ 210,00

20. **(CESPE/CONTADOR/DPU/2010)** Para o fim de apurar os recursos utilizáveis, provenientes de excesso de arrecadação, deduzir-se-á a importância dos créditos suplementares abertos no exercício.

( ) Certo   ( ) Errado

GABARITO

1) GABARITO: Errado.

Comentário

O art. 167 da Constituição Federal determina que créditos extraordinários só poderão ser abertos para despesas imprevisíveis e urgentes, como as decorrentes de guerras, comoção interna e calamidade pública. Na situação mencionada no comando da questão, as operações mencionadas são consideradas de rotina para a Polícia Federal.

2) GABARITO: Errado.

Comentário

Os créditos especiais são destinados a despesas para as quais não haja dotação orçamentária específica, devendo ser autorizados por lei. A sua abertura depende da existência de recursos disponíveis. Na questão em tela, não pode haver abertura de crédito especial para despesa já prevista na lei orçamentária anual, portanto o crédito com essa finalidade é o suplementar.

3) GABARITO: Errado.

Comentário

Somente os créditos extraordinários poderão ser abertos sem a necessidade de autorização legislativa prévia. Os suplementares e especiais necessitam dessa autorização.

4) GABARITO: Errado.

Comentário

Observe todas as fontes de recursos destinadas a abertura de créditos adicionais:

Superávit financeiro

Os provenientes de excesso de arrecadação

Os resultantes de anulação parcial ou total de dotações orçamentárias ou de créditos adicionais,

O produto de operações de crédito autorizadas

Os resultantes da reserva para contingências, estabelecido na LOA.

Os recursos que, em decorrência de veto, emenda ou rejeição do projeto de lei orçamentária anual, ficarem sem despesas correspondentes, desde que haja prévia e específica autorização legislativa.

Neste sentido, a operação de crédito é apenas uma das fontes de recursos.

5) GABARITO: B.

Comentário

Só uma espécie de crédito adicional pode ser aberta por medida provisória: o crédito extraordinário.

6. GABARITO: Certo.

Comentário

A CF/88 dispõe:

> Art. 167. ----- § 3º – A abertura de crédito extraordinário somente será admitida para atender a Despesas imprevisíveis e urgentes, como as decorrentes de guerra, comoção interna ou calamidade pública, observado o disposto no art. 62.

> Art. 62. Em caso de relevância e urgência, o Presidente da República poderá adotar medidas provisórias, com força de lei, devendo submetê-las de imediato ao Congresso Nacional. (Redação dada pela Emenda Constitucional nº 32, de 2001).

7) GABARITO: Errado.

Comentário

Comoção intestina significa: perturbação contra a ordem pública ou a autoridade constituída

A Lei 4.320/64 menciona "comoção intestina", a CF/88 melhorou o conceito para "comoção interna", não houve nenhuma relevância material, apenas formal.

No caso de comoção interna/intestina, o presidente da República poderá abrir créditos extraordinários através de MP, e não suplementares e especial.

8) GABARITO: Errado.

Comentário

Os créditos suplementares têm como objetivo reforçar a dotação orçamentária existente e sua vigência será de sua abertura ao término do exercício financeiro, 31/12 – nada de errado até aí.

Ao analisarmos a segunda parte da questão é que constatamos o erro. Ao mencionar que se a abertura ocorrer nos últimos quatro meses daquele exercício, esses créditos poderão ser reabertos no limite de seus saldos e incorporados ao orçamento do exercício subsequente, a questão tornou-se errada.

O texto acima só se aplica aos créditos adicionais especiais e extraordinários.

9) GABARITO: Certo.

Comentário

A Lei 4.320/64 institui normas gerais de direito financeiro para elaboração e controle dos orçamentos e balanços da União, dos Estados, dos Municípios e do Distrito Federal.

Esta norma estabelece em seu art. 44 que os créditos extraordinários serão abertos por decreto do Poder Executivo, que deles dará imediato conhecimento ao Poder Legislativo. Porém a CF88 em seu artigo 162 § 3º dispõe que, "A abertura de crédito extraordinário somente será admitida para atender a despesas imprevisíveis e urgentes, como as decorrentes de guerra, comoção interna ou calamidade pública, observado o disposto no art. 62".

Artigo 62: "Em caso de relevância e urgência, o Presidente da República poderá adotar **medidas provisória**s, com força de lei, devendo submetê-las de imediato ao Congresso Nacional". (Redação dada pela Emenda Constitucional nº 32, de 2001)

10) GABARITO: Certo.

Comentário

Despesas fixadas na LOA geralmente podem necessitar de recursos superiores aos planejados. Nesses casos, o reforço na dotação orçamentária ocorre por meio de créditos adicionais suplementares exatamente porque necessita-se apenas de reforço de dotação orçamentária.

11) GABARITO: Errado.

Comentário

Todos os créditos adicionais sempre requerem exposição justificada. Exceto para os créditos extraordinários, os créditos suplementares e especiais dependem de prévia existência de recursos, e deve-se indicar a fonte de recursos.

12) GABARITO: E.

Comentário

O comando da questão menciona a insuficiência de crédito para cobrir despesa com consultoria contábil. Portanto, tal despesa estava fixada na LOA. Nesse caso é necessária abertura de crédito adicional suplementar.

13) **GABARITO: D.**

Comentário

A anulação parcial ou total de dotação orçamentária é uma das fontes de recursos disponíveis para a abertura de créditos suplementares. A abertura de crédito adicional destinado à despesa urgente e imprevista em caso de calamidade pública depende de ciência ao Poder Legislativo. Porém, a posteriori, abre-se o crédito por medida provisória, no caso da União e estado com previsão constitucional de edição de MP e imediatamente cientifica o Poder Legislativo.

14) **GABARITO: A.**

Comentário

Os créditos adicionais são classificados em três espécies: Suplementares, Especiais e Extraordinários – os créditos suplementares destinam-se à suplementação de créditos previstos na LOA; os créditos especiais são abertos para despesas não previstas na LOA, ou seja, despesas sem dotação orçamentária; e os créditos extraordinários destinam-se às despesas imprevisíveis e urgentes, a exemplo das decorrentes de guerra, comoção interna, calamidade pública etc.

15) **GABARITO: D.**

Comentário

Conforme se extrai da norma acima, em regra os créditos adicionais terão vigência ligada ao exercício financeiro em que forem abertos, salvo expressa disposição legal em contrário, quanto aos especiais e extraordinários. Assim, para os créditos especiais e extraordinários, a CF/88 estabelece que se abertos nos últimos 4 meses do exercício financeiro, havendo saldo em 31/12, este poderá ser reaberto no exercício subsequente e terão vigência até 31/12 do ano de reabertura.

16) **GABARITO: E.**

Comentário

A hipótese apresentada requer a abertura de crédito adicional especial, uma vez que não havia dotação orçamentária prevista na LOA para cobrir a despesa com aquisição de computadores e uma impressora.

17) **GABARITO: D.**

Comentário

Crédito extraordinário é uma espécie de crédito adicional. **CERTO.**

Créditos especiais e suplementares são autorizados por lei e abertos por decreto do Executivo ou, no caso da União, ato próprio de cada Poder. **CERTO.**

Perfeito! Exceto os créditos extraordinários, que podem ser abertos sem a indicação da fonte de recursos, os créditos suplementares e especiais não podem ser abertos sem a indicação da fonte de recursos. **CERTO.**

Não existe regra em nenhuma norma de que os créditos suplementares abertos no exercício não podem exceder a um terço daqueles originalmente consignados na lei orçamentária. **FALSA**.

O superávit financeiro apurado no balanço patrimonial de encerramento no exercício anterior pode ser fonte de recursos para a abertura de créditos adicionais. **CERTO**.

18) GABARITO: Errado.

Comentário

Vamos observar as regras contidas na Lei nº 4.320/1964:

Art. 43. A abertura dos créditos suplementares e especiais depende da existência de recursos disponíveis para ocorrer à despesa e será precedida de exposição justificativa

§ 1º. Consideram-se recursos para o fim deste artigo, desde que não comprometidos:

– o superávit financeiro apurado em balanço patrimonial do exercício anterior;

– os provenientes de excesso de arrecadação;

– os resultantes de anulação parcial ou total de dotações orçamentárias ou de créditos adicionais, autorizados em lei;

– o produto de operações de crédito autorizadas, em forma que juridicamente possibilite ao Poder Executivo realizá-las

§ 2º. entende-se por superávit financeiro a diferença positiva entre o ativo financeiro e o passivo financeiro, conjugando-se, ainda, os saldos dos créditos adicionais transferidos e as operações de crédito a eles vinculadas.

Agora construiremos o demonstrativo com as informações do exercício

1) Provenientes de excesso de arrecadação = R$ 40,00 de excesso durante todo o exercício (12 meses) totalizaria R$ 480,00;

2) Economia mensal de R$ 15, tudo indicando, igualmente, manutenção dessa tendência; não poderá ser utilizado nos cálculos para solicitação dos créditos adicionais, uma vez que a lei não menciona esse evento;

3) Abertura de crédito extraordinário no total de R$ 75;

4) Superávit financeiro apurado em balanço patrimonial do exercício: anterior déficit financeiro de R$ 60 no balanço patrimonial do exercício anterior (não há em que se falar em superávit);

5) Reabertura de créditos especiais de R$ 90.

Portanto, a importância a ser solicitado é de R$ 315 e não de R$ 435.

19) **GABARITO: A.**

Comentário

Cálculo da fonte de recursos, utilizaremos apenas os seguintes dados de acordo com o que dispõe a Lei nº 4.320/1964.

Superávit financeiro no Balanço Patrimonial do exercício anterior	130,00
Créditos adicionais reabertos	(110,00)
Despesa autorizada que não será realizada	60,00

O valor da fonte de recursos para abertura de créditos suplementares é de 80,00 (130 + 60 – 110.00).

20) **GABARITO: Errado.**

Comentário

A questão traz uma informação incorreta do § 4º do art. 43 da Lei 4.320/1964, que assim dispõe:

§ 4º Para o fim de apurar os recursos utilizáveis, provenientes de excesso de arrecadação, deduzir-se da importância dos créditos extraordinários abertos no exercício.

Portanto, a importância a ser deduzida é referente aos créditos extraordinários e não aos créditos suplementares.

Capítulo 5

RECEITAS PÚBLICAS

5.1 Introdução

Para atender às necessidades da sociedade, o governo precisa prestar serviços e realizar obras o que exigem gastos. A Receita Pública é o dinheiro que o governo dispõe para manter sua estrutura e oferecer bens e serviços à sociedade, como hospitais, escolas, iluminação, saneamento etc.

Para poder fazer isso, o governo precisa arrecadar dinheiro, fazendo isso de diversas maneiras. Essa arrecadação vem de impostos, de aluguéis e venda de bens, prestação de alguns serviços, venda de títulos do tesouro nacional, recebimento de indenizações.

Em sentido amplo, os ingressos de recursos financeiros nos cofres do Estado denominam-se receitas públicas, registradas como receitas orçamentárias, quando representam disponibilidades de recursos financeiros para o erário, ou ingressos extra orçamentários, quando representam apenas entradas compensatórias

INGRESSOS EXTRAORÇAMENTÁRIOS

São recursos financeiros de caráter temporário e não integram a Lei Orçamentária Anual. O Estado é mero depositário desses recursos, que constituem passivos exigíveis e cujas restituições não se sujeitam à autorização legislativa.

Exemplos: depósitos em caução, fianças, operações de crédito por antecipação de receita orçamentária – ARO3, emissão de moeda e outras entradas compensatórias no ativo e passivo financeiros.

RECEITAS ORÇAMENTÁRIAS

São disponibilidades de recursos financeiros que ingressam durante o exercício orçamentário e constituem elemento novo para o patrimônio público. Instrumento por meio do qual se viabiliza a execução das políticas públicas, as receitas orçamentárias são fontes de recursos utilizadas pelo Estado em programas e ações cuja finalidade precípua é atender às necessidades públicas e demandas da sociedade.

5.2. Conceitos em Ação

- Receita Prevista

A Receita Prevista é a primeira fase da arrecadação de recursos. Conforme visto anteriormente, as Receitas do governo passam por uma previsão inicial e essa previsão é atualizada ao longo do ano para se ajudar às mudanças que ocorrem durante o período.

- Receita Lançada

A Receita Lançada surge na segunda fase, que é a arrecadação da receita, que acontece quando a pessoa que é devedora do crédito é identificada (ou seja, na previsão ainda não é necessário estimar quanto cada contribuinte irá pagar, por exemplo). As receitas originárias, como os laudêmios, aluguéis, dividendos, participações (se patrimoniais) e tarifas (quando se tratar de rendas industriais), não precisam ser lançadas e ingressam nos cofres públicos já como receitas arrecadadas.

- Receita Realizada

A Receita Realizada representa quanto de fato foi recebido pelo governo após o efetivo pagamento ou recolhimento do valor. É a arrecadação de fato do valor, que torna o valor disponível nos cofres públicos para uso pelos governos. O valor pode ser diferente da receita lançada (se, por exemplo, uma parcela não for paga) e do valor previsto (se, por exemplo, um crescimento econômico aumentar a arrecadação do imposto de renda).

5.3 Classificação das Receitas Públicas

As Receitas Públicas classificam-se em:

1. Quanto a natureza, as receitas públicas dividem-se em:

a) **Receitas Correntes**: são aquelas receitas públicas que se esgotam dentro do período anual, como os casos das receitas e impostos que se extinguem no decurso da execução orçamentária. Compreendem as receitas tributárias, patrimoniais, industriais, entre outras. São as receitas destinadas a cobrir as despesas orçamentárias que visam à manutenção das atividades governamentais.

Lei 4320/64:

> "Art. 11, § 1º – São Receitas Correntes as receitas tributárias, de contribuições, patrimonial, agropecuária, industrial, de serviços e outras e, ainda, as provenientes de recursos financeiros recebidos de outras pessoas de direito público ou privado, quando destinadas a atender despesas classificáveis em Despesas Correntes".

b) **Receitas de Capital**: são aquelas receitas públicas que alteram o patrimônio duradouro do Estado, como os produtos de empréstimo contraídos pelo Estado a longo prazo. Compreendem, assim, a constituição de dívidas, a conversão em espécie de bens e direitos, dentre outros.

Lei 4320/64:

> "Art. 11, § 2º – São Receitas de Capital as provenientes da realização de recursos financeiros oriundos de constituição de dívidas; da conversão, em espécie, de bens e direitos; os recursos recebidos de outras pessoas de direito público ou privado, destinadas a atender despesas classificáveis em Despesas de Capital e, ainda, o superávit do Orçamento Corrente".

2. Quanto à regularidade, as receitas públicas dividem-se em:

a) **Receitas Ordinárias**: são aquelas receitas públicas recebidas com regularidade no movimento normal das atividades do ente federativo, como a arrecadação de tributos.

b) **Receitas extraordinárias**: são aquelas receitas públicas não permanentes/usuais que ocorrem, por exemplo, no caso de guerra e doações, herança jacente etc.

3. Quanto à coercitividade, as receitas públicas dividem-se em:

a) **Receitas originárias**: são aquelas receitas públicas que decorrem da exploração da própria atividade econômica do ente federativo. Decorrem dos próprios bem do ente federativo.

Exemplos: prestação de serviço público; alienação ou aluguel de bens; estradas de ferro, arrecadação da loteria; venda de bens intermediários, dentre outros.

b) **Receitas derivadas ou de economia pública**: são aquelas receitas públicas que decorrem do patrimônio do particular ou do pagamento por este feito em contraprestação de serviços públicos prestados. Sendo compulsórias quando o comportamento previsto em lei assim estabelecer, como nos casos de tributos e multas tributárias.

Exemplos: as receitas de tributos, receitas decorrentes de empréstimos e contribuições transitória e em geral todas as receitas cuja percepção dependa de dispositivo legal

4. Quanto ao poder de tributar

Sob esse enfoque, a receita é dividida conforme a discriminação constitucional das rendas:

a) **Federal** – Quando da competência da União

b) **Estadual** – Quando da competência dos Estados

c) **Municipal** – Quando da competência dos Municípios

5. Quanto à afetação patrimonial as receitas são divididas em:

a) **Receitas Efetivas**

Receita Orçamentária Efetiva é aquela que, no momento do reconhecimento do crédito, aumenta a situação líquida patrimonial da entidade. Constitui fato contábil modificativo aumentativo.

Receita Tributária

Receita de Contribuições

Receita Patrimonial

Receita Agropecuária

Receita Industrial

Receita de Serviços

Transferências Correntes.

Outras Receitas Correntes

b) **Receita Orçamentária Não Efetiva**

É aquela que não altera a situação líquida patrimonial no momento do reconhecimento do crédito e, por isso, constitui fato contábil permutativo, como é o caso das operações de crédito.

Operações de Crédito

Alienação de Bens

Amortização de Empréstimos

Transferências de Capital

Outras Receitas de Capital

5.3.1 Categoria Econômica da Receita

O §§ 1º e 2º do art. 11 da Lei nº 4.320, de 1964, classificam as receitas orçamentárias em "Receitas Correntes" e "Receitas de Capital". A codificação correspondente seria:

CÓDIGO	CATEGORIA ECONÔMICA
1	Receitas Correntes
2	Receitas de Capital

Receitas Correntes

Receitas Orçamentárias Correntes são arrecadadas dentro do exercício financeiro, aumentam as disponibilidades financeiras do Estado, em geral com efeito positivo sobre o Patrimônio Líquido e constituem instrumento para financiar os objetivos definidos nos programas e ações orçamentários, com vistas a satisfazer finalidades públicas.

De acordo com o § 1º do art. 11 da Lei nº 4.320, de 1964, classificam-se como Correntes as receitas provenientes de tributos; de contribuições; da exploração do patrimônio estatal (Patrimonial); da exploração de atividades econômicas (Agropecuária, Industrial e de Serviços); de recursos financeiros recebidos de outras pessoas de direito público ou privado, quando destinadas a atender despesas classificáveis em Despesas Correntes (Transferências Correntes); por fim, demais receitas que não se enquadram nos itens anteriores (Outras Receitas Correntes).

Receitas de Capital

Receitas Orçamentárias de Capital também aumentam as disponibilidades financeiras do Estado e são instrumentos de financiamento dos programas e ações orçamentários, a fim de se atingirem as finalidades públicas. Porém, de forma diversa das Receitas Correntes, as Receitas de Capital em geral não provocam efeito sobre o Patrimônio Líquido.

De acordo com o § 2º do art. 11 da Lei nº 4.320, de 1964, com redação dada pelo Decreto-Lei no 1.939, de 20 de maio de 1982, Receitas de Capital são as provenientes tanto da realização de recursos financeiros oriundos da constituição de dívidas e da conversão, em espécie, de bens e direitos, quanto de recursos recebidos de outras pessoas de direito público ou privado e destinados a atender despesas classificáveis em Despesas de Capital.

5.3.2 Origem da Receita

A Origem é o detalhamento das Categorias Econômicas "Receitas Correntes" e "Receitas de Capital", com vistas a identificar a natureza da procedência das receitas quando ingressam no Orçamento Público.

Os códigos da Origem para as receitas correntes e de capital, de acordo com a Lei nº 4.320, de 1964, são:

RECEITAS CORRENTES	RECEITAS DE CAPITAL
Receita Tributária	Operações de Crédito
Receita de Contribuições	Alienação de Bens
Receita Patrimonial	Amortização de Empréstimos
Receita Agropecuária	Transferências de Capital
Receita Industrial	Outras Receitas de Capital
Receita de Serviços	
Transferências Correntes.	
Outras Receitas Correntes	

5.3.3 Origens e Espécies de Receita Orçamentária Corrente

Receita Corrente – Tributária

Tributo é uma das origens da Receita Corrente na classificação orçamentária por Categoria Econômica. Quanto à procedência, trata-se de receita derivada cuja finalidade é obter recursos financeiros para o

Estado custear as atividades que lhe são correlatas. Sujeitam-se aos princípios da reserva legal e da anterioridade da lei, salvo exceções.

O art. 3º do Código Tributário Nacional – CTN define tributo da seguinte forma:

> "Tributo é toda prestação pecuniária compulsória, em moeda ou cujo valor nela se possa exprimir, que não constitua sanção de ato ilícito, instituída em lei e cobrada mediante atividade administrativa plenamente vinculada".

O art. 4º do CTN preceitua que a natureza específica do tributo, ao contrário de outros tipos de receita, é determinada pelo fato gerador, sendo irrelevante para caracterizá-lo:

– a sua denominação;

– a destinação legal do produto de sua arrecadação.

O art. 5º do CTN e os incisos I, II e III do art. 145 da CF/88 tratam das espécies tributárias impostos, taxas e contribuições de melhoria.

Impostos

Os impostos, segundo o art. 16 do CTN, são espécies tributárias cuja obrigação tem por fato gerador uma situação independente de qualquer atividade estatal específica relativa ao contribuinte, o qual não recebe contraprestação direta ou imediata pelo pagamento.

O art. 167 da Constituição Federal proíbe, salvo em algumas exceções, a vinculação de receita de impostos a órgão, fundo ou despesa. Os impostos estão enumerados na Constituição Federal, ressalvando-se unicamente a possibilidade de utilização, pela União, da competência residual prevista no art. 154, I, e da competência extraordinária, no caso dos impostos extraordinários de guerra prevista no inciso II do mesmo artigo.

Taxas

As taxas cobradas pela União, pelos Estados, pelo Distrito Federal e pelos Municípios, no âmbito das respectivas atribuições, são, também, espécie de tributo na classificação orçamentária da receita, tendo como fato gerador o exercício regular do poder de polícia administrativa, ou a utilização, efetiva ou potencial, de serviço público específico e divisível, prestado ao contribuinte ou posto a sua disposição – art. 77 do CTN:

"Art. 77: As taxas cobradas pela União, pelos Estados, pelo Distrito Federal ou pelos Municípios, no âmbito de suas respectivas atribuições, têm como fato gerador o exercício regular do poder de polícia, ou a utilização, efetiva ou potencial, de serviço público específico e divisível, prestado ao contribuinte ou posto à sua disposição".

Nesse contexto, taxas são tributos vinculados porque o aspecto material do fato gerador é a prestação estatal específica diretamente referida ao contribuinte, em forma de contraprestação de serviços. Porém podem ser tributos de arrecadação não-vinculada, pois as receitas auferidas por meio das taxas não se encontram afetas a determinada despesa, salvo se a lei que instituiu o referido tributo assim determinou.

Contribuição de Melhoria

É espécie de tributo na classificação da receita orçamentária e tem como fato gerador valorização imobiliária que decorra de obras públicas, contanto que haja nexo causal entre a melhoria havida e a realização da obra pública. De acordo com o art. 81 do CTN:

"A contribuição de melhoria cobrada pela União, Estados, pelo Distrito Federal e pelos Municípios, no âmbito de suas respectivas atribuições, é instituída para fazer face ao custo de obras públicas de que decorra valorização imobiliária, tendo como limite total a despesa realizada e como limite individual o acréscimo de valor que da obra resultar para cada imóvel beneficiado".

Receita Corrente – Contribuições

Segundo a classificação orçamentária, Contribuições são Origem da Categoria Econômica Receitas Correntes.

O art. 149 da Magna Carta estabelece competir exclusivamente à União instituir contribuições sociais, de intervenção no domínio econômico e de interesse das categorias profissionais ou econômicas, como instrumento de atuação nas respectivas áreas, e o § 1º do artigo em comento estabelece que Estados, Distrito Federal e Municípios poderão instituir contribuição, cobrada de seus servidores, para o custeio, em benefício destes, de regimes de previdência de caráter contributivo e solidário.

As contribuições classificam-se nas seguintes espécies:

Contribuições Sociais: Classificada como espécie de Contribuição, por força da Lei nº 4.320/64, a Contribuição Social é tributo vinculado a uma atividade estatal que visa atender aos direitos sociais previstos na Constituição Federal. Pode-se afirmar que as contribuições sociais atendem a duas finalidades básicas: seguridade social (saúde, previdência e assistência social) e outros direitos sociais como, por exemplo: o salário educação.

A competência para instituição das contribuições sociais é da União, exceto das contribuições dos servidores estatutários dos Estados, DF e Municípios, que são instituídas pelos mesmos. As contribuições sociais estão sujeitas ao princípio da anterioridade nonagesimal, o que significa dizer que apenas poderão ser cobradas noventa dias após a publicação da lei que as instituiu ou majorou.

Receita Corrente – Patrimonial: São receitas provenientes da fruição do patrimônio de ente público, por exemplo, bens mobiliários e imobiliários ou, ainda, bens intangíveis e participações societárias. São classificadas no orçamento como receitas correntes e de natureza patrimonial.

Quanto à procedência, trata-se de receitas originárias. Podemos citar como espécie de receita patrimonial as compensações financeiras, concessões e permissões, dentre outras.

Receita Corrente – Agropecuária: São receitas correntes, constituindo, também, uma origem de receita específica na classificação orçamentária. Quanto à procedência, trata-se de uma receita originária, com o Estado atuando como empresário, em pé de igualdade como o particular.

Decorrem da exploração econômica, por parte do ente público, de atividades agropecuárias, tais como a venda de produtos: agrícolas (grãos, tecnologias, insumos etc.); pecuários (sêmens, técnicas em inseminação, matrizes etc.); para reflorestamento etc.

Receita Corrente – Industrial: Trata-se de receitas correntes, constituindo outra origem específica na classificação orçamentária da receita. São receitas originárias, provenientes das atividades industriais exercidas pelo ente público. Encontram-se nessa classificação receitas provenientes de atividades econômicas, tais como: da indústria extrativa mineral; da indústria de transformação; da indústria de construção; e outras receitas industriais de utilidade pública.

Receita Corrente – Serviços: São receitas correntes, cuja classificação orçamentária constitui origem específica, abrangendo as receitas decorrentes das atividades econômicas na prestação de serviços por parte do ente público, tais como: comércio, transporte, comunicação, serviços hospitalares, armazenagem, serviços recreativos, culturais etc. Tais serviços são remunerados mediante preço público, também chamado de tarifa. Exemplos de naturezas orçamentárias de receita dessa origem são os seguintes: Serviços Comerciais; Serviços de Transporte; Serviços Portuários etc.

Receita Corrente – Transferências Correntes: Na ótica orçamentária, são recursos financeiros recebidos de outras pessoas de direito público ou privado destinados a atender despesas de manutenção ou funcionamento relacionadas a uma finalidade pública específica, mas que não correspondam a uma contraprestação direta em bens e serviços a quem efetuou a transferência.

Nas Transferências Correntes, podemos citar como exemplos as seguintes espécies:

Transferências de Convênios: Recursos oriundos de convênios, com finalidade específica, firmados entre entidades públicas de qualquer espécie, ou entre elas e organizações particulares, para realização de objetivos de interesse comum dos partícipes e destinados a custear despesas correntes.

Transferências de Pessoas: Compreendem as contribuições e doações que pessoas físicas realizem para a Administração Pública.

Receita Corrente – Outras Receitas Correntes

Neste título, inserem-se multas e juros de mora, indenizações e restituições, receitas da dívida ativa e as outras receitas não classificadas nas receitas correntes anteriores. Podemos citar como exemplos as seguintes espécies, dentre outras:

Receitas de Multas: As multas também são um tipo de receita pública, de caráter não tributário, constituindo-se em ato de penalidade de natureza pecuniária aplicado pela Administração Púbica aos administrados. Dependem, sempre, de prévia cominação em lei ou contrato, cabendo sua imposição ao respectivo órgão competente (poder de polícia). Conforme prescreve o § 4º do art. 11 da Lei nº 4.320, de 1964, as multas classificam-se como "outras receitas correntes". Podem decorrer do descumprimento de preceitos específicos previstos na legislação pátria, ou de mora pelo não pagamento das obrigações principais ou acessórias nos prazos previstos.

Receitas da Dívida Ativa: São os créditos da Fazenda Pública, de natureza tributária ou não tributária, exigíveis em virtude do transcurso do prazo para pagamento. Este crédito é cobrado por meio da emissão de certidão de dívida ativa da Fazenda Pública da União, inscrita na forma da lei, com validade de título executivo. Isso confere à certidão da dívida ativa caráter líquido e certo, embora se admita prova em contrário.

5.3.4 Origens e Espécies de Receita Orçamentária de Capital

Receita de Capital – Operações de Crédito

Origem de recursos da Categoria Econômica "Receitas de Capital", são recursos financeiros oriundos da colocação de títulos públicos ou da contratação de empréstimos obtidos junto a entidades públicas ou privadas, internas ou externas.

São espécies desse tipo de receita:

Receita de Capital – Alienação de Bens

Origem de recursos da Categoria Econômica "Receitas de Capital", são ingressos financeiros com origem específica na classificação orçamentária da receita proveniente da alienação de bens móveis ou imóveis de propriedade do ente público.

Nos termos do artigo 44 da Lei de Responsabilidade Fiscal – LRF, é vedada a aplicação da receita de capital decorrente da alienação de bens e direitos que integrem o patrimônio público, para financiar despesas correntes, salvo as destinadas por lei aos regimes previdenciários geral e próprio dos servidores públicos.

Receita de Capital – Amortização de Empréstimos

São ingressos financeiros provenientes da amortização de financiamentos ou empréstimos concedidos pelo ente público em títulos e contratos.

Na classificação orçamentária da receita são receitas de capital, origem específica "amortização de empréstimos concedidos" e representam o retorno de recursos anteriormente emprestados pelo poder público.

Embora a amortização de empréstimos seja origem da categoria econômica "Receitas de Capital", os juros recebidos, associados a esses empréstimos, são classificados em "Receitas Correntes / de Serviços / Serviços Financeiros".

Receita de Capital – Transferências de Capital

Na ótica orçamentária, são recursos financeiros recebidos de outras pessoas de direito público ou privado e destinados para atender despesas em investimentos ou inversões financeiras, a fim de satisfazer finalidade pública específica; sem corresponder, entretanto, a contraprestação direta ao ente transferidor.

Os recursos da transferência ficam vinculados à finalidade pública e não a pessoa. Podem ocorrer a nível intragovernamental (dentro do âmbito de um mesmo governo) ou intergovernamental (governos diferentes, da União para Estados, do Estado para os Municípios, por exemplo), assim como recebidos de instituições privadas (do exterior e de pessoas).

Receita de Capital – Outras Receitas de Capital

São classificadas nessa origem as receitas de capital que não atendem às especificações anteriores; ou seja: na impossibilidade de serem classificadas nas origens anteriores.

5.4 Execução do Orçamento da Receita

No orçamento, a receita precisa ser primeiro estimada, prevista ou orçada. Sem ter ideia de quanto vai arrecadar, o governo não pode ter uma ideia de quanto pode gastar. Por isso que a cada ano é feita uma previsão dos valores para as diferentes formas de receita do Governo. Essa previsão é constantemente atualizada, para evitar que o governo gaste mais do que recebe.

O próximo passo é o lançamento. Isso ocorre cada vez que o governo identifica quem tem que pagar quanto e quando. É uma ideia mais concreta de quanto o governo vai receber de fato, mas isso não significa que o dinheiro entrou ou entrará nos cofres públicos.

Quando os valores são realmente obtidos pelo governo e passam a ficar disponíveis na conta única do Tesouro Nacional, tem-se a arrecadação e recolhimento da receita. Somente quando os valores estão disponíveis no caixa do Tesouro, os recursos podem ser aplicados nas políticas públicas.

5.5 Estágios Receita Orçamentária

A realização da receita se dá em quatro estágios: previsão, lançamento, arrecadação e o recolhimento.

1. Previsão

A previsão implica planejar e estimar a arrecadação das receitas orçamentárias que constarão na proposta orçamentária. Isso deverá ser realizado em conformidade com as normas técnicas e legais correlatas e, em especial, com as disposições constantes na Lei Complementar no 101/2000, Lei de Responsabilidade Fiscal – LRF. Sobre o assunto, vale citar o art. 12 da referida norma:

> Art. 12. As previsões de receita observarão as normas técnicas e legais, considerarão os efeitos das alterações na legislação, da variação do índice de preços, do crescimento econômico ou de qualquer outro fator relevante e serão acompanhadas de demonstrativo de sua evolução nos últimos três anos, da projeção para os dois seguintes àquele a que se referirem, e da metodologia de cálculo e premissas utilizadas.

No âmbito federal, a metodologia de projeção de receitas orçamentárias busca assimilar o comportamento da arrecadação de determinada receita em exercícios anteriores, a fim de projetá-la para o período seguinte, com o auxílio de modelos estatísticos e matemáticos. A busca deste modelo dependerá do comportamento da série histórica de arrecadação e de informações fornecidas pelos órgãos orçamentários ou unidades arrecadadoras envolvidos no processo.

A previsão de receitas é a etapa que antecede à fixação do montante de despesas que irão constar nas leis de orçamento, além de ser base para se estimar as necessidades de financiamento do governo.

2. Lançamento

O art. 53 da Lei nº 4.320/1964, define o lançamento como ato da repartição competente, que verifica a procedência do crédito fiscal e a pessoa que lhe é devedora e inscreve o débito desta. Por sua vez, para o art. 142 da Lei nº 5.172, de 25 de outubro de 1966 – Código Tributário Nacional (CTN), lançamento é o procedimento administrativo que verifica a ocorrência do fato gerador da obrigação correspondente, determina a matéria tributável, calcula o montante do tributo devido, identifica o sujeito passivo e, sendo o caso, propõe a aplicação da penalidade cabível. Uma vez ocorrido o fato gerador, procede-se ao registro contábil do crédito tributário em favor da fazenda pública em contrapartida a uma variação patrimonial aumentativa.

Observa-se que, segundo o disposto nos arts. 142 a 150 do CTN, a etapa de lançamento situa-se no contexto de constituição do crédito tributário, ou seja, aplica- se a impostos, taxas e contribuições de melhoria.

Além disso, de acordo com o art.52 da Lei nº 4.320/1964, são objeto de lançamento as rendas com vencimento determinado em lei, regulamento ou contrato.

2.1 Modalidades de Lançamento

O lançamento tributário é atividade privativa da autoridade administrativa – todavia, o CTN (Código Tributário Nacional) permite a participação do sujeito passivo (contribuinte).

O lançamento pode ser feito de 3 maneiras:

a) **Lançamento de ofício ou direto** – Nesta modalidade de lançamento o sujeito passivo não participa, ou quase não participa da atividade. O lançamento de ofício propriamente dito recebe este nome tendo em vista os casos em que o Fisco detém elementos suficientes para efetuar o lançamento.

Exemplos: IPTU, IPVA, contribuição de iluminação pública e a maioria das taxas, todos originariamente lançados de ofício ou originariamente, notificando o contribuinte sobre o valor do tributo devido.

b) **Por declaração ou misto** – no lançamento por declaração, o contribuinte ou terceiro apresenta o formulário, contendo suas informações, cujos dados estando corretos, são tomados pelo Fisco para apurar o valor do tributo devido, conforme os termos do artigo 147 do CTN. Esse tipo de lançamento também é chamado de misto porque o contribuinte apresenta a declaração e o Fisco, com os dados da declaração, apura o tributo a ser pago e expede a notificação ao contribuinte para que ele pague.

Exemplos: IR (Imposto de Renda) e o imposto de importação sobre bagagem acompanhada.

c) **Lançamento por homologação ou autolançamento** – esta modalidade de lançamento está prevista no artigo 150 do CTN, no qual também é chamado de "autolançamento", sob a ótica de que o próprio contribuinte proceder o lançamento.

Exemplos: ICMS, IPI, IR, ITCMD (Estados de São Paulo, Paraná e Santa Catarina), PIS e COFINS.

Existem entendimentos de juristas, que ao ser denominado também de "autolançamento", interpreta-se que o sujeito passivo lançaria o tributo contra ele próprio, o que não concilia com a definição de que o lançamento tributário é privativo da autoridade administrativa.

O lançamento por arbitramento está previsto no artigo 148 do CTN. O lançamento por arbitramento, previsto no artigo 148 do CTN (Código Tributário Nacional), não constitui em uma quarta modalidade de lançamento, sendo considerado apenas como uma técnica.

3. Arrecadação

Corresponde à entrega dos recursos devidos ao Tesouro pelos contribuintes ou devedores, por meio dos agentes arrecadadores ou instituições financeiras autorizadas pelo ente. Vale destacar que, segundo o art. 35 da Lei nº 4.320, de 17 de março de 1964, pertencem ao exercício financeiro as receitas nele arrecadadas, o que representa a adoção do regime de caixa para o ingresso das receitas públicas.

4. Recolhimento

É a transferência dos valores arrecadados à conta específica do Tesouro, responsável pela administração e controle da arrecadação e programação financeira, observando-se o princípio da unidade de tesouraria ou de caixa, conforme determina o art. 56 da Lei nº 4.320, de 1964, a seguir transcrito:

Art. 56. O recolhimento de todas as receitas far-se-á em estrita observância ao princípio de unidade de tesouraria, vedada qualquer fragmentação para criação de caixas especiais.

5.6 Regime Orçamentário

A Contabilidade Aplicada ao Setor Público, assim como em outros ramos da ciência contábil, obedece aos princípios da contabilidade.

No setor público, o regime orçamentário reconhece a despesa orçamentária no exercício financeiro da emissão do empenho (regime de competência) e a receita orçamentária pela arrecadação (regime de caixa), daí conhecido como regime misto.

"Art. 35 (Lei 4.320/64). Pertencem ao exercício financeiro:

I – as receitas nele arrecadadas;

II – as despesas nele legalmente empenhadas".

EXERCÍCIOS

1. (CESPE – Analista Judiciário – Administrativa – TRT/8 – 2016) As doações em espécie recebidas pelos entes públicos devem passar pelo estágio do lançamento.
( ) Certo   ( ) Errado

2. (CESPE – Analista Judiciário – Administrativa – TRE/PI – 2016) A arrecadação é o estágio no qual os contribuintes liquidam suas obrigações junto ao Tesouro Nacional.
( ) Certo   ( ) Errado

3. (CESPE – Analista Judiciário – Administrativa – TRT/8 – 2016) No estágio da arrecadação da receita, é verificada a procedência do crédito fiscal e a pessoa que lhe é devedora.
( ) Certo   ( ) Errado

4. (CESPE – Analista Judiciário – Contabilidade – TRT/8 – 2016) O estágio de liquidação da despesa pública consiste na transferência dos valores arrecadados à conta específica do tesouro, responsável pela administração e pelo controle da arrecadação.
( ) Certo   ( ) Errado

5. (CESPE – Analista Judiciário – Administrativa – TRE/PI – 2016) Depois de votado o orçamento, o primeiro estágio da execução da receita é a fixação, que se restringe à organização das estimativas.
( ) Certo   ( ) Errado

6. (CESPE – Analista Judiciário – Administrativa – TRT/8 – 2016) A previsão da receita é a base utilizada para estimar as necessidades de financiamento do governo.
( ) Certo   ( ) Errado

7. (CESPE – Analista Judiciário – Contabilidade – TRT/8 – 2016) O estágio de liquidação da despesa pública consiste no procedimento administrativo realizado para verificar a ocorrência do fato gerador de determinado tributo e determinar a matéria tributável.
( ) Certo   ( ) Errado

8. (CESPE – Auditor Governamental – CGE/PI – 2015) A procedência do crédito fiscal deve ser verificada no ato do lançamento da receita pública.
( ) Certo   ( ) Errado

9. (FCC – Analista de Procuradoria – PGE/ BA – 2013) São espécies de receitas derivadas as decorrentes:
(A) de foro de terreno da marinha
(B) de locação de imóvel público
(C) de contribuição de melhoria
(D) da amortização da dívida pública
(E) da alienação de bens.

10. (CESPE – Técnico Judiciário – CNJ – 2013) Em relação à categoria econômica, a receita pode ser corrente ou de capital.
( ) Certo   ( ) Errado

11. (CESPE – Técnico Administrativo – ANTAQ – 2014) Uma empresa operou com embarcação própria sem as condições técnicas operacionais necessárias, razão por que foi autuada pela ANTAQ, devendo pagar multa de R$ 50 mil.
Considerando essa situação hipotética, julgue o item subsequente, com base nos princípios orçamentários e na receita e despesa públicas.
As multas aplicadas pela ANTAQ no exercício de suas atividades não podem ser classificadas como tributos.
( ) Certo   ( ) Errado

12. (CESPE – Técnico Judiciário – CNJ – Médio – 2013) Se, ao desativar algumas unidades de determinado órgão, o governo deixar de utilizar alguns imóveis, sendo esses imóveis posteriormente alugados para a iniciativa privada, então as receitas desses aluguéis deverão ser classificadas como receitas correntes.

( ) Certo   ( ) Errado

13. (FCC – Auditor Fiscal – SEFAZ BA – 2019) Em janeiro de 2019, uma determinada entidade pública arrecadou receitas no valor de R$ 763.500,00 com Valores Mobiliários e no valor de R$ 1.340.000,00 com Exploração de Recursos Naturais. Assim, de acordo com o Ementário da Receita, as receitas arrecadadas em janeiro de 2019 devem ser classificadas quanto à origem, respectivamente, como

(A) Receita de Capital e Receita Corrente.

(B) Receita Corrente e Receita Corrente.

(C) Outras Receitas de Capital e Outras Receitas Correntes.

(D) Receita Patrimonial e Receita Agropecuária.

(E) Receita Patrimonial e Receita Patrimonial.

14. (FCC – Analista de Controle Externo Tecnologia da Informação – TCE AM – 2012) Sobre as receitas públicas é correto afirmar que:

(A) os depósitos caução são fontes de recursos que devem constar na Lei Orçamentária Anual.

(B) a obtenção de um empréstimo, para amortização em prazo superior a doze meses, dá origem a uma receita extra orçamentária.

(C) o valor dos encargos financeiros das operações de crédito por antecipação da receita orçamentária é uma receita extra orçamentária.

(D) as receitas provenientes de multas e juros sobre tributos e de taxas pelo exercício do poder de polícia são classificadas como receitas correntes.

(E) as receitas provenientes de aluguel de imóveis pertencentes ao ente público e da amortização de empréstimos concedidos são classificadas como receitas de capital.

GABARITOS

1) **GABARITO: Errada.**

Comentário

As doações em espécie recebidas pelos entes públicos não passam pelo estágio do lançamento.

2) **GABARITO: Errada.**

Comentário

O recolhimento é o estágio no qual os contribuintes liquidam suas obrigações junto ao Tesouro Nacional.

3) **GABARITO: Errada.**

Comentário

No estágio do lançamento da receita, é verificada a procedência do crédito fiscal e a pessoa que lhe é devedora.

4) **GABARITO: Errada.**

Comentário

O estágio de recolhimento da despesa pública consiste na transferência dos valores arrecadados à conta específica do tesouro, responsável pela administração e pelo controle da arrecadação.

5) **GABARITO: Errada.**

Comentário

O primeiro estágio da execução da receita é a previsão, a qual ocorrer durante a elaboração do orçamento (e não após votado).

6) **GABARITO: Certa.**

Comentário

A previsão (ou planejamento) se configura por meio da estimativa de arrecadação da receita, constante da Lei Orçamentária Anual – LOA, resultante de metodologia de projeção de receitas orçamentárias. É a é a base utilizada para estimar as necessidades de financiamento do governo.

7) **GABARITO: Errada.**

Comentário

O estágio de lançamento da receita pública consiste no procedimento administrativo realizado para verificar a ocorrência do fato gerador de determinado tributo e determinar a matéria tributável.

8) **GABARITO: Certa.**

Comentário

O art. 53 da Lei 4.320/1964 define o lançamento da receita como o ato da repartição competente, que verifica a procedência do crédito fiscal e a pessoa que lhe é devedora e inscreve o débito desta.

9) **GABARITO: C.**

Comentário

Receitas derivadas ou de economia pública: são aquelas receitas públicas que decorrem do patrimônio do particular ou do pagamento por este feito em contraprestação de serviços públicos prestados. Sendo compulsórias quando o comportamento previsto em lei assim estabelecer, como nos casos de tributos e multas tributárias.

Exemplos: as receitas de tributos, receitas decorrentes de empréstimos e contribuições transitória e em geral todas as receitas cuja percepção dependa de dispositivo legal.

10) GABARITO: Certa.

Comentário

O §§ 1º e 2º do art. 11 da Lei nº 4.320, de 1964, classificam as receitas orçamentárias em "Receitas Correntes" e "Receitas de Capital"

11) GABARITO: Certa.

Comentário

As **multas** também são um tipo de **receita pública, de caráter não tributário**, constituindo-se em ato de penalidade de natureza pecuniária aplicado pela Administração Púbica aos administrados. Dependem, sempre, de prévia cominação em lei ou contrato, cabendo sua imposição ao respectivo órgão competente (poder de polícia). Conforme prescreve o § 4º do art. 11 da Lei nº 4.320, de 1964, as multas classificam-se como "outras receitas correntes".

12) GABARITO: Certa

Comentário

Receita Corrente – Patrimonial: São receitas provenientes da fruição do patrimônio de ente público, como por exemplo, bens mobiliários e imobiliários ou, ainda, bens intangíveis e participações societárias. São classificadas no orçamento como receitas correntes e de natureza patrimonial.

Quanto à procedência, trata-se de receitas originárias. Podemos citar como espécie de receita patrimonial as compensações financeiras, concessões e permissões, dentre outras.

13) GABARITO: E.

Comentário

A Origem é o detalhamento das Categorias Econômicas "Receitas Correntes" e "Receitas de Capital", com vistas a identificar a natureza da procedência das receitas quando ingressam no Orçamento Público.

Nessa questão, "arrecadou receitas no valor de R$ 763.500,00 com Valores Mobiliários e no valor de R$ 1.340.000,00 com Exploração de Recursos Naturais" classificam-se como receita patrimonial.

"Receita Patrimonial: São receitas provenientes da fruição do patrimônio de ente público, como por exemplo, bens mobiliários e imobiliários ou, ainda, bens intangíveis e participações societárias. São classificadas no orçamento como receitas correntes e de natureza patrimonial.

Quanto à procedência, trata-se de receitas originárias. Podemos citar como espécie de receita patrimonial as compensações financeiras, concessões e permissões, dentre outras.

14) **GABARITO: D.**

Comentário

As multas também são um tipo de receita pública, de caráter não tributário, constituindo-se em ato de penalidade de natureza pecuniária aplicado pela Administração Púbica aos administrados. Dependem, sempre, de prévia cominação em lei ou contrato, cabendo sua imposição ao respectivo órgão competente (poder de polícia). Conforme prescreve o § 4º do art. 11 da Lei nº 4.320, de 1964, as multas classificam-se como "outras receitas correntes". Podem decorrer do descumprimento de preceitos específicos previstos na legislação pátria, ou de mora pelo não pagamento das obrigações principais ou acessórias nos prazos previstos.

Capítulo 6

DESPESA PÚBLICA

6.1 Conceito

A despesa pública é o conjunto de dispêndios realizados pelos entes públicos para o funcionamento e manutenção dos serviços públicos prestados à sociedade.

Os dispêndios, assim como os ingressos, são tipificados em orçamentários e extraorçamentários.

Segundo o art. 35 da Lei nº 4.320/1964:

> Pertencem ao exercício financeiro:
> – as receitas nele arrecadadas;
> – as despesas nêle legalmente empenhadas.

Dessa forma, despesa orçamentária é toda transação que depende de autorização legislativa, na forma de consignação de dotação orçamentária, para ser efetivada.

Dispêndio extraorçamentário é aquele que não consta na lei orçamentária anual, compreendendo determinadas saídas de numerários decorrentes de depósitos, pagamentos de restos a pagar, resgate de operações de crédito por antecipação de receita e recursos transitórios.

Para fins contábeis, a despesa orçamentária pode ser classificada quanto ao impacto na situação líquida patrimonial em:

– Despesa Orçamentária Efetiva: aquela que, no momento de sua realização, reduz a situação líquida patrimonial da entidade. Constitui fato contábil modificativo diminutivo.

– Despesa Orçamentária Não Efetiva: aquela que, no momento da sua realização, não reduz a situação líquida patrimonial da entidade e constitui fato contábil permutativo.

Em geral, a despesa orçamentária efetiva é despesa corrente. Entretanto, pode haver despesa corrente não efetiva, por exemplo, a despesa com a aquisição de materiais para estoque e a despesa com adiantamentos, que representam fatos permutativos.

A despesa não efetiva normalmente se enquadra como despesa de capital. Entretanto, há despesa de capital que é efetiva, por exemplo, as transferências de capital, que causam variação patrimonial diminutiva e, por isso, classificam-se como despesa efetiva.

6.2 Classificações da Despesa Orçamentária

A despesa pode ser classificada nos seguintes aspectos:

– quanto à natureza

– quanto à categoria econômica

– quanto à afetação patrimonial

– quanto à regularidade

– quanto à competência Institucional

a) Quanto à natureza

– Despesas orçamentárias: correspondem ao desembolso de recursos que não possuem correspondência com ingressos anteriores, fixados na lei orçamentária e que serão utilizados para pagamento dos gastos públicos. Em outras palavras, são fixadas e especificadas na lei do orçamento e/ou na lei de créditos adicionais. A classificação por categoria econômica em despesas correntes e de capital, que será vista adiante, faz parte das despesas orçamentárias, isto é, daquelas que fazem parte do orçamento.

– Despesas extra orçamentárias: saída de recursos transitórios anteriormente obtidos sob a forma de receitas-extra-orçamentárias. Exemplo: restituição de depósitos, restituição de cauções, pagamento de restos a pagar, resgate de operações de crédito por Antecipação da Receita Orçamentária (ARO), entre outros. Estas despesas não precisam de autorização orçamentária para se efetivarem, pois não pertencem ao órgão público, mas caracterizam-se por um serem uma devolução de recursos financeiros pertencentes a terceiros.

b) Quanto à categoria econômica

Despesas Correntes

– Despesas de custeio: dotações destinadas à manutenção de serviços anteriormente criados, inclusive para atender a obras de conservação e adaptação de bens imóveis (Art. 12, Lei 4.320). Jund (2008) complementa com mais exemplos: pagamento de serviços terceiros, pagamento de pessoal e encargos, aquisição de material de consumo, entre outras.

– Transferências correntes: dotações para despesas as quais não corresponda contraprestação direta em bens ou serviços, inclusive para contribuições e subvenções destinadas a atender à manifestação de outras entidades de direito público ou privado. Exemplos: tranferências de assistência e previdência social, pagamento de salário-família, juros da dívida pública.

Despesas de capital

– Investimentos: dotações para o planejamento e a execução de obras, inclusive as destinadas à aquisição de imóveis considerados necessários à realização destas últimas, bem como para os programas especiais de trabalho, aquisição de instalações, equipamentos e material permanente e constituição ou aumento do capital de empresas que não sejam de caráter comercial ou financeiro (Art. 12, § 4º, Lei 4.320).

– Inversões financeiras: Conforme Art. 12, § 5º, Lei 4.320, são as dotações destinadas para:

I – aquisição de imóveis, ou de bens de capital já em utilização;

II – aquisição de títulos representativos do capital de emprêsas ou entidades de qualquer espécie, já constituídas, quando a operação não importe aumento do capital;

III – constituição ou aumento do capital de entidades ou emprêsas que visem a objetivos comerciais ou financeiros, inclusive operações bancárias ou de seguros.

– Transferências de capital: dotações para investimentos ou inversões financeiras que outras pessoas de direito público ou privado devam realizar, independentemente de contraprestação direta em bens ou serviços, constituindo essas transferências auxílios ou contribuições, segundo derivem diretamente da Lei de Orçamento ou de lei especialmente anterior, bem como as dotações para amortização da dívida pública.

c) Quanto à afetação patrimonial

– Despesa efetiva: reduzem a situação líquida patrimonial (SLP) do Estado, provocando um fato contábil modificativo diminutivo. Exemplos: pessoal e encargos; juros e encargos da dívida interna e externa; outras despesas correntes, salvo aquelas de material de consumo para estoque.

– Despesa não efetiva (ou por mudança patrimonial): não provocam alteração na Situação Líquida Patrimonial (SLP) do Estado. Exemplo: investimentos, inversões financeiras, amortização da dívida interna e externa, outras despesas de capital, salvo aquelas destinadas a auxílios e contribuições de capital bem como os investimentos em bens de uso comum do povo; despesa corrente para formação de estoque de material de consumo.

d) Quanto à regularidade

– Ordinárias: destinadas à manutenção contínua dos serviços públicos. Se repetem em todos os exercícios.

– Extraordinárias: de caráter esporádico ou excepcional, provocadas por circunstâncias especiais e inconstantes. Não aparecem todos os anos nas dotações orçamentárias.

e) Quanto à competência institucional

A competência institucional da despesa pública pode ser Federal, Estadual ou Municipal.

– Federal: competência da União. Atende demandas de dispositivo constitucional, leis ou contratos.

– Estadual: competência dos Estados.

– Municipal: competência dos Municípios.

6.3 Classificação Funcional

A classificação funcional segrega as dotações orçamentárias em funções e subfunções, buscando responder basicamente à indagação "em que" área de ação governamental a despesa será realizada.

A atual classificação funcional foi instituída pela Portaria nº 42/1999, do então Ministério do Orçamento e Gestão, e é composta de um rol de funções e subfunções prefixadas, que servem como agregador dos gastos públicos por área de ação governamental nas três esferas de Governo. Trata-se de classificação de aplicação comum e obrigatória, no âmbito da União, dos Estados, do Distrito Federal e dos Municípios, o que permite a consolidação nacional dos gastos do setor público.

A classificação funcional é representada por cinco dígitos. Os **dois primeiros referem-se à função**, enquanto que os **três últimos dígitos representam a subfunção**, que podem ser traduzidos como agregadores das diversas áreas de atuação do setor público, nas esferas legislativa, executiva e judiciária.

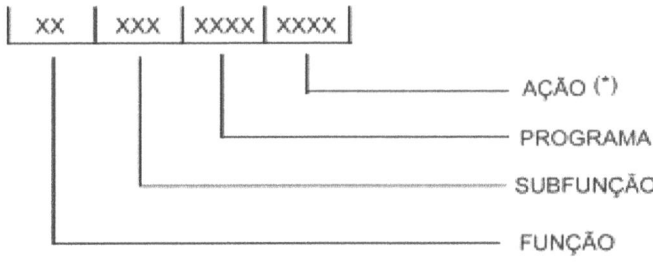

(*) Projeto / Atividade / Operações Especiais

6.3.1 Função

A função é representada pelos dois primeiros dígitos da classificação funcional e pode ser traduzida como o maior nível de agregação das diversas áreas de atuação do setor público. A função quase sempre se relaciona com a missão institucional do órgão, por exemplo, cultura, educação, saúde, defesa, que, na União, de modo geral, guarda relação com os respectivos Ministérios.

A função "Encargos Especiais" engloba as despesas orçamentárias em relação às quais não se pode associar um bem ou serviço a ser gerado no processo produtivo corrente, tais como: dívidas, ressarcimentos, indenizações e outras afins, representando, portanto, uma agregação neutra. Nesse caso, na União, as ações estarão associadas aos programas do tipo "Operações Especiais" que constarão apenas do orçamento, não integrando o PPA.

A dotação global denominada "Reserva de Contingência", permitida para a União no art. 91 do Decreto-Lei nº 200, de 25 de fevereiro de 1967, ou em atos das demais esferas de Governo, a ser utilizada como fonte de recursos para abertura de créditos adicionais e para o atendimento ao disposto no art. 5º, inciso III, da Lei Complementar nº 101, de 2000, sob coordenação do órgão responsável pela sua destinação, será identificada nos orçamentos de todas as esferas de Governo pelo código "99.999.9999.xxxx.xxxx", no que se refere às classificações por função e subfunção e estrutura programática, onde o "x" representa a codificação da ação e o respectivo detalhamento.

6.3.2 Subfunção

A subfunção, indicada pelos três últimos dígitos da classificação funcional, representa um nível de agregação imediatamente inferior à função e deve evidenciar cada área da atuação governamental, por intermédio da agregação de determinado subconjunto de despesas e identificação da natureza básica das ações que se aglutinam em torno das funções.

As subfunções podem ser combinadas com funções diferentes daquelas às quais estão relacionadas na Portaria MOG nº 42/1999. Deve-se adotar como função aquela que é típica ou principal do órgão. Assim, a programação de um órgão, via de regra, é classificada em uma única função, ao passo que a subfunção é escolhida de acordo com a especificidade de cada ação governamental. A exceção à combinação encontra-se na função 28 – Encargos Especiais e suas subfunções típicas que só podem ser utilizadas conjugadas.

Exemplo:

Ministério da Saúde		
FUNÇÃO	10	Saúde
SUBFUNÇÃO	331	Proteção e Benefícios ao Trabalhador

6.4 Classificação por Estrutura Programática

Toda ação do governo está estruturada em programas orientados para a realização dos objetivos estratégicos definidos no Plano Plurianual (PPA) para o período de quatro anos. Conforme estabelecido no art. 3º da Portaria MOG nº 42/1999, a União, os Estados, o Distrito Federal e os Municípios estabelecerão, em atos próprios, suas estruturas de programas, códigos e identificação, respeitados os conceitos e determinações nela contidos. Ou seja, todos os entes devem ter seus trabalhos organizados por programas e ações, mas cada um estabelecerá seus próprios programas e ações de acordo com a referida Portaria.

6.4.1 Programa

Programa é o instrumento de organização da atuação governamental que articula um conjunto de ações que concorrem para a concretização de um objetivo comum preestabelecido, visando à solução de um problema ou ao atendimento de determinada necessidade ou demanda da sociedade.

O orçamento Federal está organizado em programas, a partir dos quais são relacionadas às ações sob a forma de atividades, projetos ou operações especiais, especificando os respectivos valores e metas e as unidades orçamentárias responsáveis pela realização da ação. Cada projeto ou atividade só poderá estar associado um produto, que, quantificado por sua unidade de medida, dará origem à meta.

As informações mais detalhadas sobre os programas da União constam no Plano Plurianual e podem ser visualizados no sítio www.planejamento.gov.br.

6.4.2 Ação

As ações são operações das quais resultam produtos, bens ou serviços que contribuem para atender ao objetivo de um programa. Incluem-se também no conceito de ação as transferências obrigatórias ou voluntárias a outros entes da Federação e a pessoas físicas e jurídicas, na forma de subsídios, subvenções, auxílios, contribuições e financiamentos, dentre outros.

As ações, conforme suas características podem ser classificadas como atividades, projetos ou operações especiais.

– Atividade: É um instrumento de programação utilizado para alcançar o objetivo de um programa, envolvendo um conjunto de operações que se realizam de modo contínuo e permanente, das quais resulta um produto ou serviço necessário à manutenção da ação de Governo. Exemplo: "Fiscalização e Monitoramento das Operadoras de Planos e Seguros Privados de Assistência à Saúde".

– Projeto: É um instrumento de programação utilizado para alcançar o objetivo de um programa, envolvendo um conjunto de operações, limitadas no tempo, das quais resulta um produto que concorre para a expansão ou o aperfeiçoamento da ação de Governo. Exemplo: "Implantação da rede nacional de bancos de leite humano".

– Operação Especial: Despesas que não contribuem para a manutenção, expansão ou aperfeiçoamento das ações de governo, das quais não resulta um produto, e não gera contraprestação direta sob a forma de bens ou serviços.

6.5 Classificação da Despesa Orçamentária por Natureza

A classificação da despesa orçamentária, segundo a sua natureza, compõe-se de:

I – Categoria Econômica;

II – Grupo de Natureza da Despesa; e

III – Elemento de Despesa.

A natureza da despesa será complementada pela informação gerencial denominada "modalidade de aplicação", a qual tem por finalidade indicar se os recursos são aplicados diretamente por órgãos ou entidades no âmbito da mesma esfera de Governo ou por outro ente da Federação e suas respectivas entidades, e objetiva, precipuamente, possibilitar a eliminação da dupla contagem dos recursos transferidos ou descentralizados.

6.5.1 Estrutura da Natureza da Despesa Orçamentária

Os arts. 12 e 13 da Lei nº 4.320/1964 tratam da classificação da despesa orçamentária por categoria econômica e elementos. Assim como na receita orçamentária, o art. 8º estabelece que os itens da discriminação da despesa orçamentária mencionados no art. 13 serão identificados por números de código decimal, na forma do Anexo IV daquela Lei, atualmente consubstanciados na Portaria Interministerial STN/SOF nº 163/2001, e constantes deste Manual.

O conjunto de informações que constitui a natureza de despesa orçamentária forma um código estruturado que agrega a categoria econômica, o grupo, a modalidade de aplicação e o elemento. Essa estrutura deve ser observada na execução orçamentária de todas as esferas de governo.

O código da natureza de despesa orçamentária é composto por seis dígitos, desdobrado até o nível de elemento ou, opcionalmente, por oito, contemplando o desdobramento facultativo do elemento:

1º	2º	3º	4º	5º	6º	7º	8º
Cate-goria Econô-mica	Grupo de Natureza da Despesa	Moda-lidade de Aplica-ção		Ele-mento de Despe-sa		Sube-lemen-to	

Exemplo: código "3.1.90.11.00", segundo o esquema abaixo:

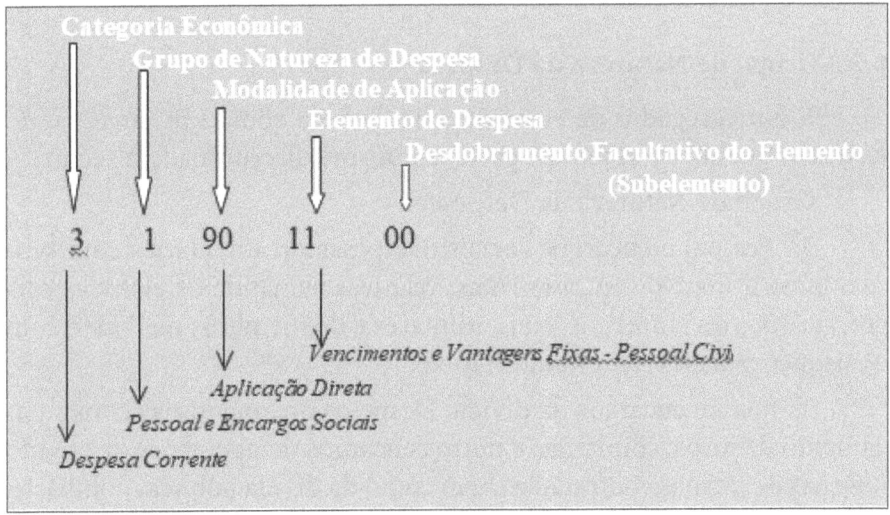

A classificação da Reserva de Contingência bem como a Reserva do Regime Próprio de Previdência Social, quanto à natureza da despesa orçamentária, serão identificadas com o código "9.9.99.99", conforme estabelece o parágrafo único do art. 8º da Portaria Interministerial STN/ SOF nº 163, de 2001.

6.5.2 Categoria Econômica

A despesa, assim como a receita, é classificada em duas categorias econômicas, com os seguintes códigos:

3 – Despesas Correntes

4 – Despesa de Capital

– Despesas Correntes: Classificam-se nessa categoria todas as despesas que não contribuem, diretamente, para a formação ou aquisição de um bem de capital.

– Despesas de Capital: Classificam-se nessa categoria aquelas despesas que contribuem, diretamente, para a formação ou aquisição de um bem de capital.

É importante observar que as despesas orçamentárias de capital mantêm uma correlação com o registro de incorporação de ativo imobilizado, intangível ou investimento (no caso dos grupos de natureza da despesa 4 – investimentos e 5 – inversões financeiras) ou o registro de desincorporação de um passivo (no caso do grupo de despesa 6 – amortização da dívida).

6.5.3 Grupo de Natureza da Despesa

É um agregador de elementos de despesa com as mesmas características quanto ao objeto de gasto, conforme discriminado a seguir:

Grupo de Natureza da Despesa

1. Pessoal e encargos sociais: Despesas orçamentárias com pessoal ativo e inativo e pensionistas, relativas a mandatos eletivos, cargos, funções ou empregos, civis, militares e de membros de Poder, com quaisquer espécies remuneratórias etc.

2. Juros e encargos da dívida: Despesas orçamentárias com o pagamento de juros, comissões e outros encargos de operações de crédito internas e externas contratadas, bem como da dívida pública mobiliária.

3. Outras despesas correntes

4. Investimentos: Despesas orçamentárias com softwares e com o planejamento e a execução de obras, inclusive com a aquisição de imó-

veis considerados necessários à realização destas últimas, e com a aquisição de instalações, equipamentos e material permanente.

5. Inversões financeiras: Despesas orçamentárias com a aquisição de imóveis ou bens de capital já em utilização; aquisição de títulos representativos do capital de empresas ou entidades de qualquer espécie, já constituídas, quando a operação não importe aumento do capital; e com a constituição ou aumento do capital de empresas, além de outras despesas classificáveis neste grupo

6. Amortização da dívida: Despesas orçamentárias com o pagamento e/ou refinanciamento do principal e da atualização monetária ou cambial da dívida pública interna e externa, contratual ou mobiliária.

6.5.4 Modalidade de Aplicação

A modalidade de aplicação tem por finalidade indicar se os recursos são aplicados diretamente por órgãos ou entidades no âmbito da mesma esfera de Governo ou por outro ente da Federação e suas respectivas entidades. Indica se os recursos serão aplicados diretamente pela unidade detentora do crédito ou mediante transferência para entidades públicas ou privadas.

6.5.5 Modalidade de Aplicação

20 – Transferências à União

22 – Execução Orçamentária Delegada à União

– Transferências a Estados e ao Distrito Federal

– Transferências a Estados e ao Distrito Federal – Fundo a Fundo

– Execução Orçamentária Delegada a Estados e ao Distrito Federal

– Transferências Fundo a Fundo aos Estados e ao Distrito Federal à conta de recursos de que tratam os §§ 1º e 2º do art. 24 da Lei Complementar nº 141, de 2012

– Transferências Fundo a Fundo aos Estados e ao Distrito Federal à conta de recursos de que trata o art. 25 da Lei Complementar nº 141, de 2012

– Transferências a Municípios

– Transferências a Municípios – Fundo a Fundo

– Execução Orçamentária Delegada a Municípios

– Transferências Fundo a Fundo aos Municípios à conta de recursos de que tratam os §§ 1º e 2º do art. 24 da Lei Complementar nº 141, de 2012

– Transferências Fundo a Fundo aos Municípios à conta de recursos de que trata o art. 25 da Lei Complementar nº 141, de 2012.

50 – Transferências a Instituições Privadas sem Fins Lucrativos

60 – Transferências a Instituições Privadas com Fins Lucrativos

– Transferências a Instituições Multigovernamentais

– Transferências a Consórcios Públicos mediante contrato de rateio

Execução Orçamentária Delegada a Consórcios Públicos

– Transferências a Consórcios Públicos mediante contrato de rateio à conta de recursos de que tratam os §§ 1º e 2º do art. 24 da Lei Complementar nº 141, de 2012

– Transferências a Consórcios Públicos mediante contrato de rateio à conta de recursos de que trata o art. 25 da Lei Complementar nº 141, de 2012

– Transferências a Instituições Multigovernamentais à conta de recursos de que tratam os §§ 1º e 2º do art. 24 da Lei Complementar nº 141, de 2012

– Transferências a Instituições Multigovernamentais à conta de recursos de que trata o art. 25 da Lei Complementar nº 141, de 2012

80 – Transferências ao Exterior

– Aplicações Diretas

– Aplicação Direta Decorrente de Operação entre Órgãos, Fundos e Entidades Integrantes dos Orçamentos Fiscal e da Seguridade Social

– Aplicação Direta Decorrente de Operação de Órgãos, Fundos e Entidades Integrantes dos Orçamentos Fiscal e da Seguridade Social com Consórcio Público do qual o Ente Participe

– Aplicação Direta Decorrente de Operação de Órgãos, Fundos e Entidades Integrantes dos Orçamentos Fiscal e da Seguridade Social com Consórcio Público do qual o Ente Não Participe

– Aplicação Direta à conta de recursos de que tratam os §§ 1º e 2º do art. 24 da Lei Complementar nº 141, de 2012

– Aplicação Direta à conta de recursos de que trata o art. 25 da Lei Complementar nº 141, de 2012.

99 – A Definir

Modalidade de utilização exclusiva do Poder Legislativo ou para classificação orçamentária da Reserva de Contingência e da Reserva do RPPS, vedada a execução orçamentária enquanto não houver sua definição.

6.5.6 Elemento de Despesa

Tem por finalidade identificar os objetos de gasto, tais como vencimentos e vantagens fixas, juros, diárias, material de consumo, serviços de terceiros prestados sob qualquer forma, subvenções sociais, obras e instalações, equipamentos e material permanente, auxílios, amortização e outros que a administração pública utiliza para a consecução de seus fins. A descrição dos elementos pode não contemplar todas as despesas a eles inerentes, sendo, em alguns casos, exemplificativa. A relação dos elementos de despesa é apresentada a seguir:

ELEMENTO DE DESPESA	
01	Aposentadorias do RPPS, Reserva Remunerada e Reformas dos Militares
03	Pensões do RPPS e do Militar
04	Contratação por Tempo Determinado
05	Outros Benefícios Previdenciários do Servidor ou do Militar
06	Benefício Mensal ao Deficiente e ao Idoso
07	Contribuição a Entidades Fechadas de Previdência
08	Outros Benefícios Assistenciais do Servidor ou do Militar
10	Seguro Desemprego e Abono Salarial
11	Vencimentos e Vantagens Fixas – Pessoal Civil
12	Vencimentos e Vantagens Fixas – Pessoal Militar
13	Obrigações Patronais
14	Diárias – Civil

ELEMENTO DE DESPESA	
15	Diárias – Militar
16	Outras Despesas Variáveis – Pessoal Civil
17	Outras Despesas Variáveis – Pessoal Militar
18	Auxílio Financeiro a Estudantes
19	Auxílio-Fardamento
20	Auxílio Financeiro a Pesquisadores
21	Juros sobre a Dívida por Contrato
22	Outros Encargos sobre a Dívida por Contrato
23	Juros, Deságios e Descontos da Dívida Mobiliária
24	Outros Encargos sobre a Dívida Mobiliária
25	Encargos sobre Operações de Crédito por Antecipação da Receita
26	Obrigações decorrentes de Política Monetária
27	Encargos pela Honra de Avais, Garantias, Seguros e Similares
28	Remuneração de Cotas de Fundos Autárquicos
29	Distribuição de Resultado de Empresas Estatais Dependentes
30	Material de Consumo
31	Premiações Culturais, Artísticas, Científicas, Desportivas e Outras
32	Material, Bem ou Serviço para Distribuição Gratuita
33	Passagens e Despesas com Locomoção
34	Outras Despesas de Pessoal decorrentes de Contratos de Terceirização
35	Serviços de Consultoria
36	Outros Serviços de Terceiros – Pessoa Física
37	Locação de Mão de Obra

ELEMENTO DE DESPESA	
38	Arrendamento Mercantil
39	Outros Serviços de Terceiros – Pessoa Jurídica
41	Contribuições
42	Auxílios
43	Subvenções Sociais
45	Subvenções Econômicas
46	Auxílio-Alimentação
47	Obrigações Tributárias e Contributivas
48	Outros Auxílios Financeiros a Pessoas Físicas
49	Auxílio-Transporte
51	Obras e Instalações
52	Equipamentos e Material Permanente
53	Aposentadorias do RGPS – Área Rural
54	Aposentadorias do RGPS – Área Urbana
55	Pensões do RGPS – Área Rural
56	Pensões do RGPS – Área Urbana
57	Outros Benefícios do RGPS – Área Rural
58	Outros Benefícios do RGPS – Área Urbana
59	Pensões Especiais
61	Aquisição de Imóveis
62	Aquisição de Produtos para Revenda
63	Aquisição de Títulos de Crédito
64	Aquisição de Títulos Representativos de Capital já Integralizado
65	Constituição ou Aumento de Capital de Empresas
66	Concessão de Empréstimos e Financiamentos

ELEMENTO DE DESPESA	
67	Depósitos Compulsórios
70	Rateio pela participação em Consórcio Público
71	Principal da Dívida Contratual Resgatado
72	Principal da Dívida Mobiliária Resgatado
73	Correção Monetária ou Cambial da Dívida Contratual Resgatada
74	Correção Monetária ou Cambial da Dívida Mobiliária Resgatada
75	Correção Monetária da Dívida de Operações de Crédito por Antecipação da Receita
76	Principal Corrigido da Dívida Mobiliária Refinanciado
77	Principal Corrigido da Dívida Contratual Refinanciado
81	Distribuição Constitucional ou Legal de Receitas
91	Sentenças Judiciais
92	Despesas de Exercícios Anteriores
93	Indenizações e Restituições
94	Indenizações e Restituições Trabalhistas
95	Indenização pela Execução de Trabalhos de Campo
96	Ressarcimento de Despesas de Pessoal Requisitado
97	Aporte para Cobertura do Déficit Atuarial do RPPS
98	Compensações ao RGPS
99	A Classificar

6.6 Empenho

A despesa pública cumpre algumas etapas. Vejamos como isso acontece:

Suponhamos que o governa tenha decidido reformar um hospital, e que haja R$ 150.000,00 (cento e cinquenta mil reais) previstos para essa obra no orçamento. Isso é considerado o valor autorizado. Uma vez incluída a despesa no orçamento é necessário reservar recursos para cada etapa da obra, do projeto de engenharia, compra de material, contratação de mão de obra etc. No orçamento, essa é a primeira fase da execução da despesa, que acontece com a emissão de empenhos no sistema de administração – isso vale tanto para a União, os estados, os municípios com o empenho da despesa.

O governo assume o compromisso de contratar, realizar aqueles gastos. Nesse nosso exemplo, essa fase ocorre quando o governo emite o empenho para contratar a empresa que ganhou a licitação. Se for o próprio governo que tocará a obra, serão emitidos diversos empenhos para as compras de material e outras contratações diretas. Cabe lembrar que o conjunto de todos empenhos emitidos, não pode ultrapassar o valor total autorizado para obra.

Quando sabemos que uma despesa foi empenhada, é porque estes recursos, já estão comprometidos para o futuro pagamento. E o que é empenho?

Dispõe o artigo 58 da Lei 4320/64:

> O empenho de despesa é o ato emanado de autoridade competente que cria para o Estado obrigação de pagamento pendente ou não de implemento de condição.

O empenho da despesa é um ato administrativo, sendo assim compete a uma autoridade expedi-lo, no caso o ordenador de despesas. Ele em si não cria a obrigação de pagamento, ou seja, não gera um passivo em termos patrimoniais. Assim, a obrigação de pagamento só surge após a etapa da liquidação (etapa da execução orçamentária da despesa). A liquidação compreende a entrega do material ou da prestação do serviço. A liquidação da despesa é o implemento de condição por parte do credor para que exista a obrigação de pagamento.

E o ordenador de despesa, quem é?

> O Decreto Lei nº 200/67, define que o ordenador da despesa, é toda e qualquer autoridade de cujos atos resultarem emissão de empenho, autorização de pagamento, suprimento ou dispêndio de recursos da união ou pela qual este responda.

Outro ponto a se destacar, está prescrito no artigo 59 da mesma lei, que dispõe sobre o limite de créditos concedidos, como se segue:

> O empenho da despesa não poderá exceder o limite dos créditos concedidos.

O artigo da Lei nº 4.320/64, encontra-se em sintonia com que preconiza a CF/88, a qual veda a realização de despesa ou assunção de obrigações diretas que excedam os créditos orçamentários ou adicionais.

Outro ponto a se destacar é a realização da despesa sem o prévio empenho, conforme preconiza o artigo 60 da Lei nº 4.320/64, como segue:

> Art. 60. É vedado a realização de despesa sem prévio empenho.

O empenho da despesa é uma peça chave no controle da execução orçamentária. A lei afirma que necessariamente, o empenho anteceda a realização da despesa.

E no caso de calamidade pública, é dispensado a sua emissão? Há exceção?

Não há nas normas do Direito Financeiro, prevendo exceções a qualquer regra.

A Lei nº 4.320/64, prevê a possibilidade de abertura de créditos adicionais do tipo extraordinário para esses casos, é só após a abertura do crédito, a despesa poderá ser empenhada, liquidada e paga.

6.7 Estágios da Despesa

O 1º estágio da despesa de acordo com Lei 4320/64 é o empenho. Contratado a obra ou os fornecedores, o próximo passo é receber a obra feita ou materiais adquiridos sempre conferindo se eles estão dentro do que foi contratado. Daí, passamos para o segundo estágio da despesa.

O 2º estágio da despesa é quando considerarmos que a despesa foi liquidada, ou seja, é quando o governo recebe a obra, produtos e serviços e atesta que está tudo conforme contratado – por essa razão, falamos que nessa fase a despesa foi de fato executada. Passamos, então, para o terceiro e último estágio da despesa.

O 3º estágio da despesa é a última fase da execução da despesa e o pagamento ou seja, quando os fornecedores, prestadores de serviços e empresas contratadas pelo governo recebem efetivamente o dinheiro pelo que realizou.

Mas o que acontece quando a obra os produtos e os serviços contratados não são entregues, ou foram entregues, mas o governo não chega efetuar o pagamento até o final do exercício?

Existem duas possibilidades: o que foi empenhado e não entregue pelo fornecedor, o governo pode cancelar o empenho da despesa, ou seja, fica tudo zero a zero. A segunda opção é prorrogar a execução do empenho para o ano seguinte. Isso acontece com a obra os produtos e os serviços que não puderam ser entregues ou foram entregues e não pagos até o final do ano. Nesses casos a despesa empenhada não paga até o final do ano, são inscritos em uma classificação orçamentária chamada de restos a pagar (ver capítulo 7).

6.8 Fases do empenho

O documento que materializa o empenho é a Nota de Empenho. Não devemos confundir "empenho", que é um ato, com a "Nota de Empenho", que é um documento.

Lei n° 4.320/64:

> Art. 61. Para cada empenho será extraído um documento denominado "nota de empenho" que indicará o nome do credor, a representação e a importância da despesa bem como a dedução desta do saldo da dotação própria.

O empenho compreende 3 fases:

– a licitação ou sua dispensa;

– a autorização;

– a formalização.

a) Licitação ou dispensa

A licitação ou dispensa precede ao empenho da despesa e tem por objetivo verificar, entre vários fornecedores, quem oferece condições mais vantajosas à administração.

A licitação destina-se a garantir a observância do princípio constitucional da isonomia e da seleção de proposta mais vantajosa para a administração. Para garantir essas premissas, é necessário que a licitação seja processada e julgada em estrita conformidade com os princípios básicos da legalidade, da impessoalidade, da moralidade, da igualdade, da publicidade, da probidade administrativa, da vinculação ao instrumento convocatório, do julgamento objetivo e de outros que lhe sejam correlatos.

No capítulo 19, abordaremos a licitação pública, inexigibilidade e dispensas, de forma mais detalhada.

A legislação que rege a matéria estabelece seis modalidades de licitação: concorrência, tomada de preços, convite, concurso, leilão e o pregão.

– Concorrência: é a modalidade a que a administração deve recorrer nos casos de compras, obras ou serviços de vulto, em que se admite a participação de qualquer licitante através de convocação de maior amplitude.

– Tomada de preços: é a modalidade de licitação entre interessados, devidamente cadastrados, ou que atenderem a todas as condições exigidas para o cadastramento até o terceiro dia anterior à data do recebimento das propostas, observada a necessária qualificação;

– Convite: é a modalidade de licitação entre, no mínimo, três interessados do ramo pertinente a seu objeto, cadastrados ou não, escolhidos pela unidade administrativa, a qual fixará em local apropriado cópia do instrumento convocatório e o estenderá aos demais cadastrados na correspondente especialidade que manifestarem seu interesse com antecedência de até vinte e quatro horas da apresentação das propostas;

– Concurso: é a modalidade de licitação entre quaisquer interessados para escolha de trabalho técnico ou artístico, mediante a instituição de prêmios ou remuneração aos vencedores, conforme critérios constantes do Edital publicado na imprensa oficial com antecedência mínima de quarenta e cinco dias;

– Leilão: é a modalidade de licitação entre quaisquer interessados para venda de bens móveis inservíveis para a administração, ou produtos legalmente apreendidos ou penhorados a quem oferecer maior lance, igual ou superior ao da avaliação;

– Pregão: é a modalidade cuja característica é a seleção do vencedor mediante propostas e lances em sessão pública. Em certo sentido, o pregão é uma modalidade idêntica ao leilão, com a diferença de que no leilão o setor público busca a obtenção da maior oferta possível, enquanto no pregão o objetivo é a aquisição de bens e serviços pelo menor preço.

A legislação ainda prevê hipóteses de dispensa e inexigibilidade de licitação que devem ser aplicadas com bastante cuidado, visto que o princípio licitatório deve prevalecer e os casos elencados como dispensa ou inexigibilidade são exceções (Ver capítulo 19).

b) Autorização

A autorização constitui a decisão, manifestação ou despacho do Ordenador, isto é, a permissão dada pela autoridade competente para realização da despesa.

Essas autoridades competentes são chamadas de ordenadores de despesa, que são definidos como toda e qualquer autoridade de cujos atos resultarem reconhecimento de dívida, emissão de empenho, autorização de pagamento, concessão de adiantamento, suprimento de fundos ou dispêndio de recursos do Estado ou pelos quais este responda. São competentes para autorizar despesas nas respectivas esferas de competência:

– o Presidente da República/o Governador/o Prefeito;

– as autoridades do Poder Judiciário indicadas por lei ou nos respectivos regimentos;

– as autoridades do Poder Legislativo, indicadas no respectivo regimento;

– o Presidente do Tribunal de Contas da União/do Estado ou, quando houver, do Município;

– os Ministros de Estado, os Secretários Estaduais e Municipais;

– os titulares de autarquias, empresas públicas, de sociedade de economia mista e de fundações, de acordo com o estabelecido em lei, decreto ou estatuto.

Poderá ser objeto de delegação, mediante ato normativo expresso que deve ser comunicado ao respectivo controle e ao Tribunal de Contas.

c) Formalização

Essa etapa corresponde à dedução do valor da despesa feita no saldo disponível da dotação, e é comprovada pela emissão das Notas de

Empenho (vide modelo) que em determinadas situações previstas na legislação específica poderá ser dispensado, como no caso de despesas relativas a: Pessoal e Encargos Sociais, Juros e Encargos da Dívida, Sentenças Judiciárias etc.

Os servidores dos órgãos executivos são os que emitem as Notas de Empenho e os órgãos de contabilidade são responsaveis pelo registro e contabilização que lhe dão validade.

Os empenhos são classificados nas seguintes modalidades:

– Ordinário: quando destinado a atender a despesa cujo pagamento se processe de uma só vez;

– Estimativa: quando destinado a atender a despesas para as quais não se possa previamente determinar o montante exato;

– Global: quando destinado a atender a despesas contratuais e outras, sujeitas a parcelamento, cujo montante exato possa ser determinado.

Elementos que deverão constar da nota de empenho, seja no ato da autorização ou da formalização:

– nome do credor;

– especificação da despesa;

– indicação do código orçamentário onde a despesa será apropriada;

– importância da despesa;

– declaração de ter sido o valor deduzido do saldo da dotação própria, firmada pelo servidor encarregado e visada por autoridade competente;

– declaração expressa, quando se tratar de despesa de caráter secreto ou reservado.

MODELO DE NOTA DE EMPENHO:

NOTA DE EMPENHO – NE

Finalidade

Permite registrar o comprometimento de despesa, bem como aos casos em que se faça necessário o reforço ou a anulação desse compromisso.

Modelo – 1

```
-SIAFIXXXX-DOCUMENTO-ENTRADADOS-NE  (EFETUA EMPENHO)
DD/MM/AAAA  HH:MM                          USUARIO : XXXXXXXXXX
                                           NUMERO  : XXXXNE
UG/GESTAO EMITENTE:            /
NUMERO DA LISTA    : XXXXLI

ESPECIE DE EMPENHO: _
PASSIVO ANTERIOR  : _

DOCUMENTO DE REFERENCIA
NUMERO            :
UG/GESTAO         :           /


PF1=AJUDA  PF3=SAI  PF4=COPIA
```

Modelo – 2

```
__ SIAFIXXXX-DOCUMENTO-ENTRADADOS-NE  (EFETUA EMPENHO)
DD/MM/AAAA  HH:MM                          USUARIO : XXXXXXXXXX
DATA EMISSAO      : DDMMMAA                 NUMERO  : XXXXNE
UG/GESTAO EMITENTE: XXXXXX / XXXXX
NUMERO DA LISTA    : XXXXXXXXXXXX
FAVORECIDO        :                                GESTAO  :
TAXA CAMBIO       :
PASSIVO ANTERIOR  :
OBSERVACAO / FINALIDADE


EVENTO ESF PTRES    FONTE    ND    UGR      PI                V A L O R


TIPO                    : _        MODALIDADE LICITACAO : __
AMPARO                  :          INCISO               : __
PROCESSO                :          ORIGEM MATERIAL      : _
MUNICIPIO BENEFICIADO   :          UF BENEFICIADA       : __
NUM.ORIG.TRANSFERENCIA  :

PF1=AJUDA  PF3=SAI  PF12=RETORNA
```

MODELO DE NOTA DE EMPENHO PREENCHIDA – Modelo 3

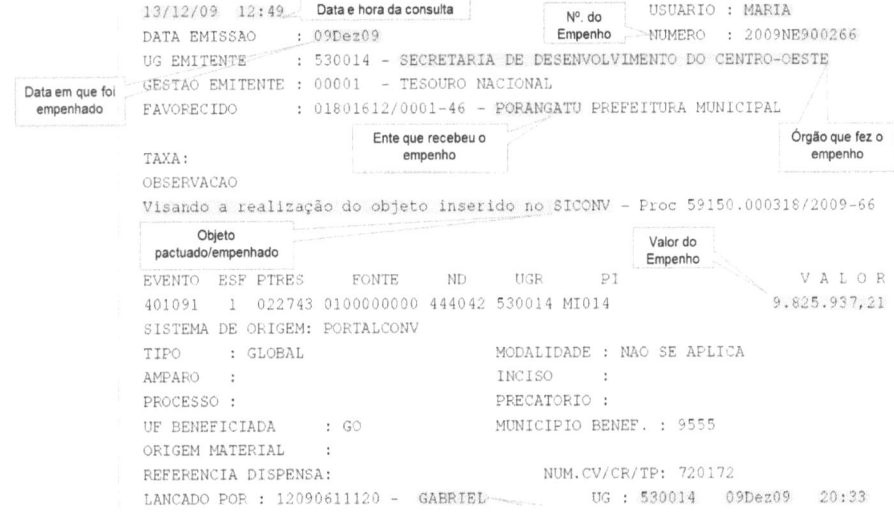

QUADRO RESUMO – DESPESA PÚBLICA

Conceito	É todo pagamento efetuado a qualquer título pelos agentes pagadores.
Classificação	• Quanto ao enfoque econômico (c, g, mm, ee, dd) • Quanto às categorias econômicas (Despesas Correntes e Despesas de Capital); • Quanto à afetação patrimonial (Despesas Efetivas e Despesas por Mutação Patrimonial)
Despesas Orçamentárias: Categoria Econômica	Despesas Correntes e Despesas de Capital
Despesas Correntes	Classificam-se nessa categoria todas as despesas que não contribuem, diretamente, para a formação ou aquisição de um bem de capital. Representam encargos que não produzem acréscimos no patrimônio, respondendo assim, pela manutenção das atividades de cada órgão/atividade. Excluindo-se as aquisições de materiais para formação de estoques, todos os demais dispêndios correntes provocam a diminuição patrimonial (Despesa Efetiva).
Despesas Correntes Classificação, segundo a Lei 4.320/64	– Despesas de Custeio – Transferências Correntes

Despesas Correntes: **Grupos de Natureza de** **Despesa**	– Pessoal e Encargos Sociais – Juros e Encargos da Dívida – Outras Despesas Correntes
Despesas de Capital	Classificam-se nesta categoria aquelas despesas que contribuem, diretamente, para a formação ou aquisição de um bem de capital, resultando no acréscimo do patrimônio do órgão ou entidade que a realiza, aumentando, dessa forma, sua riqueza patrimonial. À exceção das transferências de recursos financeiros repassados a outras instituições, para realizarem Despesas de Capital, os gastos desta natureza constituem fatos permutativos nos elementos patrimoniais (Despesa por Mutações).
Despesas de Capital **Classificação, segundo a** **Lei 4.320/64**	– Investimentos – Inversões Financeiras – Transferências de Capital
Despesas de Capital: **Grupos de Natureza de** **Despesa** **Classificação, segundo a** **Portaria 163/2001**	– Investimentos – Inversões Financeiras – Amortização da Dívida
Estágios	De acordo com a Lei 4.320/64: – Empenho; – Liquidação; – Pagamento.

Empenho	É o ato emanado de poder competente que cria para o Estado uma obrigação de pagamento pendente ou não de implemento de condição que será cumprido com a entrega do material, a medição da obra ou a prestação dos serviços.
Fases do Empenho	Licitação ou sua dispensa; Autorização Formalização **Obs: Formalização** – corresponde à dedução do valor da despesa feita no saldo disponível da dotação, e é **comprovada pela emissão da Nota de Empenho** que em determinadas situações previstas na legislação específica poderá ser **dispensada,** como nos casos das **despesas** relativas a: **Pessoal e Encargos Sociais, Juros e Encargos da Dívida etc.**
Modalidades ou Tipos de Empenho	Os **empenhos** são classificados nas seguintes **modalidades:** **– Ordinário** – quando destinado a atender a despesa cujo pagamento se processe de uma só vez; Ex: Compra de um veículo à vista. **– Estimativa** – quando destinado a atender despesas para as quais não se possa previamente determinar o montante exato; Ex: Despesas com água, luz, telefone etc. **– Global** – quando destinado a atender a despesas contratuais e outras, sujeitas a parcelamento, cujo montante exato possa ser determinado. Ex: Despesas com serviços de limpeza executado por uma empresa contratada; Aquisição de um bem cujo pagamento será de forma parcelada etc.

Liquidação	Consiste na verificação do direito adquirido pelo credor, tendo por base os títulos e documentos comprobatórios do respectivo crédito. Cabe observar que essa verificação tem por finalidade apurar: I – a origem e o objeto do que se tem que pagar; II – a importância exata a pagar; III – a quem se deve pagar a importância, para extinguir a obrigação.
Pagamento	É o último estágio da despesa. O pagamento da despesa será efetuado por tesouraria ou pagadoria regularmente instituídas, por estabelecimentos bancários credenciados e, em casos excepcionais, por meio de adiantamento ou suprimento de fundos.

EXERCÍCIOS

1. (CESPE – 2013 – UNIPAMPA – Administrador). No que se refere às despesas de capital, as inversões financeiras se destinam apenas à aquisição de imóveis ou bens de capital a serem utilizados.
( ) Certo   ( )Errado.

2. (CESPE – 2013 – CNJ – Técnico Judiciário – Área Administrativa). Uma despesa pública é considerada não efetiva quando não reduz a situação líquida patrimonial da entidade no momento de sua realização.
( ) Certo   ( )Errado

3. (CESPE – Analista Judiciário – Administrativa – TRT/8 – 2016) O processo de fixação da despesa orçamentária estará concluído quando houver a verificação do direito adquirido pelo credor, comprovado por títulos e documentos do respectivo crédito.
( ) Certo   ( )Errado

4. (CESPE – Auditor Fiscal de Controle Externo – Direito – TCE/SC – 2016) A fixação da despesa, que compreende a adoção de medidas em determinada situação idealizada, conforme os recursos disponíveis e as diretrizes e prioridades traçadas pelo governo, é um dos estágios da despesa pública previstos na legislação em vigor.

( ) Certo   ( )Errado

5. (CESPE – Analista Judiciário – Contabilidade – TRT/8 – 2016) O estágio de liquidação da despesa pública consiste na verificação do direito adquirido pelo credor tendo por base os títulos e documentos comprobatórios do respectivo crédito.

( ) Certo   ( )Errado

6.(CESPE – Auditor Fiscal de Controle Externo – TCE/SC – 2016) O estágio de pagamento da despesa caracteriza-se pelo despacho por meio do qual a autoridade competente determina que a despesa seja liquidada.

( ) Certo   ( )Errado

7. (CESPE – Analista Judiciário – Contabilidade – TRT/8 – 2016) O estágio de liquidação da despesa pública consiste na entrega de numerário ao credor por meio de cheque nominativo, ordens de pagamentos ou crédito em conta.

( ) Certo   ( )Errado

8. (CESPE – Analista Judiciário – Administrativa – TRT/8 – 2016) Se o instrumento de contrato for facultativo, ele poderá ser substituído pela ordem bancária.

( ) Certo   ( )Errado

9. (CESPE – Técnico Federal de Controle Externo – TCU – 2015) A apuração da quantia exata a ser paga em relação às despesas incorridas por um ente federativo ocorre na fase de pagamento, sendo vedada a adoção de regime de adiantamento com vistas a honrar o pagamento dessas despesas.

( ) Certo   ( )Errado

10. (CESPE – Técnico Federal de Controle Externo – TCU – 2015) Realiza-se por meio de empenho global a reserva de dotação orçamentária de compromissos decorrentes de despesas contratuais com pagamento sujeito a parcelamento.

( ) Certo   ( )Errado

11. (CESPE – Auditor Governamental – CGE/PI – 2015) Se o instrumento de contrato for facultativo, a nota de empenho da despesa poderá substituir tal contrato.

( ) Certo   ( )Errado

12. (CESPE – Auditor – FUB – 2015) O empenho deve ser classificado como uma das duas possibilidades: o ordinário, no qual o valor exato da despesa é conhecido, ou por estimativa, em que não se pode determinar previamente o montante preciso da despesa.

( ) Certo ( )Errado

GABARITO

1) GABARITO: Errado.

Comentário

As inversões financeiras referem-se também às ações de títulos representativos do capital de empresas ou entidades de qualquer espécie e à constituição ou aumento de capital de entidades ou empresas que visem a objetivos comerciais ou financeiros, inclusive operações bancárias ou de seguros.

2) GABARITO: Certo.

Comentário

Esta é exatamente a definição de despesas não-efetivas ou por mutações patrimoniais. São exemplos: investimentos; inversões financeiras; amortização da Dívida Interna e Externa; outras despesas de capital – exceto as despesas de capital destinadas a auxílios e contribuições de capital, bem como os investimentos em bens de uso comum do povo; e despesa corrente para formação de estoque de material de consumo.

3) GABARITO: Errado.

Comentário

O processo de liquidação da despesa orçamentária estará concluído quando houver a verificação do direito adquirido pelo credor, comprovado por títulos e documentos do respectivo crédito.

4) GABARITO: Errada.

Comentário

A fixação ou programação da despesa orçamentária insere-se no processo de planejamento, apesar de não estar previsto na Lei 4320/1964.

5) GABARITO: Certa.

Comentário

A liquidação da despesa consiste na verificação do direito adquirido pelo credor (ou entidade beneficiária) tendo por base os títulos e os documentos comprobatórios do respectivo crédito (ou da habilitação ao benefício).

6) **GABARITO: Errada.**

Comentário

A ordem de pagamento da despesa caracteriza-se pelo despacho por meio do qual a autoridade competente determina que a despesa seja paga.

7) **GABARITO: Errada.**

Comentário

O estágio do pagamento da despesa pública consiste na entrega de numerário ao credor por meio de cheque nominativo, ordens de pagamentos ou crédito em conta.

8) **GABARITO: Errada.**

Comentário

O instrumento de contrato é obrigatório nos casos de concorrência e de toma-da de preços, bem como nas dispensas e inexigibilidades cujos preços estejam compreendidos nos limites destas duas modalidades de licitação, e facultativo nos demais em que a Administração puder substituí-lo por outros instrumen-tos hábeis, tais como carta-contrato, nota de empenho de despesa, autorização de compra ou ordem de execução de serviço (art. 62 da Lei 8.666/1993).

9) **GABARITO: Errada**

Comentário

A apuração da quantia exata a ser paga em relação às despesas incorridas por um ente federativo ocorre na fase de liquidação. Ainda, o pagamento da des-pesa será efetuado por tesouraria ou pagadoria regularmente instituídos por estabelecimentos bancários credenciados e, em casos excepcionais, por meio de adiantamento (art. 65 da Lei 4320/1964).

10) **GABARITO: Certa.**

Comentário

A especificidade da modalidade de empenho global é que é permitida para atender despesas contratuais e outras sujeitas a parcelamento.

11) **GABARITO: Certa.**

Comentário

Nos casos em que o instrumento de contrato é facultativo, a Lei 8.666/1993, em seu art. 62, admite a possibilidade de substituí-lo pela nota de empenho de despesa, hipótese em que o empenho representa o próprio contrato:

"Art. 62. O instrumento de contrato é obrigatório nos casos de concorrência e de tomada de preços, bem como nas dispensas e inexigibilidades cujos pre-ços estejam compreendidos nos limites destas duas modalidades de licitação, e facultativo nos demais em que a Administração puder substituí-lo por outros instrumentos hábeis, tais como carta-contrato, nota de empenho de despesa, autorização de compra ou ordem de execução de serviço."

12) **GABARITO: Errada.**

<u>Comentário</u>

O empenho deve ser classificado como uma das três possibilidades: o ordinário, no qual o valor exato da despesa é conhecido, ou por estimativa, em que não se pode determinar previamente o montante preciso da despesa; ou, ainda, o global, permitido para atender despesas contratuais e outras sujeitas a parcelamento.

Capítulo 7

RESTOS A PAGAR

7.1 Introdução

Como já estudamos no capítulo anterior, empenho é a reserva de recursos no orçamento para determinar o gasto; em seguida temos a liquidação, que é quando os bens, serviços e obras contratados são efetivamente verificados pelo governo, que averigua se ocorreu de fato essa prestação; por fim temos o pagamento. Todas essas fases devem se complementar e ocorrer no mesmo exercício. Porém, como já sabemos, é possível que aconteça que nem todas essas fases de uma despesa sejam concluídas até o fim do ano. Quando isso acontece, temos dois cenários possíveis:

a) A despesa pode ser simplesmente cancelada no final do exercício;

ou

b) A despesa pode ser inscrita em uma classificação chamada de Restos a Pagar.

7.2 Inscrição de Restos a Pagar

Estar inscrito em Restos a Pagar permite que a despesa continue a ser realizada no ano seguinte. Dependendo das fases que já tenham sido concluídas, essa despesa pode ser inscrita como "Restos a Pagar processados" ou "Restos a Pagar não processados".

Mas qual a diferença entre eles?

Vamos imaginar que a obra foi autorizada no orçamento para uma biblioteca, e teve seus recursos empenhados, mas nenhuma providência foi efetivamente tomada – o projeto não foi encomendado, o material não foi comprado e a mão de obra não foi contratada; ou seja, o gasto orçado não saiu do papel. Essa despesa ao final do ano seria um "Resto a Pagar processado" ou "não processado"? Os dois próximos tópicos irão esclarecer essa questão.

7.2.1 Restos a Pagar Não Processado

Dentro de alternativas permitidas, o governo pode simplesmente cancelar a despesa prevista. Caso o governo decida não cancelar a despesa orçada para a reforma, esse gasto poderá ser inscrito no orçamento do ano seguinte como Restos a Pagar não processados. Essa mesma classificação deverá ser utilizada quando a despesa empenhada já estiver em andamento, e essa liberação ainda não tiver acontecido – por exemplo, se o projeto da reforma da biblioteca foi encomendado e os materiais comprados não foram entregues, isso significa que a despesa já está em execução, nesse caso o gasto também deve ser lançado como Restos a Pagar não processados.

7.2.2 Restos a Pagar Processado

Imaginemos agora se a reforma da biblioteca foi totalmente concluída e verificada pelo governo, mas os fornecedores não receberam o pagamento até o final do exercício. Nessa situação, a despesa tem que ser inscrita em Restos a Pagar processados para que no ano seguinte os fornecedores possam receber seu pagamento do governo.

Quando o governo inscreve uma despesa como Restos a Pagar processados, isso faz com que no exercício seguinte as despesas sejam feitas com recursos do lançamento do novo exercício junto com despesas do orçamento anterior. Portanto, quando você souber que o governo pagou determinada quantia para a reforma de biblioteca, por exemplo, parte desses recursos pode ter sido para pagar despesas do exercício atual e outra parte pode ter sido de despesas inscritas em Restos a Pagar de anos anteriores.

7.3 Considerações

Quando uma despesa está autorizada no orçamento, mas suas fases não são concluídas até o fim do exercício, essa despesa pode ser lançada no orçamento do ano seguinte como Restos a Pagar. Se a despesa já foi empenhada, mas nada ainda foi feito, ao final do ano essa despesa poderá ser cancelada ou inscrita como Restos a Pagar não processados. Se a despesa já estiver em andamento, mas ainda não tiver sido liquidada, nesse caso também ela será lançada no orçamento seguinte como Restos a Pagar não processados. Já se o objeto da despesa (como a reforma da biblioteca do nosso exemplo) tiver sido entregue e verificado, mas o pagamento não tiver sido feito até o fim do ano, nesse caso a despesa deverá ser inscrita como Restos a Pagar processados.

Importante: Para saber o quanto o governo gastou em um determinado item do orçamento é preciso somar o valor pago autorizado pelo orçamento do ano corrente com os valores dos Restos a Pagar pagos referentes aos orçamentos para os anos anteriores.

Cabe ressaltar, que o art. 42 da Lei de Responsabilidade Fiscal, veda "ao titular de Poder ou órgão referido no art. 20, nos últimos dois quadrimestres do seu mandato, contrair obrigação de despesa que não possa ser cumprida integralmente dentro dele, ou que tenha parcelas a serem pagas no exercício seguinte sem que haja suficiente disponibilidade de caixa para este efeito", considerando disponibilidade de caixa "os encargos e despesas compromissadas a pagar até o final do exercício" (parágrafo único).

7.4 Informações Complementares

Conceito	De acordo com o art. 36 da Lei nº 4.320/64, consideram-se Restos a Pagar as despesas empenhadas, mas não-pagas, até 31 de dezembro, distinguindo-se as processadas das não– processadas. A despesa está processada quando já transcorreu o estágio da liquidação, ou seja, quando o credor/fornecedor já cumpriu sua obrigação.
Classificação	• Restos a Pagar Processados • Restos a Pagar Não-Processados
Inscrição	A inscrição em Restos a Pagar é feita na data do encerramento do exercício financeiro de emissão da nota de empenho, e terá validade até 31 de dezembro do ano subseqüente, vedada a reinscrição.
Pagamento	O pagamento de Restos a Pagar, seja Processado ou Não-Processado, é feito no ano seguinte ao da sua inscrição.

Cancelamento	Os Restos a Pagar não-pagos até 31 de dezembro do ano subsequente ao de sua inscrição serão cancelados.
Direito do Credor	Art. 69. Após o cancelamento da inscrição da despesa como Restos a Pagar, o pagamento que vier a ser reclamado poderá ser atendido à conta de dotação destinada a despesas de exercícios anteriores. DECRETO Nº 93.872, DE 23 DE DEZEMBRO DE 1986
Prescrição	Os Restos a Pagar só prescrevem após 05 (cinco) anos a partir da data de inscrição. A prescrição relativa ao direito do credor ocorre em cinco anos, contados a partir da data de inscrição, excetuando-se os casos em que haja interrupções decorrentes de atos judiciais. Observação: O artigo 70 do Decreto 93.872/86, no que tange a prescrição, foi **revogado pelo decreto nº 9.428, de 28 de junho de 201**8
Restos a Pagar Não Liquidados	Art. 68, do DECRETO Nº 93.872, DE 23 DE DEZEMBRO DE 1986, em seu § 2º dispõe:" Os restos a pagar inscritos na condição de não processados e que não forem liquidados serão bloqueados pela Secretaria do Tesouro Nacional do Ministério da Fazenda em 30 de junho do segundo ano subsequente ao de sua inscrição, e serão mantidos os referidos saldos em conta contábil específica no Sistema Integrado de Administração Financeira do Governo Federal – SIAFI. **(Redação dada pelo DECRETO Nº 9.428, DE 28 DE JUNHO DE 2018)**

EXERCÍCIOS

1. (FCC-SEFAZ/PI-2015) A Secretaria da Fazenda do Governo do Estado do Piauí adquiriu uma geladeira. O processamento dessa despesa ocorreu da seguinte forma: empenhamento em 10/12/2013; recebimento da geladeira em 30/12/2013; pagamento da despesa em 10/01/2014. A contabilização da aquisição da geladeira atendeu as normas previstas na Lei nº 4.320/64. Assim, essa despesa foi registrada em 31/12/2013 como:

(A) dívida fundada.

(B) Restos a Pagar com prescrição interrompida.

(C) despesas de exercícios anteriores.

(D) Restos a Pagar não processados.

(E) Restos a Pagar processados.

2. (FCC-SEFAZ/PI-2015) Na lei orçamentária de determinado Estado da região Nordeste do Brasil, para o exercício de 2014, consta a autorização de despesa na dotação orçamentária "serviços de conservação e manutenção de bens imóveis", no valor de R$ 450.000,00. No mês de fevereiro de 2014, foi contratada a empresa DB e Serviços Ltda. para realização dos serviços. Ao final do exercício de 2014, a execução orçamentária da referida dotação apresentava a seguinte situação:

– Despesa empenhada .... R$ 390.000,00

– Despesa liquidada (processada) .... R$ 310.000,00

– Despesa paga .... R$ 240.000,00

– Anulação parcial da referida dotação .... R$ 40.000,00

O valor inscrito em Restos a Pagar processado e não processado soma, respectivamente, em reais,

(A) 150.000,00 e 70.000,00

(B) 70.000,00 e 80.000,00

(C) 150.000,00 e 40.000,00

(D) 110.000,00 e 70.000,00

(E) 70.000,00 e 40.000,00

3. (FCC-TCM/RJ-2015) A inscrição de Restos a Pagar não processados

(A) não afeta o crédito orçamentário disponível da entidade, pois trata-se de despesa já empenhada, razão pela qual é considerada uma receita extra orçamentária no Balanço Financeiro, para compensar sua inclusão na despesa orçamentária.

(B) gera impacto negativo no crédito orçamentário disponível da entidade, em função do empenhamento da despesa no momento da inscrição, razão pela qual o seu valor é considerado receita extra orçamentária no Balanço Financeiro.

(C) não gera impacto no crédito orçamentário disponível da entidade, visto que não está incluído na despesa orçamentária do exercício. Em função disso, o seu valor não é considerado no Balanço Financeiro.

(D) aumenta o montante da despesa empenhada da entidade, provocando assim uma redução no seu crédito orçamentário disponível. No entanto, por não representar uma saída efetiva de recursos das caixas da entidade, não será considerado na elaboração do Balanço Financeiro.

(E) não afeta o crédito orçamentário disponível da entidade por ser uma transação extra orçamentária no momento da sua inscrição, razão pela qual, no Balanço Financeiro do exercício subsequente a sua inscrição, será considerado despesa extra orçamentária.

4. (FCC-TCM/RJ-2015) Os Restos a Pagar

I. com prescrição interrompida podem ser pagos a conta de despesas de exercícios anteriores, mediante o empenhamento da despesa na respectiva dotação orçamentária.

II. não processados também se enquadram no conceito de despesas de exercícios anteriores, visto que são obrigações resultantes de compromissos gerados em exercício financeiro anterior àquele em que ocorrer o pagamento.

III. com prescrição interrompida podem ser pagos a conta de despesas de exercícios anteriores, mediante o reconhecimento do passivo financeiro, sem onerar o orçamento do exercício em que ocorrer o pagamento.

Está correto o que se afirma APENAS em

(A) I e III.

(B) II.

(C) III.

(D) I.

(E) I e II.

5. (CESPE-STJ-2015) Com relação a conceitos e normas aplicáveis à despesa pública, julgue o item a seguir.

São passíveis de inscrição em Restos a Pagar as despesas empenhadas e liquidadas, mas não pagas. Logo, o empenho da despesa não liquidada será considerado anulado, salvo em situações específicas, como, por exemplo, se for do interesse do gestor efetuar a inscrição sem que o serviço tenha sido executado, por estarem as partes em fase de negociação para assinatura de um contrato.

( ) Certo   ( ) Errado

6. (FGV-MRE-2016) Os Restos a Pagar são despesas que não completaram todos os estágios da execução orçamentária até o encerramento de um exercício financeiro. De acordo com as disposições da Lei de Responsabilidade Fiscal, os Restos a Pagar:

(A) devem ser inscritos com suficiente disponibilidade de caixa;

(B) devem ser cancelados, caso não sejam processados no exercício seguinte;

(C) não podem ser inscritos no último ano de mandato;

(D) podem ser inscritos à conta de despesas de exercícios anteriores;

(E) podem ser processados em regime de adiantamento.

7. (FGV-PREF.CUIABÁ-2016) O plano de contas de uma entidade tem como objetivo atender o registro contábil dos atos e fatos praticados por ela, de modo uniforme e sistematizado. Nesse sentido, o grupo inscrição de Restos a Pagar pertence à seguinte classe:

(A) Ativo.

(B) Passivo.

(C) Variação Patrimonial Aumentativa.

(D) Controles da Execução do Planejamento e Orçamento.

(E) Controles da Aprovação do Planejamento e Orçamento.

8. (CESPE – Auditor de Finanças e Controle – SEFAZ/AL – 2020) Os Restos a Pagar são as despesas empenhadas e não liquidadas até o dia 31 de dezembro do exercício financeiro.

( ) Certo   ( ) Errado

9. (CESPE – Analista – Ciências Contábeis – MPE/CE – 2020) Uma entidade pública realizou regular licitação para a compra de medicamentos. A entrega dos medicamentos foi efetivada e devidamente atestada pelo órgão público em 31/12/2019. Contudo, em virtude de burocracia interna da entidade, o pagamento só foi realizado trinta dias após a entrega dos medicamentos. Considerando essa situação hipotética, essa despesa deve ser registrada como despesa de exercícios anteriores, uma vez que foi gerada em 2019 e liquidada em 2020.

( ) Certo   ( ) Errado

10. (FCC – Analista – Controle Interno – CNMP – 2015) Considere as seguintes afirmativas:

I – A despesa inscrita em Restos a Pagar não processado encontra-se pendente de liquidação.

II – A despesa inscrita em Restos a Pagar não processado encontra-se pendente de empenhamento.

III– A despesa inscrita em Restos a Pagar não processado encontra-se pendente apenas de pagamento.

Está correto o que se afirma APENAS em

(A) I.

(B) II.

(C) III.

(D) I e II.

(E) II e III.

11. (FCC – 2014 – TCE-PI – Auditor Fiscal de Controle Externo) Considere os seguintes dados de execução orçamentária e financeira:

Despesa Empenhada em 2013 .... R$ 2.000,00

Despesa Liquidada em 2013 .... R$ 1.400,00

Despesa Paga em 2013 .... R$ 900,00

No encerramento do ano de 2013, o montante de Restos a Pagar Processados foi, em reais,

(A) 1.100,00.

(B) 500,00.

(C) 600,00.

(D) 2.500,00.

(E) 1.500,00.

12. (FCC – 2020 – AL-AP – Advogado Legislativo – Procurador) As normas gerais de direito financeiro contempladas na Lei federal nº 4.320/1964 contêm diversas regras relacionadas ao exercício financeiro. De acordo com essa Lei,

(A) Restos a Pagar são as despesas empenhadas, mas não pagas até o dia 31 de dezembro, e distinguem-se entre Restos a Pagar da dívida flutuante, incluídos os serviços da dívida, e os Restos a Pagar da dívida não flutuante.

(B) pertencem ao exercício financeiro apenas as despesas legalmente empenhadas e integralmente pagas nesse exercício.

(C) quando a anulação de despesa ocorrer após o encerramento do exercício em que tiver sido empenhada, ela será considerada receita do ano em que essa anulação se efetivar.

(D) o exercício financeiro tem início no primeiro dia útil do ano civil e se encerra no último dia útil desse mesmo exercício.

(E) pertencem ao exercício financeiro as receitas tributárias decorrentes de fatos geradores ocorridos nesse exercício, ainda que a arrecadação do tributo devido em razão desse fato gerador ocorra em exercício posterior.

13. (FCC – Auditor de Controle Externo – Área Controle Externo – TCM/GO – 2015) No exercício de 2013 ocorreu licitação para a compra de 1000 uniformes escolares, ao custo unitário de R$ 50,00 cada, totalizando o empenhamento em R$ 50.000,00. A empresa contratada entregou, no exercício, 70% dos uniformes, porém, por desconformidade com as especificações, 300 uniformes foram devolvidos no ato da entrega, não ocorrendo qualquer pagamento naquele ano. Diante do exposto, a inscrição de Restos a Pagar processado e não processado, relativo a este empenhamento correspondeu, respectivamente, a:

(A) R$ 50.000,00 e R$ 0,00.

(B) R$ 35.000,00 e R$ 15.000,00.

(C) R$ 0,00 e R$ 50.000,00.

(D) R$ 15.000,00 e R$ 35.000,00.

(E) R$ 20.000,00 e R$ 30.000,00.

14. (INSTITUTO PRÓ-MUNICÍPIO – 2019 – Prefeitura de Massapê – CE – Analista Jurídico Administrativo) Com base na Lei n° 4.320/64 que trata do Direito Financeiro, tem-se o dispositivo de que trata as despesas empenhadas, mas não pagas até o dia 31 de dezembro distinguindo-se as processadas das não processadas. Sobre o enunciado, marque a opção que corresponde ao dispositivo:

(A) Restos a Pagar;

(B) Transferências voluntárias;

(C) Subvenções sociais;

(D) Créditos Suplementares.

15. (VUNESP – 2012 – SPTrans – Analista de Gestão Pleno – Contábil) São considerados Restos a Pagar:

(A) as despesas empenhadas e não pagas no período.

(B) as despesas empenhadas, mas não pagas até o dia 31 de dezembro, distinguindo-se as processadas das não processadas.

(C) as despesas não pagas no período.

(D) somente as despesas processadas.

(E) as despesas não processadas.

16. (FCC – 2013 – TRT – 9ª REGIÃO (PR) – Analista Judiciário – Área Administrativa) Considere os dados referentes ao exercício financeiro de X1 de um determinado ente público:

Em	R$	(1.000)
Despesa	Fixada----------------------R$	2.000.000
Despesa	Empenhada----------------R$	1.800.000
Despesa	Liquidada------------------R$	1.730.000
Despesa	Paga-----------------------RS	1.680.000

Considere ainda que o ente público reconheceu o aumento das operações de crédito de longo prazo em decorrência de variação cambial no valor de R$ (mil) 1.000,00.

Com base nestas informações, o valor inscrito em Restos a Pagar processados referente ao exercício financeiro de X1, em milhares de reais, foi:

(A) 70.000,00.

(B) 51.000,00.

(C) 50.000,00.

(D) 120.000,00.

(E) 200.000,00.

17. (FCC – Analista Judiciário – Administrativa – TRT/RS – 2015) Determinada entidade do setor público, apresentou a seguinte situação decorrente da execução orçamentária realizada no exercício de 2014:

despesas correntes empenhadas ....R$ 390
anulação de dotação orçamentária destinada à aquisição de
material de consumo ....R$ 20
abertura de crédito especial para despesa de capital ....R$ 30
pagamento de despesas correntes ....R$ 190
despesas de capital empenhadas e liquidadas ....R$ 450
despesas correntes liquidadas ....R$ 270
pagamento de despesas de capital ....R$ 380

As despesas correntes inscritas em Restos a Pagar NÃO processados e as despesas de capital inscritas em Restos a Pagar processados em 2014 somam, respectivamente,

(A) 140 e 70.

(B) 120 e 70.

(C) 100 e 40.

(D) 200 e 70.

(E) 120 e 40.

18. Nos termos da Lei Federal nᵒ 4.320/1964, o valor empenhado e não pago até 31/12/2014 classifica-se como

(A) devedores – passivo circulante.

(B) contas a pagar – dívida flutuante.

(C) credores – passivo circulante.

(D) dívida ativa – passivo não circulante.

(E) Restos a Pagar – dívida flutuante.

19. (FCC – Auditor Público Externo – Contabilidade – TCE/RS – 2014) Instrução: Para responder às duas questões seguintes, considere o Balanço Orçamentário do exercício de 2013 do Estado Floresta do Norte (valores em reais).

Despesas Orçamentárias	Dotação Atualizada	Despesas Empenhadas	Despesas Liquidadas	Despesas Pagas	Saldo da Dotação
Despesas Correntes	**700**	**500**	**440**	**390**	**200**
Pessoal e Encargos Sociais	450	300	250	200	150
Outras Despesas Correntes	250	200	190	190	50
Despesas de Capital	**850**	**600**	**540**	**450**	**250**
Investimentos	510	350	340	300	160
Inversões Financeiras	340	250	200	150	90
Total	**1.550**	**1.100**	**980**	**840**	**450**

19.1 O valor total dos Restos a Pagar inscritos no exercício foi de, em reais,

(A) 140,00

(B) 390,00

(C) 570,00

(D) 710,00

(E) 260,00

19.2 O montante das despesas inscritas no exercício em Restos a Pagar não processados é de, em reais,

(A) 650,00

(B) 200,00

(C) 120,00

(D) 450,00

(E) 530,00

GABARITO

1) **GABARITO: E.**

Comentário

Os Restos a Pagar processados são os empenhados (10/12/2013), liquidados (30/12/2013) e não pagos dentro do exercício financeiro (10/01/2014). Assim, essa despesa foi registrada em 31/12/2013 como Restos a Pagar processados.

2) **GABARITO: B.**

Comentário

– Despesa empenhada ....R$ 390.000,00

– Despesa liquidada (processada).................... R$ 310.000,00

– Despesa paga .... R$ 240.000,00

Restos a Pagar processados = liquidado – pago

Restos a Pagar processados = R$ 310.000,00 – R$ 240.000,00

Restos a Pagar processados = 70.000,00

RAP não processados = empenhado – liquidado

RAP não processados = R$ 390.000,00 – R$ 310.000,00

RAP não processados = R$ 80.000,00

3) GABARITO: A.

Comentário

O pagamento de Restos a Pagar, seja Processado ou Não-Processado, é feito no ano seguinte ao da sua inscrição. Neste sentido não afeta o orçamento, pois trata-se de uma despesa já empenhada.

4) GABARITO: D.

Comentário

Os Restos a Pagar só prescrevem após 5 (cinco) anos a partir da data de inscrição.

A prescrição relativa ao direito do credor ocorre em cinco anos, contados a partir da data de inscrição, excetuando-se os casos em que haja interrupções decorrentes de atos judiciais.

Com prescrição interrompida, os Restos a Pagar poderão ser pagos à conta de despesas de exercícios anteriores, mediante o empenhamento da despesa na respectiva dotação orçamentária. (Ver capítulo referente as despesas de exercícios anteriores).

5) GABARITO: ERRADO.

Comentário

De acordo com o art. 36 da Lei n° 4.320/64, consideram-se Restos a Pagar as despesas empenhadas, mas não-pagas, até 31 de dezembro, distinguindo-se as processadas das não-processadas.

A despesa está processada quando já transcorreu o estágio da liquidação, ou seja, quando o credor/fornecedor já cumpriu sua obrigação.

6) GABARITO: A.

Comentário

O art. 42 da Lei de Responsabilidade Fiscal, veda "ao titular de Poder ou órgão referido no art. 20, nos últimos dois quadrimestres do seu mandato, contrair obrigação de despesa que não possa ser cumprida integralmente dentro dele, ou que tenha parcelas a serem pagas no exercício seguinte sem que haja suficiente disponibilidade de caixa para este efeito", considerando disponibilidade de caixa "os encargos e despesas compromissadas a pagar até o final do exercício" (parágrafo único).

7) GABARITO E.

Comentário

(Ver capítulo Plano de Contas)

8) GABARITO: ERRADA.

Comentário

Consideram-se Restos a Pagar as despesas empenhadas, mas não pagas, até o dia 31 de dezembro, distinguindo-se as processadas das não processadas (art. 36, *caput*, da Lei 4.320/1964).

9) GABARITO: ERRADA.

Comentário

Se a despesa foi recebida e atestada (liquidada) em um exercício (31/12/2019) e paga no exercício seguinte (30/01/2020), ela deveria ser registrada como Restos a Pagar.

10) GABARITO: A.

Comentário

I. Correto. A despesa inscrita em Restos a Pagar não processado encontra-se pendente de liquidação, pois só ocorreu o empenho.

II. Errado. A despesa inscrita em Restos a Pagar não processado encontra-se pendente de liquidação.

III. Errado. A despesa inscrita em Restos a Pagar não processado encontra-se pendente de liquidação e de pagamento.

Logo, está correto o I.

11) GABARITO: B.

Comentário

Despesa Liquidada (2013) R$ 1.400,00 (-) Despesa Paga (2013) R$ 900,00 = R$ 500,00

Para a despesa ser Restos a Pagar liquidada, ela terá que ser liquidada e não paga, logo o gabarito correto R$ 500,00 (letra B)

12) GABARITO: C.

Comentário

Pertencem ao exercício financeiro as despesas legalmente empenhadas. Quando a anulação de despesa ocorrer após o encerramento do exercício em que tiver sido empenhada, ela será considerada receita do ano em que essa anulação se efetivar.

13) GABARITO: E.

Comentário

Foram comprados 1000 uniformes. A empresa contratada entregou, no exercício, 70% dos uniformes (700 uniformes), porém, por desconformidade com as especificações, 300 uniformes foram devolvidos no ato da entrega. Assim, foram efetivamente entregues no exercício 400 uniformes (R$20.000,00). Nada foi pago.

Restos a Pagar processados = liquidado – pago Restos a Pagar processados = 20.000,00

Restos a Pagar processados = 20.000,00

RAP não processados = empenhado – liquidado

RAP não processados = R$ 50.000,00 – R$ 20.000,00

RAP não processados = R$ 30.000,00

14) GABARITO: A.

Comentário

De acordo com o art. 36 da Lei nº 4.320/64, consideram-se Restos a Pagar as despesas empenhadas, mas não pagas, até 31 de dezembro, distinguindo-se as processadas das não-processadas.

15) GABARITO: B.

Comentário

De acordo com o art. 36 da Lei nº 4.320/64, consideram-se Restos a Pagar as despesas empenhadas, mas não pagas, até 31 de dezembro, distinguindo-se as processadas das não-processadas.

16) GABARITO: C.

Comentário

Despesa Liquidada R$ 1.800.000 (-) Despesa Paga R$ 1.680.000 = R$ 50.000,00

Para a despesa ser Restos a Pagar liquidada, ela terá que ser liquidada e não paga, logo o gabarito correto é C, R$ 50.000,00.

17) GABARITO: B.

Comentário

Despesas Correntes:

despesas correntes empenhadas   R$ 390

despesas correntes liquidadas   R$ 270

RAP não processados = empenhado – liquidado = 390 – 270 = R$ 120

Despesas de Capital:

despesas de capital empenhadas e liquidadas.   R$ 450

pagamento de despesas de capital   R$ 380

RAP processados = liquidado – pago = 450 – 380 = R$ 70

18) GABARITO: E.

Comentário

Consideram-se Restos a Pagar as despesas empenhadas, mas não pagas dentro do exercício financeiro. Os Restos a Pagar, excluídos os serviços da dívida, constituem-se em modalidade de dívida pública flutuante.

19.1) GABARITO: E.

Comentário

RAPS totais = empenhado – pagos RAPS totais = 1.100 – 840

RAPS totais = 260

19.2) GABARITO: C.

Comentário

RAP não processados = empenhado – liquidado RAP não processados = 1.100 – 980

RAP não processados = 120

Capítulo 8

DESPESAS DE EXERCÍCIOS ANTERIORES

8.1 Introdução

As Despesas de Exercícios Anteriores (DEA) referem-se às dívidas reconhecidas para as quais não existe empenho inscrito em Restos a Pagar, seja pela sua anulação ou pela não emissão da nota de empenho no momento oportuno. São compromissos gerados em exercício financeiro anterior àquele em que deva ocorrer o pagamento, para o qual o orçamento disponibilizava crédito próprio, com suficiente saldo orçamentário, mas que não tenham sido processados à época própria.

8.2 Abrangência da Lei

A Lei 4320/64 em seu art. 37, dispõe sobre Despesas de Exercícios Anteriores (DEA):

> As despesas de exercícios encerrados, para as quais o orçamento respectivo consignava crédito próprio, com saldo suficiente para atendê-las, que não se tenham processado na época própria, bem como os Restos a Pagar com prescrição interrompida e os compromissos reconhecidos após o encerramento do exercício correspondente, poderão ser pagos à conta de dotação específica consignada no orçamento, discriminada por elementos, obedecida, sempre que possível, a ordem cronológica.

Também o § 2º do art. 22 do Decreto 93.872/86, detalhe o art. 37 da Lei 4320/64, os itens a seguir:

a) despesas que não tenham sido empenhadas em época própria – aquelas cujo empenho tenha sido considera-

131

do insubsistente e anulado no encerramento do exercício correspondente, mas que, dentro do prazo estabelecido o credor tenha cumprido sua obrigação;

b) Restos a Pagar com prescrição interrompida – a despesa cuja inscrição em Restos a Pagar tenha sido cancelada, mas em relação à qual ainda vige o direito do credor;

c) Compromisso reconhecido após o encerramento do exercício – a obrigação de pagamento criada em virtude de lei, mas somente reconhecido o direito do reclamante após o encerramento do exercício correspondente.

Dívidas que dependam de requerimento do favorecido para reconhecimento do direito do credor prescreverão em cinco anos, contados da data do ato ou fato que tiver dado origem ao respectivo direito.

8.3 Forma de Solicitação

Cabe ao gestor público do órgão, que poderá ser das áreas de orçamento, finanças e contabilidade, reconhecer a dívida a ser paga à conta de recursos alocados no elemento de despesa 92 – Despesas de Exercícios Anteriores. A autorização para pagamento de DEA deverá ser dada no próprio processo de reconhecimento da dívida, sendo que os seguintes elementos são indispensáveis ao trâmite do processo:

– nome do favorecido;

– importância a pagar;

– data do vencimento do compromisso (nota fiscal por exemplo);

– causa da inobservância do empenho, se for o caso;

– objeto.

EXERCÍCIOS

1. (FGV – DPE/RO – 2015) Em uma entidade da administração pública, durante o exercício de 2008, foi emitida uma nota de empenho para prestação de serviços de manutenção no sistema de ar refrigerado. A prestação de serviço foi iniciada em 2008, mas encerrada apenas no exercício seguinte. A empresa prestadora de serviço enviou a documentação de cobrança comprobatória da

prestação do serviço somente em 2013. A partir do recebimento da cobrança, essa despesa deve ser tratada pelo ente como:

a) restos a pagar processados;

b) operações orçamentárias anuladas;

c) despesa do exercício em que o pagamento foi reclamado;

d) despesa de exercícios anteriores, que teve prescrição interrompida;

e) despesa não passível de pagamento em decorrência de prescrição de prazo de cobrança.

2. (FCC – TRT/3R-2015) Determinado órgão público empenhou despesa com serviços de manutenção de elevadores para o período de março a novembro de 2014, no valor de R$ 90.000,00. Por lapso do contador, a despesa referente ao mês dezembro de 2014 não foi empenhada. Nestas condições, no exercício de 2015, tal despesa deve ser empenhada no seguinte elemento de despesa:

a) indenizações.

b) restos a pagar.

c) despesas de exercícios anteriores.

d) despesas não liquidadas a pagar.

e) serviços de terceiros – pessoa jurídica.

3. (CESPE -STJ – 2015) Com relação a conceitos e normas aplicáveis à despesa pública, julgue o item a seguir.

São pagas à conta de despesa de exercícios anteriores as despesas anteriormente inscritas em restos a pagar, depois cancelados e posteriormente reinscritos, por reconhecimento do direito do credor, sem que haja necessidade de novos créditos orçamentários.

( ) Certo   ( ) Errado

4. (CESPE – Analista Judiciário – Administrativa – TRE/PI – 2016) Compromissos financeiros reconhecidos pelo governo após o encerramento do exercício correspondente fazem parte de despesas de exercícios anteriores.

( ) Certo   ( ) Errado

5. (CESPE – Auditor Fiscal de Controle Externo – TCE/SC – 2016) Se um órgão público reconhecer dívida referente a exercício financeiro já encerrado, a despesa poderá ser inscrita na conta de despesas de exercícios anteriores, ainda que o orçamento respectivo não consignasse crédito próprio para o pagamento.

( ) Certo   ( ) Errado

6. (CESPE – Economista e Contador – DPU – 2016) Considere que o ordenador de despesas de um órgão público, após o encerramento do exercício fiscal

de 2014, tenha recebido a fatura de energia elétrica relativa ao mês de dezembro, com vencimento em 15/1/2015, no valor de R$ 200,00, e que, na data do vencimento da fatura, tenha verificado a existência de previsão orçamentária alocada em restos a pagar no valor de R$ 100,00 para o pagamento da referida fatura de energia elétrica. Com base nessa situação hipotética, é correto afirmar que o ordenador de despesas deve providenciar o cancelamento do valor da previsão insuficiente de R$ 100,00 de restos a pagar e providenciar o empenho, a liquidação e o pagamento da fatura de R$ 200,00 como despesa do exercício de 2015.

( ) Certo   ( ) Errado

7. (CESPE – Analista Técnico-Administrativo – SPU/MPOG – 2015) Uma característica importante para a configuração de despesas de exercícios anteriores decorre da existência de dotação própria para o pagamento de determinada despesa no exercício correspondente ao cumprimento de obrigação pelo credor, só que em montante insuficiente, não tendo sido oportunamente adotadas as providências necessárias à respectiva suplementação.

( ) Certo   ( ) Errado

GABARITO

1) GABARITO: B.

Comentário

Aparentemente o caso parece se tratar de Restos a Pagar não processado (despesa empenhada e não liquidada até o final do exercício). O que não é verdade, vejamos porquê:

O Decreto 20.910/32, ainda em pleno vigor, estabelece que a dívida passiva da União, Estados e Municípios prescreve em 5 anos.

De acordo com o Decreto 93.872/86, os Restos a Pagar inscritos na condição de não processados e não liquidados posteriormente terão validade até 30 de junho do segundo ano subsequente ao de sua inscrição. Nesse caso há uma interrupção da prescrição que, como vimos, seria em 5 anos.

Com base nas informações do enunciado da questão observa-se a seguinte situação: Em 2008 a despesa foi inscrita em Restos a Pagar Não Processado pois não fora liquidada naquele ano, apesar de a prestação do serviço ter se encerrado em 2009. Contudo, a despesa não pode ser considerada liquidada pois, para tanto, o credor não apresentou a documentação necessária. Pois segundo a Lei nº 4.320/64 a liquidação da despesa por serviços prestados terá por base, entre outros documentos, os comprovantes da entrega de material ou da prestação efetiva do serviço. Assim a despesa permaneceu como Restos a Pagar não processado até meados de 2010, quando teve sua prescrição interrompida.

Logo, de acordo com o Decreto 93.872/86, temos um típico caso de despesa de exercício anteriores decorrente de Restos a Pagar com prescrição interrompida.

2) GABARITO: C.

Comentário

De acordo com o enunciado da questão, o contador cometeu um lapso ao não empenhar também a despesa de dezembro, o que dá a entender que o credor cumpriu com a sua obrigação de prestar o serviço. Neste caso, a despesa não foi processada na época própria e por isso o empenho foi insubsistente.

Ressalte-se que o Decreto Lei nº 4.320/64 estabelece que a DEA poderão ser pagos à conta de dotação específica consignada no orçamento, neste caso 2015. Assim, em 2015 a despesa dever ser empenhada no elemento de despesas: despesa de exercícios anteriores.

3) GABARITO: Errado.

Comentário

Neste caso não há que se falar em reinscrição de Restos a Pagar, pois o Decreto nº 93.872/86 diz claramente que após o cancelamento da inscrição da despesa como Restos a Pagar, o pagamento que vier a ser reclamado poderá ser atendido à conta de dotação destinada a despesas de exercícios anteriores.

4) GABARITO: Certa.

Comentário

São despesas de exercícios anteriores os compromissos reconhecidos após o encerramento do exercício correspondente.

5) GABARITO: Certa.

Comentário

O conceito de despesas de exercícios anteriores envolve as despesas relativas a exercícios encerrados, para as quais o orçamento respectivo consignava crédito próprio, com saldo suficiente para atendê-la, que não se tenham processado na época própria; mas também envolve os Restos a Pagar com prescrição interrompida e os compromissos reconhecidos após o encerramento do exercício correspondente.

6) GABARITO: Errada.

Comentário

Com base na situação em apreço, é correto afirmar que o ordenador de despesas deve providenciar a liquidação e o pagamento de R$ 100,00 como restos a pagar de 2014 e empenhar, liquidar e pagar a diferença de R$ 100,00 como despesas de exercício anterior.

7) **GABARITO: Errada.**

<u>Comentário</u>

Despesas de exercícios anteriores são aquelas relativas a exercícios encerrados, para as quais o orçamento respectivo consignava crédito próprio, com saldo suficiente para atendê-las, que não se tenham processado na época própria, bem como os Restos a Pagar com prescrição interrompida e os compromissos reconhecidos após o encerramento do exercício correspondente.

Capítulo 9

SUPRIMENTOS DE FUNDOS (REGIME DE ADIANTAMENTO)

9.1 Introdução

Suprimento de fundos é um adiantamento concedido ao servidor para pagamento de despesas, com prazo certo para utilização e comprovação de gastos. Nesse caso, embora não exista a obrigatoriedade de licitação, devem ser observados os mesmos princípios que regem a Administração Pública – legalidade, impessoalidade, moralidade, publicidade e eficiência, bem como o princípio da isonomia e da aquisição mais vantajosa.

Esse adiantamento constitui despesa orçamentária, ou seja, para conceder o recurso ao suprido é necessário percorrer os três estágios da despesa orçamentária: empenho, liquidação e pagamento. Apesar disso, não representa uma despesa pelo enfoque patrimonial, pois no momento da concessão não ocorre redução no patrimônio líquido. Na liquidação da despesa orçamentária, ao mesmo tempo em que ocorre o registro de um passivo, há também a incorporação de um ativo, que representa o direito de receber um bem ou serviço, objeto do gasto a ser efetuado pelo suprido, ou a devolução do numerário adiantado.

A concessão do benefício deverá ocorrer por meio do Cartão de Pagamento do Governo Federal (CPGF). Em caráter excepcional, em que comprovadamente não seja possível a utilização do cartão, os órgãos dos Poderes Legislativo e Judiciário, do Ministério Público e dos Comandos Militares poderão movimentar suprimento de fundos por meio de conta corrente bancária.

9.2 Conceitos em ação

O Suprimento de Fundos consiste na entrega de numerário a servidor, sempre precedida de empenho na dotação própria a fim de realizar despesas que não possam subordinar-se ao processo normal de aplicação.

Os artigos 68 e 69 da Lei nº 4.320/1964 definem e estabelecem regras gerais de observância obrigatória para a União, Estados, Distrito Federal e Municípios aplicáveis ao regime de adiantamento. Segundo a Lei nº 4.320/1964, não se pode efetuar adiantamento a servidor em alcance e nem a responsável por dois adiantamentos. Por servidor em alcance, entende-se aquele que não efetuou, no prazo, a comprovação dos recursos recebidos ou que, caso tenha apresentado a prestação de contas dos recursos, ela tenha sido impugnada total ou parcialmente.

Cada ente da federação deve regulamentar o seu regime de adiantamento, observando as peculiaridades de seu sistema de controle interno, de forma a garantir a correta aplicação do dinheiro público.

9.2.1 Casos de aplicação do Suprimento de Fundos

Lei 4.320/64:

> Art. 68. O regime de adiantamento é aplicável aos casos de despesas expressamente definidos em lei e consiste na entrega de numerário a servidor, sempre precedida de empenho na dotação própria para o fim de realizar despesas, que não possam subordinar-se ao processo normal de aplicação.

Decreto nº 93.872/1986:

> I – para atender despesas eventuais, inclusive em viagens e com serviços especiais, que exijam pronto pagamento;
>
> II – quando a despesa deva ser feita em caráter sigiloso, conforme se classificar em regulamento e
>
> III – para atender despesas de pequeno vulto, assim entendidas aquelas cujo valor, em cada caso, não ultrapassar limite estabelecido em Portaria do Ministro da Fazenda;

Segundo o Decreto Lei nº 200/67, art. 83, que dispõe:

> Cabe aos detentores de suprimentos de fundos fornecer indicação precisa dos saldos em seu poder em 31 de dezembro, para efeito de contabilização e reinscrição da respectiva responsabilidade pela sua aplicação em data posterior, observados os prazos assinalados pelo ordenador da despesa, e o Parágrafo único, a importância aplicada até 31 de dezembro será comprovada até 15 de janeiro seguinte.

9.2.2 Cartão de Pagamento do Governo Federal (CPGF)

O Cartão de Pagamento do Governo Federal é um meio de pagamento que proporciona mais agilidade, controle e modernidade na gestão de recursos à Administração Pública. O CPGF é emitido em nome da Unidade Gestora, com identificação do portador, só podendo ser utilizado para aquelas despesas passíveis de enquadramento de Suprimento de Fundos. Outras despesas poderão ser autorizadas mediante ato Conjunto do Ministério da Fazenda e do MPOG.

A seguir, é informado modelo de CPGF:

9.3 Regras estabelecidas para esse regime:

a) O suprimento de fundos deve ser utilizado nos seguintes casos:

I. para atender despesas eventuais, inclusive em viagem e com serviços especiais, que exijam pronto pagamento;

II. quando a despesa deva ser feita em caráter sigiloso, conforme se classificar em regulamento; e

III. para atender despesas de pequeno vulto, assim entendidas aquelas cujo valor, em cada caso, não ultrapassar limite estabelecido em ato normativo próprio.

b) Não se concederá suprimento de fundos:

I. a responsável por dois suprimentos;

II. a servidor que tenha a seu cargo a guarda ou utilização do material a adquirir, salvo quando não houver na repartição outro servidor;

III. a responsável por suprimento de fundos que, esgotado o prazo, não tenha prestado contas de sua aplicação; e

IV. a servidor declarado em alcance.

9.4 Limites para as despesas com Suprimento de Fundos

Conforme estabelece o Decreto nº 93.872/86, compete ao Ministério da Fazenda o estabelecimento de valores limites para concessão de Suprimento de Fundos, bem como o limite máximo para despesas de pequeno vulto.

Atualmente o assunto está disciplinado pela Portaria nº 95/2002, devendo ser observados os valores limites dispostos a seguir:

Objeto de Gasto	Valor máximo para a Concessão do Cartão	Valor máximo para cada despesa (item)
Obra e Serviços de Engenharia	R$ 33.000,00	R$ 3.300,00
Outros Serviços e Compras em Geral	R$ 17.600,00	R$ 1.760,00

Importante observar o limite por despesa, significa dizer que não poderão ser adquiridas despesas fracionadas no mesmo item (objeto).

9.5 Serviços usualmente passíveis de contratação

Os serviços usualmente passíveis de contratação por meio de Suprimento de Fundos são praticamente todos os serviços de pequeno vulto, desde que caracterizada a inexistência de cobertura contratual, a eventualidade da contratação e a inocorrência de fracionamento da despesa.

Dentre as despesas passíveis de realização por Suprimento de Fundos em viagens enquadram-se os gastos julgados imprescindíveis à realização do serviço objeto da viagem ou serviços especiais que exijam pronto pagamento, os quais possam vir a comprometer o alcance do resultado da missão e que não estejam cobertas pelas diárias recebidas, como por exemplo:

a) aquisição de materiais e de serviços diversos, como cópias reprográficas;

b) despesas com transporte, quando as mesmas não puderem ser realizadas pelos meios oficiais, nem se entendam incluídas no valor das diárias, por exemplo, passagens de ônibus ou de outro meio de transporte coletivo, locação de veículo de serviço ou de embarcação quando o deslocamento não puder ser realizado por meio de transporte oficial ou coletivo; aluguel de vaga em estacionamento; gastos com combustíveis, lubrificantes, peças de reposição, pedágios, consertos de pneus e do próprio veículo, quando houver deslocamentos a serviço, fora da sede do servidor, em veículo oficial;

c) outras despesas julgadas imprescindíveis à execução do objeto da viagem ou do serviço especial determinado a servidor.

Também podem ser pagas despesas com alimentação por meio de Suprimento de Fundo. Enquanto não houver norma expressa a respeito dessa matéria ou jurisprudência consolidada do TCU, recomenda-se que se adote a interpretação mais rigorosa e a conduta mais cautelosa. Dessa forma, despesas realizadas em restaurantes, em eventos, com aquisição de gêneros alimentícios para preparo na própria repartição ou fora desta, com refeições prontas, dentre outras, ainda que se enquadrem nas situações previstas na elucidação anterior, não devem ser realizadas por Suprimento de Fundos.

9.6 Saque com o Cartão de Pagamento do Governo Federal (CPGF)

É possível a utilização da transação de saque com o CPGF, para quitação de despesas em espécie, somente nas seguintes situações:

a) atender às necessidades dos órgãos essenciais da Presidência da República, Vice-Presidência da República, Ministério da Fazenda, área de saúde indígena do Ministério da Saúde, Departamento de Polícia Federal do Ministério da Justiça, repartições do Ministério das Relações Exteriores no exterior, bem assim as áreas militar e de inteligência;

b) atender às necessidades excepcionais dos órgãos, limitado a até 30% do gasto anual do órgão com Suprimento de Fundos, nos termos do autorizado pelo respectivo Ministro de Estado, por meio de Portaria.

As aquisições/contratações devem ser feitas preferentemente por meio de fatura. Entretanto, algumas situações podem demandar pagamento em espécie, como por exemplo:

– serviços de pequena monta, contratados com pessoas físicas;

– despesas em viagens a serviço ao interior do País, onde pode ser mais escassa a rede credenciada à bandeira do CPGF, principalmente serviços referentes à manutenção de veículos, serviços reprográficos, pedágios e transporte fluvial. No caso de abastecimento de veículos oficiais em viagens a serviço, é aconselhável o levantamento prévio dos postos de gasolina credenciados ao longo do itinerário da viagem, de modo a reduzir ao mínimo possível o pagamento em espécie.

9.7 Prazo de aplicação e prestação de contos do Suprimento de Fundos

O prazo de aplicação do Suprimento de Fundos é de até 90 (noventa) dias, contado da assinatura do ato de concessão. Para a prestação de contas do Suprimento de Fundos, o prazo é de até 30 (trinta) dias, contado a partir do término do prazo de aplicação. Isto é, dispõe de até 90 (noventa) dias para aplicar e mais 30 (trinta) dias para prestar contas, totalizando assim até 120 (cento e vinte) dias.

São considerados documentos comprobatórios da realização da despesa:

a) no caso de compra de material, Nota Fiscal de Venda ao Consumidor, Nota Fiscal Fatura, Nota Fiscal ou Cupom Fiscal;

b) no caso de prestação de serviços por pessoa jurídica, Nota Fiscal de Prestação de Serviços ou Nota Fiscal Fatura de Prestação de Serviços;

c) no caso de prestação de serviços por pessoa física: recibo comum, se o credor não for inscrito no INSS; Recibo de Pagamento de Autônomo (RPA), se o credor for inscrito no INSS; e cópia da GPS e do DARF respectivo, quando for o caso;

d) quando houver devolução de recursos sacados, a Guia de Recolhimento da União referente ao valor sacado e não utilizado. Observar que os documentos comprobatórios das despesas devem conter a declaração de recebimento da importância paga, realizada pelo fornecedor do bem e/ou serviço.

9.8 Registros Contábeis – Da Concessão a Prestação de Contas

a) Empenho da Despesa

Título da Conta	Sistema de Contas
D: Crédito Disponível	Orçamentário
C: Crédito Empenhado a Liquidar	Orçamentário

b) Liquidação e Reconhecimento do direito

Título da Conta	Sistema de Contas
D: Crédito Empenhado a Liquidar	Orçamentário
C: Crédito Empenhado Liquidado	Orçamentário

b1)

Título da Conta	Sistema de Contas
D: Despesa Orçamentária Não Efetiva	Financeiro
C: Passivo Circulante	Financeiro

B2)

Título da Conta	Sistema de Contas
D: Adiantamentos – Suprimento de Fundos	Patrimonial
C: Variação Ativa Orçamentária – Apuração de Direitos	Patrimonial

C) Pagamento

Título da Conta	Sistema de Contas
D: Passivo Circulante	Financeiro
C: Banco Conta Movimento	Financeiro

d) Registro da Responsabilidade do Agente Suprido

Título da Conta	Sistema de Contas
D: Responsabilidade de terceiros – Suprimento de Fundos	Compensação
C: Valores e Títulos e Bens Sobre Responsabilidade	Compensação

e) Devolução de Valores não Aplicados (mesmo exercício de concessão)

Título da Conta	Sistema de Contas
D: Banco Conta Movimento	Financeiro
C: Despesa Orçamentária Não Efetiva	Financeiro

f) Devolução de Valores não Aplicados (exercício seguinte ao da aplicação)

Título da Conta	Sistema de Contas
D: Banco Conta Movimento	Patrimonial
C: Receita Orçamentária	Patrimonial

g) Baixa do Ativo

Título da Conta	Sistema de Contas
D: Desincorporação do ativo	Patrimonial
C: Adiantamentos – Suprimento de Fundos	Patrimonial

h) Baixa da Responsabilidade do Agente Suprido

Título da Conta	Sistema de Contas
D: Valores e Títulos e Bens Sobre Responsabilidade	Compensação
C: Responsabilidade de terceiros – Suprimento de Fundos	Compensação

QUADRO RESUMO – SUPRIMENTOS DE FUNDOS (CARTÃO COORPORATIVO)

Conceito	É a modalidade de realização de despesa por meio de adiantamento concedido a servidor, para prestação de contas posterior, quando não for realizável o pagamento utilizando-se os serviços da rede bancária.
Concessão	• para atender a despesas eventuais, inclusive em viagens e com serviços especiais, que exijam pronto pagamento em espécie; • quando a despesa deve ser feita em caráter sigiloso, conforme se classificar em regulamento; • para atender a despesas de pequeno vulto, assim entendidas aquelas cujo valor, em cada caso, não ultrapassar limite estabelecido em Portaria do Ministro da Fazenda.
Proibição para concessão Decreto-lei nº 200/67, parágrafo único do art. 81 e § 3º do art. 80	• a responsável por dois suprimentos; • a servidor que tenha a seu cargo a guarda ou a utilização do material a adquirir, salvo quando não houver na repartição outro servidor; • a responsável por suprimento de fundos que, esgotado o prazo, não tenha prestado contas de sua aplicação; e • a servidor declarado em alcance (que não prestou contas no prazo determinado, ou que teve suas contas impugnadas).

EXERCÍCIOS

1. (CESPE – Analista Judiciário – Contábeis – TJ/PA – 2020) O suprimento de fundos poderá ser concedido a servidor que tenha a seu cargo guarda ou utilização do material a adquirir, desde que não haja na repartição outro servidor.
( ) Certo   ( ) Errado

2. O suprimento de fundos refere-se aos adiantamentos para despesas de pequeno vulto no âmbito da administração pública. A esse respeito, julgue o item que se segue.
O cartão de pagamento do governo federal, instrumento de pagamento emitido em nome da unidade gestora, poderá ser utilizado na aquisição de materiais e contratação de serviços enquadrados como suprimento de fundos.
( ) Certo   ( ) Errado

3. O servidor responsável por três suprimentos de fundos é obrigado a prestar contas de suas aplicações, procedendo-se, automaticamente, à tomada de contas se não o fizer no prazo assinalado pelo ordenador da despesa, sem prejuízo das penalidades administrativas.
( ) Certo   ( ) Errado

4. Considerando a Lei nº 1964/4.320, que estabelece normas gerais de direito financeiro para elaboração e controle dos orçamentos e balanços dos entes da Federação, julgue o item que se segue.
As propostas parciais de orçamento das unidades administrativas devem ser acompanhadas de tabelas explicativas da despesa, com a devida justificativa de cada dotação solicitada, incluindo a indicação dos atos de aprovação de projetos e orçamento de obras públicas.
( ) Certo   ( ) Errado

5. (CESPE – Analista Judiciário – Contábeis – TJ/PA – 2020) O suprimento de fundos poderá ser concedido a servidor que tenha a seu cargo guarda ou utilização do material a adquirir, desde que não haja na repartição outro servidor.
( ) Certo   ( ) Errado

6. (VUNESP) Tribunal de Justiça do Estado de São Paulo – Diversos Cargos – 2019
O regime de adiantamento é aplicável aos casos de despesas expressamente definidos em lei e consiste na entrega de numerário a servidor, para realizar despesas que não possam subordinar-se ao processo normal de aplicação,
(A) sempre precedida de empenho na dotação própria.
(B) mediante a entrega do relatório de consubstanciação.

(C) previamente adicionado aos restos a pagar.

(D) suportada do pedido formal do adiantamento previamente autorizado por nível de competência.

(E) mediante cheque administrativo ao portador.

7. (VUNESP) Tribunal de Justiça do Estado de São Paulo – Administrador Judiciário – 2019

O suprimento de fundos é caracterizado por ser um adiantamento de valores a um servidor para futura prestação de contas. Esse adiantamento constitui despesa orçamentária, ou seja, para conceder o recurso ao suprido é necessário percorrer os três estágios da despesa orçamentária. Nesse sentido, assinale a contabilização correta, de natureza da informação orçamentária, no momento do empenho da despesa.

(A). D 3.2.2.1.1.xx.xx Disponibilidades
    C 6.2.2.1.3.01.xx DDR Comprometida por Empenho

(B). D 6.2.2.1.1.xx.xx Crédito Disponível
    C 6.2.2.1.3.01.xx Crédito Empenhado a Liquidar

(C). D 3.2.2.1.1.xx.xx Valor Disponível
    C 5.2.2.1.3.01.xx Despesa Empenhada a Liquidar

(D). D 8.2.1.1.1.xx.xx Disponibilidade por Destinação de Recursos (DDR)
    C 8.2.1.1.2.xx.xx DDR Comprometida por Empenho

(E). D 6.2.2.1.3.01.xx Crédito Empenhado a Liquidar
    C 6.2.2.1.3.03.xx Crédito Empenhado Liquidado a Pagar

8. Em 1º/20/7X9, um servidor público federal da administração direta foi designado, pela primeira vez em sua carreira, como suprido em regime de adiantamento com depósito em conta corrente no valor total de R$ 2.800, com prazo de aplicação de trinta dias, para gastos de pequeno vulto com serviços de terceiros, pessoas jurídicas. Considerando essa situação hipotética, julgue os próximos itens, relativos a suprimento de fundos e à Conta Única do Tesouro Nacional.

Caso o servidor tenha aplicado, em 6/7/20X9, parte do suprimento de fundos para o pagamento de nota fiscal no valor de R$ 910 a empresa que lhe tenha prestado serviço de conserto emergencial da rede de computadores do órgão onde ele trabalha, esse servidor terá agido dentro dos limites da lei, desde que a prestação de contas não ultrapasse trinta dias da data de aplicação do suprimento.

( ) Certo   ( ) Errado

9. (CESPE/CEBRASPE – 2020) MPE-CE – Analista Ministerial – Ciências Contábeis) Julgue o item seguinte, relativo ao regime de adiantamento de suprimento de fundos.

O suprimento de fundos não poderá ser concedido a servidor que não prestou contas no prazo regulamentar.

(   ) Certo   (   ) Errado

10. (FAFIPA – 2019) Fundação Cultural Foz do Iguaçu – Contador Júnior) Nos termos da Lei nº 4.320/64, um caso excepcional para pagamento da despesa pública pode ocorrer, a critério do ordenador da despesa e sob sua responsabilidade, mediante a entrega de numerário a servidor, sempre precedida de empenho na dotação própria para o fim de realizar despesas, que não possam subordinar-se ao processo normal de aplicação. O conceito refere-se estritamente à(ao):

(A) Restos a Pagar.

(B) Despesa de Exercícios Anteriores.

(C) Empenho por Estimativa.

(D) Suprimento de Fundos.

GABARITO

1) GABARITO: Certa.

Comentário

Não se concederá suprimento de fundos a servidor que tenha a seu cargo a guarda ou a utilização do material a adquirir, salvo quando não houver na repartição outro servidor (art. 45, § 3º, b, do Dec. 93.872/1986).

2) GABARITO: Certa.

Comentário

A concessão de suprimento de fundos deverá ocorrer por meio do Cartão de Pagamento do Governo Federal (CPGF), conhecido como Cartão Corporativo, utilizando as contas de suprimento de fundos somente em caráter excepcional, em que comprovadamente não seja possível utilizar o cartão.

O CPGF é instrumento de pagamento, emitido em nome da unidade gestora e operacionalizado por instituição financeira autorizada, utilizado exclusivamente pelo portador nele identificado, nos casos indicados em ato próprio da autoridade competente. Ele permite o acompanhamento das despesas realizadas com os recursos do Governo, facilita a prestação de contas e oferece maior segurança às operações. A utilização do CPGF para pagamento de despesas poderá ocorrer na aquisição de materiais e contratação de serviços enquadrados como suprimento de fundos, sem prejuízo dos demais instrumentos de pagamento previstos na legislação.

3) GABARITO: Errada.

Comentário

Não se concederá suprimento de fundos a responsável por dois suprimentos, ou seja, é permitida a concessão de até dois suprimentos com prazo de aplicação não vencido. Logo, não há possibilidade de um servidor ser responsável por três suprimentos.

4) GABARITO: Certa.

Comentário

As propostas parciais das unidades administrativas, organizadas em formulário próprio, serão acompanhadas de tabelas explicativas da despesa, bem como de justificação pormenorizada de cada dotação solicitada, com a indicação dos atos de aprovação de projetos e orçamentos de obras públicas, para cujo início ou prosseguimento ela se destina (art. 28, I e II, da Lei 4320/1964).

5) GABARITO: Certa.

Comentário

Não se concederá suprimento de fundos a servidor que tenha a seu cargo a guarda ou a utilização do material a adquirir, salvo quando não houver na repartição outro servidor (art. 45, § 3º, b, do Dec. 93.872/1986).

6) GABARITO: A

Comentário

No setor público a despesa para ser realizada, independentemente do objeto ou finalidade, deve ser precedida de um ato administrativo denominado empenho da despesa. O empenho, de acordo com a Lei nº 4.320/64, é a primeira etapa da execução orçamentária da despesa pública.

7) GABARITO: B.

Comentário

Empenho da Despesa

Título da Conta: D: Crédito Disponível

                   C: Crédito Empenhado a Liquidar

8) GABARITO: Errada.

Comentário

O benefício deverá ocorrer por meio do Cartão de Pagamento do Governo Federal (CPGF). O depósito feito em conta corrente do servidor, que só é permitido em caráter excepcional, em que comprovadamente não seja possível a utilização do cartão, os órgãos dos Poderes Legislativo e Judiciário, do Ministério Público e dos Comandos Militares poderão movimentar suprimento de fundos por meio de conta corrente bancária, que não foi o caso nessa questão.

9) GABARITO: Certa.

Comentário

Decreto-lei nº 200/67, parágrafo único do art. 81 e § 3º do art. 80

§ 3º Não se concederá Suprimento de Fundos: a) a responsável por dois suprimentos; b) a servidor que tenha a seu cargo e guarda ou a utilização do material a adquirir, salvo quando não houver na repartição outro servidor; c) **a responsável por Suprimento de Fundos que, esgotado o prazo, não tenha prestado contas de sua aplicação**; e d) a servidor declarado em alcance.

10) GABARITO: D.

Comentário

Lei 4.320/64 Art. 68: O regime de adiantamento é aplicável aos casos de despesas expressamente definidos em lei e consiste na entrega de numerário a servidor, sempre precedida de empenho na dotação própria para o fim de realizar despesas, que não possam subordinar-se ao processo normal de aplicação.

Capítulo 10

GESTÃO DAS FINANÇAS PÚBLICAS

10.1 Introdução

Indicadores são informações úteis para a tomada de decisões governamentais. Um dos mais importantes é o resultado fiscal, que é uma espécie de termômetro que mostra como anda a saúde financeira do governo – em outras palavras, ele indica a capacidade de governo honrar seus compromissos seja com uma população, seja com os credores. Quando o termômetro indica que as contas estão em ordem, o governo evita impactos negativos na economia com inflação e juros altos.

Existem duas formas de se apurar o resultado fiscal: através do resultado nominal, que representa a diferença entre receitas e despesas totais no exercício, ou o resultado primário, que surge do confronto de receitas e despesas primárias no exercício, excluída a parcela referente aos juros nominais incidentes sobre a dívida líquida.

10.2 Formas de apurarmos o resultado fiscal, através do resultado primário e o resultado nominal.

a) Como chegar ao resultado primário?

Ao final de cada ano é feito um balanço entre as receitas primárias arrecadadas e as despesas primárias pagas, e a diferença encontrada entre elas é chamada de resultado primário.

O cálculo do resultado primário, que é elaborado pela Secretaria do Tesouro Nacional, permite que se identifique a influência das diferentes receitas e despesas sobre o resultado final, o que é muito importante para a formulação de políticas públicas. A finalidade é registrar o desempenho fiscal do governo no período, ou seja, permitir a verificação das reservas poupadas pelo governo para reduzir suas dívidas.

A apuração do resultado primário deve compreender todos os órgãos da administração direta, fundos, autarquias, fundações e empresas estatais dependentes.

b) Como chegar ao resultado nominal?

Quando consideramos também essas despesas e receitas financeiras, obtemos um outro indicador chamado de "resultado nominal", que pode ser positivo, conhecido como "superávit nominal", ou negativo, denominado "déficit nominal". Outra forma de se calcular é por meio da variação da dívida líquida de um ano.

O total da dívida do governo é chamado de "dívida bruta". Quando se retira da dívida bruta o equivalente ao que o governo tem em caixa e o que tem que receber por empréstimos concedidos, obtém-se a chamada "dívida líquida" e o resultado nominal é exatamente a variação da dívida líquida de um ano para o outro.

Se a dívida líquida do ano atual for maior do que a do ano anterior, temos como resultado um déficit nominal; se ocorre o contrário, se a dívida do ano atual for menor do que a do ano anterior, então o resultado será de superávit nominal.

Neste sentido, o resultado nominal representa o resultado entre todas as receitas arrecadadas (fiscais e não fiscais) e todas as despesas (fiscais e não fiscais).

A lei de responsabilidade fiscal exige que as Leis de Diretrizes Orçamentárias, as LDOs, das três esferas do governo estabeleçam todos os anos metas para os resultados primário e nominal, além do montante da dívida pública. O resultado primário, mais os juros e outros encargos que incidem no ano, correspondem ao resultado nominal porque essas duas metodologias de apuração das contas do governo são complementares e servem para indicar como anda a saúde das contas públicas.

10.3 Dívida Pública

A dívida pública ocorre, quando o governo tem mais gastos do que pode pagar. Nesse caso, o que ele pode fazer é tomar um empréstimo. Esse empréstimo é feito geralmente por meio da emissão de títulos públicos, que são papeis que o governo coloca à venda para o público, com a garantia de recompra, por um preço maior após um determinado período. Assim ele terá os recursos que precisa para bancar suas despesas.

Então pensamos, sempre que o governo precisar de recursos, é só emitir mais títulos outra vez? Não é bem assim. Não podemos esquecer que a emissão de um título significa que o governo tem uma dívida com quem comprou o título, ou seja, toda vez que o governo emite um título ele cria uma despesa futura, ele compromete uma parte das receitas mais à frente. Por essa razão o governo não pode lançar títulos indiscriminadamente pois corre o risco de se endividar. Portanto, o que vemos é que a dívida pública é uma fonte de receitas para o governo, mas precisa ser bem administrada, pois caso não seja pode acabar comprometendo um volume cada vez maior da receita, impedindo a realização de despesas importantes para o país. Por isso que a Constituição Federal Brasileira atribui ao Senado Federal a responsabilidade de estabelecer um limite para o endividamento público.

10.4 Refinanciamento da Dívida Pública

O financiamento, ou rolagem da dívida pública, significa que na data do vencimento de um título que o governo emitiu ele emitirá outro para substituir o anterior. Isso não é dinheiro novo entrando para os cofres do governo, o que significa que o governo não pode fazer novos gastos com esses recursos. O governo vai continuar pagando os juros e uma parte do principal da dívida pública que chamamos de amortização.

Quando o governo anuncia o tamanho do orçamento do ano, uma boa parte dele vai para a dívida pública, e dessa fatia a maior parte vai para o refinanciamento da dívida, ou seja, mera troca de títulos, pois o restante vai para o pagamento de juros, e outra parte para o pagamento principal da dívida (amortização). Importante entender que o valor da dívida corresponde apenas ao que será pago no ano, não confundir com o valor total da dívida, que é chamado de estoque da dívida.

Todo dinheiro que o governo gasta vem dos impostos e de todo recolhimento que fazemos aos cofres públicos. Para que qualquer despesa seja executada, é preciso que ela esteja autorizada ou planejada no orçamento; caso ela não esteja, não poderá ser realizada. Isso demonstra a importância de acompanhar a elaboração do orçamento desde o início.

10.5 Contingenciamento da Despesa

O governo federal precisa planejar suas receitas e despesas, fazendo isso por meio da Lei de Diretrizes Orçamentárias (LDO), que estabelece anualmente a meta de resultado primário do governo, como vimos anteriormente.

O resultado primário representa a diferença entre as receitas primárias arrecadadas e as despesas primárias pagas ao longo do ano. Este resultado faz parte da política fiscal do governo e indica para a sociedade a capacidade de o governo honrar seus compromissos.

Após a aprovação do orçamento, o governo precisa se programar para alcançar as metas planejadas, levando em conta, além do orçamento do ano em curso, os restos a pagar inscritos. Para isso, os poderes Executivo, Legislativo, Judiciário, assim como o Ministério Público e a Defensoria Pública, fazem a programação financeira do orçamento – ou seja, definem o cronograma de desembolso mensal para cada órgão e entidade do governo de acordo com as expectativas de arrecadação de receitas. Esse cronograma busca conciliar a execução do orçamento ao fluxo de caixa do governo, isto é, as entradas e saídas de recursos em cada mês, seguindo sempre as metas de resultado primário e de resultados nominal. Os órgãos do Executivo nessa programação são definidos por decreto. O orçamento do governo e sua programação nem sempre batem com a realidade, por exemplo, a arrecadação das receitas pode não atingir os valores previstos, assim como podem surgir despesas de última hora com desastres ambientais, por exemplo, mas o poder público não pode deixar de buscar o cumprimento das metas fiscais a começar pelo resultado primário.

O contingenciamento não se trata de um corte efetivo de despesas, mas sim de um bloqueio que pode ser revertido se e quando a situação se normalizar. O essencial é assegurar em qualquer cenário o cumprimento das metas fiscais. No entanto, é importante esclarecer que nem todas as despesas podem ser bloqueadas: o contingenciamento só pode ser aplicado às despesas discricionárias primárias, ou seja, as despesas que não são de execução obrigatória – por exemplo, não podem ser bloqueados os pagamentos dos salários do funcionalismo público, aposentadorias, pensões, transferências constitucionais para estados e municípios, além de alguns recursos vinculados à saúde e educação. Esse bloqueio também não pode ser aplicado às despesas financeiras com os juros e encargos da dívida. Do mesmo modo, as empresas estatais estão fora do contingenciamento.

Existem ainda outras exceções definidas na Lei de Diretrizes Orçamentárias (LDO): os gastos de manutenção dos poderes Legislativo e Judiciário, além do Ministério Público e da Defensoria Pública, não podem ser bloqueados; por exemplo, gastos como pagamento de água, luz, telefone, internet ou compra de bens não permanentes como papel, material de limpeza. Em compensação, as despesas derivadas das emendas parlamentares individuais e as de bancadas estaduais podem ser contingenciadas, apesar de serem de execução obrigatória. No caso do Poder Executivo, os decretos de contingenciamento informam os valores a serem bloqueados por ministérios e outros órgãos como a Presidência da República. A partir desta definição, são eles próprios que estabelecem internamente as despesas que devem ser limitadas. O acompanhamento do que foi planejado segue o ano inteiro, sendo feitas apenas revisões bimestrais dos decretos, que podem aumentar ou diminuir os valores bloqueados conforme as projeções de arrecadação.

10.6 Aspectos da Lei de Responsabilidade Fiscal – LRF

A instabilidade da atividade econômica, principalmente devido ao descontrole inflacionário e às oscilações das taxas de juros no início dos anos 1980, adentrando até a metade da década de 90, marcou a história da nossa economia. Com as finanças públicas sempre em desequilibrio, vários planos econômicos não surtiam os efeitos pretendidos e as contas públicas sempre se apresentavam desequilibradas.

Com a promulgação da Constituição Federal de 1988 (CF/1988), houve incentivos e mecanismos para que a população passasse a reivindicar seus direitos, os quais acarretavam em mais despesas por parte do Estado.

Mesmo que as finanças públicas seguissem regras claras e estruturadas de modo a evitar novos desequilíbrios e induzissem melhores práticas de gestão em todos os entes, foi editada, dentre outras medidas, a Lei Complementar nº 101, de 4 de maio de 2000, conhecida como a Lei de Responsabilidade Fiscal (LRF), que visa evitar que os entes da Federação gastem mais do que aquilo que arrecadam; ou, caso necessitem recorrer ao endividamento, terão que seguir regras rígidas e transparentes.

Fonte: Site da Controladoria Geral do Município do Rio de Janeiro

10.7 Embasamento Constitucional da LRF

Art. 1º. Esta Lei Complementar estabelece normas de finanças públicas voltadas para a responsabilidade na gestão fiscal, com amparo no Capítulo II do Título VI da Constituição.

A LRF é a lei complementar decorrente do art. 163 da CF/1988. Por se tratar de uma lei complementar, foi aprovada por maioria absoluta. Este é o dispositivo constitucional:

Art. 163. Lei complementar disporá sobre:

- finanças públicas;

- dívida pública externa e interna, incluída a das autarquias, fundações e demais entidades controladas pelo Poder Público;

- concessão de garantias pelas entidades públicas; IV – emissão e resgate de títulos da dívida pública;

- fiscalização financeira da administração pública direta e indireta;

- operações de câmbio realizadas por órgãos e entidades da União, dos Estados, do Distrito Federal e dos Municípios;

– compatibilização das funções das instituições oficiais de crédito da União, resguardadas as características e condições operacionais plenas das voltadas ao desenvolvimento regional

10.7.1 Outros dispositivos constitucionais.

Na LRF:

Art. 19. Para os fins do disposto no caput do art. 169 da Constituição, a despesa total com pessoal, em cada período de apuração e em cada ente da Federação, não poderá exceder os percentuais da receita corrente líquida, a seguir discriminados (...).

No art. 169 da CF/1988:

Art. 169. A despesa com pessoal ativo e inativo da União, dos Estados, do Distrito Federal e dos Municípios não poderá exceder os limites estabelecidos em lei complementar.

Na LRF:

Art. 68. Na forma do art. 250 da Constituição, é criado o Fundo do Regime Geral de Previdência Social, vinculado ao Ministério da Previdência e Assistência Social, com a finalidade de prover recursos para o pagamento dos benefícios do regime geral da previdência social.

No art. 250 da CF/1988:

Art. 250. Com o objetivo de assegurar recursos para o pagamento dos benefícios concedidos pelo regime geral de previdência social, em adição aos recursos de sua arrecadação, a União poderá constituir fundo integrado por bens, direitos e ativos de qualquer natureza, mediante lei que disporá sobre a natureza e administração desse fundo.

Concluindo, a LRF trata, em parte, o previsto nos incisos I e II do parágrafo 9º do art. 165:

§ 9º – Cabe à lei complementar:

– dispor sobre o exercício financeiro, a vigência, os prazos, a elaboração e a organização do plano plurianual, da lei de diretrizes orçamentárias e da lei orçamentária anual;

– estabelecer normas de gestão financeira e patrimonial da administração direta e indireta bem como condições para a instituição e funcionamento de fundos.

(...)

Cabe ressaltar que a LRF estabelece normas de finanças públicas voltadas para a responsabilidade na gestão fiscal. Salientamos, contudo, que a Lei 4.320/1964 não foi revogada, sendo que os dispositivos nela contidos continuam regendo o ciclo.

10.8 Receita Corrente Líquida

A Receita Corrente Líquida é o somatório das receitas tributárias, de contribuições, patrimoniais, industriais, agropecuárias, de serviços, transferências correntes e outras receitas também correntes, deduzidos:

1) Na União: os valores transferidos aos Estados e Municípios por determinação constitucional ou legal, e as contribuições mencionadas na alínea a do inciso I e no inciso II do art. 195 (relacionadas à seguridade social) e no art. 239 da CF/1988 (PIS, PASEP);

2) Nos Estados: as parcelas entregues aos Municípios por determinação constitucional;

3) Na União, nos Estados e nos Municípios: a contribuição dos servidores para o custeio do seu sistema de previdência e assistência social e as receitas provenientes da compensação financeira citada no § 9º do art. 201 da CF/1988;

4) DF, Amapá e Roraima: recursos transferidos pela União decorrentes da competência da própria União para organizar e manter o Poder Judiciário, o Ministério Público do Distrito Federal e dos Territórios e a Defensoria Pública dos Territórios, assim como organizar e manter a Polícia Civil, a Polícia Militar e o Corpo de Bombeiros Militar do DF, bem como prestar assistência financeira ao DF para a execução de serviços públicos, por meio de fundo próprio.

Exemplo:

A Receita Corrente Líquida (RCL) é definida na Lei de Responsabilidade Fiscal como parâmetro para acompanhamento de metas e limites fiscais. O quadro a seguir apresenta os valores de arrecadação de um ente da federação durante um dado exercício:

Origem	Valores
Receita industrial	9.800
Receita de alienação de bens	12.300
Receitas de depósitos e cauções	24.700
Antecipação da receita orçamentária	60.500
Receita de amortização de empréstimos	78.200
Receita de serviços	186.100
Receitas de operações de crédito internas	300.500
Receitas de contribuições	528.400
Receita patrimonial	923.100
Outras receitas correntes	1.950.600
Receitas tributárias	3.300.900
Transferências correntes	4.050.300

O total das receitas que devam ser consideradas no cálculo da RCL no demonstrativo acima são: Receita industrial, de serviços, contribuições, patrimonial, tributáris, outras receitas correntes e tranferências correntes, totalizando R$ 10.949.200,00, deduzindo-se as mencionadas nos itens 1, 2, 3 e 4 desse tópico.

10.9 Despesa com Pessoal

As despesas com pessoal, regidas pela Lei de Responsabilidade Fiscal – 101/200, define em seu artigo 18 como sendo o somatório dos gastos do ente da Federação com os ativos, os inativos e os pensionistas, relativos a mandatos eletivos, cargos, funções ou empregos, civis, militares e de membros de Poder, com quaisquer espécies remuneratórias, tais como vencimentos e vantagens, fixas e variáveis, subsídios, proventos da aposentadoria, reformas e pensões, inclusive adicionais, gratificações, horas extras e vantagens pessoais de qualquer natureza, bem como encargos sociais e contribuições recolhidas pelo ente às entidades de previdência.

10.9.1 Limites das Despesas com Pessoal em Relação

Limites das Despesas com Pessoal em Relação à Receita Corrente Líquida		
UNIÃO	ESTADOS	MUNICÍPIOS
50%	60%	60%
Limites Globais por Esferas		
FEDERAL	ESTADUAL	MUNICIPAL
Legislativo (TCU): 2,5%	Legislativo (TCE): 3%	Legislativo (TCM): 6%
Judiciário: 6%	Judiciário: 6%	
Executivo: 40,9%	Executivo: 49%	Executivo: 54%

Nos Estados em que há TC dos Municípios, os limites serão: Legislativo = 3,4% e Executivo = 48,6%.

A verificação do cumprimento dos limites será ao final de cada quadrimestre.

10.9.2 Limite de Alerta

Compete aos Tribunais de Contas verificar os cálculos dos limites da despesa total com pessoal de cada Poder e órgão e alertá-los quando constatarem que o montante da despesa total com pessoal ultrapassará 90% do limite.

10.9.3 Limite Prudencial

Se a despesa total com pessoal chegar a 95% do limite, são vedados ao Poder ou órgão que incorrer no excesso:

1) Concessão de vantagem, aumento, reajuste ou adequação de remuneração a qualquer título, salvo os derivados de sentença judicial ou de determinação legal ou contratual, ressalvada a revisão geral anual, sempre na mesma data e sem distinção de índices;

2) Criação de cargo, emprego ou função;

3) Alteração de estrutura de carreira que implique aumento de despesa;

4) Provimento de cargo público, admissão ou contratação de pessoal a qualquer título, ressalvada a reposição de aposentadoria ou falecimento de servidores das áreas de educação, saúde e segurança;

5) Contratação de hora extra, salvo no caso das situações previstas na LDOs e no caso de convocação extraordinária do Congresso Nacional (a EC 50/2006 vedou o pagamento de parcela indenizatória em razão de convocação do Congresso Nacional).

10.9.4 Limite ultrapassado

Se a despesa total com pessoal, do Poder ou órgão, ultrapassar os limites definidos, sem prejuízo das medidas previstas no limite prudencial (citadas acima), o percentual excedente terá de ser eliminado nos dois quadrimestres seguintes, sendo pelo menos um terço no primeiro, adotando-se, entre outras, as providências previstas nos §§ 3º e 4º do art. 169 da CF/1988:

a) Redução em pelo menos 20% das despesas com cargos em comissão e funções de confiança;

b) Exoneração dos servidores não estáveis;

c) Exoneração de servidor estável, desde que ato normativo motivado de cada um dos Poderes especifique a atividade funcional, o órgão ou unidade administrativa objeto da redução de pessoal. O servidor que perder o cargo fará jus à indenização correspondente a um mês de remuneração por ano de serviço e o cargo objeto da redução será considerado extinto, vedada a criação de cargo, emprego ou função com atribuições iguais ou assemelhadas pelo prazo de quatro anos.

Concessões de qualquer vantagem ou aumento de remuneração, criação de cargos, empregos e funções ou alteração de estrutura de carreiras, bem como admissão ou contratação de pessoal, a qualquer título, pelos órgãos e entidades da administração direta ou indireta, inclusive fundações instituídas e mantidas pelo poder público, só poderão ser feitas se houver:

a) Prévia dotação orçamentária suficiente para atender às projeções de despesa de pessoal e aos acréscimos dela decorrentes;

b) Autorização específica na LDO, ressalvadas as empresas públicas e as sociedades de economia mista.

10.10 Empresa Estatal Dependente

Empresa Estatal Dependente é uma empresa controlada, ou seja, é uma sociedade cuja maioria do capital social com direito a voto pertence, direta ou indiretamente, a ente da Federação.

Observa-se que recebe do ente controlador recursos financeiros para pagamento de despesas com pessoal ou de custeio em geral ou de capital.

É bom ficar atento no caso das despesas de capital, pois caso uma receba apenas recursos provenientes de aumento de participação acionária ela não será considerada estatal dependente, e integrará o Orçamento de Investimentos e não seguirá a LRF, enquanto a empresa estatal dependente integra o Orçamento Fiscal e da Seguridade Social, e seguirá a LRF.

EXERCÍCIOS

1. (CESPE – 2010 – SAD-PE – Analista de Controle Interno – Finanças Públicas) Relativamente aos dados considerados na apuração do resultado primário, assinale a opção correta.

(A) O resultado primário indica se as receitas não financeiras são capazes de suportar as despesas financeiras e as não financeiras de uma entidade.

(B) As receitas não financeiras correspondem ao total da receita orçamentária, incluídas as das operações de crédito e as provenientes de superávits financeiros.

(C) As despesas não financeiras correspondem ao total da despesa orçamentária, incluídas as despesas com amortização da dívida interna e da externa.

(D) A apuração do resultado primário deve compreender todos os órgãos da administração direta, fundos, autarquias, fundações e empresas estatais dependentes.

(E) Na apuração do resultado primário, devem ser consideradas como receitas e despesas as transferências entre as entidades que compõem o ente da Federação.

2. (CESPE – 2010 – Secretaria de Administração de Pernambuco – Analista de Controle Interno).

O Resultado Primário indica se:

(A) há déficit ou superávit patrimonial no balanço entre as variações ativas e as variações passiva

(B) os níveis de gastos orçamentários dos entes federativos são compatíveis com suas arrecadações.

(C) o ente federativo necessita ou não de empréstimos para fazer face aos seus dispêndios.

(D) as receitas financeiras são compatíveis com as despesas financeiras.

(E) o total da receita de capital realizada é compatível com o da despesa de capital realizada

3. (FGV – 2014 – Controladoria Geral do Estado do Maranhão (CGE-MA) – Auditor). Sobre o Resultado Nominal, assinale a afirmativa correta.

(A) Representa o resultado entre todas as receitas arrecadadas (fiscais e não fiscais) e todas as despesas (fiscais e não fiscais).

(B) Representa a diferença entre as receitas fiscais e despesas fiscais.

(C) Representa a diferença entre as receitas fiscais, as despesas fiscais e o pagamento de juros da dívida.

(D) Representa o resultado entre as receitas e as despesas não fiscais.

4. (CETRO – 2013 Agência Nacional de Vigilância Sanitária (ANVISA) – Analista Administrativo). Ocorre superávit das contas públicas quando a arrecadação supera o total dos gastos; quando os gastos superam o montante da arrecadação, ocorre o déficit público.

Sobre os conceitos de déficit público, analise as assertivas abaixo.

I. O déficit nominal ou total indica o fluxo líquido de novos financiamentos, obtidos ao longo de 1 ano pelo setor público não financeiro em suas várias esferas: União, governos estaduais e municipais, empresas estatais e Previdência Social.

II. O déficit primário ou fiscal é medido pelo déficit total, excluindo a correção monetária e cambial e os juros reais da dívida contraída anteriormente. No fundo, é a diferença entre os gastos públicos e a arrecadação tributária no exercício, independentemente de juros e correções da dívida passada.

III. O déficit de caixa é medido pelo déficit primário acrescido dos juros reais da dívida passada. Constitui– se, desse modo, no déficit total ou nominal, excluindo a correção monetária e a cambial.

IV. O déficit operacional é o que omite as parcelas do financiamento do setor público externo e do resto do sistema bancário, bem como de fornecedores e empreiteiros. É a parcela do déficit público que é financiada pelas autoridades monetárias.

É correto o que se afirma em

(A) I e II, apenas.

(B) I e IV, apenas.

(C) III e IV, apenas.

(D) II e III, apenas.

(E) I, II, III e IV.

5. (CESPE – 2011 Tribunal de Justiça do Estado do Espírito Santo (TJ-ES) – Economista) Com relação à economia do setor público, julgue o item subsequente.

Conforme disposto na Lei de Responsabilidade Fiscal, o resultado primário do governo deve ser apurado medindo-se a diferença entre a arrecadação de impostos, taxas, contribuições e outras receitas, excluídas as receitas de aplicações financeiras, e as despesas orçamentárias do governo no período.

( ) Certo   ( ) Errado

6. (FGV – 2015 – Tribunal de Justiça do Estado de Santa Catarina (TJ-SC) – Analista Administrativo). De acordo com a lei de responsabilidade fiscal, para que serve o resultado primário?

(A) Evidenciar o quanto precisou ser captado junto ao setor financeiro, ao setor privado e ao resto do mundo para pagar as despesas do governo.

(B) Registrar o desempenho fiscal do governo no período, ou seja, permitir a verificação das reservas poupadas pelo governo para reduzir suas dívidas.

(C) Acrescentar ao valor nominal os valores pagos e recebidos de juros junto ao sistema financeiro.

(D) Verificar as necessidades de financiamento e pagamento de juros do setor público pelo conceito de caixa.

7. (FUNRIO – 2018 – Assembleia Legislativa do Estado de Roraima (AL-RR) – Economista) Um grupo de auditores economistas, trabalhando para o governo federal, foi incumbido de apurar os dados sobre o desempenho orçamentário do governo federal no ano de 2017. Após solicitação de informações, o agente de governo auditado informou os seguintes dados:

Receitas Públicas Totais = 1300

Despesas Públicas Totais = 1210

Correção Monetária e Cambial = 110

Juros sobre as dívidas públicas interna e externa = 120

Nesse sentido, o valor do Déficit/Superávit Nominal corresponde a:

(A) 90.

(B) 100.

(C) 110.

(D) 120.

8. (CESPE – Auditor Municipal de Controle Interno – CGM/JP – 2018) As transferências recebidas de outros entes não integram a receita corrente líquida.
( ) Certo   ( ) Errado

9. (CESPE – Analista Judiciário – Administrativa – TRE/PE – 2017) Receita corrente líquida é o montante bruto de receitas tributárias, de contribuições e patrimoniais, depois de efetuadas as deduções legalmente previstas.
( ) Certo   ( ) Errado

10. (CESPE – Analista Judiciário – Administrativa – TRE/TO – 2017) As receitas de empresas estatais dependentes integram o rol de receitas do orçamento fiscal.
( ) Certo   ( ) Errado

11. (CESPE – Analista Judiciário – Contabilidade – TRT/8 – 2016) A receita corrente líquida é calculada a partir da inclusão e exclusão de vários itens de receita. Entre as exclusões, no caso dos estados, estão os recursos entregues aos municípios por determinação constitucional.
( ) Certo   ( ) Errado

12. (CESPE – Auditor Fiscal de Controle Externo – TCE/SC – 2016) Empresa estatal que receba do seu ente controlador recursos financeiros para pagamento de custeio em geral será considerada, para efeitos de responsabilidade fiscal, empresa estatal dependente.
( ) Certo   ( ) Errado

13. (CESPE – Auditor Fiscal de Controle Externo – Direito – TCE/SC – 2016) Integra a administração indireta municipal, como empresa controlada, a sociedade empresária de cuja maioria das ações o município seja titular, ainda que não tenha direito a voto.
( ) Certo   ( ) Errado

14. (CESPE – Técnico de Nível Superior – ENAP – 2015) São empresas estatais dependentes, as controladas por qualquer ente da Federação que recebam recursos para investimentos que não decorram de aportes para aumento do capital social.
( ) Certo   ( ) Errado

15. (CESPE – Administrador – MPOG – 2015) Os recursos transferidos pela União ao Distrito Federal, quando destinados à assistência financeira para a execução de serviços públicos das polícias civil e militar e do corpo de bombeiros, não integram o conceito de receita corrente líquida, ainda que sejam

utilizados para pagamento de pessoal.
( ) Certo   ( ) Errado

16. (CESPE – Consultor de Orçamentos – Câmara dos Deputados – 2014) Os valores transferidos por determinação constitucional ou legal não devem ser deduzidos para o cálculo da receita corrente líquida.
( ) Certo   ( ) Errado

17. (CESPE – Administrador – Polícia Federal – 2014) O montante de receita corrente líquida calculado em determinado período pode não incluir todas as receitas correntes previstas para o exercício financeiro que estiver em curso.
( ) Certo   ( ) Errado

18. (CESPE – Analista Administrativo – ANTAQ – 2014) A apuração do montante de receita corrente líquida arrecadada pode envolver mais de um exercício financeiro.
( ) Certo   ( ) Errado

19. (CESPE – Consultor de Orçamentos – Câmara dos Deputados – 2014) A LRF aplica-se a todos os entes da Federação.
( ) Certo   ( ) Errado

20. (CESPE – Auditor de Controle Externo – Direito – TCE/RO – 2013) De acordo com a LRF, o conceito de receita corrente líquida não engloba venda de imóveis.
( ) Certo   ( ) Errado

21. (CESPE – Analista de Planejamento, Gestão e Infraestrutura em Propriedade Industrial – Gestão Financeira – INPI – 2013) As receitas industriais e de serviços estão englobadas na soma das receitas correntes.
( ) Certo   ( ) Errado

22. (CESPE – Analista Administrativo – Contador – ANP – 2013) A receita corrente líquida engloba todas as receitas correntes lançadas no mês de referência e nos onze meses anteriores.
( ) Certo   ( ) Errado

23. (CESPE – Analista de Planejamento, Gestão e Infraestrutura em Propriedade Industrial – Gestão Financeira – INPI – 2013) Na União, os valores transferidos aos estados e municípios por determinação constitucional ou legal devem ser deduzidos do cálculo da RCL.
( ) Certo   ( ) Errado

24. (CESPE – Analista Administrativo – Contador – ANP – 2013) As empresas estatais independentes não compõem o campo de aplicação da LRF.
( ) Certo ( ) Errado

25. (CESPE – Analista Administrativo – Direito – ANTT – 2013) São objetivos da Lei de Responsabilidade Fiscal a ação planejada na gestão fiscal e o estabelecimento de normas gerais sobre balanços contábeis.
( ) Certo ( ) Errado

26. (CESPE – Auditor de Controle Externo – TCDF – 2012) As disposições, as proibições, as condições e os limites constantes na LRF valem para o DF até que seja aprovada lei complementar de âmbito local que disponha sobre a ação planejada e transparente, voltada para a prevenção de riscos e correção de desvios capazes de afetar o equilíbrio das contas públicas.
( ) Certo ( ) Errado

27. (CESPE – Técnico Legislativo – ALES – 2011) A receita corrente líquida deve ser apurada levando-se em conta apenas o exercício financeiro a que se refere a lei orçamentária vigente.
( ) Certo ( ) Errado

28. (CESPE – Assistente – CNPq – 2011) Sob a óptica da LRF, para a apuração da receita corrente líquida, serão englobados os valores referentes a receitas tributárias e de contribuições, incluídas aquelas advindas da contribuição dos servidores para o custeio do seu sistema de previdência e assistência social.
( ) Certo ( ) Errado

29. (CESPE – Analista Judiciário – Administrativa – TRE/MT – 2010) no cômputo da receita corrente líquida, não devem ser considerados os recursos obtidos por meio da exploração de atividades industriais.
( ) Certo ( ) Errado

30. (CESPE – Técnico Superior – IPAJM – 2010) Receita corrente líquida corresponde ao total de receitas correntes deduzido das receitas de capital.
( ) Certo ( ) Errado

GABARITO

1) GABARITO: D.

Comentário

A apuração do resultado primário deve compreender todos os órgãos da administração direta, fundos, autarquias, fundações e empresas estatais dependentes. A lei de responsabilidade fiscal exige que as Leis de Diretrizes Orçamentárias (LDOs) das três esferas de governo estabeleçam todos os anos metas para os resultados primário e nominal além do montante da dívida pública.

2) GABARITO: B.

Comentário

A finalidade é registrar o desempenho fiscal do governo no período, ou seja, permitir a verificação das reservas poupadas pelo governo para reduzir suas dívidas. A apuração do resultado primário deve compreender todos os órgãos da administração direta, fundos, autarquias, fundações e empresas estatais dependentes.

3) GABARITO: A.

Comentário

Neste sentido, representa o resultado entre todas as receitas arrecadadas (fiscais e não fiscais) e todas as despesas (fiscais e não fiscais).

4) GABARITO: A.

Comentário

O total da dívida do governo é chamado de "dívida bruta". Quando se retira da dívida bruta o equivalente ao que o governo tem em caixa e o que tem que receber por empréstimos concedidos, obtém-se a chamada "dívida líquida" e o resultado nominal é exatamente a variação da dívida líquida de um ano para o outro.

Se a dívida líquida do ano atual for maior do que a do ano anterior, temos como resultado um déficit nominal; se ocorre o contrário, se a dívida do ano atual for menor do que a do ano anterior, então o resultado será de superávit nominal.

5) GABARITO: Certo.

Comentário

O resultado primário é uma forma de verificar como andam as contas do governo, se está gastando mais do que arrecadam, no entanto, o resultado primário leva em consideração apenas as despesas e as receitas primárias não entram nesse cálculo as receitas despesas financeiras com juros e outros encargos da dívida.

6) GABARITO: B.

Comentário

O cálculo do resultado primário, que é elaborado pela Secretaria do Tesouro Nacional, permite que se identifique a influência das diferentes receitas e despesas sobre o resultado final, o que é muito importante para a formulação de políticas públicas. A finalidade é registrar o desempenho fiscal do governo no período, ou seja, permitir a verificação das reservas poupadas pelo governo para reduzir suas dívidas.

7) GABARITO: A.

Comentário

Receitas Públicas Totais = 1300

Despesas Públicas Totais = <u>1210</u>

90

8) GABARITO: Errada.

Comentário

A Receita Corrente Líquida corresponde ao somatório das receitas tributárias, de contribuições, patrimoniais, industriais, agropecuárias, de serviços, transferências correntes e outras receitas também correntes, com as deduções estabelecidas na própria LRF.

9) GABARITO: Errada.

Comentário

A Receita Corrente Líquida corresponde ao somatório das receitas tributárias, de contribuições, patrimoniais, industriais, agropecuárias, de serviços, transferências correntes e outras receitas também correntes, com as deduções estabelecidas na própria LRF. Além disso, a receita corrente líquida corresponde ao montante líquido e não o bruto.

10) GABARITO: Certa.

Comentário

As empresas dependentes recebem recursos do Estado para se manter, portanto não se sustentam sozinhas. Assim, possuem controle total do Estado, seguem a LRF e fazem parte do Orçamento Fiscal e da Seguridade Social.

11) GABARITO: Certa.

Comentário

A nível estadual, as parcelas entregues aos Municípios por determinação constitucional são deduzidas do cálculo da RCL.

12) GABARITO: Certa.

Comentário

A empresa estatal dependente é uma empresa controlada, mas que recebe do ente controlador recursos financeiros para pagamento de despesas com pessoal ou de custeio em geral ou de capital, excluídos, no último caso, aqueles provenientes de aumento de participação acionária (art. 2º, III, da LRF).

13) GABARITO: Errada.

Comentário

A empresa controlada é uma sociedade cuja maioria do capital social com direito a voto pertence, direta ou indiretamente, a ente da Federação.

14) GABARITO: Certa.

Comentário

A empresa estatal dependente é uma empresa controlada, mas que recebe do ente controlador recursos financeiros para pagamento de despesas com pessoal ou de custeio em geral ou de capital, excluídos, no último caso, aqueles provenientes de aumento de participação acionária.

15) GABARITO: Certa.

Comentário

A RCL corresponde ao somatório das receitas tributárias, de contribuições, patrimoniais, industriais, agropecuárias, de serviços, transferências correntes e outras receitas também correntes, deduzidos, entre outros, dos recursos transferidos pela União ao Distrito Federal, quando destinados à assistência financeira para a execução de serviços públicos das Polícias Civil e Militar e do Corpo de Bombeiros.

16) GABARITO: Errada.

Comentário

No caso da União, devem ser deduzidos da RCL os valores transferidos aos estados e municípios por determinação constitucional ou legal, e as contribuições mencionadas na alínea "a" do inciso I e no inciso II do art. 195 (relacionadas à seguridade social) e no art. 239 da CF/1988 (PIS, PASEP).

17) GABARITO: Certa.

Comentário

A RCL será apurada somando-se as receitas arrecadadas no mês em referência e nos 11 anteriores, excluídas as duplicidades. Assim, a apuração da RCL é feita durante o período de um ano, não necessariamente coincidente com o ano civil – ou seja, a apuração do montante de RCL arrecadada pode envolver mais de um exercício financeiro. Somente se o mês de referência for dezembro é que haverá tal coincidência.

18) GABARITO: Certa.

Comentário

A RCL será apurada somando-se as receitas arrecadadas no mês em referência e nos 11 anteriores, excluídas as duplicidades. Assim, a apuração da RCL é feita durante o período de um ano, não necessariamente coincidente com o ano civil – ou seja, a apuração do montante de RCL arrecadada pode envolver mais de um exercício financeiro. Somente se o mês de referência for dezembro é que haverá tal coincidência.

19) GABARITO: Certa.

Comentário

A LRF aplica-se a todos os entes da federação, conforme as disposições contidas na lei.

20) GABARITO: Certa

Comentário

O termo é "Receita Corrente Líquida", as receitas de capital, como a venda de imóveis, não são mencionadas. A Receita Corrente Líquida – RCL corresponde ao somatório das receitas tributárias, de contribuições, patrimoniais, industriais, agropecuárias, de serviços, transferências correntes e outras receitas também correntes, com as deduções estabelecidas na própria LRF.

21) GABARITO: Certa.

Comentário

A RCL será apurada somando-se as receitas arrecadadas no mês em referência e nos onze anteriores, excluídas as duplicidades. A RCL corresponde ao somatório das receitas tributárias, de contribuições, patrimoniais, industriais, agropecuárias, de serviços, transferências correntes e outras receitas também correntes, com as deduções estabelecidas na própria LRF.

22) GABARITO: Errada.

Comentário

A RCL será apurada somando-se as receitas arrecadadas no mês em referência e nos onze anteriores, excluídas as duplicidades. A RCL corresponde ao somatório das receitas tributárias, de contribuições, patrimoniais, industriais, agropecuárias, de serviços, transferências correntes e outras receitas também correntes, com as deduções estabelecidas na própria LRF.

23) GABARITO: Certa.

Comentário

Na União, devem ser deduzidos da RCL os valores transferidos aos estados e municípios por determinação constitucional ou legal, e as contribuições mencionadas na alínea "a" do inciso I e no inciso II do art. 195 (relacionadas à seguridade social) e no art. 239 da CF/1988 (PIS, PASEP).

24) GABARITO: Certa.

Comentário

A empresa estatal não dependente (ou independente) não faz parte do campo de aplicação da LRF.

25) **GABARITO: Errada.**

Comentário

Um dos objetivos da Lei de Responsabilidade Fiscal é a ação planejada e transparente na gestão fiscal. Não cabe à LRF o estabelecimento de normas gerais sobre balanços contábeis.

26) **GABARITO: Errada.**

Comentário

Não há previsão de uma lei no âmbito de qualquer ente que venha a sobrepor a LRF. A Lei de Responsabilidade é lei federal, porém com efeitos gerais ou nacionais.

27) **GABARITO: Errada.**

Comentário

A RCL será apurada somando-se as receitas arrecadadas no mês em referência e nos 11 anteriores, excluídas as duplicidades. Assim, a apuração da RCL é feita durante o período de um ano, não necessariamente coincidente com o ano civil.

28) **GABARITO: Errada.**

Comentário

A RCL corresponde ao somatório das receitas tributárias, de contribuições, patrimoniais, industriais, agropecuárias, de serviços, transferências correntes e outras receitas também correntes, deduzidos, entre outros, a contribuição dos servidores para o custeio do seu sistema de previdência e assistência social e as receitas provenientes da compensação financeira citada no § 9.º do art. 201 da CF/1988 (compensação entre os diversos sistemas previdenciários).

29) **GABARITO: Errada.**

Comentário

A RCL corresponde ao somatório das receitas tributárias, de contribuições, patrimoniais, industriais, agropecuárias, de serviços, transferências correntes e outras receitas também correntes, com as deduções estabelecidas na própria LRF.

30) **GABARITO: Errada.**

Comentário

A Receita Corrente Líquida – RCL corresponde ao somatório das receitas tributárias, de contribuições, patrimoniais, industriais, agropecuárias, de serviços, transferências correntes e outras receitas também correntes, com as deduções estabelecidas na própria LRF. A receita de capital não está dentro do conceito de Receita Corrente Líquida, portanto é considerada para o cálculo.

Capítulo 11

PATRIMÔNIO PÚBLICO E SISTEMAS CONTÁBEIS

11.1 Introdução

O Manual de Contabilidade Aplicada ao Setor Público (MCASP), assim como o Plano de Contas (PCASP), de acordo com a Resolução nº 1.268, de 21-12-2009, passam a considerar toda a movimentação financeira (antes denominada "sistema financeiro") passando a serem considerados no subsistema de informação patrimonial.

O subsistema patrimonial também registrará e demonstrará toda a movimentação dos recursos financeiros, ou seja, evidenciará as mudanças, as evoluções e as reduções das disponibilidades financeiras das entidades públicas da Administração Pública direta e indireta. Cabe ressaltar que as movimentações de fontes de recursos e programação financeira estão inseridas junto às contas de controle, nas classes 7 e 8.

Assim, houve a evolução dos conceitos, em que antes da aplicação das Normas Internacionais de Contabilidade entendia-se por patrimônio como o complexo de bens, materiais ou não, direitos, ações, posse e tudo o mais que pertença a uma pessoa ou empresa e seja suscetível de apreciação econômica; e, também, patrimônio nada mais era que o conjunto de bens, direitos e obrigações; e, devidamente avaliáveis em moeda corrente, mediante processos próprios respaldados por técnicas específicas e mensuráveis economicamente.

11.2 Patrimônio Público

Com a adequação às Normas Internacionais de Contabilidade, a NBCT 16.2 aprovada pela Resolução nº 1.129, de 25 de novembro de 2008, e o MCASP, aprovado pela STN, apresentam um conceito moderno e atualizado de patrimônio, conforme a seguir:

Patrimônio Público é o conjunto de bens e direitos, tangíveis ou intangíveis, onerados ou não, adquiridos, formados, produzidos, recebidos, mantidos ou utilizados pelas entidades do setor público, que seja portador ou represente um fluxo de benefícios, presente ou futuro, inerente à prestação de serviços públicos ou à exploração econômica por entidades do setor público e suas obrigações.

O Patrimônio é estruturado em três grupos: o Ativo, o Passivo e o Patrimônio Líquido. Também com entendimentos atualizados, a Resolução nº 1.268 de 21 de dezembro de 2009 apresenta os seguintes conceitos:

a) Ativos são recursos controlados pela entidade como resultado de eventos passados e do qual se espera que resultem para a entidade benefícios econômicos futuros ou potencial de serviços.

b) Passivos são obrigações presentes da entidade, derivadas de eventos passados, cujos pagamentos se esperam que resultem para a entidade saídas de recursos capazes de gerar benefícios econômicos ou potencial de serviços.

c) Patrimônio Líquido é o valor residual dos ativos da entidade depois de deduzidos todos seus passivos.

Nesse sentido, o patrimônio público difere-se do patrimônio privado somente no tocante ao possuidor do patrimônio que será, no primeiro caso, uma entidade pública de administração direta ou indireta.

Patrimônio é o conjunto de bens, direitos e obrigações vinculados a uma pessoa física ou jurídica. Entretanto, os estudos sobre o patrimônio revelam que qualquer conjunto de bens, direitos e obrigações somente constituirão um patrimônio quando forem observados dois requisitos básicos:

– Sejam componentes de um conjunto que possua conteúdo econômico avaliável em moeda;

– Exista interdependência dos elementos componentes do patrimônio e vinculação do conjunto a uma entidade que vise alcançar determinados fins.

As Normas Brasileiras de Contabilidade ao tratar do setor público (NBC T SP) definem patrimônio público como o conjunto de direitos e bens, tangíveis ou intangíveis, onerados ou não, adquiridos, formados, produzidos, recebidos, mantidos ou utilizados pelas entidades do setor público, que seja portador ou represente um fluxo de benefícios, presente ou futuro, inerente à prestação de serviços públicos ou à exploração econômica por entidades do setor público e suas obrigações.

Entretanto, a leitura da Lei n° 4.320/1964 mostrará que os estudos de contabilidade na administração pública devem ser efetivados sob dois aspectos perfeitamente distintos como apresentado na figura 1.

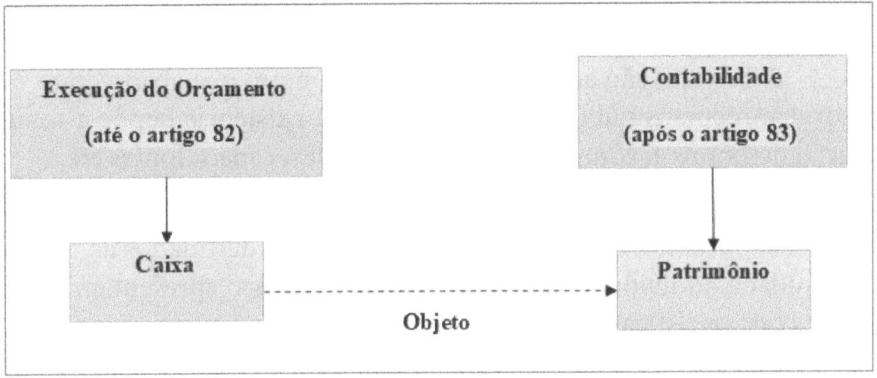

Figura 1: Aspectos do Patrimônio conforme a Lei n° 4.320/64:

Fonte: Arts. n° 82 e 83 da Lei n° 1964/4.320.

11.3 Classificação do Patrimônio Público

Os bens que formam o patrimônio do Estado classificam-se segundo dois critérios:

– Critério jurídico;

– Critério contábil.

O Código Civil, Lei n° 10.406/2002, divide inicialmente os bens em públicos e particulares conceituando como públicos os do domínio nacional, pertencentes à União, aos Estados e aos Municípios e como particulares todos os outros.

No desenvolvimento de sua atividade, a administração tanto se serve de bens que se acham sujeitos ao seu domínio como de bens dos cidadãos sobre os quais exerce determinados poderes no interesse geral.

Estes bens, segundo o critério jurídico, são assim classificados:

– Bens de uso comum do povo;

– Bens de uso especial;

– Bens dominicais.

Os bens de uso comum do povo, também denominados de domínio público, são divididos, segundo sua formação em:

– Naturais: correspondem aos bens que não absorveram ou absorvem recursos públicos, como mares, baías, enseadas, rios, praias, lagos, ilhas etc.;

– Artificiais: são aqueles bens de uso comum que absorveram ou absorvem recursos públicos e, portanto, cuja existência supõe a intervenção do homem, como ruas, praças, avenidas, canais, fontes etc.

São, portanto, de uso comum todos os bens destinados ao uso da comunidade, individual ou coletivamente, e por isso apresentam as seguintes características:

– Quando naturais não são contabilizados como Ativo, não são inventariados ou avaliados;

– Quando artificiais são contabilizados no ativo e incluídos no patrimônio da instituição;

– Não podem ser alienados enquanto conservarem a qualificação de uso comum do povo[1];

– São impenhoráveis e imprescritíveis;

O uso pode ser oneroso ou gratuito, conforme estabelecido em lei;

As normas de contabilidade estabelecem que os bens de uso co-

---

1 Entre as diversas situações em que um bem de uso comum pode ser alienado pode ser citado o caso de alienação aos proprietários de imóveis lindeiros (vizinhos, limítrofe, fronteiriços) e que sejam remanescentes ou resultante de obra pública (modificação do alinhamento de áreas urbanas de uso comum, tais como ruas e praças), na forma e nos limites prescritos na Lei de Licitações (Lei 8.666/93 (art. 17, § 3º. inciso I com a nova redação dada pela Lei 9648/98.),

mum que absorveram ou absorvem recursos públicos, ou aqueles eventualmente recebidos em doação, devem ser incluídos no ativo não circulante da entidade responsável pela sua administração ou controle, estejam, ou não, afetos à sua atividade operacional. Assim, ao realizarem investimentos ou despesas de capital nesses bens a entidade deve proceder ao seu registro no Ativo com o objetivo de acumular o custo da construção ou reforma, bem como as perdas do valor em decorrência do uso (depreciação, amortização ou exaustão).

Com a introdução da contabilidade de custos no setor público é inevitável a manutenção do registro desses investimentos como elemento permanente no Ativo, seja para fins de controle das aplicações, seja porque muitos desses ativos podem ser alienados mediante autorização legislativa ou ser explorados pelo Estado com o objetivo de auferir receitas em função do respectivo uso.

Os bens de uso especial, ou do patrimônio administrativo, são os destinados à execução dos serviços públicos, como os edifícios ou terrenos utilizados pelas repartições ou estabelecimentos públicos, bem como os móveis e materiais indispensáveis ao seu funcionamento. Tais bens têm uma finalidade pública permanente, razão pela qual são denominados bens patrimoniais indispensáveis. Possuem as seguintes características:

– São contabilizados no ativo;

– São inventariados e avaliados;

– São inalienáveis quando empregados no serviço público e enquanto conservarem esta condição.

Os bens dominicais, ou do patrimônio disponível, são os que integram o patrimônio das pessoas jurídicas de direito público como objeto de direito pessoal ou real das entidades do setor público. Possuem as seguintes características:

– Estão sujeitos à contabilização no ativo;

– São inventariados e avaliados;

– Podem ser alienados nos casos e na forma que a lei estabelecer;

– Dão e podem produzir renda.

Ainda sob o aspecto jurídico, os bens patrimoniais do Estado podem ser classificados em:

– Bens móveis: são os bens suscetíveis de movimento próprio, ou de remoção por força alheia, sem alteração da substância ou da destinação econômico-social. Por outro lado, são também móveis por determinação legal as energias que tenham valor econômico, os direitos reais sobre objetos móveis e as ações correspondentes, bem como os direitos pessoais de caráter patrimonial e respectivas ações.

Assim, compreendem-se entre os bens móveis os diversos materiais para o serviço público, o numerário, os valores, os títulos e, ainda, os materiais destinados à construção, enquanto não empregados, mas podendo, no futuro, readquirir essa qualidade quando provenientes da demolição de algum prédio.

– Bens imóveis: o solo e tudo quanto se lhe incorporar natural ou artificialmente, sendo que para efeitos legais também se consideram imóveis os direitos reais sobre imóveis e as ações que os asseguram, e os direitos à sucessão aberta.

Por outro lado, não perdem o caráter de imóveis as edificações que, separadas do solo, mas conservando a sua unidade, forem removidas para outro local e, ainda, os materiais provisoriamente separados de um prédio, para nele mesmo serem reempregados.

São, ainda, considerados bens imóveis, para efeito de organização dos inventários, os museus, as pinacotecas, as bibliotecas, os observatórios, os estabelecimentos industriais e agrícolas com os respectivos aparelhos e instrumentos, as estradas de ferro, conjuntamente com o material rodante necessário ao serviço, os quartéis, as fábricas de pólvora, de artefatos de guerra, os arsenais e demais bens de igual natureza do domínio privado do Estado.

Critério Contábil

Segundo o critério contábil os bens públicos são classificados em:

– Ativo circulante: que compreende as próprias disponibilidades, os bens e direitos e os valores realizáveis desde que atendam a um dos seguintes critérios:

a) Estarem disponíveis para realização imediata,

b) Tiverem a expectativa de realização até o término do exercício seguinte.

– Ativo permanente ou não circulante: compreende todos os demais ativos e inclui os bens, direitos e valores, cuja mobilização ou alienação dependa de autorização legislativa.

No que se refere ao Ativo Circulante é preciso não confundir a visão orçamentária da visão contábil-patrimonial, pois na primeira deve prevalecer o conceito restrito de ativo financeiro com condição para a abertura de créditos adicionais para fins de realização das despesas à conta do orçamento, enquanto na visão contábil-patrimonial deve ser o conceito de circulante que inclui, necessariamente, os valores numerários conforme comando dos § 1° e 2° do artigo 105 da Lei n° 4.320/64, a seguir transcritos:

> § 1° O Ativo Financeiro compreenderá os créditos e valores realizáveis independentemente de autorização orçamentária e os valores numerários.
>
> § 2° O Ativo Permanente compreenderá os bens, créditos e valores, cuja mobilização ou alienação dependa de autorização legislativa.

Assim, como já observado em outra oportunidade, os estudos do patrimônio indicam que o termo circulante deve ser utilizado por caracterizar, com maior precisão, a potencialidade dos ativos e da geração de futuros benefícios econômicos.

Fazem parte do Ativo Circulante desde que atendidos os critérios abaixo:

– Numerário em tesouraria;

– Depósitos em bancos;

– Aplicações financeiras de curto prazo;

– Valores a receber de qualquer natureza (lançamentos tributários diretos, parcelamentos tributários, valores inscritos em dívida ativa;

– Valores entregues a servidores a título de adiantamento ou suprimento de fundos e que estejam pendentes de prestação de contas;

No Ativo Permanente ou não circulante estão incluídos todos os demais itens do ativo cuja mobilização ou alienação dependa de autorização legislativa, entre os quais cabe destacar:

– Os valores móveis que se integram no patrimônio como elementos instrumentais da administração;

– Os que, para serem alienados, dependam de autorização legislativa;

– Todos aqueles que, por sua natureza produzam variações positivas ou negativas no patrimônio financeiro;

– A dívida ativa, originada de tributos e outros créditos estranhos ao ativo financeiro, cujo prazo de recebimento ultrapasse o exercício financeiro seguinte.

As contas representativas de bens, valores e créditos compreendem o que denominamos ATIVO REAL, ou seja, são contas que registram a existência e a movimentação dos bens e direitos, cuja realização não admite dúvidas, seja por sua condição de valores em espécie ou em títulos de poder liberatório, seja por sua característica de créditos de liquidez certa, seja, afinal, pela condição de patrimônio representado por inversões e investimentos.

Quanto à contra substância, o patrimônio é considerado em relação às dívidas e obrigações assumidas pela administração em virtude de serviços, contratos, fornecimentos, cujo pagamento não é realizado no ato, ou então em face de empréstimos contraídos no país ou no exterior. É formada pelos seguintes grupos:

– Passivo Circulante, que corresponde a valores:

  a) exigíveis até o término do exercício seguinte;

  b) de terceiros ou retenções em nome deles, quando a entidade do setor público for fiel depositária, independentemente do prazo de exigibilidade.

– Passivo Permanente ou não circulante, que compreende as dívidas não incluídas no passivo financeiro, tais como:

  a) As responsabilidades que, para serem pagas, dependem de autorização orçamentária;

b) Todas as que, por sua natureza, formam grupos especiais de contas, cujos movimentos determinem compensações, ou que produzam variações no patrimônio.

Sob o aspecto qualitativo a contra substância patrimonial é apresentada em dois grupos:

– Dívida Flutuante, que compreende os Restos a Pagar, o serviço da dívida a pagar, bem como os depósitos e os débitos de tesouraria e, normalmente, têm origem nas atividades operacionais decorrentes da execução orçamentária;

– Dívida Fundada, que, por sua vez, pode ser desdobrada em:

a) Consolidada, quando decorrente do apelo ao crédito público e representada por apólices, obrigações, cédulas ou títulos semelhantes, nominativas ou ao portador, de livre circulação e cotação em bolsas do país e do exterior;

b) Não consolidada, quando é proveniente de operações de crédito contratadas com pessoas jurídicas de Direito Público ou privado, cujos títulos são os próprios instrumentos de contrato, ou, quando for o caso notas promissórias ou confissões de dívidas a ele vinculadas.

No estudo do passivo circulante e não circulante cabe a mesma reflexão realizada quando do estudo do ativo em relação ao ciclo operacional, vez que uma das classificações a ser produzida no balanço patrimonial está baseada nos §§ 3º e 4º do artigo 105 da Lei nº 4.320/64/1964:

§ 3º O Passivo Financeiro compreenderá as dívidas fundadas e outras cujo pagamento independa de autorização orçamentária.

§ 4º O Passivo Permanente compreenderá as dívidas fundadas e outras que dependam de autorização legislativa para amortização ou resgate.

As contas representativas da dívida pública compreendem o denominado PASSIVO REAL e registram a existência e a movimentação das obrigações e das responsabilidades cuja exigibilidade não admite dúvida, visto representarem dívidas líquidas e certas.

O confronto do conjunto de BENS, VALORES e CRÉDITOS com as DÍVIDAS evidencia a situação líquida patrimonial.

A representação gráfica do patrimônio da Fazenda Pública sob o aspecto qualitativo é a demonstrada no quadro abaixo.

COMPOSIÇÃO QUALITATIVA DO PATRIMÔNIO DA FAZENDA PÚBLICA

SUBSTÂNCIA PATRIMONIAL	CONTRA-SUBSTÂNCIA PATRIMONIAL
CIRCULANTE – Bens numerários – Bens de consumo – Bens de renda – Valores a receber	CIRCULANTE – Dívida flutuante (Restos a Pagar, Serviço da Dívida a Pagar e Depósitos de Terceiros) – Débitos de Tesouraria
NÃO CIRCULANTE – Bens de uso – Bens de renda – Valores a receber	NÃO CIRCULANTE – Dívida Fundada ou Consolidada – Contratos de empréstimos a longo prazo – Confissões de dívida
SITUAÇÃO LÍQUIDA PASSIVA	SITUAÇÃO LÍQUIDA ATIVA

Fonte: NBC TSP 11/2018.

11.4 Sistema Contábil Público.

A Contabilidade é definida como a ciência que estuda e pratica as funções de orientação, controle e registro dos atos e fatos da administração de qualquer entidade, seja ela pública ou privada, com ou sem fins lucrativos. Entretanto, para melhor entendimento deste conceito, é necessário distinguir o seu campo de aplicação e o objeto dos estudos da ciência contábil, como a seguir:

– O campo de aplicação envolve o entorno da ciência contábil representado pela entidade; e

– O objeto está representado pelo patrimônio, definido como o conjunto de bens, direitos e obrigações vinculados a uma pessoa física ou jurídica.

A Contabilidade aplicada ao setor público, por sua vez, é o ramo da ciência contábil que aplica, no processo gerador de informações, os princípios fundamentais de contabilidade e as normas contábeis direcionadas ao controle patrimonial de entidades do setor público[2].

11.4.1 Abrangência do Sistema Contábil Público

O campo de aplicação da contabilidade abrange qualquer entidade pública ou privada que alguns autores preferem denominar de economia, entidade econômica, organismo econômico, unidade econômica, unidade de produção (quando com fins lucrativos) ou unidade de distribuição (quando sem fins lucrativos) ou, ainda, "azienda".

Conforme se pode verificar na Contabilidade, os bens e direitos constituem o ATIVO e as obrigações o PASSIVO, cujo conteúdo econômico é dado pelo valor que constitui o atributo comum que lhe dá homogeneidade.

Embora a administração pública opere fundamentalmente na obtenção de recursos financeiros que permitam o atendimento das necessidades públicas, não podemos esquecer que, em decorrência dos fatos administrativos de ordem financeira, o patrimônio sofre mutações variadas, tanto nos elementos ativos, como nos elementos passivos.

Assim, por força da execução do orçamento, além dos recursos financeiros obtidos e da realização dos gastos de custeio, o Estado realiza gastos na construção ou aquisição de bens cujo conjunto deve administrar e conservar. Esse conjunto de bens constitui os BENS PÚBLICOS[3]

---

2 RESOLUÇÃO CFC Nº 1.128/08. Aprova a NBC T 16.1 – Conceituação, Objeto e Campo de Aplicação.

3 O conceito de bem público aqui utilizado é o conceito contábil e não o conceito econômico em que os bens públicos são aqueles que têm duas características básicas: uma vez disponíveis para um indivíduo ficam disponíveis para todos e, ao mesmo tempo, o consumo de mais de um indivíduo não prejudica o consumo dos outros que já consomem o bem. O sinal luminoso emitido por um farol da Marinha para orientar os navios é um exemplo de bem público vez que estará disponível imediatamente para todos os navios e sua utilização por qualquer navio não afeta o sinal luminoso disponível para outros navios. Entretanto, a torre e o prédio onde está localizado o farol constitui um bem público no sentido contábil.

que pertencem ou que são produzidos pelo Estado e que, uma vez incorporados ao patrimônio do Estado, ficam submetidos à ocorrência de fenômenos espontâneos ou administrativos que podem alterar seu valor como é o caso de valorizações e depreciações.

Por outro lado, a administração pública também assume compromissos com terceiros mediante a obtenção de empréstimos internos e externos, a curto e longo prazos, que constituem o que se denomina DÍVIDA PÚBLICA.

O patrimônio do Estado, como matéria administrável, isto é, como objeto da gestão patrimonial desempenhada pelos órgãos da administração, é o conjunto de bens, valores, créditos e obrigações de conteúdo econômico e avaliável em moeda que a Fazenda Pública possui e utiliza em sua consecução dos seus objetivos.

No âmbito da Contabilidade, os estudos do patrimônio pressupõem o detalhamento do conjunto do Ativo, Passivo e Patrimônio Líquido de modo a determinar como ele está evidenciado nas demonstrações contábeis da entidade e, deste modo, identificar:

– os fatores que influem a estrutura patrimonial;

– as relações entre os componentes patrimoniais;

– as modificações que o patrimônio sofreu ao longo dos exercícios;

– os riscos a que estão submetidos os elementos desse patrimônio.

EXERCÍCIOS

1. A Constituição Federal do Brasil de 1988, no seu Artigo1°, estabelece que "A República Federativa do Brasil, formada pela união indissolúvel dos Estados e Municípios e do Distrito Federal, constitui-se em Estado democrático de direito e tem como fundamentos:

I. a soberania; II. A cidadania; III. A dignidade da pessoa humana; IV. Os valores sociais do trabalho e da livre iniciativa; V. O pluralismo político".

O principal propósito da Administração Pública é a gestão do patrimônio público formado pelo conjunto de bens e direitos do governo federal.

( ) Certo   ( ) Errado

2. Tendo em vista que o DETRAN se submete ao que dispõe a Lei 4.320/64, os seus estoques de material de consumo mantidos em almoxarifados são avaliados pelo preço:

(A) da última compra.

(B) da primeira compra.

(C) de mercado.

(D) estabelecido na Lei do Orçamento Anual.

(E) médio ponderado das compras.

3. Considerando as normas e procedimentos relativos ao inventário de material permanente e de consumo, julgue os itens que se seguem.

A contabilidade deve manter registros sintéticos dos bens móveis e imóveis.

( ) Certo   ( ) Errado

4. Com base nas Normas Brasileiras de Contabilidade Aplicada ao Setor Público NBC T 16, Resolução nº 1268/08, CFC, analise as opções abaixo e assinale a alternativa INCORRETA:

(A) Patrimônio Público é o conjunto de direitos e bens, tangíveis ou intangíveis, onerados ou não, adquiridos, formados, produzidos, recebidos, mantidos ou utilizados pelas entidades do setor público, que seja portador ou represente um fluxo de benefícios, presente ou futuro, inerente à prestação de serviços públicos ou à exploração econômica por entidades do setor público e suas obrigações.

(B) O subsistema de custo registra, processa e evidencia os atos de gestão cujos efeitos possam produzir modificações no patrimônio da entidade do setor público, bem como aqueles com funções específicas de controle.

(C) Variações Patrimoniais são transações que promovem alterações nos elementos patrimoniais da entidade do setor público, mesmo em caráter compensatório, afetando, ou não, o seu resultado.

(D) Os registros contábeis devem ser realizados e os seus efeitos evidenciados nas demonstrações contábeis do período com os quais se relacionam, reconhecidos, portanto, pelos respectivos fatos geradores, independentemente do momento da execução orçamentária.

5. São bens públicos que integram o patrimônio público os:

I. Bens recebidos em doação.

II. Bens de uso especial.

III. Bens dominicais.

IV. Bens de uso comum que absorvem recursos públicos para serem construídos.

V. Bens de uso comum que não absorvem recursos públicos para serem construídos.

Está correto o que se afirma em:

(A) Somente I, II, III e IV.

(B) Somente I, II, IV e V.

(C) Somente IV e V.

(D) Somente II, III, IV e V.

(E) Somente IV.

6. Na gestão patrimonial é comum agrupar os bens em grupos distintos, há dois grandes grupos de classificações, que diferenciam os bens tangíveis, dos bens intangíveis. Assinale a alternativa que contenha exemplos apenas de bens tangíveis:

(A) Terrenos, obras de arte, posse jurídica

(B) Equipamentos, veículos, móveis e construções

(C) Patentes, equipamentos, terrenos

(D) Exploração e extração, utensílios, maquinário

(E) Veículos, mobiliário, marcas, máquinas

7. Nos termos do Manual de Contabilidade Aplicada ao Setor Público, os bens de uso comum do povo podem ser encontrados em duas classes de ativos, que são:

(A) ativo de infraestrutura e bens do patrimônio cultural.

(B) ativo imobilizado de bens móveis e bens imóveis.

(C) ativo imobilizado e ativo de investimentos.

(D) ativo diferido e ativo intangível.

(E) ativo permanente e ativo intangível.

8. Sobre a Contabilidade Pública, podemos afirmar que tem como objeto:

(A) O Patrimônio de uso comum do povo.

(B) O Patrimônio Público e o controle orçamentário.

(C) Os órgãos de controle interno e externo da administração direta e indireta.

(D) O Patrimônio e os bens de domínio público que no período recebem recursos governamentais.

(E) Registrar e controlar as alterações ocorridas no Patrimônio das Entidades Públicas ou Privadas.

9. Leia as afirmativas a seguir:

I. À luz da LC nº 101/2000, a empresa controlada deve incluir em seus balanços trimestrais nota explicativa em que informa sobre os recursos recebidos do controlador.

II. Na contabilidade pública, o conceito de patrimônio relaciona-se com bens e direitos.

III. É dever do auditor prejudicar qualquer interesse confiado à sua responsabilidade profissional.

Marque a alternativa CORRETA:

(A) Nenhuma afirmativa está correta.

(B) Está correta a afirmativa I, apenas.

(C) Está correta a afirmativa II, apenas.

(D) Estão corretas as afirmativas I e II, apenas.

(E) Todas as afirmativas estão corretas.

10. Leia as afirmativas a seguir:

I. O Ativo Não Circulante são os direitos realizáveis após o término do exercício seguinte.

II. A auditoria contábil compreende o exame dos registros e dos documentos e na coleta de informações e confirmações, mediante procedimentos específicos, pertinentes ao controle do patrimônio de uma unidade, entidade ou projeto.

III. Na contabilidade pública, o conceito de patrimônio não está relacionado aos bens e direitos.

Marque a alternativa CORRETA:

(A) Nenhuma afirmativa está correta.

(B) Está correta a afirmativa I, apenas.

(C) Está correta a afirmativa II, apenas.

(D) Estão corretas as afirmativas I e II, apenas.

(E) Todas as afirmativas estão corretas.

11. Os bens de uso especial, ou do patrimônio administrativo, são destinados à execução dos serviços públicos, utilizados pelas repartições ou estabelecimentos públicos. Tais bens têm uma finalidade pública permanente, razão pela qual denominam-se bens patrimoniais indispensáveis, podendo-se afirmar, corretamente, que, entre outras características, são:

(A) desordenados.

(B) contabilizados no ativo.

(C) produtores de renda.

(D) contabilizados no inativo.

(E) alienáveis.

12. Um ente público efetuou compra de material de consumo sem autorização orçamentária por meio de um aceite de nota promissória no valor de R$ 6.000,00 em 02/01/2019. Os materiais foram entregues no dia 02/02/2019.

Como se trata de uma transação em não conformidade com as regras orçamentárias, contábeis e financeiras, a apuração de responsabilidade foi realizada.

Neste sentido, assinale a alternativa correta sobre os procedimentos contábeis dessa transação.

(A) Será publicada uma nota explicativa informando sobre a ilegalidade da operação.

(B) Se a transação provocar obrigação de pagar para o ente, o passivo deverá ser registrado, mesmo sem autorização orçamentária

(C) Se a transação for registrada contabilmente, ela valida a operação ilegal.

(D) Qualquer operação vedada não deve ser registrada em nenhum dos sistemas contábeis.

(E) Após a apuração de responsabilidade, não será registrado um direito contra o servidor responsável.

13. A respeito da avaliação dos elementos patrimoniais prevista na Lei n° 4.320/64, assinale a alternativa incorreta.

(A) Os valores em espécie, assim como os débitos e créditos, quando em moeda estrangeira, deverão figurar ao lado das correspondentes importâncias em moeda nacional.

(B) As variações resultantes da conversão dos débitos, créditos e valores em espécie serão levadas à conta patrimonial.

(C) Os bens móveis e imóveis, pelo valor de aquisição ou pelo custo de produção ou de construção.

(D) Os bens de almoxarifado, pelo método PEPS.

14. Os Bens de Uso Comum do Povo são destinados ao uso da comunidade, quer individual ou coletivamente, e apresentam, dentre outras, a característica de:

(A) Poderem ser alienados.

(B) Serem contabilizados como Ativo.

(C) Serem inventariados.

(D) Serem avaliados anualmente.

(E) Serem impenhoráveis e imprescritíveis.

15. No tocante à avaliação e à mensuração de ativos e passivos em entidades do setor público, analise os itens a seguir e, ao final, assinale a alternativa correta:

I – Os bens de uso comum que absorvem recursos públicos, ou aqueles eventualmente recebidos por doação, devem ser incluídos no ativo não circulante da entidade responsável pela sua administração ou controle, desde que estejam afetos a sua atividade operacional.

II – O método para mensuração e avaliação das saídas do almoxarifado é o custo médio ponderado, enquanto os resíduos e os refugos devem ser mensurados, na falta de critério mais adequado, pelo valor realizável líquido.

III – Os direitos, os títulos de crédito e as obrigações pós-fixadas são ajustados a valor presente líquido para melhor evidenciar a situação patrimonial da entidade.

(A) Apenas o item I é verdadeiro.

(B) Apenas o item II é verdadeiro.

(C) Apenas o item III é verdadeiro.

(D) Apenas os itens I e III são verdadeiros.

(E) Nenhum dos itens é verdadeiro.

16. A Norma Brasileira de Contabilidade (NBC T 16.2) determina que o patrimônio público é "o conjunto de direitos e bens, tangíveis ou intangíveis, onerados ou não, adquiridos, formados, produzidos, recebidos, mantidos ou utilizados pelas entidades do setor público, que seja portador ou represente um fluxo de benefícios, presente ou futuro, inerente à prestação de serviços públicos ou à exploração econômica por entidades do setor público e suas obrigações". Nesse sentido, é importante afirmar que

(A) a gestão patrimonial ocorre a partir das ações que se relacionam com o patrimônio público e envolve fases distintas, como recebimento e aceite, tombamento, incorporação (escrituração), movimentação e desfazimento (baixa).

(B) é fato que o agente patrimonial precisa estar atento a esse patrimônio, pois ele pertence exclusivamente à entidade pública e à entidade privada.

(C) segundo a Lei de Responsabilidade Fiscal é necessária a preservação do patrimônio público, visto que ele é intangível e pertence à sociedade de forma geral.

(D) a ênfase no estudo da gestão pública se dá na questão orçamentária e financeira, portanto se torna ineficaz o estudo da gestão patrimonial.

(E) os bens públicos, por abranger itens corpóreos (móveis e imóveis), devem ser gerenciados em função do desinteresse público.

GABARITO

1) **GABARITO: Errado.**

Comentário

Administração Pública tem como principal objetivo o interesse público, seguindo os princípios constitucionais da legalidade, impessoalidade, moralidade, publicidade e eficiência.

FONTE: http://www.administradores.com.br/artigos/economia-e-financas/
administracao-publica/26437/

2) **GABARITO: E.**

Comentário

Lei 4320/64, Art. 106. A avaliação dos elementos patrimoniais obedecerá às normas seguintes:

(...)

II – os bens móveis e imóveis, pelo valor de aquisição ou pelo custo de produção ou de construção;

III – os bens de almoxarifado, pelo preço médio ponderado das compras.

3) **GABARITO: Certo.**

Comentário

LEI 4320/64

Art. 94. Haverá registros analíticos de todos os bens de caráter permanente, com indicação dos elementos necessários para a perfeita caracterização de cada um deles e dos agentes responsáveis pela sua guarda e administração.

Art. 95 A contabilidade manterá registros sintéticos dos bens móveis e imóveis.

4) **GABARITO: B.**

Comentário

A banca colocou o conceito do subsistema de compensação.

Conforme a NBC T 16.2 (revogada), o sistema contábil está estruturado nos seguintes subsistemas de informações:

Orçamentário: registra, processa e evidencia os atos e os fatos relacionados ao planejamento e à execução orçamentária.

Patrimonial: registra, processa e evidencia os fatos financeiros e não financeiros relacionados com as variações qualitativas e quantitativas do patrimônio público.

Custos: registra, processa e evidencia os custos dos bens e serviços, produzidos e ofertados à sociedade pela entidade pública, consoante a NBC T 16.11.

Compensação: registra, processa e evidencia os atos de gestão cujos efeitos possam produzir modificações no patrimônio da entidade do setor público, bem como aqueles com funções específicas de controle.

5) **GABARITO: A.**

Comentário

De acordo com a NBCT 16.2

Patrimônio Público é o conjunto de bens e direitos, tangíveis ou intangíveis, onerados ou não, adquiridos, formados ou mantidos com recursos públicos, integrantes do patrimônio de qualquer entidade pública ou de uso comum, que seja portador ou represente um fluxo de benefícios futuros inerentes à prestação de serviços públicos.

6) GABARITO: B.

Comentário

Bens Tangíveis são os que tenham por objeto bens corpóreos destinados à manutenção da atividade pública ou exercidos com essa finalidade são mensurados ou avaliados conforme procedimentos estabelecidos no MPCASP.

7) GABARITO: A.

Comentário

A entidade deverá aplicar o princípio geral de reconhecimento para todos os ativos imobilizados no momento em que os custos são incorridos, incluindo os custos iniciais e os subsequentes. Antes de efetuar a avaliação ou mensuração de ativos, faz-se necessário o reconhecimento do bem como ativo. O ativo imobilizado, incluindo os gastos adicionais ou complementares, é reconhecido inicialmente com base no valor de aquisição, produção ou construção.

Os bens de uso comum do povo podem ser encontrados em duas classes de ativos: ativos de infraestrutura e bens do patrimônio cultural.

Fonte: MCASP 8ª, pág. 172.

8) GABARITO: B.

Comentário

O objeto da Contabilidade Aplicada ao Setor Público é o Patrimônio Público, segundo a NBC T 16.

9) GABARITO: D.

Comentário

I. À luz da LC nº 101/2000, a empresa controlada deve incluir em seus balanços trimestrais nota explicativa em que informa sobre os recursos recebidos do controlador. (Correto)

II. Na contabilidade pública, o conceito de patrimônio relaciona-se com bens e direitos. (Correto)

III. É dever do auditor prejudicar qualquer interesse confiado à sua responsabilidade profissional. (Errada)

10) GABARITO: D.

Comentário

I. O Ativo Não Circulante são os direitos realizáveis após o término do exercício seguinte. (Correto)

II. A auditoria contábil compreende o exame dos registros e dos documentos e na coleta de informações e confirmações, mediante procedimentos específicos, pertinentes ao controle do patrimônio de uma unidade, entidade ou projeto. (Correto)

III. Na contabilidade pública, o conceito de patrimônio não está relacionado aos bens e direitos. (Errada)

11) GABARITO: B.

Comentário

Os bens de uso especial, ou do patrimônio administrativo, são os destinados à execução dos serviços públicos, como os edifícios ou terrenos utilizados pelas repartições ou estabelecimentos públicos, bem como os móveis e materiais indispensáveis ao seu funcionamento. Tais bens têm uma finalidade pública permanente, razão pela qual são denominados bens patrimoniais indispensáveis. Possuem as seguintes características:

– São contabilizados no ativo;

– São inventariados e avaliados;

– São inalienáveis quando empregados no serviço público e enquanto conservarem esta condição.

12) GABARITO: B.

Comentário

"Não se pode confundir a legalidade da operação com a legalidade do registro contábil a ela pertinente, ou seja, a contabilização não valida, de forma alguma, uma operação ilegal. Pelo contrário, tem a função de demonstrar, de forma transparente, o impacto que a realização desta operação vedada causa ao patrimônio público, cabendo aos órgãos de controle avaliar o mérito da operação.

Assim, tendo ocorrido qualquer situação que enseje obrigação de pagar para a Administração Pública, o passivo correspondente deverá ser registrado, mesmo sem previsão orçamentária, sem prejuízo das responsabilidades e providências a serem tomadas pela inobservância da lei." (Fonte: MCASP 8ª Edição Pág. 292)

13) GABARITO: D.

Comentário

Art. 106, III, Lei 4.320/64 – Os bens de almoxarifado, pelo preço médio ponderado das compras.

14) GABARITO: E.

Comentário

São, portanto, de uso comum todos os bens destinados ao uso da comunidade, individual ou coletivamente, e por isso apresentam as seguintes características:

– Quando naturais não são contabilizados como Ativo, não são inventariados ou avaliados;

– Quando artificiais são contabilizados no ativo e incluídos no patrimônio da instituição;

– Não podem ser alienados enquanto conservarem a qualificação de uso comum do povo[4];

– São impenhoráveis e imprescritíveis;

15) GABARITO: B.

Comentário

I – Os bens de uso comum que absorvem recursos públicos, ou aqueles eventualmente recebidos por doação, devem ser incluídos no ativo não circulante da entidade responsável pela sua administração ou controle, desde que estejam afetos a sua atividade operacional. (estejam, ou não, afetos a sua atividade operacional) NBC T 16.

II – O método para mensuração e avaliação das saídas do almoxarifado é o custo médio ponderado, enquanto os resíduos e os refugos devem ser mensurados, na falta de critério mais adequado, pelo valor realizável líquido.

III – Os direitos, os títulos de crédito e as obrigações pós-fixadas são ajustados a valor presente líquido para melhor evidenciar a situação patrimonial da entidade. (Pré-Fixados)

16) GABARITO: A.

Comentário

O patrimônio do Estado, como matéria administrável, isto é, como objeto da gestão patrimonial desempenhada pelos órgãos da administração, é o conjunto de bens, valores, créditos e obrigações de conteúdo econômico e avaliável em moeda que a Fazenda Pública possui e utiliza em sua consecução dos seus objetivos.

No âmbito da Contabilidade, os estudos do patrimônio pressupõem o detalhamento do conjunto do Ativo, Passivo e Patrimônio Líquido de modo a determinar como ele está evidenciado nas demonstrações contábeis da entidade e, deste modo, identificar:

– os fatores que influem a estrutura patrimonial;

– as relações entre os componentes patrimoniais;

– as modificações que o patrimônio sofreu ao longo dos exercícios;

– os riscos a que estão submetidos os elementos desse patrimônio.

---

4 Entre as diversas situações em que um bem de uso comum pode ser alienado pode ser citado o caso de alienação aos proprietários de imóveis lindeiros (vizinhos, limítrofe, fronteiriços) e que sejam remanescentes ou resultante de obra pública (modificação do alinhamento de áreas urbanas de uso comum, tais como ruas e praças), na forma e nos limites prescritos na Lei de Licitações (Lei 8.666/93 (art. 17, § 3º inciso I com a nova redação dada pela Lei 9648/98).

Capítulo 12

CONTABILIDADE APLICADA AO SETOR PÚBLICO

12.1 Introdução

As definições gerais e conceitos que balizam a abrangência, o conceito, o objeto, objetivos, campo de aplicação, função social e unidade contábil, encontram-se claramente expostos na NBC T 16.1, que, para nivelamento geral, define alguns tópicos que servem como referenciais para aqueles que militam na área pública.

Essas definições contemplam:

– Campo de Aplicação: espaço de atuação do Profissional de Contabilidade que demanda estudo, interpretação, identificação, mensuração, avaliação, registro, controle e evidenciação de fenômenos contábeis, decorrentes de variações patrimoniais em:

a) entidades do setor público;

b) entidades que recebam, guardem, movimentem, gerenciem ou apliquem recursos públicos, na execução de suas atividades, no tocante aos aspectos contábeis da prestação de contas.

– Entidade do Setor Público: órgãos, fundos e pessoas jurídicas de direito público ou que, possuindo personalidade jurídica de direito privado, recebam, guardem, movimentem, gerenciem ou apliquem recursos públicos, na execução de suas atividades. Equiparam-se, para efeito contábil, às pessoas físicas que recebam subvenção, benefício, ou incentivo, fiscal ou creditício, de órgão público.

– Instrumentalização do Controle Social: compromisso fundado na ética profissional, que pressupõe o exercício cotidiano de fornecer informações que sejam compreensíveis e úteis aos cidadãos no desempenho de sua soberana atividade de controle do uso de recursos e patrimônio público pelos agentes públicos.

194

– Normas e Técnicas Próprias da Contabilidade Aplicada ao Setor Público: o conjunto das Normas Brasileiras de Contabilidade Aplicadas ao Setor Público, seus conceitos e procedimentos de avaliação e mensuração, registro e divulgação de demonstrações contábeis, aplicação de técnicas que decorrem da evolução científica da Contabilidade, assim como quaisquer procedimentos técnicos de controle contábil e prestação de contas previstos, que propiciem o controle social, além da observância das normas aplicáveis.

– Projetos e ações de fins ideais: todos os esforços para movimentar e gerir recursos e patrimônio destinados a resolver problemas ou criar condições de promoção social.

– Recurso Público: o fluxo de ingressos financeiros, oriundo ou gerido por entidades do setor público.

– Setor Público: espaço social de atuação de todas as entidades do setor público.

12.2 Contextualizando

O Manual de Contabilidade Aplicada ao Setor Público relata que a ciência contábil no Brasil vem passando por significativas transformações rumo à convergência aos padrões internacionais. O processo de evolução da contabilidade do setor público deve ser analisado de forma histórica e contextualizado com o próprio processo de evolução das finanças públicas.

Sendo assim, o primeiro marco histórico foi a edição da Lei nº 4.320/1964, que estabeleceu importantes regras para propiciar o controle das finanças públicas, bem como a construção de uma administração financeira e contábil sólida no País, tendo como principal instrumento o orçamento público.

Outro importante avanço na área das finanças públicas foi a edição da Lei Complementar nº 101/2000 – Lei de Responsabilidade Fiscal (LRF), que estabeleceu para toda a Federação, direta ou indiretamente, limites de dívida consolidada, garantias, operações de crédito, restos a pagar e despesas de pessoal, dentre outros, com o intuito de propiciar o equilíbrio das finanças públicas e instituir instrumentos de transparência da gestão fiscal.

A LRF estabeleceu, ainda, a exigência de se realizar a consolidação nacional das contas públicas. Esta competência é exercida pela Secretaria do Tesouro Nacional (STN) por meio da publicação anual do Balanço do Setor Público Nacional (BSPN), congregando as contas da União, estados, Distrito Federal e municípios.

Tendo em vista essa competência, a Portaria MF nº 184/2008 e o Decreto nº 6.976/2009 determinam que a STN, enquanto órgão central do Sistema de Contabilidade Federal, edite normativos, manuais, instruções de procedimentos contábeis e plano de contas de âmbito nacional, objetivando a elaboração e publicação de demonstrações contábeis consolidadas. Tais instrumentos encontram-se em consonância com as Normas Brasileiras de Contabilidade Técnicas Aplicadas ao Setor Público (NBC TSP) editadas pelo Conselho Federal de Contabilidade (CFC), e buscam a convergência às normas internacionais de contabilidade aplicada ao setor público – International Public Sector Accounting Standards (IPSAS) – editadas pelo International Public Sector Accounting Standards Board (IPSASB).

A necessidade de evidenciar com qualidade os fenômenos patrimoniais e a busca por um tratamento contábil padronizado dos atos e fatos administrativos no âmbito do setor público tornaram imprescindível a elaboração de um plano de contas com abrangência nacional. Este plano apresenta uma metodologia, estrutura, regras, conceitos e funcionalidades que possibilitam a obtenção de dados que atendam aos diversos usuários da informação contábil.

Dessa forma, a STN editou o Plano de Contas Aplicado ao Setor Público (PCASP) e o Manual de Contabilidade Aplicada ao Setor Público (MCASP), com abrangência nacional, que permitem e regulamentam o registro da aprovação e execução do orçamento, resgatam o objeto da contabilidade – o patrimônio, e buscam a convergência aos padrões internacionais, tendo sempre em vista a legislação nacional vigente e os princípios da ciência contábil.

12.3. Conceito

Contabilidade Aplicada ao Setor Público é o ramo da ciência contábil que aplica, no processo gerador de informações, os Princípios de Contabilidade e as normas contábeis direcionados ao controle patrimonial de entidades do setor público.

12.4. Campo de Aplicação

O campo de aplicação da Contabilidade Aplicada ao Setor Público abrange todas as entidades do setor público.

As entidades abrangidas pelo campo de aplicação devem observar as normas e as técnicas próprias da Contabilidade Aplicada ao Setor Público, considerando-se o seguinte escopo:

a) Integralmente, as entidades governamentais, os serviços sociais e os conselhos profissionais;

b) Parcialmente, as demais entidades do setor público, para garantir procedimentos suficientes de prestação de contas e instrumentalização do controle social.

12.5. Objeto

O objeto da Contabilidade Aplicada ao Setor Público é o patrimônio público.

12.6. Objetivo

O objetivo da Contabilidade Aplicada ao Setor Público é fornecer aos usuários informações sobre os resultados alcançados e os aspectos de natureza orçamentária, econômica, financeira e física do patrimônio da entidade do setor público e suas mutações, em apoio ao processo de tomada de decisão; a adequada prestação de contas; e o necessário suporte para a instrumentalização do controle social.

12.7. Função Social

A função social da Contabilidade Aplicada ao Setor Público deve refletir, sistematicamente, o ciclo da administração pública para evidenciar informações necessárias à tomada de decisões, à prestação de contas e à instrumentalização do controle social.

12.8. Unidade Contábil

12.8.1. Conceito

A soma, agregação ou divisão de patrimônio de uma ou mais entidades do setor público resultará em novas unidades contábeis. Esse procedimento será utilizado nos seguintes casos:

a) Registro dos atos e dos fatos que envolvem o patrimônio público ou suas parcelas, em atendimento à necessidade de controle e prestação de contas, de evidenciação e instrumentalização do controle social;

b) Unificação de parcelas do patrimônio público vinculadas a unidades contábeis descentralizadas, para fins de controle e evidenciação dos seus resultados;

c) Consolidação de entidades do setor público para fins de atendimento de exigências legais ou necessidades gerenciais.

12.8.2. Classificação:

a) Originária: representa o patrimônio das entidades do setor público na condição de pessoas jurídicas;

b) Descentralizada: representa parcela do patrimônio de Unidade Contábil Originária;

c) Unificada: representa a soma ou a agregação do patrimônio de duas ou mais Unidades Contábeis Descentralizadas;

d) Consolidada: representa a soma ou a agregação do patrimônio de duas ou mais Unidades Contábeis Originárias.

EXERCÍCIOS

1. (Ano: 2019 Banca: UFCG Órgão: UFCG Prova: UFCG – 2019 – UFCG – Contador) A Contabilidade Aplicada ao Setor Público (CASP) abrange entidades que devem aplicar a Estrutura Conceitual e as demais normas de forma obrigatória ou facultativa. Dentre as entidades que fazem parte do campo de aplicação da CASP de forma facultativa, encontram-se:

(A) Consórcios Públicos.

(B) Estatais independentes.

(C) Defensorias Públicas.

(D) Fundações Públicas.

(E) Autarquias.

2. (Ano: 2017 Banca: Instituto Excelência Órgão: Câmara de Santa Rosa – RS Prova: Instituto Excelência – 2017 – Câmara de Santa Rosa – RS – Técnico Legislativo) O Conselho Federal de Contabilidade (CFC), no cumprimento de sua atribuição privativa, edita as Normas Brasileiras de Contabilidade (NBCs) que devem ser adotadas por todos os profissionais da contabilidade no Brasil.

Com relação à contabilidade aplicada no setor público, em conformidade com o CFC, assinale a alternativa INCORRETA.

(A) Contabilidade aplicada ao Setor Público é o ramo da ciência contábil que aplica, no processo gerador de informações, os Princípios Fundamentais de Contabilidade e as normas contábeis direcionados ao controle patrimonial de entidades do setor público.

(B) A função social da Contabilidade Aplicada ao Setor Público deve refletir, sistematicamente, o ciclo da administração pública para evidenciar informações necessárias à tomada de decisões, à prestação de contas e à instrumentalização do controle social.

(C) O objetivo da Contabilidade Aplicada ao Setor Público é fornecer aos usuários informações sobre os resultados alcançados e os aspectos de natureza orçamentária, econômica, financeira e física do patrimônio da entidade do setor público e suas mutações, em apoio ao processo de tomada de decisão; a adequada prestação de contas; e o necessário suporte para a instrumentalização do controle social.

(D) Nenhuma das alternativas.

3. (Ano: 2017 Banca: Instituto Excelência Órgão: Câmara de Santa Rosa – RS Prova: Instituto Excelência – 2017 – Câmara de Santa Rosa – RS – Diretor Geral) A Contabilidade Aplicada ao Setor Público é o ramo da ciência contábil que aplica, no processo gerador de informações, os Princípios Fundamentais de Contabilidade e as normas contábeis direcionados ao controle patrimonial de entidades do setor público. O objetivo da Contabilidade Aplicada ao Setor Público é:

(A) Refletir, sistematicamente, o ciclo da administração pública para evidenciar informações necessárias à tomada de decisões, à prestação de contas e à instrumentalização do controle social.

(B) Observar as normas e as técnicas próprias da Contabilidade Aplicada ao Setor Público, integralmente, as entidades governamentais, os serviços sociais e os conselhos profissionais.

(C) Fornecer aos usuários informações sobre os resultados alcançados e os aspectos de natureza orçamentária, econômica, financeira e física do patrimônio da entidade do setor público e suas mutações, em apoio ao processo de tomada de decisão; a adequada prestação de contas; e o necessário suporte para a instrumentalização do controle social.

(D) Nenhuma das alternativas.

4. (Ano: 2014 Banca: COPESE – UFPI Órgão: UFPI Prova: COPESE – UFPI – 2014 – UFPI – Técnico em Contabilidade) Conforme as Normas Brasileiras de Contabilidade Aplicada ao Setor Público, a Unidade Contábil é classificada em quatro tipos, EXCETO:

(A) originária.

(B) descentralizada.

(C) derivada.

(D) unificada.

(E) consolidada.

5. (Ano: 2014 Banca: COPESE – UFPI Órgão: UFPI Prova: COPESE – UFPI – 2014 – UFPI – Técnico em Contabilidade) Julgue V (Verdadeiro) ou F (Falso) as assertivas a seguir:

I. Contabilidade Aplicada ao Setor Público é o ramo da ciência contábil que aplica, no processo gerador de informações, os Princípios Fundamentais de Contabilidade e as normas contábeis direcionados ao controle patrimonial de entidades do setor público;

II. A função social da Contabilidade Aplicada ao Setor Público deve refletir, sistematicamente, o ciclo da administração pública para evidenciar informações necessárias à tomada de decisões, à prestação de contas e à instrumentalização do controle social;

III. O objetivo da Contabilidade Aplicada ao Setor Público é fornecer aos usuários informações sobre os resultados alcançados e os aspectos de natureza orçamentária, econômica, financeira e física do patrimônio da entidade do setor público e suas mutações, em apoio ao processo de tomada de decisão; a adequada prestação de contas; e o necessário suporte para a instrumentalização do controle social.

A opção CORRETA é:

(A) F, V, V.

(B) F, F, V.

(C) V, V, V.

(D) V, V, F.

(E) V, F, V.

6. (Ano: 2014 Banca: FUNDATEC Órgão: Prefeitura de Vacaria – RS Prova: FUNDATEC – 2014 – Prefeitura de Vacaria – RS – Contador) Com base nas Normas Aplicadas ao Setor Público NBCASP expedidas pelo Conselho Federal de Contabilidade, avalie as assertivas a seguir:

I. Contabilidade Aplicada ao Setor Público é o ramo da ciência contábil que aplica, no processo gerador de informações, os Princípios Fundamentais de Contabilidade e as normas contábeis direcionadas ao controle patrimonial de entidades do setor público.

II. O objeto da Contabilidade Aplicada ao Setor Público é fornecer aos usuários informações sobre os resultados alcançados e os aspectos de natureza orçamentária, econômica, financeira e física do patrimônio da entidade do setor público e suas mutações, em apoio ao processo de tomada de decisão; a adequada prestação de contas; e o necessário suporte para a instrumentalização do controle social.

III. O objetivo da Contabilidade Aplicada ao Setor Público é o patrimônio público.

IV. A função social da Contabilidade Aplicada ao Setor Público deve refletir, sistematicamente, o ciclo da administração pública para evidenciar informações necessárias à tomada de decisões, à prestação de contas e à instrumentalização do controle social.

Quais estão corretas?

(A) Apenas I.

(B) Apenas II.

(C) Apenas I e IV.

(D) Apenas III.

(E) Apenas II, III e IV.

7. (Ano: 2017 Banca: Instituto Ânima Sociesc Órgão: CISNORDESTE – SC Prova: Instituto Ânima Sociesc – 2017 – CISNORDESTE – SC – Contador) O Manual de Contabilidade Aplicada ao Setor Público (MCASP) constitui o instrumento que harmoniza e padroniza a Contabilidade Aplicada ao Setor Público (CASP) no âmbito da Federação Brasileira, estabelecendo as bases para a consolidação das contas nacionais indo ao encontro das disposições da Portaria do Ministério da Fazenda 184/2008 e do Decreto Federal nº 6.976/2009. O Manual de Contabilidade Aplicada ao Setor Público (MCASP):

I. É um conjunto de procedimentos (orçamentários, patrimoniais e específicos).

II. Orienta aos gestores na aplicação de todo o arcabouço legal e normativo relacionado à Contabilidade Aplicada ao Setor Público (CASP).

III. É emitido mediante resolução do Conselho Federal de Contabilidade (CFC).

IV. É emitido pela Secretaria do Tesouro Nacional (STN).

Está correto o que se afirma em:

(A) Somente II e III.

(B) Somente I e IV.

(C) Somente II.

(D) Somente III.

(E) Somente I, II e IV.

8. (Ano: 2017 Banca: Instituto Ânima Sociesc Órgão: CISNORDESTE – SC Prova: Instituto Ânima Sociesc – 2017 – CISNORDESTE – SC – Contador) O objeto de estudo da Contabilidade Aplicada ao Setor Público (CASP) é:

(A) O orçamento público.

(B) O planejamento das finanças públicas.

(C) O conjunto de procedimentos contábeis orçamentários.

(D) O conjunto de procedimentos contábeis específicos.

(E) O patrimônio público.

9. (2017 Banca: Instituto Ânima Sociesc Órgão: CISNORDESTE – SC Prova: Instituto Ânima Sociesc – 2017 – CISNORDESTE – SC – Contador) No atual processo de mudanças na contabilidade no País, as Normas Brasileiras de Contabilidade Aplicadas ao Setor Público (NBCASP), são de observância obrigatória para as entidades do setor público. Estas Normas Brasileiras de Contabilidade Aplicadas ao Setor Público (NBCASP):

I. Surgem no contexto de convergência das Normas Brasileiras de Contabilidade aos padrões internacionais.

II. Não seguem os padrões internacionais de normas contábeis, pois são de aplicação à realidade dos órgãos e entidades do Brasil.

III. São editadas pelo Conselho Federal de Contabilidade (CFC).

IV. São editadas pelo Comitê dos Pronunciamentos Contábeis (CPC).

Está correto o que se afirma em:

(A) Somente I e III.

(B) Somente II e IV.

(C) Somente I.

(D) Somente IV.

(E) Somente II e III.

10. (Ano: 2020 Banca: UFPR Órgão: Câmara de Curitiba – PR Prova: UFPR – 2020 – Câmara de Curitiba – PR – Contador) A respeito da conceituação, do objeto e do campo de aplicação da Contabilidade Aplicada ao Setor Público (NBC T 16), é correto afirmar:

(A) A função social da Contabilidade Aplicada ao Setor Público refere-se à concessão de informações aos cidadãos sobre os ativos em que a entidade, mesmo sem ter o direito de propriedade, detém o controle, os riscos e os benefícios deles decorrentes.

(B) O campo de aplicação da Contabilidade Aplicada ao Setor Público são as entidades, autarquias e fundações.

(C) A unidade contábil é classificada em originária, descentralizada, unificada e consolidada.

(D) Conversibilidade é a qualidade do que é exigível, ou seja, característica de transformação das obrigações pelo seu prazo de vencimento.

(E) O patrimônio público refere-se ao resultado dos fluxos de ingressos financeiros, oriundo ou gerido por entidades do setor público.

11. (Ano: 2020 Banca: COPESE – UFPI Órgão: ALEPI Prova: COPESE – UFPI – 2020 – ALEPI – Consultor Legislativo – Contabilidade) Sobre a aplicabilida-

de das Normas e técnicas próprias da Contabilidade Aplicada ao Setor Público – CASP, assinale a opção CORRETA.

(A) As empresas públicas e as sociedades de economia mista, sem exceção, devem aplicar obrigatoriamente a estrutura conceitual aplicada ao setor público.

(B) As entidades governamentais, os serviços sociais e os conselhos profissionais devem observar obrigatoriamente estrutura conceitual aplicada ao setor público.

(C) A estrutura conceitual aplicada ao setor público alcança as sociedades de economia mista dependentes.

(D) Os órgãos da administração direta e indireta, sem exceção, devem aplicar obrigatoriamente a estrutura conceitual aplicada ao setor público.

(E) Os consórcios públicos devem observar parcialmente as normas e técnicas próprias da CASP.

12. (Ano: 2019 Banca: IDCAP Órgão: Prefeitura de São Roque do Canaã – ES Prova: IDCAP – 2019 – Prefeitura de São Roque do Canaã – ES – Fiscal de Tributos Municipais) Leia o trecho a seguir e assinale ao que segue:

"O objetivo da _____ é fornecer informações atualizadas e exatas à Administração para subsidiar as tomadas de decisões e, aos Órgãos de Controle Interno e Externo para o cumprimento das normas legais, bem como às instituições governamentais e particulares informações estatísticas e outras de interesse dessas instituições."

Assinale a alternativa que preenche corretamente a lacuna do texto:

(A) Contabilidade Privada.

(B) Contabilidade Geral.

(C) Receita Pública.

(D) Fazenda Pública.

(E) Contabilidade Aplicada à Administração Pública.

13. (Ano: 2018 Banca: FEPESE Órgão: Prefeitura de Mafra – SC Prova: FEPESE – 2018 – Prefeitura de Mafra – SC – Contador) As normas estabelecidas no Manual de Contabilidade Aplicada ao Setor Público (MCASP) aplicam-se, obrigatoriamente, às entidades do setor público.

Estão compreendidos no conceito de entidades do setor público:

1. o poder legislativo municipal. 2. o fundo municipal de saúde. 3. a companhia municipal de água e esgoto (empresa estatal dependente). 4. uma autarquia municipal.

Assinale a alternativa que indica todas as afirmativas corretas.

(A) São corretas apenas as afirmativas 2 e 4

(B) São corretas apenas as afirmativas 1, 2 e 3

(C) São corretas apenas as afirmativas 1, 2 e 4.

(D) São corretas apenas as afirmativas 2, 3 e 4.

(E) São corretas as afirmativas 1, 2, 3 e 4.

14. (Ano: 2019 Banca: CONTEMAX Órgão: Prefeitura de Aroeiras – PB Prova: CONTEMAX – 2019 – Prefeitura de Aroeiras – PB – Técnico em Contabilidade) A Contabilidade Pública trata-se de um ramo da contabilidade que registra, controla e demonstra a execução dos orçamentos, atos e fatos da fazenda pública e o patrimônio público e suas variações. Nesse contexto, é CORRETO afirmar que a Contabilidade Pública se aplica obrigatoriamente as:

(A) Fundações de direito privado.

(B) Empresas públicas e Ministério Público.

(C) Autarquias e administração direta.

(D) Administração indireta e concessionárias de serviços públicos.

(E) Empresa estatal não dependente a empresa controlada pelo ente público.

15. (Ano: 2019 Banca: CONTEMAX Órgão: Prefeitura de Aroeiras – PB Prova: CONTEMAX – 2019 – Prefeitura de Aroeiras – PB – Técnico em Contabilidade) A contabilidade aplicada às entidades governamentais segue normas específicas do ramo das Ciências Contábeis. Com bases nestas informações, é correto afirmar que:

(A) A escrituração sintética das operações financeiras e patrimoniais efetuar-se-á pelo método das partidas simples, podendo, opcionalmente, ser complementada pelo uso de partidas dobradas.

(B) As disposições contidas na Lei nº 4.320/64 sobre a forma de funcionamento da contabilidade aplicam-se a órgãos da administração direta, autarquias, empresas públicas e empresas de economia mista.

(C) A contabilidade evidenciará perante a Fazenda Pública a situação de todos quantos, de qualquer modo, arrecadem receitas, efetuem despesas, administrem ou guardem bens a ela pertencentes ou confiados.

(D) Os regimes contábeis da receita e despesa, segundo a Lei nº 4.320/64, são, respectivamente, competência e caixa, uma vez que se consideram como pertencentes ao exercício financeiro as receitas nele lançadas e as despesas nele legalmente pagas.

(E) Os direitos e obrigações oriundos de ajustes ou contratos em que a administração pública for parte serão controlados extra contabilmente.

16. (Ano: 2019 Banca: CONTEMAX Órgão: Prefeitura de Aroeiras – PB Prova: CONTEMAX – 2019 – Prefeitura de Aroeiras – PB – Técnico em Contabilidade) Os Princípios de Contabilidade representam a essência das doutrinas e teorias relativas à Ciência da Contabilidade, consoante o entendimento predominante nos universos científico e profissional de nosso País. Com base nesta afirmação e na Resolução CFC nº 750/93 e suas alterações posteriores, é COR-

RETO afirmar que o princípio que se refere ao processo de mensuração e apresentação dos componentes patrimoniais para produzir informações íntegras e tempestivas, trata-se de:

(A) Entidade.

(B) Competência.

(C) Prudência.

(D) Oportunidade.

(E) Continuidade.

17. (Ano: 2019 Banca: IBGP Órgão: Câmara de Dom Viçoso – MG Prova: IBGP – 2019 – Câmara de Dom Viçoso – MG – Contador) De acordo com as NBCs T 16.1 a 16.11, assinale a alternativa que apresenta a MELHOR definição da função social da Contabilidade Aplicada ao Setor Público.

(A) Produzir informações para tomada de decisão dos investidores externos.

(B) Produzir informações para tomada de decisão dos investidores internos.

(C) Produzir informações para tomada de decisão dos investidores internos e externos.

(D) Evidenciar informações necessárias à tomada de decisões, à prestação de contas e à instrumentalização do controle social.

18. (Ano: 2019 Banca: IBGP Órgão: Câmara de Dom Viçoso – MG Prova: IBGP – 2019 – Câmara de Dom Viçoso – MG – Contador) Segundo a NBC T 16 – Normas Brasileiras de Contabilidade Aplicadas ao Setor Público, a soma, agregação ou divisão de patrimônio de uma ou mais entidades do setor público resultará em novas unidades contábeis.

a) A unidade contábil é classificada em Originária, Descentralizada, Unificada e Consolidada.

Baseado na determinação da norma, faça a relação entre a classe da unidade contábil apresentado na COLUNA I com sua definição especificada na COLUNA II:

COLUNA I

1 – Originária.

2 – Descentralizada.

3 – Unificada.

4 – Consolidada.

COLUNA II

( ) Representa a soma ou a agregação do patrimônio de duas ou mais unidades contábeis descentralizadas.

206

206 *Contabilidade e Orçamento Governamental*

( ) Representa a soma ou a agregação do patrimônio de duas ou mais unidades contábeis originárias.

( ) Representa o patrimônio das entidades do setor público na condição de pessoas jurídicas.

( ) Representa parcela do patrimônio de unidade contábil originária.

Assinale a alternativa que apresenta a sequência CORRETA:

(A) 3 4 1 2.

(B) 4 3 1 2.

(C) 3 4 2 1.

(D) 4 3 2 1.

19. (Ano: 2018 Banca: IDIB Órgão: Prefeitura de Farroupilha – RS Prova: IDIB – 2018 – Prefeitura de Farroupilha – RS – Contador) Com o advento da Lei de Responsabilidade Fiscal – LRF (Lei Complementar 101/2000), a Contabilidade Pública alçou uma maior importância e valorização e a Lei 4.320/1964, que instituiu normas gerais de direito financeiro para elaboração e controle dos orçamentos. Pergunta-se, quais as características da Contabilidade Pública?

(A) Tem por fim estudar, registrar, interpretar, selecionar, orientar, controlar, resumir e demonstrar os atos e fatos da administração pública; estão obrigadas a observar suas normas as pessoas jurídicas de direito público interno: a União, os Estados e Municípios e suas autarquias e fundações; seu objeto de estudo é a gestão do patrimônio das entidades públicas quanto aos aspectos contábil, orçamentário, financeiro, patrimonial e de resultado; e constitui-se num importante instrumento de planejamento e controle da gestão pública;

(B) Resumidamente de estudar e demonstrar os atos e fatos da administração pública; estão obrigadas a observar suas normas as pessoas jurídicas de direito público externo e interno e suas autarquias e fundações; seu objeto de estudo é a gestão do patrimônio das entidades públicas quanto aos aspectos contábil, orçamentário, financeiro, patrimonial e de resultado da gestão pública dos governos;

(C) Tem por fim registrar a fixação da receita e a previsão da despesa, estabelecidas no orçamento público aprovado para o exercício financeiro, escritura a execução orçamentária da receita e da despesa, fazer a comparação entre a realização das receitas e despesas, controla as operações de crédito, a dívida ativa, os valores, os créditos e obrigações, revela as variações patrimoniais e mostra o valor do patrimônio, interpretar, selecionar, orientar, controlar, resumir e demonstrar os atos e fatos da administração pública; o patrimônio e as suas avaliações, de tal forma que a principal peça é o balanço patrimonial público governamental;

(D) Tem como foco principal o patrimônio e as suas avaliações, de tal forma que a principal peça é o balanço patrimonial público, estudar, registrar, interpretar, orientar, controlar, os atos e fatos da administração pública, quanto aos aspectos contábil, orçamentário, financeiro, patrimonial e de resultado; e constitui-se num importante instrumento de planejamento e controle da gestão do governo;

(E) Tem por fim estudar, registrar, arrecadar tributos, previsão da despesa pública, selecionar, orientar, controlar, resumir e demonstrar os atos e fatos da administração pública; estão obrigadas a observar suas normas as pessoas jurídicas de direito público interno e externo.

20. (Ano: 2018 Banca: MS CONCURSOS Órgão: Câmara de Cabixi – RO Prova: MS CONCURSOS – 2018 – Câmara de Cabixi – RO – Contador) Espécie de entidade do setor público que não está obrigada a seguir as regras da Contabilidade Aplicada ao Setor Público:

(A) Autarquia.

(B) Fundação Pública de Direito Público.

(C) Distrito Federal.

(D) Empresa Estatal Não Dependente.

(E) Estados e Municípios.

GABARITOS

1) **GABARITO: B.**

Comentário

A Contabilidade Aplicada ao Setor Público (CASP) abrange entidades que devem aplicar a Estrutura Conceitual e as demais normas de forma obrigatória ou facultativa. Dentre as entidades que fazem parte do campo de aplicação da CASP de forma facultativa, encontram-se: Estatais independentes.

2) **GABARITO: D.**

Comentário

São corretas as demais assertivas.

Contabilidade aplicada ao Setor Público é o ramo da ciência contábil que aplica, no processo gerador de informações, os Princípios Fundamentais de Contabilidade e as normas contábeis direcionados ao controle patrimonial de entidades do setor público.

A função social da Contabilidade Aplicada ao Setor Público deve refletir, sistematicamente, o ciclo da administração pública para evidenciar informações necessárias à tomada de decisões, à prestação de contas e à instrumentalização do controle social.

O objetivo da Contabilidade Aplicada ao Setor Público é fornecer aos usuários informações sobre os resultados alcançados e os aspectos de natureza orçamentária, econômica, financeira e física do patrimônio da entidade do setor público e suas mutações, em apoio ao processo de tomada de decisão; a adequada prestação de contas; e o necessário suporte para a instrumentalização do controle social.

3) GABARITO: A.

Comentário

O erro está em dizer que este é um objetivo da CASP, quando "Refletir, sistematicamente, o ciclo da administração pública para evidenciar informações necessárias à tomada de decisões, à prestação de contas e à instrumentalização do controle social" é a função social da CASP.

4) GABARITO: C.

Comentário

A Unidade Contábil é classificada em:

– Originária: representa o patrimônio das entidades do setor público na condição de pessoas jurídicas (Exemplo: estados e municípios);

– Descentralizada: representa parcela do patrimônio de Unidade Contábil Originária (Exemplo: secretarias estaduais e municipais);

– Unificada: representa a soma ou a agregação do patrimônio de duas ou mais Unidades Contábeis Descentralizadas;

– Consolidada: representa a soma ou a agregação do patrimônio de duas ou mais Unidades Contábeis Originárias.

5) GABARITO: C.

Comentário

Todas estão corretas fundamentadas na literatura em seu assunto.

6) GABARITO: C.

Comentário

I. Contabilidade Aplicada ao Setor Público é o ramo da ciência contábil que aplica, no processo gerador de informações, os Princípios Fundamentais de Contabilidade e as normas contábeis direcionadas ao controle patrimonial de entidades do setor público.

Justamente isto, a CASP é o ramo da ciência contábil, que procurar aplicar os seus princípios contábeis, para assim conseguir gerar informações, conseguindo por fim obter o controle patrimonial de entidades do setor público.

Este conceito é do objetivo (finalidade) da contabilidade pública, II. O objeto da Contabilidade Aplicada ao Setor Público é fornecer aos usuários informações sobre os resultados alcançados e os aspectos de natureza orçamentária, econômica, financeira e física do patrimônio da entidade do setor público e suas mutações, em apoio ao processo de tomada de decisão; a adequada prestação de contas; e o necessário suporte para a instrumentalização do controle social.

Este é o objeto do CASP: III. O objetivo da Contabilidade Aplicada ao Setor Público é o patrimônio público.

IV. A função social da Contabilidade Aplicada ao Setor Público deve refletir, sistematicamente, o ciclo da administração pública para evidenciar informações necessárias à tomada de decisões, à prestação de contas e à instrumentalização do controle social.

7) GABARITO: E.

Comentário

A assertiva III está incorreta, pois, tendo em vista essa competência, a Portaria MF nº 184/2008 e o Decreto nº 6.976/2009 determinam que a STN, enquanto órgão central do Sistema de Contabilidade Federal, edite normativos, manuais, instruções de procedimentos contábeis e plano de contas de âmbito nacional, objetivando a elaboração e publicação de demonstrações contábeis consolidadas.

8) GABARITO: E.

Comentário

OBJETIVO/FINALIDADE: Controlar o patrimônio / Fornecer informações sobre a composição e as variações patrimoniais.

9) GABARITO: A.

Comentário

Tendo em vista essa competência, a Portaria MF nº 184/2008 e o Decreto nº 6.976/2009 determinam que a STN, enquanto órgão central do Sistema de Contabilidade Federal, edite normativos, manuais, instruções de procedimentos contábeis e plano de contas de âmbito nacional, objetivando a elaboração e publicação de demonstrações contábeis consolidadas. Tais instrumentos encontram-se em consonância com as Normas Brasileiras de Contabilidade Técnicas Aplicadas ao Setor Público (NBC TSP) editadas pelo Conselho Federal de Contabilidade (CFC), e buscam a convergência às normas internacionais de contabilidade aplicada ao setor público – International Public Sector Accounting Standards (IPSAS) – editadas pelo International Public Sector Accounting Standards Board (IPSASB).

10) GABARITO: C.

Comentário

a) A função social da Contabilidade Aplicada ao Setor Público deve refletir, sistematicamente, o ciclo da administração pública para evidenciar informações necessárias à tomada de decisões, à prestação de contas e à instrumentalização do controle social.

b) O campo de aplicação da Contabilidade Aplicada ao Setor Público abrange todas as entidades do setor público.

As entidades abrangidas pelo campo de aplicação devem observar as normas e as técnicas próprias da Contabilidade Aplicada ao Setor Público, considerando-se o seguinte escopo:

– integralmente, as entidades governamentais, os serviços sociais e os conselhos profissionais;

– parcialmente, as demais entidades do setor público, para garantir procedimentos suficientes de prestação de contas e instrumentalização do controle social.

c) Unidade Contábil é classificada em:

– Originária: representa o patrimônio das entidades do setor público na condição de pessoas jurídicas;

– Descentralizada: representa parcela do patrimônio de Unidade Contábil Originária;

– Unificada: representa a soma ou a agregação do patrimônio de duas ou mais Unidades Contábeis Descentralizadas

– Consolidada: representa a soma ou a agregação do patrimônio de duas ou mais Unidades Contábeis Originárias.

d) Conversibilidade: a qualidade do que pode ser conversível, ou seja, característica de transformação de bens e direitos em moeda.

e) Patrimônio Público é o conjunto de direitos e bens, tangíveis ou intangíveis, onerados ou não, adquiridos, formados, produzidos, recebidos, mantidos ou utilizados pelas entidades do setor público, que seja portador ou represente um fluxo de benefícios, presente ou futuro, inerente à prestação de serviços públicos ou à exploração econômica por entidades do setor público e suas obrigações.

11) GABARITO: C.

Comentário

As normas estabelecidas no MCASP aplicam-se, obrigatoriamente, às entidades do setor público. Estão compreendidos no conceito de entidades do setor público: os governos (União), estaduais, distrital (Distrito Federal) e municipais e seus respectivos poderes (abrangidos os tribunais de contas, as defensorias e o Ministério Público), órgãos, secretarias, departamentos, agências, autarquias, fundações (instituídas e mantidas pelo poder público), fundos, consórcios públicos e outras repartições públicas congêneres das administrações direta e indireta (inclusive as empresas estatais dependentes).

Os Conselhos Profissionais e as demais entidades não compreendidas no conceito de entidades do setor público, incluídas as empresas estatais independentes, poderão aplicar as normas estabelecidas no MCASP de maneira facultativa ou por determinação dos respectivos órgãos reguladores, fiscalizadores e congêneres.

12) **GABARITO: E.**

Comentário

A contabilidade da área societária tem como visão o patrimônio e o lucro. Já na área pública, a visão é a gestão.

13) **GABARITO: E.**

Comentário

Segundo o MCASP 8ª, as normas estabelecidas no MCASP aplicam-se, obrigatoriamente, às entidades do setor público. Estão compreendidos no conceito de entidades do setor público:

– Governos nacional (União), estaduais, distrital (Distrito Federal) e municipais e seus respectivos poderes (abrangidos os tribunais de contas, as defensorias e o Ministério Público);

– Órgãos, secretarias, departamentos, agências, autarquias, fundações (instituídas e mantidas pelo poder público);

– Fundos, consórcios públicos e outras repartições públicas congêneres das administrações direta e indireta (inclusive as empresas estatais dependentes).

– Resolução: estão compreendidos no conceito de entidades do setor público:

1. o poder legislativo municipal.

2. o fundo municipal de saúde.

3. a companhia municipal de água e esgoto (empresa estatal dependente).

4. uma autarquia municipal.

Portanto, conforme exposto, os itens 1, 2, 3 e 4 correspondem ao conceito de entidade do setor público.

14) **GABARITO: C.**

Comentário

As normas estabelecidas no MCASP aplicam-se, obrigatoriamente, às entidades do setor público. Estão compreendidos no conceito de entidades do setor público: os governos nacional (União), estaduais, distrital (Distrito Federal) e municipais e seus respectivos poderes (abrangidos os tribunais de contas, as defensorias e o Ministério Público), órgãos, secretarias, departamentos, agências, autarquias, fundações (instituídas e mantidas pelo poder público), fundos, consórcios públicos e outras repartições públicas congêneres das administrações direta e indireta (inclusive as empresas estatais dependentes).

Os Conselhos Profissionais e as demais entidades não compreendidas no conceito de entidades do setor público, incluídas as empresas estatais independentes, poderão aplicar as normas estabelecidas no MCASP de maneira facultativa ou por determinação dos respectivos órgãos reguladores, fiscalizadores e congêneres.

15) **GABARITO: C.**

Comentário

Segundo a Lei n° 4.320/1964:

Art. 83. A contabilidade evidenciará perante a Fazenda Pública a situação de todos quantos, de qualquer modo, arrecadem receitas, efetuem despesas, administrem ou guardem bens a ela pertencentes ou confiados.

A) Art. 86. A escrituração sintética das operações financeiras e patrimoniais efetuar-se-á pelo método das partidas dobradas.

B) Art. 1° Esta lei estatui normas gerais de direito financeiro para elaboração e controle dos orçamentos e balanços da União, dos Estados, dos Municípios e do Distrito Federal, de acordo com o disposto no art. 5°, inciso XV, letra b, da Constituição Federal.

D) Art. 35. Pertencem ao exercício financeiro:

I – as receitas nele arrecadadas; Regime de Caixa.

II – as despesas nele legalmente empenhadas. Regime de Competência.

E) Art. 87. Haverá controle contábil dos direitos e obrigações oriundos de ajustes ou contratos em que a administração pública for parte.

16) **GABARITO: D.**

Comentário

Nos termos da Resolução 750/93:

Art. 6° O Princípio da Oportunidade refere-se ao processo de mensuração e apresentação dos componentes patrimoniais para produzir informações íntegras e tempestivas.

Parágrafo único. A falta de integridade e tempestividade na produção e na divulgação da informação contábil pode ocasionar a perda de sua relevância, por isso é necessário ponderar a relação entre a oportunidade e a confiabilidade da informação.

17) **GABARITO: D.**

Comentário

A função social da Contabilidade Aplicada ao Setor Público deve refletir, sistematicamente, o ciclo da administração pública para evidenciar informações necessárias à tomada de decisões, à prestação de contas e à instrumentalização do controle social.

18) **GABARITO: A.**

Comentário

A classificação da Unidade Contábil se divide, em:

– Originária: representa o patrimônio das entidades do setor público na condição de pessoas jurídicas;

– Descentralizada: representa parcela do patrimônio de Unidade Contábil Originária;

– Unificada: representa a soma ou a agregação do patrimônio de duas ou mais Unidades Contábeis Descentralizadas;

– Consolidada: representa a soma ou a agregação do patrimônio de duas ou mais Unidades Contábeis Originárias.

19) **GABARITO: A.**

Comentário

O conceito atribuído ao Patrimônio Público pela LRF tem por fim estudar, registrar, interpretar, selecionar, orientar, controlar, resumir e demonstrar os atos e fatos da administração pública; estão obrigadas a observar suas normas as pessoas jurídicas de direito público interno: a União, os Estados e Municípios e suas autarquias e fundações; seu objeto de estudo é a gestão do patrimônio das entidades públicas quanto aos aspectos contábil, orçamentário, financeiro, patrimonial e de resultado; e constitui-se num importante instrumento de planejamento e controle da gestão pública.

20) **GABARITO: D.**

Comentário

As empresas estatais dependentes obrigatoriamente estão de dentro do campo de aplicação das normas aplicáveis a Contabilidade Pública, já as empresas estatais independentes podem aplicar facultativamente as normas aplicáveis ao setor público, desde que não sejam obrigadas por determinação dos órgãos fiscalizadores/ reguladores. Assim, por exemplo, a Petrobras e o Banco do Brasil somente aplicam as normas da CASP se optarem ou algum órgão fiscalizador/regulador determinar.

Capítulo 13

NOÇÕES DOS SISTEMAS DE INFORMAÇÕES SIAFI, SIOP E SIASG

13.1. Sistema Integrado de Administração Financeira

13.1.1 Introdução

Até o exercício de 1986, o Governo Federal convivia com uma série de problemas de natureza administrativa que dificultavam a adequada gestão dos recursos públicos e a preparação do orçamento unificado, que passaria a vigorar em 1987, como:

Emprego de métodos rudimentares e inadequados de trabalho, onde, na maioria dos casos, os controles de disponibilidades orçamentárias e financeiras eram exercidos sobre registros manuais;

Falta de informações gerenciais em todos os níveis da Administração Pública e utilização da Contabilidade como mero instrumento de registros formais;

Defasagem na escrituração contábil de, pelo menos, 45 dias entre o encerramento do mês e o levantamento das demonstrações Orçamentárias, Financeiras e Patrimoniais, inviabilizando o uso das informações para fins gerenciais;

Inconsistência dos dados utilizados em razão da diversidade de fontes de informações e das várias interpretações sobre cada conceito, comprometendo o processo de tomada de decisões;

Despreparo técnico de parte do funcionalismo público, que desconhecia técnicas mais modernas de administração financeira e ainda concebia a contabilidade como mera ferramenta para o atendimento de aspectos formais da gestão dos recursos públicos;

Inexistência de mecanismos eficientes que pudessem evitar o desvio de recursos públicos e permitissem a atribuição de responsabilidades aos maus gestores;

Estoque ocioso de moeda dificultando a administração de caixa, decorrente da existência de inúmeras contas bancárias, no âmbito do Governo Federal. Em cada Unidade havia uma conta bancária para cada despesa, por exemplo: Conta Bancária para Material Permanente, Conta bancária para Pessoal, conta bancária para Material de Consumo etc.

A solução desses problemas representava um verdadeiro desafio à época para o Governo Federal. O primeiro passo para a resolução foi dado com a criação da Secretaria do Tesouro Nacional (STN), em 10 de março de 1986, para auxiliar o Ministério da Fazenda na execução de um orçamento unificado a partir do exercício seguinte.

13.2. SIAFI

13.2.1. Implantação

A STN, por sua vez, identificou a necessidade de informações que permitissem aos gestores agilizar o processo decisório, tendo sido essas informações qualificadas, à época, de gerenciais. Dessa forma, optou-se pelo desenvolvimento e implantação de um sistema informatizado, que integrasse os sistemas de programação financeira, de execução orçamentária e de controle interno do Poder Executivo e que pudesse fornecer informações gerenciais, confiáveis e precisas para todos os níveis da Administração.

Desse modo, a STN definiu e desenvolveu, em conjunto com o Serviço Federal de Administração de Dados (SERPRO), o Sistema Integrado de Administração Financeira do Governo Federal (SIAFI) em menos de um ano, implantando-o em janeiro de 1987, para suprir o Governo Federal de um instrumento moderno e eficaz no controle e acompanhamento dos gastos públicos.

Com o SIAFI, os problemas de administração dos recursos públicos que apontamos acima foram solucionados. Hoje o Governo Federal tem uma Conta Única para gerir de onde todas as saídas de dinheiro ocorrem com o registro de sua aplicação e do servidor público que a efetuou. Trata-se de uma ferramenta poderosa para executar, acompanhar e controlar com eficiência e eficácia a correta utilização dos recursos da União.

13.2.2. Os objetivos do SIAFI

O SIAFI é o principal instrumento utilizado para registro, acompanhamento e controle da execução orçamentária, financeira e patrimonial do Governo Federal. Desde sua criação, o SIAFI tem alcançado satisfatoriamente seus principais objetivos:

– Prover mecanismos adequados ao controle diário da execução orçamentária, financeira e patrimonial aos órgãos da Administração Pública;

– Fornecer meios para agilizar a programação financeira, otimizando a utilização dos recursos do Tesouro Nacional, através da unificação dos recursos de caixa do Governo Federal;

– Permitir que a contabilidade pública seja fonte segura e tempestiva de informações gerenciais destinadas a todos os níveis da Administração Pública Federal;

– Padronizar métodos e rotinas de trabalho relativas à gestão dos recursos públicos, sem implicar rigidez ou restrição a essa atividade, uma vez que ele permanece sob total controle do ordenador de despesa de cada unidade gestora;

– Permitir o registro contábil dos balancetes dos estados e municípios e de suas supervisionadas;

– Permitir o controle da dívida interna e externa, bem como o das transferências negociadas;

– Integrar e compatibilizar as informações no âmbito do Governo Federal;

– Permitir o acompanhamento e a avaliação do uso dos recursos públicos; e

– Proporcionar a transparência dos gastos do Governo Federal.

13.2.3 Vantagens

O SIAFI representou tão grande avanço para a contabilidade pública da União que hoje é reconhecido no mundo inteiro e recomendado inclusive pelo Fundo Monetário Internacional. Sua performance transcendeu as fronteiras brasileiras e despertou a atenção no cenário nacional e internacional. Vários países, além de alguns organismos internacionais, têm enviado delegações à Secretaria do Tesouro Nacional com o propósito de absorver tecnologia para a implantação de sistemas similares.

A seguir serão elencados os ganhos que a implantação do SIAFI trouxe para a Administração Pública Federal:

1. Contabilidade: o gestor ganha rapidez na informação, qualidade e precisão em seu trabalho;

2. Finanças: agilização da programação financeira, otimizando a utilização dos recursos do Tesouro Nacional, por meio da unificação dos recursos de caixa do Governo Federal na Conta Única no Banco Central;

3. Orçamento: a execução orçamentária passou a ser realizada dentro do prazo e com transparência, completamente integrada a execução patrimonial e financeira;

4. Visão clara de quantos e quais são os gestores que executam o orçamento: são mais de 4.000 gestores cadastrados, que executam seus gastos através do sistema de forma "online";

5. Retenção na fonte de impostos: no momento do pagamento, já é recolhido o imposto devido;

6. Auditoria: facilidade na apuração de irregularidades com o dinheiro público;

7. Transparência: detalhamento total do emprego dos gastos públicos disponível em relatórios publicados no site.

8. Fim da multiplicidade de contas bancárias: os números da época indicavam 3.700 contas bancárias e o registro de aproximadamente 9.000 documentos por dia. Com a implantação do SIAFI, constatou-se que existiam em torno de 12.000 contas bancárias e se registravam em média 33.000 documentos diariamente. Hoje, 98% dos pagamentos são identificados de modo instantâneo na Conta Única e 2% deles com uma defasagem de, no máximo, cinco dias.

Além de tudo isso, o SIAFI apresenta inúmeras vantagens que o distinguem de outros sistemas em uso no âmbito do Governo Federal:

– Sistema disponível 100% do tempo e online;

– Sistema centralizado, o que permite a padronização de métodos e rotinas de trabalho;

– Interligação em todo o território nacional;

– Utilização por todos os órgãos da Administração Direta (poderes Executivo, Legislativo e Judiciário);

– Utilização por grande parte da Administração Indireta; e

– Integração periódica dos saldos contábeis das entidades que ainda não utilizam o SIAFI, para efeito de consolidação das informações econômico-financeiras do Governo Federal – à exceção das Sociedades de Economia Mista, que têm registrada apenas a participação acionária do Governo – e para proporcionar transparência sobre o total dos recursos movimentados.

13.2.4. Estrutura

O SIAFI é um sistema de informações centralizado em Brasília, ligado por teleprocessamento aos Órgãos do Governo Federal distribuídos no País e no exterior. Essa ligação, que é feita pela rede de telecomunicações do SERPRO e também pela conexão a outras inúmeras redes externas, é que garante o acesso ao sistema às quase 17.874 Unidades Gestoras ativas no SIAFI.

Para facilitar o trabalho de todas essas Unidades Gestoras, o SIAFI foi concebido para se estruturar por exercícios: cada ano equivale a um sistema diferente, ou seja, a regra de formação do nome do sistema é a sigla SIAFI acrescida de quatro dígitos referentes ao ano do sistema que se deseja acessar: SIAFI2018, SIAFI2019, SIAFI2020 etc.

Por sua vez, cada sistema está organizado por subsistemas, que atualmente são 21, e estes, por módulos. Dentro de cada módulo estão agregadas inúmeras transações, que guardam entre si características em comum. Nesse nível de transação é que são efetivamente executadas as diversas operações do SIAFI, desde entrada de dados até consultas, conforme figura a seguir:

13.2.5. Pilares do Sistema SIAFI

O SIAFI está fundamentado em três pilares básicos: o Documento, a Conta e o Evento.

O **Documento** é a representação no sistema dos atos e fatos da administração pública que provocam efeitos orçamentários, financeiros, patrimoniais e de controle. Os principais documentos emitidos no SIAFI *são:*

- Nota de Dotação (ND);
- Nota de Movimentação de Crédito (NC);
- Nota de Empenho (NE);
- Nota de Lançamento (NL);
- Nota de Programação Financeira (PF);
- Guia de Recolhimento a União (GRU);
- Ordem Bancária (OB);
- Documento de Arrecadação Financeira (DARF);
- Guia de Previdência Social (GPS).

A **Conta** está inserida no Plano de Contas que contém as diretrizes técnicas gerais e especiais que orientam o registro dos fatos ocorridos e dos atos praticados pela administração pública, sendo seus integrantes: a Relação de Contas, a Tabela de Eventos e os Indicadores Contábeis.

A conta é o título representativo da composição, variação, estado do patrimônio, bem como de bens, direitos e obrigações e situações nele não compreendidas, mas que direta ou indiretamente possam chegar a afetá-lo, exigindo, por isso, controle contábil específico.

13.2.5.1. Plano de Contas

O SIAFI promove, de forma automática, os lançamentos contábeis correspondentes aos registros dos atos e fatos praticados pelos gestores públicos quando do exercício de suas atividades. Assim, *é possível* utilizar a contabilidade como fonte de informações confiáveis e instantâneas, pois os registros são lançados no mesmo momento em que os fatos ocorrem e não é necessária a existência de um contador em cada Unidade Gestora para efetuar a classificação contábil de cada ato ou fato realizado.

A execução contábil relativa aos atos e fatos de gestão financeira, orçamentária e patrimonial da União obedece ao Plano de Contas elaborado e mantido de acordo com os padrões estabelecidos, tendo como partes integrantes a relação das contas agrupadas segundo suas funções, a tabela de eventos (conjunto de todos os eventos existentes) e a indicação do mecanismo de débito e crédito de cada conta. Trata-se, portanto, de um conjunto das contas utilizáveis em toda a Administração Pública Federal, organizadas e codificadas com o propósito de sistematizar e uniformizar o registro contábil dos atos e fatos de gestão, e permitir a qualquer momento, com precisão e clareza, a obtenção dos dados relativos ao patrimônio da União.

A estrutura básica do Plano de Contas da União em nível de classe (1º nível) e grupo (2º nível) consiste na seguinte disposição:

PCASP	
1 – Ativo 1.1 - Ativo Circulante 1.2 - Ativo Não Circulante	**2 – Passivo e Patrimônio Líquido** 2.1 - Passivo Circulante 2.2 - Passivo Não Circulante 2.3 - Patrimônio Líquido
3 – Variação Patrimonial Diminutiva 3.1 - Pessoal e Encargos 3.2 - Benefícios Previdenciários e Assistenciais 3.3 - Uso De Bens, Serviços e Consumo de Capital Fixo 3.4 - Variações Patrimoniais Diminutivas Financeiras 3.5 - Transferências e Delegações Concedidas 3.6 - Desvalorização e Perda De Ativos e Incorporação de Passivos 3.7 - Tributárias 3.8 - Custo das Mercadorias Vendidas, dos Produtos Vendidos e dos Serviços Prestados 3.9 - Outras Variações Patrimoniais Diminutivas	**4 – Variação Patrimonial Aumentativa** 4.1 - Impostos, Taxas e Contribuições de Melhoria 4.2 - Contribuições 4.3 - Exploração e venda de bens, serviços e direitos 4.4 - Variações Patrimoniais Aumentativas Financeiras 4.5 - Transferências e Delegações Recebidas 4.6 - Valorização e Ganhos Com Ativos e Desincorporação de Passivos 4.9 - Outras Variações Patrimoniais Aumentativas
5 – Controles da Aprovação do Planejamento e Orçamento 5.1 - Planejamento Aprovado 5.2 - Orçamento Aprovado 5.3 - Inscrição de Restos a Pagar	**6 – Controles da Execução do Planejamento e Orçamento** 6.1 - Execução do Planejamento 6.2 - Execução do Orçamento 6.3 - Execução de Restos a Pagar
7 – Controles Devedores 7.1 - Atos Potenciais 7.2 - Administração Financeira 7.3 - Dívida Ativa 7.4 - Riscos Fiscais 7.5 - Consórcios Públicos 7.8 - Custos 7.9 - Outros Controles	**8 – Controles Credores** 8.1 - Execução dos Atos Potenciais 8.2 - Execução da Administração Financeira 8.3 - Execução da Dívida Ativa 8.4 - Execução dos Riscos Fiscais 8.5 - Execução dos Consórcios Públicos 8.8 - Apuração de Custos 8.9 - Outros Controles

Como são numerosas as contas do Plano de Contas e muitos gestores públicos não têm conhecimentos aprofundados sobre contabilidade pública, foi essencial que se criasse um outro mecanismo dentro do SIAFI que pudesse facilitar o trabalho de registro dos atos e fatos de gestão. Assim surgiu o EVENTO, que é um código associado a cada tipo de ato ou fato que deva ser registrado contabilmente pelo sistema e ao qual se associa, por sua vez, um roteiro contábil, ou seja, uma lista das contas de débito e crédito que devam ser afetadas, de forma a que todos os operadores do SIAFI possam efetuar lançamentos contábeis, mesmo que absolutamente nada saibam sobre contabilidade.

13.2.6. Principais atribuições

Muitas são as facilidades que o SIAFI oferece a toda a Administração Pública que dele faz uso, mas podemos dizer que essas facilidades foram desenvolvidas para registrar as informações pertinentes a tarefas básicas da gestão pública federal dos recursos arrecadados legalmente da sociedade. Conforme abaixo:

Aqui deveria estar inserido alguma coisa? Ou é apenas adiantando o próximo item?

13.2.6.1. Execução Orçamentária

A execução orçamentária e financeira ocorre concomitantemente, por estarem atreladas uma a outra. Havendo orçamento e não existindo o financeiro, não poderá ocorrer a despesa; por outro lado, pode haver recurso financeiro, mas não se poderá gastá-lo se não houver a disponibilidade orçamentária.

Em consequência, *pode-se definir execução orçamentária como sendo a utilização dos créditos consignados no Orçamento ou Lei Orçamentária Anual* (LOA). Já a execução financeira, por sua vez, representa a utilização de recursos financeiros, visando atender à realização dos projetos e/ou atividades atribuídas às Unidades Orçamentárias pelo Orçamento.

Todo o processo orçamentário tem sua obrigatoriedade estabelecida na Constituição Federal, art.165, que determina a necessidade do planejamento das ações de governo por meio do:

a) Plano Plurianual de Investimentos – PPA

Na esfera federal, o Governo ordena suas ações com a finalidade de atingir objetivos e metas por meio do PPA, um plano de médio prazo elaborado no primeiro ano de mandato do presidente eleito, para execução nos quatro anos seguintes. O PPA é instituído por lei, estabelecendo, de forma regionalizada, as diretrizes, objetivos e metas da Administração Pública para as despesas de capital e outras delas decorrentes e para aquelas referentes à programas de duração continuada. Os investimentos cuja execução ocorrerá a efeito por períodos superiores a um exercício financeiro só poderão ser iniciados se previamente incluídos no PPA ou se nele incluídos por autorização legal. A não observância deste preceito caracteriza crime de responsabilidade.

b) Lei de Diretrizes Orçamentárias – LDO

A LDO tem a finalidade precípua de orientar a elaboração dos orçamentos fiscal e da seguridade social e de investimento das empresas estatais. Busca sintonizar a Lei Orçamentária Anual (LOA) com as diretrizes, objetivos e metas da administração pública, estabelecidas no PPA. De acordo com o parágrafo 2º do art. 165 da CF, a LDO:

b1) compreenderá as metas e prioridades da administração pública, incluindo as despesas de capital para o exercício financeiro subsequente;

b2) orientará a elaboração da LOA;

b3) disporá sobre as alterações na legislação tributária; e

b4) estabelecerá a política de aplicação das agências financeiras oficiais de fomento.

c) Lei Orçamentária Anual – LOA

A LOA visa concretizar os objetivos e metas propostas no PPA, segundo as diretrizes estabelecidas pela LDO. A proposta da LOA compreende os três tipos distintos de orçamentos da União, a saber:

– Orçamento Fiscal: compreende os poderes da União, os Fundos, Órgãos, Autarquias, inclusive as especiais e Fundações instituídas e mantidas pela União; abrange, também, as empresas públicas e sociedades de economia mista em que a União, direta ou indiretamente, detenha a maioria do capital social com direito a voto e que recebam desta quaisquer recursos que não sejam provenientes de participação acionária, pagamentos de serviços prestados, transferências para aplicação em programas de financiamento atendendo ao disposto na alínea "c" do inciso I do art. 159 da CF e refinanciamento da dívida externa;

– Orçamento de Seguridade Social: compreende todos os órgãos e entidades a quem compete executar ações nas áreas de saúde, previdência e assistência social, quer sejam da Administração Direta ou Indireta, bem como os fundos e fundações instituídas e mantidas pelo Poder Público; compreende, ainda, os demais subprojetos ou subatividades, não integrantes do Programa de Trabalho dos Órgãos e Entidades mencionados, mas que se relacionem com as referidas ações, tendo em vista o disposto no art. 194 da CF;

– Orçamento de Investimento das Empresas Estatais: previsto no inciso II, parágrafo 5º do art. 165 da CF, abrange as empresas públicas e sociedades de economia mista em que a União, direta ou indiretamente, detenha a maioria do capital social com direito a voto.

Uma vez publicada a LOA, observadas as normas de execução orçamentária e de programação financeira da União estabelecidas para o exercício e lançadas as informações orçamentárias, fornecidas pela Secretaria de Orçamento Federal, no SIAFI , por intermédio da geração automática do documento Nota de Dotação (ND), cria-se o crédito orçamentário e, a partir daí, tem-se o início da execução orçamentária propriamente dita.

Executar o orçamento é, portanto, realizar as despesas públicas nele previstas, seguindo à risca os três estágios da execução das despesas previstos na Lei nº 4320/64: empenho, liquidação e pagamento.

– Empenho: o primeiro estágio da despesa, pode ser conceituado como sendo o ato emanado de autoridade competente que cria para o Estado a obrigação de pagamento, pendente ou não, de implemento de condição.

Todavia, estando a despesa legalmente empenhada, nem assim o Estado se vê obrigado a efetuar o pagamento, uma vez que o implemento de condição poderá estar concluído ou não. Seria um absurdo se assim não fosse, pois a Lei 4320/64 determina que o pagamento de qualquer despesa pública, seja ela de que importância for, passe pelo crivo da liquidação. É nesse segundo estágio da execução da despesa que será cobrada a prestação dos serviços ou a entrega dos bens, ou ainda, a realização da obra, evitando, dessa forma, o pagamento sem o implemento de condição.

– Liquidação: o segundo estágio da despesa pública, que consiste na verificação do direito adquirido pelo credor, tendo por base os títulos e documentos comprobatórios do respectivo crédito. Ou seja, é a comprovação de que o credor cumpriu todas as obrigações constantes do empenho.

A finalidade é reconhecer ou apurar a origem e o objeto do que se deve pagar, a importância exata a pagar e a quem se deve pagar para extinguir a obrigação e é efetuado no SIAFI pelo documento Nota de Lançamento (NL). Ela envolve, portanto, todos os atos de verificação e conferência, desde a entrega do material ou a prestação do serviço até o reconhecimento da despesa. Ao fazer a entrega do material ou a prestação do serviço, o credor deverá apresentar a nota fiscal, fatura ou conta correspondente, acompanhada da primeira via da nota de empenho, devendo o funcionário competente atestar o recebimento do material ou a prestação do serviço correspondente, no verso da nota fiscal, fatura ou conta.

– Pagamento: o último estágio da despesa, consiste na entrega de numerário ao credor do Estado, extinguindo dessa forma o débito ou obrigação. Esse procedimento normalmente é efetuado por tesouraria, mediante registro no SIAFI do documento Ordem Bancária (OB), que deve ter como favorecido o credor do empenho.

Este pagamento normalmente é efetuado por meio de crédito em conta bancária do favorecido uma vez que a OB especifica o domicílio bancário do credor a ser creditado pelo agente financeiro do Tesouro Nacional, ou seja, o Banco do Brasil S/A. Se houver importância paga a maior ou indevidamente, sua reposição aos órgãos públicos deverá ocorrer dentro do próprio exercício, mediante crédito à conta bancária da UG que efetuou o pagamento. Quando a reposição se efetuar em outro exercício, o seu valor deverá ser restituído por Guia de Recolhimento da União (GRU) ao Tesouro Nacional.

13.2.6.2. Execução Financeira

A execução financeira representa o fluxo de recursos financeiros necessários à realização efetiva dos gastos dos recursos públicos para a realização dos programas de trabalho definidos. Deve-se ter em mente que RECURSO é dinheiro ou saldo de disponibilidade bancária (enfoque da execução financeira) e que CRÉDITO é dotação ou autorização de gasto ou sua descentralização (enfoque da execução orçamentária).

De acordo com a Lei 4.320/64, o exercício financeiro no Brasil é o espaço de tempo compreendido entre 1º de janeiro e 31 de dezembro de cada ano, no qual a administração promove a execução orçamentária e demais fatos relacionados com as variações qualitativas e quantitativas que tocam os elementos patrimoniais da entidade ou órgão público.

O dispêndio de recursos financeiros oriundos do Orçamento Geral da União se faz exclusivamente por meio de Ordem Bancária (OB) e da Conta Única do Governo Federal e se destina ao pagamento de compromissos, bem como a transferência de recursos entre as Unidades Gestoras, tais como liberação de recursos para fins de adiantamento, suprimento de fundos, cota, repasse, sub-repasse e afins. A Ordem Bancária é um dos documentos de transferência de recursos financeiros.

O ingresso de recursos ocorre quando o contribuinte efetua o pagamento de seus tributos por meio do Documento de Arrecadação de Receita Federal (DARF) junto à rede bancária, que deve efetuar o recolhimento dos recursos arrecadados, ao Banco Central (BACEN), no prazo de um dia. Com o DARF Eletrônico, a GRPS (Guia de Recolhimento da Previdência Social) Eletrônica e a Guia de Recolhimento da União (GRU) Eletrônica, os usuários do sistema podem efetuar o recolhimento dos tributos federais e contribuições previdenciárias diretamente à Conta Única, sem trânsito pela rede bancária. Ao mesmo tempo, a Secretaria da Receita Federal do Brasil (SRFB) recebe informações da receita bruta arrecadada, que é classificada decendialmente (ou seja, a cada 10 dias) no SIAFI. Esse valor classificado deve corresponder ao montante registrado no Banco Central do Brasil no período.

Uma vez que haja recursos em caixa, começa a fase de saída desses recursos para pagamentos diversos. O pagamento entre Unidades Gestoras ocorre mediante a transferência de limite de saque, que é a disponibilidade financeira da Unidade Gestora (UG) online, existente na Conta Única.

13.3. SIAFI Web

O Projeto Novo SIAFI tem como objetivo promover a reconstrução e a migração gradual do Sistema Integrado de Administração Orçamentária e Financeira do Governo Federal (SIAFI) para uma plataforma tecnológica mais moderna, flexível e econômica, permitindo evoluções que venham a contribuir para a transparência e a eficiência na gestão orçamentária e financeira.

A primeira versão do SIAFI WEB entrou no ar no dia 2 de janeiro de 2012. A aplicação consiste no primeiro produto do projeto Novo SIAFI, que está estruturado em fases e prevê a convivência do SIAFI Operacional e do novo SIAFI. As funcionalidades serão migradas gradualmente para a versão web do sistema, até que o SIAFI Operacional seja totalmente descontinuado

A primeira versão contempla o módulo CPR, Contas a Pagar e Receber. A partir da entrada em produção, o usuário SIAFI passará a fazer todos os registros relacionados ao CPR no novo SIAFI, destacando-se pagamentos (normais e suprimentos de fundos), reclassificação de despesa, estorno de despesas após recebimento de GRU, registros patrimoniais, entre outros.

Além da migração gradual do sistema, o projeto prevê ainda adequar os sistemas do complexo SIAFI aos padrões de interoperabilidade do Governo Federal (e-ping), promovendo uma interface única para integração entre sistemas e layout padronizado para as extrações de arquivos e submissão batch.

13.4 SISTEMA INTEGRADO DE PLANEJAMENTO E ORÇAMENTO – SIOP

13.4.1. INTRODUÇÃO

Com o objetivo de integrar os sistemas utilizados na elaboração e acompanhamento do plano plurianual e do Orçamento da União, a Secretaria de Orçamento Federal (SOF), em parceria com a Secretaria de Planejamento e Investimentos Estratégicos (SPI), desenvolveu e colocou em operação, desde maio de 2009, o Sistema Integrado de Planejamento e Orçamento (SIOP).

Com o SIOP, os órgãos setoriais e as unidades orçamentárias do governo federal passaram a ter um único sistema para alimentar o cadastro de programas e ações. Além disso, com o SIOP, os usuários passarão a ter maior agilidade e qualidade no processo de captação de proposta orçamentária, em que foi substituído o preenchimento de formulários, que até 2009 era feito manualmente.

Uma das grandes vantagens do SIOP é que ele permite ao usuário o acesso via web.

Vale observar que havia duas fontes cadastrais para programas e ações: o Sistema de Informações Gerenciais e de Planejamento (SIGPLAN) que gerenciava o PPA, atualmente substituído pelo SIOP, acessando via internet, e o Sistema Integrado de Dados Orçamentários (SIDOR), cujo acesso do cadastro de ações é exclusivo aos servidores do extinto Ministério do Planejamento, atual Ministério da Economia. A ideia *é* que no futuro o SIOP substitua integralmente os sistemas hoje existentes.

Apenas o que se refere ao cadastro de programas e ações já foi substitu*ído, ou seja, o SIGPLAN. O Ministério da Economia*, em substituição ao Ministério do Planejamento Orçamento e Gestão, pretende também disponibilizar módulos para acesso pelo cidadão e outros órgãos, como o Congresso Nacional e o Tribunal de Contas da União.

Exemplo de sistemas que são utilizados e que foram ou poderão ser substituídos:

SIDOR – Sistema Integrado de Dados Orçamentários;

SIEST – Sistema Integrado das Empresas Estatais;

SIGPLAN – Sistema de Informações Gerenciais de Planejamento;

SIAFI – Sistema Integrado de Administração Financeira;

SIAPE – Sistema Integrado de Administração de Pessoas;

SIASG – Sistema Integrado de Administração de Serviços Gerais;

SIORG – Sistema de Informações Organizacionais;

SIEG – Sistema Integrado de Estruturas de Governo.

A Secretaria de Orçamento Federal (SOF) ao longo de seus 41 anos tem dedicado sua existência a promover a elaboração e a melhoria dos processos orçamentários na Administração Pública Federal, bem como a sua transparência e efetividade.

Para apoiar a elaboração, acompanhamento e execução do Orçamento Federal, a SOF tem consistentemente dedicado esforços no desenvolvimento de sistemas de informatizados. Assim sendo, como fruto da consolidação e evolução dos sistemas e planejamento e orçamento então existentes, a SOF, em parceria com a Secretaria de Planejamento e Investimentos Estratégicos (SPI) e o Departamento de Coordenação e Governança de Empresas Estatais (DEST), desenvolveu e implantou o Sistema Integrado de Planejamento e Orçamento (SIOP).

O SIOP é um sistema moderno, atualizado tecnologicamente e totalmente desenvolvido sobre plataformas de software livre. Além disso, suas telas seguem padrões de design e de cores de forma a facilitar a navegação e o entendimento intuitivo das funcionalidades colocadas à disposição dos usuários. Assim, com o objetivo de reforçar e disseminar as características de modernidade, dinamismo e integração presentes no sistema de planejamento e orçamento, a SOF lança a marca SIOP. A partir de 2012, a marca deve, obrigatoriamente, ser empregada em todo o material gráfico e de divulgação do SIOP.

13.4.2. Histórico

A primeira menção oficial ao SIOP foi encontrada no Manual Técnico do Orçamento (MTO) de 2010. Depois desta data o SIOP é regularmente citado nas LOAs e LDOs como o sistema institucional de suporte ao orçamento federal.

A figura abaixo mostra o conjunto de sistemas estruturantes e de apoio da Administração Pública Federal envolvidos nos processos de Planejamento, Orçamento e Execução:

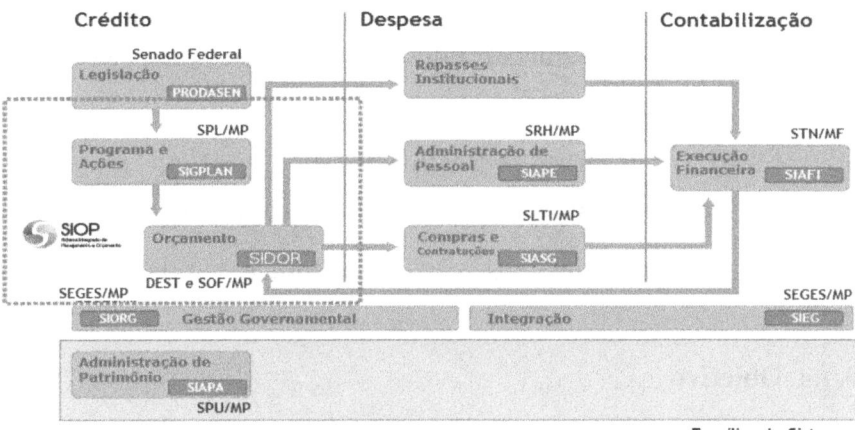

Famílias de Sistemas

Note que o SIOP vem a corresponder às funções mostradas do SIDOR e SIGPLAN.

O SIDOR estava chegando ao final de sua vida útil em função das tecnologias usadas no seu desenvolvimento. Desta forma o novo SIOP tinha como prerrogativa usar tecnologias mais novas e que facilitassem o desenvolvimento da sua manutenção. Hoje todos os módulos do SIDOR, assim como suas funcionalidades, *já foram* migrados para o SIOP. Outro sistema cujas funcionalidades estão sendo substituídas pelo SIOP é o SIGPLAN (Sistema de Planejamento).

Por meio de acesso à internet, os usuários dos diversos Órgãos Setoriais, Unidades Orçamentárias e Agentes Técnicos integrantes do sistema, bem como outros sistemas automatizados, registram suas operações e efetuam consultas on-line. De modo geral, o SIOP atende os servidores da Administração Pública que exercem atividades nas áreas de planejamento, orçamento, compras, finanças, convênios e controle, além de cidadãos interessados nos temas de orçamento público e políticas públicas.

Cabe acrescentar também que o PPA 2011-2015 já foi feito pelo SIOP.

13.4.3. Fundamento Legal

O embasamento legal para o SIOP *é fundamentado* na Constituição Federal de 1988, que define na sua Seção II (Dos Orçamentos) que em seu Art. 165. Leis de iniciativa do Poder Executivo estabelece:

I – o plano plurianual;

II – as diretrizes orçamentárias; e

III – os orçamentos anuais, e outras normas.

Para saber mais detalhes acesse o Apêndice: Fundamento Legal do SIOP.

13.4.4. Objetivo

O SIOP como Sistema Estruturante do Governo, desenvolvido e implantado pela Secretaria de Orçamento Federal (SOF), em parceria com outras Secretarias do Ministério da Economia (antes Planejamento, Desenvolvimento e gestão), permite uma melhor compreensão das *várias funcionalidades desenvolvidas nos* seus módulos.

De forma genérica, os seguintes macroprocessos envolvidos no planejamento e orçamento da União são tratados no SIOP:

Elaboração e revisão do Projeto de Lei do Plano Plurianual (PL-PPA);

Elaboração do Projeto de Lei de Diretrizes Orçamentárias (PLDO);

Elaboração do Projeto de Lei Orçamentária Anual (PLOA);

Operacionalização das Alterações Orçamentárias (Créditos);

Tratamento de Emendas Parlamentares ao Orçamento (Orçamento Impositivo);

Receitas;

Acompanhamento das Estatais;

Acompanhamento Físico das Ações Orçamentárias;

Monitoramento do PPA,

Outras funcionalidades específicas.

Estas funcionalidades estão organizadas nos vários módulos do SIOP. É a parte do SIOP usada no dia a dia para realizar as operações comuns dentro dos processos envolvidos no Ciclo Orçamentário e de Planejamento do Governo Federal.

13.4.5 As Ferramentas de Consulta

Possibilita a consulta *à* legislação que reúne documentos oficiais publicados, como leis, decretos, portarias, instrumentos normativos, regulamentos, decisões, declarações, comunicações e outros cujo assunto seja relacionado, direta ou indiretamente, ao orçamento público ou sobre ele cause impacto. Qualquer cidadão pode acessar o conteúdo, sem necessidade de cadastro prévio.

Para conhecer melhor o SIOP-Legis, acesse sua documentação, por meio do link: https://www.siop.planejamento.gov.br/sioplegis/sof, ou o próprio portal do SIOP.

13.4.6 Painel do Orçamento

Tem como objetivo fornecer amplo acesso a todos os cidadãos que tenham interesse em acompanhar as informações sobre a Lei Orçamentária Anual (LOA) e sua execução, utilizando a base de dados do SIOP, porém com uma interface de fácil uso. Qualquer cidadão com acesso à internet pode consultar as informações atualizadas sobre a LOA, sem necessidade de autenticação, autorização ou mesmo um cadastro prévio.

O Painel do Orçamento está disponível na área pública do portal do SIOP.

13.5. SISTEMA INTEGRADO DE ADMINISTRAÇÃO E SERVIÇOS GERAIS – SIASG

13.5.1 Introdução

O Sistema Integrado de Administração de Serviços Gerais (SIASG), instituído pelo art. 7º do Decreto nº 1.094, de 23 de março de 1994, é o sistema informatizado de apoio às atividades operacionais do

Sistema de Serviços Gerais (SISG). Sua finalidade é integrar os órgãos da Administração Pública Federal direta, autárquica e fundacional.

O SIASG é o sistema onde são realizadas as operações das compras governamentais dos órgãos integrantes do SISG. O sistema inclui:

Divulgação e a realização das licitações;

Emissão de notas de empenho;

Registro dos contratos administrativos;

Catalogação de materiais e serviços;

Cadastro de fornecedores.

Os órgãos que não integram o SISG podem utilizar o SIASG, integralmente ou em módulos específicos, por meio de adesão formal para uso do sistema, mediante assinatura de termo de adesão.

13.5.2 Objetivo

O SIASG e um sistema informatizado de apoio às atividades operacionais do Sistema de Serviços Gerais. Tem sido uma ferramenta importante para a modernização da área de serviços gerais na Administração Federal, em especial no cadastramento de fornecedores e de catálogo de materiais e serviços e no registro de preços de bens e serviços realizados através de licitações – modalidade de registro de preços.

13.5.3 Essência

O SIASG é capaz de agilizar os processos de compra e promover a transparência dos atos do governo ao divulgar informações sobre os processos licitatórios. Este sistema foi desenvolvido para o Ministério do Governo Federal.

13.5.4. Funcionalidade

O SIASG é o sistema onde são realizadas as operações das compras governamentais dos órgãos integrantes do Sistema de Serviços Gerais SISG, a Administração Pública Federal direta, autárquica e fundacional. O Sistema inclui a divulgação e a realização das licitações, a emissão de nota de empenho, o registro dos contratos administrativos, a catalogação de materiais e serviços e o cadastro de fornecedores.

Os órgãos que não integram o SISG podem utilizar o SIASG, integralmente ou em módulos específicos, por meio de adesão formal para uso do sistema, mediante assinatura de termo de adesão.

13.5.5. Acesso

O acesso ao SIASG deve ser realizado através de senha, solicitada diretamente pela Unidade Gestora de lotação do servidor usuário, em especial, aqueles que realizam licitações e gestores de contratos.

A solicitação para acesso e utilização dos Subsistemas do SIASG será formalizada e dirigida à Secretaria de Logística e Tecnologia da Informação (SLTI), conforme modelo estabelecido por esta Secretaria.

A Unidade Gestora usuária do SIASG poderá, a qualquer tempo, solicitar, mediante comunicação escrita, o cancelamento do seu acesso e utilização do SIASG, inclusive dos servidores castrados.

Observação: por meio do SIASG pode-se acessar o Portal de Compras do Governo Federal, COMPRASNET, e os módulos: Pregão Presencial, Pregão Eletrônico e Cotação Eletrônica. O COMPRRASNET é um portal, gerenciado pelo Ministério supervisor, que disponibiliza para realização de processos eletrônicos de aquisições e disponibilização de informações referentes às licitações e contratações promovidas pela Administração Pública Federal direta, autárquica e fundacional.

Pelo COMPRASNET podem ser realizadas as licitações previstas na Lei nº 8.666/93, nas modalidades: convite, tomada de preço e concorrência), os pregões e cotações eletrônicas. No site www.comprasnet. gov.br podem ser consultados os editais e acompanhadas as licitações pela sociedade. São também disponibilizadas publicações, legislação e informações sobre contratações realizadas e cadastro de fornecedores, dentre outras.

No portal COMPRASNET os fornecedores podem ter acesso a diversos serviços, tais como o pedido de inscrição no Sistema de Cadastramento Unificado de Fornecedores (SICAF), a obtenção de editais, a participação em processos eletrônicos de aquisição de bens e contratações de serviços, dentre outros. Na tela principal do site é possível realizar o cadastro, obter login e senha para utilizar os serviços disponíveis aos fornecedores, dentre os quais receber avisos de licitações e de cotações por e-mail.

Vale informar que os fornecedores de bens e serviços adquiridos e contratados pelo governo federal não são cadastrados no SIASG, mas em sistema específico, denominado Sistema de Cadastramento Unificado de Fornecedores (SICAF). Porém, através do SIASG pode-se realizar consulta dos contratantes, inserir restrições de penalidades aplicadas pela Administração Pública e outras consultas.

EXERCÍCIOS

01. (IBFC Órgão: Câmara Municipal de Araraquara – SP Prova: IBFC – Câmara Municipal de Araraquara – SP – Analista de Controle Interno 2018) O Sistema Integrado de Administração Financeira (SIAFI) é o principal instrumento utilizado para registro, acompanhamento e controle da execução orçamentária, financeira e patrimonial do Governo Federal. Analise as afirmativas a seguir a respeito desse sistema.

I. pode ser utilizado pelas Entidades Públicas Federais;

II. pode ser utilizado pelas Entidades Públicas Estaduais e Municipais;

III. pode ser utilizado por entidades privadas autorizadas pela Secretaria do Tesouro Nacional – STN;

IV. Registra as informações pertinentes a Demonstração do Resultado da União;

V. Registra as informações pertinentes ao Balanço Geral da União;

Assinale a alternativa corretas:

(A) Estão corretas apenas as afirmativas I, II e III

(B) Estão corretas apenas as afirmativas III e V

(C) Estão corretas apenas as afirmativas I e IV

(D) Estão corretas apenas as afirmativas I, II, III e V

(E) Estão corretas apenas as afirmativas II, III, IV e V

02. (CESPE / CEBRASPE Órgão: MPC-PA Prova: CESPE – MPC-PA – Analista Ministerial – Ciências Contábeis 2019) No Sistema Integrado de Administração Financeira do Governo Federal (SIAFI), constam os registros contábeis e as atividades relacionadas com o processamento da execução orçamentária da União. No âmbito do SIAFI, quando um órgão federal paga a um fornecedor, deve-se registrar, no valor correspondente ao da operação,

(A) uma nota de dotação.

(B) uma nota de movimentação de crédito.

(C) um pré-empenho.

(D) uma nota de lançamento.

(E) uma nota de empenho.

03. (CESPE / CEBRASPE Órgão: TCE-PR Prova: CESPE – TCE-PR – Analista de Controle – Atuarial 2016) No SIAFI, a transação denominada Nota de Lançamento por Evento (NL) permite registrar:

(A) créditos orçamentários pré-compromissados, para atender a objetivos específicos, nos casos em que a despesa a ser realizada, por suas características, cumpre etapas com intervalos de tempo desde a decisão administrativa até a efetivação da emissão da nota de empenho.

(B) o comprometimento de despesas e as situações em que se faça necessário realizar o reforço ou a anulação desse compromisso.

(C) a movimentação de créditos interna e externa e suas anulações.

(D) apropriações de despesas e receitas, e outras situações não vinculadas a documentos específicos.

(E) o pagamento de compromissos, bem como a transferência de recursos entre unidades gestoras, liberação de recursos para fins de adiantamento, suprimento de fundos, repasse e sub-repasse.

04. (VUNESP Órgão: Câmara Municipal de Jaboticabal – SP Prova: VUNESP – 2015 – Câmara Municipal de Jaboticabal – SP – Agente Contábil e Financeiro) Compreende as entidades, os sistemas e os procedimentos relacionados com o processamento e a liquidação de operações de transferência de fundos, de operações com moeda estrangeira ou com ativos financeiros e valores mobiliários. São integrantes, os serviços de compensação de cheques, de compensação e liquidação de ordens eletrônicas de débito e de crédito, de transferência de fundos e de outros ativos financeiros, de compensação e de liquidação de operações com títulos e valores mobiliários, de compensação e de liquidação de operações realizadas em bolsas de mercadorias e de futuros, e outros, chamados coletivamente de entidades operadoras de Infraestruturas do Mercado Financeiro (IMF).

O texto trata:

(A) do Sistema de Pagamentos Brasileiro – SPB.

(B) do Sistema de Compensação Financeiras – SCF

(C) da Câmara de Compensação Financeira – CCF.

(D) do Sistema de Liquidação de Operações – SLO.

(E) do Sistema Financeiro Brasileiro – SFB.

05. (ESAF Órgão: ANAC Prova: ESAF – ANAC – Analista Administrativo – 2016) Considerando as características dos principais documentos de entrada de dados no SIAFI, assinale a opção incorreta.

(A) É possível a anulação de uma movimentação de crédito interna por meio de Nota de Movimentação de Crédito (NC).

(B) O Pré-Empenho (PE) permite registrar que créditos orçamentários que estão pré-compromissados, para atender a objetivos específicos.

Contabilidade e Orçamento Governamental

(C) O SIAFI permite o recolhimento de Receitas da União de uma Unidade Gestora para outra, por meio da transação Guia de Recolhimento da União eletrônica (GRU).

(D) A Nota de EMPENHO (NE) pode ser utilizada para se promover o reforço ou anulação do empenho a que se refere.

(E) A Nota de Lançamento (NL) pode ser utilizada para se efetuar transferência de recursos entre Unidades Gestoras.

06. (ESAF Órgão: ANAC Prova: ESAF – 2016 – ANAC – Analista Administrativo – 2016) Para a realização de Empenho de Despesa no SIAFI, relativo a despesas de uma Unidade Gestora, com energia elétrica ao longo do exercício, utiliza-se o denominado:

(A) empenho global.

(B) empenho ordinário.

(C) empenho estimativo.

(D) empenho extraordinário.

(E) pré-empenho.

07. (CESPE / CEBRASPE Órgão: TCE-PR Prova: CESPE – TCE-PR – Auditor 2016) No que se refere à gestão organizacional da contabilidade pública no Brasil, regulada pela Lei nº 2001/10.180, bem como ao SIAFI, assinale a opção correta.

(A) Como forma de garantir a segurança do sistema, as entidades de caráter privado estão impedidas de usar o SIAFI.

(B) Os tribunais de contas são órgãos setoriais integrantes do Sistema de Planejamento e Orçamento Federal.

(C) As competências da Secretaria do Tesouro Nacional incluem o subsídio à formulação de políticas de financiamento de despesas públicas.

(D) Embora figure como um dos principais objetivos do SIAFI, a padronização de métodos ainda não foi atingida, em decorrência das diferentes rotinas de lançamentos relativos à aplicação de recursos públicos.

(E) Embora o SIAFI promova relevante contribuição ao trabalho de auditoria na apuração de irregularidades, nem todos os órgãos da administração direta o utilizam.

08. (FCC Órgão: CNMP Prova: FCC – 2015 – CNMP – Analista do CNMP – Controle Interno) A Classe de eventos do SIAFI, indicada no documento Nota de dotação, utilizada para registrar a movimentação de créditos orçamentários é:

(A) 10.0.xxx.

(B) 20.0.xxx.

(C) 30.0.xxx.

(D) 40.0.xxx.

(E) 50.0.xxx.

09. (ESAF Órgão: MF Provas: ESAF – 2013 – MF – Todos os Cargos – Conhecimentos Básicos) O sistema estruturador da Administração Pública Federal que pode ser usado para controlar contratos, licitações, fornecedores e cujo objetivo é acompanhar o processo de compras do governo é o:

(A) SIASG

(B) SIAFI

(C) SIGPLAN

(D) SIDOR

(E) SILIC

10. (FEPESE Órgão: MPE-SC Prova: FEPESE – 2014 – MPE-SC – Analista de Contas Públicas – Administração) O desenvolvimento e a implantação de um sistema integrado representaram uma verdadeira revolução na gestão das finanças públicas e no controle dos custos públicos no Brasil.

Este sistema é denominado:

(A) SFP.

(B) SBC.

(C) SIAFI.

(D) SICFA.

(E) SIGFIP.

11. (CAIP-IMES Órgão: Câmara Municipal de São Caetano do Sul – SP Prova: CAIP-IMES – 2012 – Câmara Municipal de São Caetano do Sul – SP – Contador) O SIAFI é o principal instrumento utilizado para registro, acompanhamento e controle da execução orçamentária, financeira e patrimonial do Governo Federal. Desde sua criação, o SIAFI tem alcançado satisfatoriamente seus principais objetivos (portal SIAFI), são eles:

I – Prover mecanismos adequados ao controle diário da execução orçamentária, financeira e patrimonial aos órgãos da Administração Pública;

II – Fornecer meios para agilizar a programação financeira, otimizando a utilização dos recursos do Tesouro Nacional, através da unificação dos recursos de caixa do Governo Federal;

III – Permitir que a contabilidade pública seja fonte segura e tempestiva de informações gerenciais destinadas a todos os níveis da Administração Pública Federal;

IV – Padronizar métodos e rotinas de trabalho relativas à gestão dos recursos públicos, sem implicar rigidez ou restrição a essa atividade, uma vez que ele permanece sob total controle do ordenador de despesa de cada unidade gestora;

V – Permitir o registro contábil dos balancetes dos estados e municípios e de suas supervisionadas;

VI – Permitir o controle da dívida interna e externa, bem como o das transferências negociadas;

VII – Integrar e compatibilizar as informações no âmbito do Governo Federal;

VIII – Permitir o acompanhamento e a avaliação do uso dos recursos públicos;

IX – Proporcionar a transparência dos gastos do Governo Federal.

Assinale a alternativa correta.

(A) Apenas uma está incorreta.

(B) Apenas duas estão incorretas.

(C) Todas estão corretas.

(D) Todas estão incorretas.

12. (CESPE / CEBRASPE Órgão: TJ-PA Prova: CESPE – 2020 – TJ-PA – Analista Judiciário – Área Administrativa) De acordo com o Decreto nº 1994/1.094, os instrumentos de modernização disponibilizados pelo Sistema Integrado de Administração de Serviços Gerais (SIASG) incluem:

I o catálogo unificado de materiais e serviços.

II o cadastramento unificado de fornecedores.

III o registro de preços de bens e serviços.

Assinale a opção correta.

(A) Nenhum item está certo.

(B) Apenas os itens I e II estão certos.

(C) Apenas os itens I e III estão certos.

(D) Apenas os itens II e III estão certos.

(E) Todos os itens estão certos.

13. (CESPE / CEBRASPE Órgão: TRE-PE Prova: CESPE – 2017 – TRE-PE – Analista Judiciário – Área Administrativa) Assinale a opção correta, acerca das funcionalidades do Sistema Integrado de Administração de Serviços Gerais (SIASG).

(A) O usuário que registra documentos no sistema é também responsável pela verificação da conformidade mensal.

(B) O usuário cadastrado na modalidade de uso geral tem permissão para apenas realizar consultas gerais.

(C) O perfil auditoria é atribuído ao servidor responsável pelo acompanhamento da execução de contrato.

(D) O SIASG disponibiliza informações sobre processos licitatórios, cadastro de fornecedores e catálogo de materiais e serviços.

(E) O nível de acesso 2 — órgão — permite o acesso geral a todos os dados da base do SIASG.

14. (Ano: 2018 Banca: CESPE / CEBRASPE Órgão: ABIN Prova: CESPE – 2018 – ABIN – Oficial Técnico de Inteligência – Área 1)

No que se refere ao sistema integrado de planejamento e orçamento – SIOP, julgue o item a seguir.

O sistema integrado de planejamento e orçamento – SIOP destina-se exclusivamente aos processos de elaboração e acompanhamento da lei orçamentária anual.

( ) Certo   ( ) Errado

15. (FAURGS Órgão: TJ-RS Prova: FAURGS – 2016 – TJ-RS – Contador) Sistema Integrado de Planejamento e Orçamento (SIOP), Sistema Integrado de Dados Orçamentários (SIDOR), Sistema Integrado de Administração Financeira (SIAFI) são alguns dos sistemas estruturantes do governo federal. São produtos desses sistemas, respectivamente,

(A) Projeto de Lei do Plano Plurianual; Projeto de Lei Orçamentária Anual; Balanço Geral da União.

(B) Projeto de Lei Orçamentária Anual; Balanço Geral da União; Projeto de Lei do Plano Plurianual.

(C) Projeto de Lei do Plano Plurianual; Balanço Geral da União; Projeto de Lei Orçamentária Anual.

(D) Balanço Geral da União; Projeto de Lei do Plano Plurianual; Projeto de Lei Orçamentária Anual.

(E) Balanço Geral da União; Projeto de Lei Orçamentária Anual; Projeto de Lei do Plano Plurianual.

16. (CESPE / CEBRASPE Órgão: TCE-PR Prova: CESPE – 2016 – TCE-PR Analista de Controle – Administração) A respeito do Sistema Integrado de Planejamento e Orçamento (SIOP), assinale a opção correta.

(A) Apesar de algumas entidades estatais receberem recursos públicos destinados à aplicação em investimentos, essas empresas não possuem acesso ao SIOP para acompanhamento da execução orçamentária.

(B) O SIOP-Legis disponibiliza relatórios que permitem aos servidores o acompanhamento da execução orçamentária do ano corrente.

(C) O sistema em questão é utilizado pelos servidores da administração pública das áreas de orçamento, finanças, compras públicas e controle, com previsão de acesso aos cidadãos, desde que solicitado formalmente e com fundamento na lei de acesso à informação.

(D) O referido sistema pode ser utilizado para facilitar o processo de elaboração tanto da lei de diretrizes orçamentárias como da lei orçamentária anual.

(E) Uma das limitações do SIOP–Gerencial, que fornece robusta base de dados para subsidiar decisões gerenciais, é disponibilizar somente a relação de valores referentes aos anos corrente e anterior.

17. (CESPE / CEBRASPE Órgão: STJ Prova: CESPE – 2015 – STJ – Técnico Judiciário – Administrativa) Acerca dos instrumentos de efetivação de planejamento e orçamento no Brasil, julgue o próximo item.

No sistema integrado de planejamento e orçamento, as reservas de contingências são um tipo de ação específica e com numeração própria.

( ) Certo   ( ) Errado

18. (Quadrix Órgão: CRF-ES Prova: Quadrix – 2019 – CRF-ES – Técnico de Nível Superior – Administração) No que se refere à administração financeira e ao orçamento público, julgue o item.

O sistema integrado de dados orçamentários, utilizado para a elaboração da proposta orçamentária anual do governo federal, está sendo substituído pelo sistema integrado de planejamento e orçamento.

( ) Certo   ( ) Errado

19. (CESPE / CEBRASPE Órgão: TCE-PE Provas: CESPE – 2017 – TCE-PE – Conhecimentos Básicos) Com relação aos métodos de classificação e outros conceitos técnicos da administração orçamentária, julgue o item que se segue.

Os códigos de identificação dos planos orçamentários podem ser modificados por meio do Sistema Integrado de Planejamento e Orçamento (SIOP).

( ) Certo   ( ) Errado

20. (AOCP Órgão: SUSIPE-PA Prova: AOCP – 2018 – SUSIPE-PA – Técnico de Administração e Finanças – Ciências Contábeis) O Sistema de Planejamento Integrado, no Brasil, também é conhecido como Processo de Planejamento-orçamento. Analise as assertivas e assinale a alternativa que apresenta os instrumentos que estão consubstanciados no Sistema de planejamento Integrado.

I. Plano Plurianual.

II. Lei de Diretrizes Orçamentárias.

III. Lei de Orçamentos anuais.

IV. Lei nº 4320/64. V. Lei de Responsabilidade Fiscal.

(A) Apenas I, II e V.

(B) Apenas II, III e IV.

(C) Apenas I, II e III.

(D) Apenas I, II, III e IV.

(E) I, II, III, IV e V.

GABARITO

1) GABARITO: D.

Comentário

A União não possui DEMONSTRAÇÃO DO RESULTADO ECONÔMICO (Excluído pela Resolução CFC nº 13/1.437). Receitas e despesas são lançadas através de Variações Patrimoniais aumentativas ou diminutivas. As quais são evidenciadas na Demonstração das Variações Patrimoniais.

2) GABARITO: D.

Comentário

Principais documentos SIAFI:

Nota de dotação (ND): registro dos créditos.

Nota de movimentação de crédito (NC): registro das transferências dos créditos orçamentários.

Nota de empenho (NE): registro do comprometimento do orçamento e reforço ou a anulação de empenho.

Pré-empenho (PE): registro dos créditos orçamentários pré-compromissados.

Nota de lançamento (NL): registro da apropriação/liquidação de receitas e despesas, das previsões de receita, arrecadação de receitas próprias, recolhimento de devoluções de despesas, acolhimento de devoluções de despesas etc.

Nota de lançamento por sistema (NS): registro dos eventos contábeis de forma automática.

Ordem bancária (OB): pagamento de compromissos, liberação e transferência de recursos.

3) GABARITO: D.

Comentário

A) **ERRADA**. PRÉ-EMPENHO: "Permite registrar créditos orçamentários pré-compromissados, para atender objetivos específicos, nos casos em que a despesa a ser realizada, por suas características, cumpre etapas com intervalos de tempo desde a decisão administrativa até a efetivação da emissão da NE."

B) **ERRADA**. NOTA DE EMPENHO: "Permite registrar o comprometimento de despesa, bem como aos casos em que se faça necessário o reforço ou a anulação desse compromisso."

C) **ERRADA**. NOTA DE MOVIMENTAÇÃO DE CRÉDITO. "Permite registrar a movimentação de créditos interna e externa e suas anulações."

D) **CERTA**. NOTA DE LANÇAMENTO POR EVENTO: "Permite registrar eventos contábeis não vinculados a documentos específicos."

E) **ERRADA**. ORDEM BANCÁRIA: "Permite registrar o pagamento de compromissos, bem como a transferência de recursos entre UG, liberação de recursos para fins de adiantamento, suprimento de fundos, cota, repasse, sub-repasse e afins".

4) **GABARITO: A.**

Comentário

Função e escopo da vigilância do Sistema de Pagamentos Brasileiro

O Sistema de Pagamentos Brasileiro (SPB) compreende as entidades, os sistemas e os procedimentos relacionados com o processamento e a liquidação de operações de transferência de fundos, de operações com moeda estrangeira ou com ativos financeiros e valores mobiliários. São integrantes do SPB os serviços de compensação de cheques, de compensação e liquidação de ordens eletrônicas de débito e de crédito, de transferência de fundos e de outros ativos financeiros, de compensação e de liquidação de operações com títulos e valores mobiliários, de compensação e de liquidação de operações realizadas em bolsas de mercadorias e de futuros, e outros, chamados coletivamente de entidades operadoras de Infraestruturas do Mercado Financeiro (IMF). A partir de outubro de 2013, com a edição da Lei nº 12.865, os arranjos e as instituições de pagamento passaram, também, a integrar o SPB. As infraestruturas do mercado financeiro desempenham um papel fundamental para o sistema financeiro e a economia de uma forma geral. É importante que os mercados financeiros confiem na qualidade e continuidade dos serviços prestados pelas IMF. Seu funcionamento adequado é essencial para a estabilidade financeira e condição necessária para salvaguardar os canais de transmissão da política monetária.

5) **GABARITO: E.**

Comentário

A Nota de Lançamento (NL) é utilizada para registrar lançamentos contábeis em geral (aqueles não vinculados a documentos específicos).

6) **GABARITO: C.**

Comentário

Os empenhos podem ser classificados em:

a. Ordinário: é o tipo de empenho utilizado para as despesas de valor fixo e previamente determinado, cujo pagamento deva ocorrer de uma só vez;

b. Estimativo: é o tipo de empenho utilizado para as despesas cujo montante não se pode determinar previamente, tais como serviços de fornecimento de água e energia elétrica, aquisição de combustíveis e lubrificantes e outros; e

c. Global: é o tipo de empenho utilizado para despesas contratuais ou outras de valor determinado, sujeitas a parcelamento, como, por exemplo, os compromissos decorrentes de aluguéis.

7) **GABARITO: C.**

Comentário

A) Entidades de caráter privado também podem utilizar o SIAFI, desde que autorizadas pela STN. Disponível em: https://www.passeidireto.com/arquivo/6681890/sistema-integrado-de-administracao-financeira/2.

B) Art. 4º Integram o Sistema de Planejamento e de Orçamento Federal:

I – o Ministério do Planejamento, Orçamento e Gestão, como órgão central;

II – órgãos setoriais;

III – órgãos específicos.

§ 1º Os ÓRGÃOS SETORIAIS são as unidades de planejamento e orçamento dos Ministérios, da Advocacia-Geral da União, da Vice-Presidência e da Casa Civil da Presidência da República. Disponível em: http://www.planalto.gov.br/ccivil_03/leis/LEIS_2001/L10180.htm.

C) Art. 1º A Secretaria do Tesouro Nacional, órgão específico singular do Ministério da Fazenda e órgão central dos Sistemas de Administração Financeira Federal e de Contabilidade Federal diretamente subordinado ao Ministro de Estado da Fazenda, tem por finalidade:

I – elaborar a programação financeira mensal e anual do Tesouro Nacional, gerenciar a Conta Única do Tesouro Nacional e subsidiar a formulação da política de financiamento da despesa pública; Disponível em: (REGIMENTO INTERNO DA SECRETARIA DO TESOURO NACIONAL) <http://www3.tesouro.fazenda.gov.br/instituicao_tesouro/mg_regimento.asp>.

D) O SIAFI é o principal instrumento utilizado para registro, acompanhamento e controle da execução orçamentária, financeira e patrimonial do Governo Federal. Desde sua criação, o SIAFI tem alcançado satisfatoriamente seus principais objetivos:

PADRONIZAR MÉTODOS e rotinas de trabalho relativas à gestão dos recursos públicos, sem implicar rigidez ou restrição a essa atividade, uma vez que ele permanece sob total controle do ordenador de despesa de cada unidade gestora; Disponível em: <http://www.tesouro.fazenda.gov.br/objetivos>.

E) O SIAFI é um sistema informatizado que processa e controla, por meio de terminais instalados em todo o território nacional, a execução orçamentária, financeira, patrimonial e contábil dos órgãos da Administração Pública Direta federal, das autarquias, fundações e empresas públicas federais e das sociedades de economia mista que estiverem contempladas no Orçamento Fiscal e/ou no Orçamento da Seguridade Social da União.

Disponível em: <http://www.tesouro.fazenda.gov.br/pt_PT/atribuicoes-do--siafi>.

8) **GABARITO: B.**

Comentário

Os eventos da classe 10 são preenchidos de forma individual na Nota de Lançamento (NL) e se destinam a registrar a previsão da receita.

Os eventos da classe 20 são indicados na Nota de Dotação (ND) e objetivam registrar a dotação da despesa: tais eventos são preenchidos de forma individual, com algumas exceções de utilização, porém conjugados com eventos da mesma classe.

Os eventos da classe 30 são indicados de forma individual na Nota de Crédito NC e se destinam a registrar a movimentação de créditos orçamentários.

Os eventos da classe 40 são preenchidos automaticamente na Nota de Empenho (NE) ou Pré-emprenho (PE) e objetivam registrar a emissão de empenhos ou pré-empenhos.

Os eventos da classe 50, quando preenchidos na NL, não podem apresentar-se de forma individual, exceto os de classe 54. Isso porque são eventos representativos de partida contábil de débitos (classes 50, 60, 70 e 80), que podem constar indistintamente da Nota de Lançamento, Ordem Bancária (OB) e Guia de Recolhimento (GR).

9) GABARITO: A.

Comentário

O SIASG é o sistema onde são realizadas as operações das compras governamentais dos órgãos integrantes do SISG (Administração Pública Federal direta, autárquica e fundacional). O Sistema inclui a divulgação e a realização das licitações, a emissão de notas de empenho, o registro dos contratos administrativos, a catalogação de materiais e serviços e o cadastro de fornecedores.

10) GABARITO: C.

Comentário

O SIAFI (Sistema Integrado de Administração Financeira) é um sistema informatizado que processa e controla, por meio de terminais instalados em todo o território nacional, a execução orçamentária, financeira, patrimonial e contábil dos órgãos da Administração Pública Direta Federal, das autarquias, fundações e empresas públicas federais e das sociedades de economia mista que estiverem contempladas no Orçamento Fiscal e/ou no Orçamento da Seguridade Social da União.

11) GABARITO: C.

Comentário

Segundo   http://www.tesouro.fazenda.gov.br/in/objetivos: O   SIAFI   é   o principal instrumento utilizado para registro, acompanhamento e controle da execução orçamentária, financeira e patrimonial do Governo Federal. Desde sua criação, o SIAFI tem alcançado satisfatoriamente seus principais objetivos:

a) prover mecanismos adequados ao controle diário da execução orçamentária, financeira e patrimonial aos órgãos da Administração Pública;

b) fornecer meios para agilizar a programação financeira, otimizando a utilização dos recursos do Tesouro Nacional, através da unificação dos recursos de caixa do Governo Federal;

c) permitir que a contabilidade pública seja fonte segura e tempestiva de informações gerenciais destinadas a todos os níveis da Administração Pública Federal;

d) padronizar métodos e rotinas de trabalho relativas à gestão dos recursos públicos, sem implicar rigidez ou restrição a essa atividade, uma vez que ele permanece sob total controle do ordenador de despesa de cada unidade gestora;

e) permitir o registro contábil dos balancetes dos estados e municípios e de suas supervisionadas;

f) permitir o controle da dívida interna e externa, bem como o das transferências negociadas;

g) integrar e compatibilizar as informações no âmbito do Governo Federal;

h) permitir o acompanhamento e a avaliação do uso dos recursos públicos; e

i) proporcionar a transparência dos gastos do Governo Federal.

12) GABARITO: E.

Comentário

Decreto nº 1.094, de 23 de março de 1994

Art. 7º Fica instituído o Sistema Integrado de Administração de Serviços Gerais (SIASG), auxiliar do SISG, destinado à sua informatização e operacionalização, com a finalidade de integrar e dotar os órgãos da administração direta, autárquica e fundacional de instrumento de modernização, em todos os níveis, em especial:

I – o catálogo unificado de materiais e serviços;

II – o cadastramento unificado de fornecedores;

III – o registro de preços de bens e serviços.

13) GABARITO: D.

Comentário

O Sistema Integrado de Administração de Serviços Gerais (SIASG), instituído pelo art. 7º do Decreto nº 1.094, de 23 de março de 1994, é o sistema informatizado de apoio às atividades operacionais do Sistema de Serviços Gerais (SISG). Sua finalidade é integrar os órgãos da Administração Pública Federal direta, autárquica e fundacional.

O SIASG é o sistema onde são realizadas as operações das compras governamentais dos órgãos integrantes do SISG.

O Sistema inclui:

Divulgação e a realização das licitações;

Emissão de notas de empenho;

Registro dos contratos administrativos;

Catalogação de materiais e serviços;

Cadastro de fornecedores.

FONTE: <comprasgovernamentais.gov.br>

14) GABARITO: Errado.

Comentário

O SIOP é um sistema eletrônico em que são executadas atividades relacionadas ao PPA, LDO e LOA. Por isso o erro da questão.

15) GABARITO: A.

comentário

Existiam duas fontes cadastrais para programas e ações:

– Sistema de Informações Gerenciais e de Planejamento (SIGPLAN): gerenciava o PPA e acessado via internet;

– Sistema Integrado de Dados Orçamentários (SIDOR): acesso ao cadastro de ações exclusivo aos servidores do Ministério de Planejamento; processamento dos dados relativos à preparação da elaboração orçamentária era realizada no SIDOR.

Foi desenvolvido o SIOP para integrar os sistemas utilizados no PPA e no Orçamento (integração do planejamento e orçamento). Único sistema para alimentar e atualizar o cadastro de programas e ações.

16) GABARITO: D.

Comentário

a) **ERRADA**. Apesar de algumas (todas) entidades estatais receberem recursos públicos destinados à aplicação em investimentos, essas empresas não possuem acesso ao SIOP para acompanhamento da execução orçamentária.

b) **ERRADA**. O SIOP–Legis (não) disponibiliza relatórios que permitem aos servidores o acompanhamento da execução orçamentária do ano corrente.

c) **ERRADA**. O sistema em questão é utilizado pelos servidores da administração pública das áreas de orçamento, finanças, compras públicas e controle, com previsão de acesso aos cidadãos, desde que solicitado formalmente e com fundamento na lei de acesso à informação. (não se dá somente pela Lei de Acesso à Informação).

d) **CERTA**. O referido sistema pode ser utilizado para facilitar o processo de elaboração tanto da lei de diretrizes orçamentárias como da lei orçamentária anual. O SIOP informatizou o processo de elaboração da LDO, LOA e PPA.

e) **ERRADA**. Uma das limitações do SIOP–Gerencial, que fornece robusta base de dados para subsidiar decisões gerenciais, é disponibilizar somente a relação de valores referentes aos anos corrente e anterior (também do exercício seguinte).

17) GABARITO: Certo.

Comentário

É o que diz o MCASP °8 Ed. pág. 72. , conforme a seguir:

A Classificação da Reserva de Contingência, destinada ao atendimento de passivos contingentes e outros riscos, bem como eventos fiscais imprevistos, e da Reserva do Regime Próprio de Previdência Social, quanto à natureza da despesa orçamentária, serão identificadas com o CÓDIGO "9.9.99.99", conforme estabelece o parágrafo único do art. 8º da Portaria Interministerial STN/SOF nº 163, de 2001.

Todavia, não são passíveis de execução, servindo de fonte para abertura de créditos adicionais, mediante os quais se darão efetivamente a despesa que será classificada nos respectivos grupos.

18) GABARITO: Certo.

Comentário

O Sistema Integrado de Dados Orçamentários (SIDOR) do Governo Federal está sendo substituído pelo Sistema Integrado de Planejamento e Orçamento (SIOP).

O Sistema Integrado de Planejamento e Orçamento (SIOP) é o sistema informatizado que suporta os processos de Planejamento e Orçamento do Governo Federal. É o resultado da iniciativa de integração dos sistemas e processos a partir da necessidade de:

– Otimizar procedimentos;

– Reduzir custos;

– Integrar e oferecer informações para o gestor público e para os cidadãos.

19) GABARITO: Certo.

Comentário

Manual Técnico do Orçamento, páginas 44 e seguintes:

Primeiro: saber o que é um plano orçamentário.

Plano Orçamentário (PO) é uma identificação orçamentária, de caráter gerencial (não constante da LOA), vinculada à ação orçamentária, que tem por finalidade permitir que, tanto a elaboração do orçamento quanto o acompanhamento físico e financeiro da execução, ocorram num nível mais detalhado do que o do subtítulo/localizador de gasto.

Segundo: Devemos saber que o PO (plano orçamentário) possui atributos. Para isso vá na página 48 do MTO 2020.

a. Código (é o código que a questão traz)

b. Título

c. Caracterização:

d. Produto intermediário

e. Unidade de medida

f. Unidade responsável

g. PO de origem

h. Marcador de análise da SAIN/ME

Definição de Código: identificação alfanumérica de quatro posições, criada automaticamente pelo sistema SIOP **e modificável pelo usuário.**

20) **GABARITO: C.**

Comentário

O SIOP como Sistema Estruturante do Governo permite uma visão que ajuda a entender melhor as várias funcionalidades desenvolvidas nos seus módulos.

Percebe-se que o SIOP é um sistema composto por módulos, desenvolvido e implantado pela Secretaria de Orçamento Federal (SOF), em parceria com outras Secretarias do Ministério da Economia (antes Planejamento, Desenvolvimento e Gestão).

De forma genérica, os seguintes macroprocessos envolvidos no planejamento e orçamento da União são tratados no SIOP:

Elaboração e revisão do Projeto de Lei do Plano Plurianual (PLPPA);

Elaboração do Projeto de Lei de Diretrizes Orçamentárias (PLDO);

Elaboração do Projeto de Lei Orçamentária Anual (PLOA);

Operacionalização das Alterações Orçamentárias (Créditos);

Tratamento de Emendas Parlamentares ao Orçamento (Orçamento Impositivo);

Receitas;

Acompanhamento das Estatais;

Acompanhamento Físico das Ações Orçamentárias;

Monitoramento do PPA;

Outras funcionalidades específicas;

Estas funcionalidades estão organizadas nos vários módulos do SIOP. É a parte do SIOP usada no dia a dia para realizar as operações comuns dentro dos processos envolvidos no Ciclo Orçamentário e de Planejamento do Governo Federal.

Capítulo 14

REGISTRO CONTÁBIL
E PLANO DE CONTAS

14.1. Introdução

As definições gerais e conceitos sobre os Registros Contábeis e suas formalidades encontram-se claramente expostos na NBC T 16.5, que, para uniformização geral, define alguns tópicos que servem como referenciais para aqueles que militam na área da gestão pública.

A definição contempla:

• Documento de suporte: qualquer documento hábil, físico ou eletrônico que comprove a transação na entidade do setor público, utilizado para sustentação ou comprovação do registro contábil.

14.2. Formalidades do Registro Contábil

A entidade do setor público deve manter procedimentos uniformes de registros contábeis, por meio de processo manual, mecanizado ou eletrônico, em rigorosa ordem cronológica, como suporte às informações.

14.3. Características do Registro e da Informação Contábil

As características do registro e da informação contábil no setor público são apresentadas a seguir, devendo observância aos Princípios e às Normas Brasileiras de Contabilidade Técnicas Aplicadas ao Setor Público.

> • Comparabilidade: os registros e as informações contábeis devem possibilitar a análise da situação patrimonial de entidades do setor público, tanto ao longo do tempo quanto estaticamente, bem como a identificação de semelhanças e diferenças dessa situação patrimonial com a de outras entidades.

• Compreensibilidade: as informações apresentadas nas demonstrações contábeis devem ser entendidas pelos usuários. Para esse fim, presume-se que estes já tenham conhecimento do ambiente de atuação das entidades do setor público. Todavia, as informações relevantes sobre temas complexos não devem ser excluídas das demonstrações contábeis, mesmo sob o pretexto de que são de difícil compreensão pelos usuários.

• Confiabilidade: o registro e a informação contábil devem reunir requisitos de verdade e de validade que possibilitem segurança e credibilidade aos usuários no processo de tomada de decisão.

• Fidedignidade: os registros contábeis realizados e as informações apresentadas devem representar fielmente o fenômeno contábil que lhes deu origem.

• Imparcialidade: os registros contábeis devem ser realizados e as informações devem ser apresentadas de modo a não privilegiar interesses específicos e particulares de agentes e/ ou entidades.

• Integridade: os registros contábeis e as informações apresentadas devem reconhecer os fenômenos patrimoniais em sua totalidade, não podendo ser omitidas quaisquer partes do fato gerador.

• Objetividade: o registro deve representar a realidade dos fenômenos patrimoniais em função de critérios técnicos contábeis preestabelecidos em normas ou com base em procedimentos adequados, sem que incidam preferências individuais que provoquem distorções na informação produzida.

• Representatividade: os registros contábeis e as informações apresentadas devem conter todos os aspectos relevantes.

• Tempestividade: os fenômenos patrimoniais devem ser registrados no momento de sua ocorrência e divulgados em tempo hábil para os usuários.

• Uniformidade: os registros contábeis e as informações devem observar critérios padronizados e contínuos de identificação, classificação, mensuração, avaliação e evidenciação, de modo que fiquem compatíveis, mesmo que gerados por diferentes entidades. Esse atributo permite a interpretação e a análise das informações, levando-se em consideração a possibilidade de se comparar a situação econômico-financeira de uma entidade do setor público em distintas épocas de sua atividade.

• Utilidade: os registros contábeis e as informações apresentadas devem atender às necessidades específicas dos diversos usuários.

• Verificabilidade: os registros contábeis realizados e as informações apresentadas devem possibilitar o reconhecimento das suas respectivas validades.

• Visibilidade: os registros e as informações contábeis devem ser disponibilizados para a sociedade e expressar, com transparência, o resultado da gestão e a situação patrimonial da entidade do setor público.

14.4. O Registro Contábil e o Plano de Contas

A entidade do setor público deve manter sistema de informação contábil refletido em plano de contas que compreenda:

• a terminologia de todas as contas e sua adequada codificação, bem como a identificação do subsistema a que pertence, a natureza e o grau de desdobramento, possibilitando os registros de valores e a integração dos subsistemas;

• a função atribuída a cada uma das contas;

• o funcionamento das contas;

• a utilização do método das partidas dobradas em todos os registros dos atos e dos fatos que afetam ou possam vir a afetar o patrimônio das entidades do setor público, de acordo com sua natureza orçamentária, financeira, patrimonial e de compensação nos respectivos subsistemas contábeis;

• contas específicas que possibilitam a apuração de custos;

• tabela de codificação de registros que identifique o tipo de transação, as contas envolvidas, a movimentação a débito e a crédito e os subsistemas utilizados.

14.5. Requisitos para o Registro Contábil

Para cumprimento da Norma Brasileira de Contabilidade Técnica Aplicada ao Setor Público, o registro deve ser efetuado tendo em mente as seguintes observações:

• Idioma e moeda corrente nacionais, em livros ou meios eletrônicos que permitam a identificação e o seu arquivamento de forma segura.

• Quando se tratar de transação em moeda estrangeira, esta, além do registro na moeda de origem, deve ser convertida em moeda nacional, aplicando a taxa de câmbio oficial e vigente na data da transação.

• O Livro Diário e o Livro Razão constituem fontes de informações contábeis permanentes e neles são registradas as transações que afetem ou possam vir a afetar a situação patrimonial.

• O Livro Diário e o Livro Razão devem ficar à disposição dos usuários e dos órgãos de controle, na unidade contábil, no prazo estabelecido em legislação específica.

• Os registros contábeis devem ser efetuados de forma analítica, refletindo a transação constante em documento hábil, em consonância com os Princípios Fundamentais de Contabilidade.

• Os registros contábeis devem ser validados por contabilistas, com base em documentação hábil e em conformidade às normas e às técnicas contábeis.

• Os registros extemporâneos devem consignar, nos seus históricos, as datas efetivas das ocorrências e a razão do atraso.

• O registro dos bens, direitos e obrigações deve possibilitar a indicação dos elementos necessários à sua perfeita caracterização e identificação.

• Os atos da administração com potencial de modificar o patrimônio da entidade devem ser registrados nas contas de compensação.

14.6. Elementos Essenciais do Registro Contábil

São elementos essenciais do registro contábil:

• a data da ocorrência da transação;

• a conta debitada;

• a conta creditada;

• o histórico da transação de forma descritiva ou por meio do uso de código de histórico padronizado, quando se tratar de escrituração eletrônica, baseado em tabela auxiliar inclusa em plano de contas;

• o valor da transação;

• o número de controle para identificar os registros eletrônicos que integrem um mesmo lançamento contábil;

• o registro dos bens, direitos e obrigações, que deve possibilitar a indicação dos elementos necessários à sua perfeita caracterização e identificação; e

• os atos da administração com potencial de modificar o patrimônio da entidade, que devem ser registrados nas contas de compensação.

14.7. Segurança da Documentação Contábil

As entidades do setor público devem desenvolver procedimentos que garantam a segurança, a preservação e a disponibilidade dos documentos e dos registros contábeis mantidos em sistemas eletrônicos.

Os documentos em papel podem ser digitalizados e armazenados em meio eletrônico ou magnético, desde que assinados e autenticados, em observância à norma brasileira de contabilidade que trata da escrituração em forma eletrônica.

14.8. Reconhecimento e Bases de Mensuração ou Avaliação Aplicáveis

O patrimônio das entidades do setor público, o orçamento, a execução orçamentária e financeira e os atos administrativos que provoquem efeitos de caráter econômico e financeiro no patrimônio da entidade devem ser mensurados ou avaliados monetariamente e registrados pela contabilidade, observando que:

• As transações no setor público devem ser reconhecidas e registradas integralmente no momento em que ocorrerem;

• Os registros da entidade, desde que estimáveis tecnicamente, devem ser efetuados, mesmo na hipótese de existir razoável certeza de sua ocorrência;

• Os registros contábeis devem ser realizados e os seus efeitos evidenciados nas demonstrações contábeis do período com os quais se relacionam, reconhecidos, portanto, pelos respectivos fatos geradores, independentemente do momento da execução orçamentária;

• Os registros contábeis das transações das entidades do setor público devem ser efetuados, considerando as relações jurídicas, econômicas e patrimoniais, prevalecendo nos conflitos entre elas a essência sobre a forma;

• A entidade do setor público deve aplicar métodos de mensuração ou avaliação dos ativos e dos passivos que possibilitem o reconhecimento dos ganhos e das perdas patrimoniais;

• O reconhecimento de ajustes decorrentes de omissões e erros de registros ocorridos em anos anteriores ou de mudanças de critérios contábeis deve ser realizado à conta do patrimônio líquido e evidenciado em notas explicativas;

• Na ausência de norma contábil aplicada ao setor púbico, o profissional da contabilidade deve utilizar, subsidiariamente, e nesta ordem, as normas nacionais e internacionais que tratem de temas similares, evidenciando o procedimento e os impactos em notas explicativas.

14.9. Plano de Contas Aplicado ao Setor Público e Subsistemas Contábeis

14.9.1. Introdução

O Plano de Contas Aplicado ao Setor Público (PCASP) foi desenvolvido a partir do Manual de Contabilidade Aplicado ao Setor Público, elaborado pela Secretaria do Tesouro Nacional, através do Grupo Técnico de Padronização de Procedimentos Contábeis, criado pela Portaria STN nº 136, de 6 de março de 2007, que priorizou a elaboração de Plano de Contas Aplicado ao Setor Público em consonância com a Lei nº 4.320/1964 na perspectiva de consolidação das contas públicas, conforme art. 50, § 2º da Lei Complementar nº 2000/101 – Lei de Responsabilidade Fiscal, com a participação de representantes do Conselho Federal de Contabilidade através do Grupo Assessor de Elaboração das Normas Brasileiras de Contabilidade Técnica Aplicada ao Setor Público e grupos de estudos do Comitê da Convergência Brasil, que coordena o trabalho de convergência das normas brasileiras às normas internacionais, cumprindo uma das Diretrizes Estratégicas do Desenvolvimento da Contabilidade Aplicada ao Setor Público, além da contribuição de toda a classe contábil, integrada por técnicos e gerentes dos poderes constituídos da União, dos Estados e Municípios.

É fundamental que o PCASP contemple as possibilidades de registro de todos os fenômenos contábeis, pois, como representa peça chave no sistema de registro, cria as condições para a geração pela Contabilidade Aplicada ao Setor Público de informações necessárias para a tomada de decisão, a adequada prestação de contas e a instrumentalização do controle social, cumprindo seu papel de evidenciação e possibilitando a transparência dos atos e fatos da gestão pública.

14.9.2. Conceito

É a estrutura básica da escrituração contábil, formada por um conjunto de contas previamente estabelecido, que permite obter as informações necessárias à elaboração de relatórios gerenciais e demonstrações contábeis de acordo com as características gerais da entidade, possibilitando a padronização de procedimentos contábeis.

14.9.3 Objetivo

O objetivo geral do PCASP é estabelecer normas e procedimentos para o registro contábil das entidades do setor público, permitir a consolidação das contas públicas nacionais e gerar as informações para a tomada de decisão, da adequada prestação de contas e a instrumentalização do controle social.

Os objetivos específicos são:

• atender às necessidades de informação das organizações do setor público;

• observar formato compatível com as legislações vigentes (Lei nº 4.320/1964, Lei 6.404/76, Lei Complementar nº 101/2000 etc.), os Princípios de Contabilidade e as Normas Brasileiras de Contabilidade Técnicas Aplicadas ao Setor Público (NBCT-SP);

• adaptar-se, tanto quanto possível, às exigências das Normais Internacionais de Contabilidade e das nacionais.

14.9.4. Conta Contábil

Conta é a expressão qualitativa e quantitativa de fatos patrimoniais de mesma natureza, evidenciando a composição, variação e estado do patrimônio, bem como de bens, direitos, obrigações e situações nele não compreendidas, mas que, direta ou indiretamente, possam vir a afetá-lo.

As Contas são agrupadas segundo suas funções, possibilitando:

a) identificar, classificar e efetuar a escrituração contábil, pelo método das partidas dobradas, dos atos e fatos de gestão, de maneira uniforme e sistematizada;

b) determinar os custos das operações do governo;

c) acompanhar e controlar a execução orçamentária, evidenciando a receita prevista, lançada, realizada e a realizar, bem como a despesa autorizada, empenhada, realizada e as dotações disponíveis;

d) elaborar os Balanços Orçamentário, Financeiro e Patrimonial, a Demonstração das Variações Patrimoniais, de Fluxo de Caixa e da Demonstração do Patrimônio Líquido;

e) conhecer a composição e situação do patrimônio analisado, por meio da evidenciação de todos os ativos e passivos;

f) analisar e interpretar os resultados econômicos e financeiros;

g) individualizar os devedores e credores, com a especificação necessária ao controle contábil do direito ou obrigação; e

h) controlar contabilmente os direitos e obrigações oriundos de ajustes ou contratos de interesse da gestão.

14.9.4.1. Classificação das Contas

Para garantir a evidenciação dos elementos patrimoniais, a compreensão, a composição patrimonial e a demonstração de todos os bens, direitos e obrigações da entidade, a estrutura conceitual do plano de contas utilizado no Setor Público brasileiro baseia-se na teoria patrimonialista e as contas contábeis são classificadas em:

• Patrimoniais: representadas pelas contas que integram o Ativo, Passivo e Patrimônio Líquido.

• Resultado: representadas pelas contas que indicam as variações patrimoniais ativas (receitas) e passivas (despesas) respectivamente incorridas.

• Controles Orçamentários: representadas pelas contas não caracterizadas como contas patrimoniais, de resultado ou de compensação, que tenham função precípua de controle, que seja para fins de elaboração de informações gerenciais específicas, acompanhamento da execução orçamentária, acompanhamento de rotinas ou elaboração de auditores contábeis.

• Controles de Atos Potenciais: representadas pelas contas de registro dos atos potenciais que não ensejaram registros nas contas patrimoniais, mas que potencialmente possam vir a afetar o patrimônio.

a) Natureza do saldo:

• Conta Devedora: aquela que possui saldo predominantemente devedor;

• Conta Credora: aquela que possui saldo predominantemente credor;

• Conta Híbrida ou Mista: aquela que possuí saldo devedor ou credor.

b) Variação na natureza do saldo:

• Conta Estável: aquela que só possui um tipo de saldo;

• Conta Instável: aquela que possui saldo devedor ou credor a exemplo da conta resultado do exercício.

c) Movimentação que sofrem:

• Conta Unilateral: aquelas que são utilizadas para lançamentos a débito ou a crédito exclusivamente, a exemplo das contas de despesas e receitas;

• Conta Bilateral: aquelas que são utilizadas para lançamentos a débito e a crédito, a exemplo da conta Caixa;

d) Frequência das movimentações no período:

• Conta Estática: pouca movimentação no período;

• Conta Dinâmica: frequente movimentação no período.

e) Necessidade de desdobramento:

• Conta Sintética: aquela que funciona como agregadora, possuindo conta em nível inferior;

• Conta Analítica: aquela que recebe escrituração, não possuindo conta em nível inferior.

f) Natureza das informações:

Patrimoniais: grupos 1, 2, 3 e 4 – são as contas que registram, processam e evidenciam os fatos financeiros e não financeiros relacionados com as variações qualitativas e quantitativas do patrimônio público, representadas pelas contas que integram o Ativo, Passivo, Patrimônio Líquido, Variações Patrimoniais Diminutivas (VPD) e Variações Patrimoniais Aumentativas (VPA).

Orçamentárias: grupos 5 e 6 – são as contas que registram, processam e evidenciam os atos e os fatos relacionados ao planejamento e à execução orçamentária, representadas pelas contas que registram a aprovação e execução do planejamento e orçamento, inclusive Restos a Pagar.

De Controle: grupos 7 e 8 – são as contas que registram, processam e evidenciam os atos de gestão cujos efeitos possam produzir modificações no patrimônio da entidade do setor público, bem como outras que tenham função precípua de controle, seja para fins de elaboração de informações gerenciais específicas, acompanhamento de rotinas, elaboração de procedimentos de consistência contábil, ou para registrar atos que não ensejam registros nas contas patrimoniais, mas que potencialmente possam vir a afetar o patrimônio.

14.9.4.2. Peculiaridades do Plano de Contas Aplicado ao Setor Público

O Plano de Contas e a Lei nº 4.320/64

A contabilidade como ciência social está sempre em transformação, todavia esse processo se mostra mais intenso com a decisão pela convergência aos padrões internacionais. A conjuntura econômica, interna e externa, tem demandado esforços das organizações contábeis nacionais para a adoção de conceitos e procedimentos reconhecidos e utilizados internacionalmente.

A Lei n º 4.320/1964, que estatui normas gerais de direito financeiro para elaboração e controle dos orçamentos e balanços, estabelece em seu Título IX:

> Art. 85. Os serviços de contabilidade serão organizados de forma a permitirem o acompanhamento da execução orçamentária, o conhecimento da composição patrimonial, a determinação dos custos dos serviços industriais, o levantamento dos balanços gerais, a análise e a interpretação dos resultados econômicos e financeiros.
>
> Art. 89. A contabilidade evidenciará os fatos ligados à administração orçamentária, financeira patrimonial e industrial.

Sendo assim, O PCASP deve atender às necessidades dos entes da Federação e dos demais usuários da informação contábil, e está em conformidade com os princípios da administração pública, as normas legais de contabilidade e finanças públicas e as normas e princípios contábeis.

O PCASP é a estrutura primária para gerar os demonstrativos contábeis, inclusive os demonstrativos da LRF e outros necessários a geração de informações ao público, incluindo os organismos internacionais. Essa estrutura contempla a relação de contas contábeis com suas funções, funcionamentos e atributos, lançamentos padrões, nomenclatura e explicações gerais de uso.

Diretrizes

A globalização econômica, a evolução tecnológica e sistêmica, a demanda por informações gerenciais e a complexidade das transações no setor público exigem que os instrumentos contábeis utilizados pela gestão pública sejam eficientes, eficazes e tempestivos.

A contabilidade aplicada ao setor público foi submetida a mudanças conceituais em virtude do modelo de padrão da contabilidade internacional, face ao objetivo de aproximação conceitual e das diretrizes estratégicas emanadas da parceria entre o Conselho Federal de Contabilidade e outros órgãos da administração pública.

Este objetivo encontra-se nos esforços de organismos internacionais, a exemplo do IFAC (International Federation of Accountants), que estabelece padrões internacionais de contabilidade para o setor público, publicando as IPSAS que foram convergidas até dezembro de 2012, conforme compromisso assumido pelo Comitê de Convergência Brasil.

As diretrizes do PCASP são:

• Padronização dos registros contábeis das entidades do setor público, administração direta e indireta, inclusive fundos, autarquias, agências reguladoras e empresas estatais dependentes, de todas as esferas de governo;

• Harmonização dos procedimentos contábeis com os princípios e normas de contabilidade, sempre em observância à legislação vigente;

• Adoção da estrutura do Plano de Contas, codificada e hierarquizada em classes de contas, contemplando as contas patrimoniais, de atos potenciais, de resultado, do controle orçamentário e com funções precípuas de controle;

• Flexibilidade para que os entes detalhem, a partir do nível seguinte ao padronizado, os níveis inferiores, conforme suas necessidades;

• Controle do patrimônio, dos atos de gestão que possam afetá-lo, assim como do orçamento público, demonstrando a situação econômico-financeira da entidade sob o ponto de vista do passado, presente e futuro;

• Distinção de institutos com conceitos e regimes próprios em classes ou grupos, como é o caso de patrimônio e orçamento, mantendo-se seus relacionamentos;

- Aspectos orçamentários serão preservados em seus conceitos, regime de escrituração e demonstrativos. Sendo destacados em classes ou grupos e permitindo a informação sob diversos enfoques: patrimonial, orçamentário ou fiscal;
- A classificação da informação patrimonial não precisa ser igual à orçamentária;
- Geração de informações que satisfaçam os usuários.

Responsabilidade

A STN, com o apoio do Grupo Técnico de Procedimentos Contábeis, é responsável pela administração do Plano de Contas Aplicado ao Setor Público, até a implantação do Conselho de Gestão Fiscal, instituído pela LRF, a quem compete:

- criar, extinguir, especificar, desdobrar, detalhar e codificar contas;
- expedir instruções sobre a utilização do Plano de Contas, compreendendo os procedimentos contábeis pertinentes; e
- promover as alterações e ajustes necessários à atualização do Plano de Contas, observada sua estrutura básica, incluindo os lançamentos típicos da Administração Pública.

Abrangência e Aplicação

A abrangência e aplicação do Plano de Contas Aplicado ao Setor Público engloba todas as entidades públicas, de forma integral ou parcial, exceto as estatais independentes, cuja utilização é facultativa.

O PCASP deve ser utilizado por todos os Poderes de cada ente da federação, seus fundos, órgãos, autarquias, inclusive especiais, e fundações instituídas e mantidas pelo Poder Público, bem como das empresas estatais dependentes.

As entidades públicas devem observar as normas e as técnicas próprias da Contabilidade Aplicada ao Setor Público.

Entende-se por empresa estatal dependente, conforme disposto no art. 2º, inciso III da LRF, a empresa controlada que recebe do ente controlador recursos financeiros para pagamento de despesas com pessoal ou de custeio em geral ou de capital, excluídos, no último caso, aqueles provenientes de aumento de participação acionária.

14.10 SISTEMA CONTÁBIL

O sistema contábil é a estrutura de informações para identificação, mensuração, avaliação, registro, controle e evidenciação dos atos e dos fatos da gestão do patrimônio público, com o objetivo de orientar o processo de decisão, a prestação de contas e a instrumentalização do controle social.

Esse sistema é organizado em subsistemas de informações, que oferecem produtos diferentes em razão das especificidades demandadas pelos usuários e possibilitam a geração de informações para os diversos tipos de usuários.

Conforme a NBCT-SP e a natureza da informação, os sistemas podem ser agrupados em:

a) Patrimonial: gera informações sobre o patrimônio, situação dinâmica e estática, engloba as contas do ativo e passivo e as variações ativas e passivas. Compreende:

1. Subsistema Financeiro: que registra, processa e evidencia os fatos relacionados aos ingressos e aos desembolsos financeiros, bem como as disponibilidades no início e final do período e permite evidenciar o ativo e passivo financeiro na forma definida pela Lei 4.320/1964;

2. Subsistema Permanente/Não-Financeiro: que registra, processa e evidencia bens, direitos e obrigações não financeiros, as variações qualitativas e quantitativas do patrimônio público e permite evidenciar o ativo e passivo permanente na forma definida pela Lei 4.320/1964.

A separação da informação patrimonial em Financeira e Permanente/Não-Financeira tem por objetivo principal apurar o superávit ou déficit financeiro no Balanço Patrimonial, conforme determina a Lei nº 4.320/64:

Art. 43. A abertura dos créditos suplementares e especiais depende da existência de recursos disponíveis para ocorrer à despesa e será precedida de exposição justificativa.

§1º Consideram-se recursos para o fim deste artigo, desde que não comprometidos;

I – o superávit financeiro apurado em balanço patrimonial do exercício anterior;

(...)

2º Entende-se por superávit financeiro a diferença positiva entre o ativo financeiro e o passivo financeiro, conjugando--se, ainda, os saldos dos créditos adicionais transferidos e as operações de credito a eles vinculadas.

b) Controle: gera informações sobre os atos potenciais, planejamento e execução orçamentária, programação financeira, custos, entre outros controles. Compreende os seguintes subsistemas:

1. Orçamentário: que registra, processa e evidencia os atos e os fatos relacionados ao planejamento e à execução orçamentária;

2. Custos: que registra, processa e evidencia os custos dos bens e serviços, produzidos e ofertados à sociedade pela entidade pública;

3. Compensação: que registra, processa e evidencia os atos de gestão cujos efeitos possam produzir modificações no patrimônio da entidade do setor público, bem como aqueles com funções específicas de controle.

Os subsistemas contábeis devem ser integrados entre si, subsidiando a administração pública sobre:

a) desempenho da unidade contábil no cumprimento da sua missão;

b) avaliação dos resultados obtidos na execução dos programas de trabalho com relação à economicidade, à eficiência, à eficácia e à efetividade;

c) avaliação das metas estabelecidas pelo planejamento;

d) avaliação dos riscos e das contingências.

Observação importante: É importante que não se confunda a classificação das contas com os subsistemas de contas. No subsistema de compensação existem contas de controle e de compensação. As contas de resultado integram o subsistema patrimonial.

Vinculação das Contas aos Subsistemas Contábeis

Cada conta contábil em nível de escrituração deve pertencer somente a um subsistema contábil. Para classificá-la no subsistema adequado devem-se observar os seguintes passos:

1º Passo – Identificar se a conta registra, processa e evidencia atos e fatos que geram informações sobre patrimônio (contas do ativo e passivo, exceto compensações, e variações patrimoniais ativas e passivas) ou controles de atos potenciais e fatos orçamentários, de programação financeira entre outros controles (contas de compensação e de controles orçamentários e diversos).

Se a conta for patrimonial ir para o 2º passo.

Se a conta for de controle ir para o 3º passo.

2º Passo – Identificar se a conta patrimonial é de natureza financeira ou permanente/não financeira.

Se a conta representa créditos e valores realizáveis independentemente de autorização orçamentária, valores numerários, dívidas fundadas ou outros pagamentos independentes de autorização orçamentária, deve pertencer ao subsistema financeiro.

Se a conta representa as variações que afetam o patrimônio, bens, créditos e valores, cuja mobilização ou alienação dependa de autorização legislativa ou dívidas fundadas e outras que dependam de autorização legislativa para amortização ou resgate, deve pertencer ao subsistema permanente/não-financeiro.

3º Passo – Identificar se a conta de controle é de natureza orçamentária, compensação, controles diversos ou custos.

Se a conta representa atos ou fatos relacionados ao planejamento e execução orçamentária, tais como previsões da receita, fixação da despesa, empenho da despesa orçamentária, liquidação de Restos a Pagar não processados, entre outros, deve pertencer ao subsistema orçamentário.

Se a conta representa atos de gestão que possam afetar o patrimônio ou controles específicos, tais como, assinatura de contratos, concessão de aval ou fiança e controles de programação, deve pertencer ao subsistema de compensação.

Se a conta representa custos dos bens e serviços produzidos e ofertados à sociedade, deve pertencer ao subsistema de custos.

Como exemplo da aplicação do roteiro acima, podemos buscar a vinculação da conta "Crédito Disponível" ao seu respectivo subsistema.

A conta Crédito Disponível tem como função o registro do valor da dotação inicial e adicional de receita aprovada no orçamento geral da união e liberada ou antecipada pela lei de diretrizes orçamentárias (LDO).

1º Passo – Analisando a função da conta concluímos que se trata de um controle de atos orçamentários, sendo classificada como conta de controle. Segue-se então para o 3º passo.

3º Passo – O controle orçamentário é típico do subsistema orçamentário, assim a conta "Crédito Disponível" pertence a esse subsistema.

Lógica do Registro Contábil

O registro contábil deve ser feito pelo método das partidas dobradas e nos respectivos subsistemas contábeis, conforme sua natureza seja orçamentária, financeira, patrimonial e de compensação.

As contas patrimoniais se relacionam com os subsistemas financeiro e patrimonial segregando o ativo e passivo financeiros, conforme estabelecido na Lei nº 4.320/1964 para cálculo do superávit financeiro no Balanço Patrimonial.

Portanto, registros envolvendo os subsistemas financeiro e patrimonial não precisam se equilibrar dentro dos subsistemas. Os lançamentos podem apresentar partidas em subsistemas distintos. Como exemplo, tem-se o ingresso de dinheiro proveniente de uma operação de crédito com prazo de amortização superior a 12 meses.

Título da Conta	Código/Subsistema
D – Bancos Conta Movimento	1. 1. 1. Financeiro
C – Obrigações Exigíveis a Longo Prazo	2. 2.1. Não-Financeiro

Nos registros que envolvem os demais subsistemas (orçamentário, compensação e custos) deve haver o equilíbrio dos valores a débito e a crédito em cada subsistema. Como exemplo, o registro no subsistema orçamentário da arrecadação de receita orçamentária, ensejará valores a débito e a crédito de contas do mesmo subsistema.

Exemplo: Previsão da receita

Título da Conta

D – Previsão Inicial da Receita Orçamentária

C – Receita Orçamentária a Realizar

Brasília, 12 de dezembro de 2020

Registro da previsão inicial da receita, conforme apresentado na Lei Orçamentária Anual de 2035, Lei nº 125.560/2020.

O registro dos bens, direitos e obrigações deve possibilitar a indicação dos elementos necessários à sua perfeita caracterização e identificação. Em cumprimento à Lei 4.320/1964 os débitos e créditos serão escriturados com individuação do devedor ou do credor e especificação da natureza, importância e data do vencimento, quando fixada.

Os atos da administração com potencial de modificar o patrimônio da entidade devem ser registrados nas contas de controles de atos potenciais, em cumprimento ao § 5º do artigo 105 da Lei 4.320/1964:

> § 5º Nas contas de compensação serão registrados os bens, valores, obrigações e situações não compreendidas nos parágrafos anteriores e que, mediata ou indiretamente, possam vir a afetar o patrimônio.

Exemplo: Registro de Contrato de Fornecimento de Bens

Título da Conta

D – Obrigações Contratuais – Valor Contratado

C – Obrigações Contratuais a Executar

Brasília, 12 de abril de 2020.

Registro do Contrato de Fornecimento de Bens, conforme processo licitatório nº 12500.000124/2020-45. Aquisição de materiais de expediente do Fornecedor Rápido de Marte.

Nota de Empenho nº 2020NE800560.

Observação: A NBC T 2.8 estabelece critérios e procedimentos para a escrituração contábil em forma eletrônica, sua certificação digital, sua validação perante terceiros, manutenção dos arquivos e responsabilidade de contabilista.

Os registros contábeis devem ser efetuados de forma analítica, refletindo a transação constante em documento hábil, em consonância com os Princípios Fundamentais de Contabilidade. Também devem ser validados por contabilistas, com base em documentação hábil e em conformidade às normas e às técnicas contábeis.

Os registros extemporâneos devem consignar, nos seus históricos, as datas efetivas das ocorrências e a razão do atraso.

Estrutura do Plano de Contas Aplicado ao Setor Público

O PCASP é composto por:

• Tabela de atributos da conta contábil.

• Relação de contas.

• Estrutura Padronizada de Lançamentos.

Atributos da Conta Contábil

Os atributos da conta contábil são o conjunto de características próprias que a individualizam, distinguindo-a de outra conta pertencente ao plano de contas. Os atributos são a identidade da conta, dividindo-se em essenciais e acessórios.

Atributos essenciais são os elementos imprescindíveis para a perfeita compreensão do objeto da conta, e são:

a) Título: palavra ou designação que identifica o objeto de uma conta, ou seja, a razão para a qual foi aberta e a classe de valores que registra;

b) Função: descrição da natureza dos atos e fatos registráveis na conta, explicando de forma clara e objetiva o papel desempenhado pela conta na escrituração;

c) Funcionamento (quando debita e quando credita): descrição da relação de uma conta específica com as demais, demonstrando quando se debita a conta, e quando se credita;

d) Natureza do Saldo: identifica se a conta tem saldo credor ou devedor.

Atributos acessórios são elementos complementares que agregam funcionalidade ao processo de identificação e utilização das contas, tais como: código, encerramento, subsistema, entre outros.

a) Código: o conjunto ordenado de números que permite a identificação de cada uma das contas que compõem o Plano de Contas de uma entidade;

b) Encerramento: que indica a condição de permanência do saldo em uma conta, conforme sua natureza;

c) Subsistema: que indica a qual subsistema de informações a conta pertence.

Estrutura Padronizada do PCASP

Natureza da Informação Contábil

A metodologia utilizada para a estruturação do PCASP foi a segregação das contas contábeis em grandes grupos de acordo com as características dos atos e fatos nelas registrados. Essa metodologia permite o registro dos dados contábeis de forma organizada e facilita a análise das informações de acordo com sua natureza.

O PCASP está estruturado de acordo com as seguintes naturezas das informações contábeis:

a) Natureza de Informação Orçamentária: registra, processa e evidencia os atos e os fatos relacionados ao planejamento e à execução orçamentária.

b) Natureza de Informação Patrimonial: registra, processa e evidencia os fatos financeiros e não financeiros relacionados com a composição do patrimônio público e suas variações qualitativas e quantitativas.

c) Natureza de Informação de Controle: registra, processa e evidencia os atos de gestão cujos efeitos possam produzir modificações no patrimônio da entidade do setor público, bem como aqueles com funções específicas de controle.

O PCASP é dividido em 8 classes, sendo as contas contábeis classificadas segundo a natureza das informações que evidenciam:

PCASP		
Natureza da Informação	**Classes**	
	1. Ativo	2. Passivo
Patrimonial	3. Variações Patrimoniais Diminutivas	4. Variações Patrimoniais Aumentativas
Orçamentária	5. Controles da Aprovação do Planejamento e Orçamento	6. Controles da Execução do Planejamento e Orçamento
Controle	7. Controles Devedores	8. Controles Credores

Código da Conta Contábil

Estrutura do Código da Conta Contábil

As contas contábeis do PCASP são identificadas por códigos com 7 níveis de desdobramento, compostos por 9 dígitos, de acordo com a seguinte estrutura:

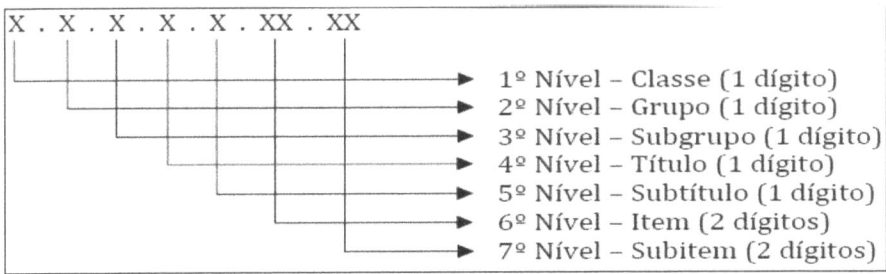

O PCASP possui a seguinte estrutura básica, em nível de classe (1º nível) e grupo (2º nível):

PCASP	
1 – Ativo 1.1 – Ativo Circulante 1.2 – Ativo Não Circulante	**2 – Passivo e Patrimônio Líquido** 2.1 – Passivo Circulante 2.2 – Passivo Não Circulante 2.3 – Patrimônio Líquido
3 – Variação Patrimonial Diminutiva 3.1 – Pessoal e Encargos 3.2 – Benefícios Previdenciários e Assistenciais 3.3 – Uso de Bens, Serviços e Consumo de Capital Fixo 3.4 – Variações Patrimoniais Diminutivas Financeiras 3.5 – Transferências e Delegações Concedidas 3.6 – Desvalorização e Perda de Ativos e Incorporação de Passivos 3.7 – Tributárias 3.8 – Custo das Mercadorias Vendidas, dos Produtos Vendidos e dos Serviços Prestados 3.9 – Outras Variações Patrimoniais Diminutivas	**4 – Variação Patrimonial Aumentativa** 4.1 – Impostos, Taxas e Contribuições de Melhoria 4.2 – Contribuições 4.3 – Exploração e venda de bens, serviços e direitos 4.4 – Variações Patrimoniais Aumentativas Financeiras 4.5 – Transferências e Delegações Recebidas 4.6 – Valorização e Ganhos com Ativos e Desincorporação de Passivos 4.7 – Outras Variações Patrimoniais Aumentativas
5 – Controles da Aprovação do Planejamento e Orçamento 5.1 – Planejamento Aprovado 5.2 – Orçamento Aprovado 5.3 – Inscrição de Restos a Pagar	**6 – Controles da Execução de Planejamento e Orçamento** 6.1 – Execução do Planejamento 6.2 – Execução do Orçamento 6.3 – Execução de Restos a Pagar

7 – Controles Devedores	8 – Controles Credores
7.1 – Atos Potenciais	8.1 – Execução dos Altos Potenciais
7.2 – Administração Financeira	8.2 – Execução da Administração Financeira
7.3 – Dívida Ativa	
7.4 – Riscos Fiscais	8.3 – Execução da Dívida Ativa
7.5 – Consórcios Públicos	8.4 – Execução dos Riscos Fiscais
7.6 – Custos	8.5 – Execução dos Consórcios Públicos
7.7 – Outros Controles	
	8.6 – Apuração de Custos
	8.7 – Outros Controles

EXERCÍCIOS

1. (Ano: 2019 Banca: UFCG Órgão: UFCG Prova: UFCG – 2019 – UFCG – Contador)

Segundo a estrutura básica do Plano de Contas Aplicado ao Setor Público (PCASP), em consonância com o Manual de Contabilidade Aplicada ao Setor Público, o Grupo "Inscrição de Restos a Pagar" pertence à Classe:

(A) Variação Patrimonial Aumentativa.

(B) Controles de Aprovação do Planejamento e Orçamento.

(C) Variação Patrimonial Diminutiva.

(D) Controles de Execução do Planejamento e Orçamento.

(E) Passivo e Patrimônio Líquido.

2. (Ano: 2019 Banca: UFCG Órgão: UFCG Prova: UFCG – 2019 – UFCG – Contador)

Segundo o Manual de Contabilidade Aplicado ao Setor Público, considera-se realizada uma Variação Patrimonial Diminutiva:

(A) Pela geração natural de novos ativos independentemente da intervenção de terceiros.

(B) No momento do recebimento efetivo de doações e subvenções.

(C) Quando da extinção, parcial ou total de um passivo, sem o desaparecimento concomitante de um ativo de valor igual ou maior.

(D) Nas transações com contribuintes e terceiros, quando estes efetuarem o pagamento ou assumirem o compromisso firme de efetivá-lo.

(E) Quando deixar de existir o correspondente valor ativo, por transferência de sua propriedade para terceiro.

3. (Ano: 2019 Banca: UFCG Órgão: UFCG Prova: UFCG – 2019 – UFCG – Contador)

Segundo a Estrutura Conceitual aplicável ao Setor Público, a característica qualitativa que ajuda a assegurar que a informação contábil contida nos Relatórios Contábeis de Propósito Geral do órgão apresentou os fenômenos econômicos de forma completa, neutra e livre de erro material é denominada:

(A) Relevância.

(B) Compreensibilidade.

(C) Comparabilidade.

(D) Verificabilidade.

(E) Representação Fidedigna.

4. (Ano: 2019 Banca: UFCG Órgão: UFCG Prova: UFCG – 2019 – UFCG – Contador)

A Norma Brasileira de Contabilidade Técnica Aplicada ao Setor Público (NBC TSP) Estrutura Conceitual estabelece conceitos que devem ser aplicados às demais normas de contabilidade destinadas às entidades do setor público. Tal estrutura estabelece bases para a mensuração de ativos e passivos, para melhor divulgação da informação contábil pelas entidades do setor público. Assinale a alternativa que não constitui uma base de mensuração para os passivos:

(A) Valor em uso.

(B) Custo de liberação.

(C) Preço presumido.

(D) Custo de cumprimento da obrigação.

(E) Custo histórico.

5. (Ano: 2017 Banca: Instituto Excelência Órgão: Câmara de Santa Rosa – RS Prova: Instituto Excelência – 2017 – Câmara de Santa Rosa – RS – Diretor Geral)

No Plano de Contas Aplicado ao Setor Público as contas contábeis são classificadas segundo a natureza das informações que evidenciam: Sendo uma dessas classificadas em Contas com Informações de Natureza Orçamentária é CORRETO afirmar:

(A) São as contas que registram, processam e evidenciam os fatos financeiros e não financeiros relacionados com as variações qualitativas e quantitativas do patrimônio público.

(B) São as contas que registram, processam e evidenciam os atos e os fatos relacionados ao planejamento e à execução orçamentária, representadas pelas contas que registram aprovação e execução do planejamento e orçamento, inclusive Restos a Pagar.

(C) São as contas que registram, processam e evidenciam os atos de gestão cujos efeitos possam produzir modificações no patrimônio da entidade do setor público.

(D) Nenhuma das alternativas.

6. (Ano: 2017 Banca: Instituto Excelência Órgão: Câmara de Santa Rosa – RS Prova: Instituto Excelência – 2017 – Câmara de Santa Rosa – RS – Diretor Geral)

O sistema contábil representa a estrutura de informações sobre identificação, mensuração, avaliação, registro, controle e evidenciação dos atos e dos fatos da gestão do patrimônio público, com o objetivo de orientar e suprir o processo de decisão, a prestação de contas e a instrumentalização do controle social. O sistema contábil está estruturado nos seguintes subsistemas de informações: Analise as afirmativas abaixo:

I – Orçamentário – registra, processa e evidencia os atos e os fatos relacionados ao planejamento e à execução orçamentária.

II – Compensação – registra, processa e evidencia os fatos financeiros e não financeiros relacionados com as variações qualitativas e quantitativas do patrimônio público.

III – Custos – registra, processa e evidencia os custos dos bens e serviços, produzidos e ofertados à sociedade pela entidade pública.

IV– Patrimonial – registra, processa e evidencia os atos de gestão cujos efeitos possam produzir modificações no patrimônio da entidade do setor público, bem como aqueles com funções específicas de controle.

Estão CORRETAS as afirmativas:

(A) I, III e IV.

(B) I e III.

(C) II e IV.

(D) Nenhuma das alternativas.

7. (Ano: 2017 Banca: INSTITUTO AOCP Órgão: Câmara de Maringá– PR Prova: INSTITUTO AOCP – 2017 – Câmara de Maringá– PR – Contador)

No que diz respeito à Norma Brasileira de Contabilidade Aplicada ao Setor Público (NBC TSP) – Estrutura Conceitual, informe se é verdadeiro (V) ou falso (F) o que se afirma a seguir e assinale a alternativa com a sequência correta.

( ) Ativo é um recurso controlado no presente pela entidade como resultado de evento passado.

( ) Passivo é uma obrigação passada, derivada de evento presente, cuja extinção deva resultar a saída de recursos da entidade.

( ) A Despesa (ou variação patrimonial diminutiva) corresponde às diminuições na situação patrimonial líquida da entidade, não oriundas das distribuições aos proprietários. ( ) Receita (ou variação patrimonial aumentativa) corresponde aos aumentos na situação patrimonial líquida da entidade, não oriundos das contribuições dos proprietários.

(A) V – V – V – V.

(B) F – V – V – F.

(C) V – V – F – F.

(D) V – F – V – V.

(E) V – V – F – V.

8. (Ano: 2017 Banca: INSTITUTO AOCP Órgão: Câmara de Maringá– PR Prova: INSTITUTO AOCP – 2017 – Câmara de Maringá– PR – Contador)

São regras de integridade relativas ao Plano de Contas Aplicado ao Setor Público (PCASP), EXCETO:

(A) Lançamentos Contábeis.

(B) Pagamento e Recebimento.

(C) Desenvolvimento de Equações Contábeis.

(D) Consistência dos Registros e Saldos de Contas.

(E) Indicadores Contábeis.

9. (Ano: 2017 Banca: INSTITUTO AOCP Órgão: Câmara de Maringá – PR Prova: INSTITUTO AOCP – 2017 – Câmara de Maringá – PR – Contador)

Na Contabilidade Aplicada ao Setor Público (CASP), os registros contábeis devem ser realizados pelo método das partidas dobradas, e os lançamentos devem debitar e creditar contas que apresentem a mesma natureza de informação. Nesse sentido, é correto afirmar que:

(A) os lançamentos de natureza patrimonial apenas debitam e creditam contas das classes 1 e 2.

(B) os lançamentos de natureza orçamentária apenas debitam e creditam contas das classes 3 e 4.

(C) os lançamentos de natureza patrimonial apenas debitam e creditam contas das classes 5 e 6.

(D) os lançamentos de natureza de controle apenas debitam e creditam contas das classes 7 e 8.

(E) os lançamentos de natureza orçamentária apenas debitam e creditam contas das classes 7 e 8.

10. (Ano: 2016 Banca: FUNDATEC Órgão: CRQ 9º Região – PR Prova: FUNDATEC – 2016 – CRQ 9º Região – PR – Contador)

Na contabilidade pública, o sistema que tem por objetivo registrar a execução orçamentária é o:

(A) Patrimonial.

(B) Financeiro.

(C) De Controle.

(D) De Compensação.

(E) Orçamentário.

11. (Ano: 2016 Banca: UFMT Órgão: Câmara de Sorriso – MT Prova: UFMT – 2016 – Câmara de Sorriso – MT – Contador)

Para responder à questão, marque a afirmativa que corresponda ao correto registro contábil do Recebimento da Dívida Ativa em Bens, pelo valor exato do crédito tributário e sem prejuízo à repartição tributária.

Em Contas com informações de Natureza Patrimonial:

(A) Créditos Inscritos em Dívida Ativa Recebidos → a Créditos Inscritos em Dívida Ativa a Receber.

(B) Créditos a Receber – Dívida Ativa → a Imobilizado.

(C) Créditos Inscritos em Dívida Ativa a Receber→ a Créditos a Receber – Dívida Ativa.

(D) Imobilizado → a Créditos a Receber – Dívida Ativa.

12. (Ano: 2016 Banca: UFMT Órgão: Câmara de Sorriso – MT Prova: UFMT – 2016 – Câmara de Sorriso – MT – Contador)

Para responder à questão, marque a afirmativa que corresponda ao correto registro contábil do Recebimento da Dívida Ativa em Bens, pelo valor exato do crédito tributário e sem prejuízo à repartição tributária.

Em Contas com informações de Natureza da Informação Orçamentária:

(A) Receita Realizada → a Crédito Liquidado.

(B) Crédito Liquidado → a Receita a Realizar.

(C) Receita a Realizar → a Receita Realizada.

(D) Receita Realizada → a Receita a Realizar.

13. (Ano: 2016 Banca: UFMT Órgão: Câmara de Sorriso – MT Prova: UFMT – 2016 – Câmara de Sorriso – MT – Contador)

Em relação a Sistema Contábil contido na NBC T 16.2, analise as afirmativas.

I – A Contabilidade Aplicada ao Setor Público é organizada na forma de sistema de informações, cujos subsistemas possam oferecer produtos diferentes em razão da respectiva especificidade.

II – É estruturado em subsistemas de informações: orçamentário, financeiro, patrimonial, de custos e de compensação.

III – Tem por objetivo orientar e suprir o processo de decisão, a prestação de contas e a instrumentalização do controle social.

IV – Consiste na soma, agregação ou divisão de patrimônios autônomos de uma ou mais entidades do setor público.

Estão corretas as afirmativas:

(A) I, II e IV, apenas.

(B) I e III, apenas.

(C) II, III e IV, apenas.

(D) III e IV, apenas.

14. (Ano: 2016 Banca: FUNEC Órgão: Câmara de Caeté – MG Prova: FUNEC – 2016 – Câmara de Caeté – MG – Contador)

Com base nas Normas Brasileiras de Contabilidade Aplicada ao Setor Público NBC T 16, Resolução nº 1268/08, CFC, analise as opções abaixo e assinale a alternativa INCORRETA:

(A) Patrimônio Público é o conjunto de direitos e bens, tangíveis ou intangíveis, onerados ou não, adquiridos, formados, produzidos, recebidos, mantidos ou utilizados pelas entidades do setor público, que seja portador ou represente um fluxo de benefícios, presente ou futuro, inerente à prestação de serviços públicos ou à exploração econômica por entidades do setor público e suas obrigações.

(B) O subsistema de custo registra, processa e evidencia os atos de gestão cujos efeitos possam produzir modificações no patrimônio da entidade do setor público, bem como aqueles com funções específicas de controle.

(C) Variações Patrimoniais são transações que promovem alterações nos elementos patrimoniais da entidade do setor público, mesmo em caráter compensatório, afetando, ou não, o seu resultado.

(D) Os registros contábeis devem ser realizados e os seus efeitos evidenciados nas demonstrações contábeis do período com os quais se relacionam, reconhecidos, portanto, pelos respectivos fatos geradores, independentemente do momento da execução orçamentária.

15. (Ano: 2017 Banca: CPCON Órgão: Prefeitura de Riacho da Cruz – RN Prova: CPCON – 2017 – Prefeitura de Riacho da Cruz – RN – Contador)

De acordo com as Normas Brasileiras Aplicadas ao Setor Público, o Sistema Contábil se divide em subsistemas. Marque a alternativa que se refere ao subsistema que registra, processa e evidencia os atos de gestão cujos efeitos possam produzir modificações no patrimônio da entidade do setor público, bem como aqueles com funções específicas de controle. É neste subsistema que se demonstram os atos potenciais, ou seja, atos praticados pelos administradores que não afetam o patrimônio de imediato, mas que poderão afetá-lo.

(A) Compensação.

(B) Orçamentário.

(C) Patrimonial ou não financeiro.

(D) Custos.

(E) Financeiro.

16. (Ano: 2017 Banca: CPCON Órgão: Prefeitura de Riacho da Cruz – RN Prova: CPCON – 2017 – Prefeitura de Riacho da Cruz – RN – Contador)

Levando em consideração a Contabilidade segundo a Lei n° 4.320/64, marque a alternativa INCORRETA:

(A) A contabilidade evidenciará perante a Fazenda Pública a situação de todos quantos, de qualquer modo, arrecadem receitas, efetuem despesas, administrem ou guardem bens a ela pertencentes ou confiados.

(B) A contabilidade evidenciará os fatos ligados à administração, exclusivamente, no seu aspecto orçamentário.

(C) Os serviços de contabilidade serão organizados de forma a permitirem o acompanhamento da execução orçamentária, o conhecimento da composição patrimonial, a determinação dos custos dos serviços industriais, o levantamento dos balanços gerais, a análise e a interpretação dos resultados econômicos e financeiros.

(D) A escrituração sintética das operações financeiras e patrimoniais efetuar-se-á pelo método das partidas dobradas.

(E) Os débitos e créditos serão escriturados com individuação do devedor ou do credor e especificação da natureza, importância e data do vencimento, quando fixada.

17. (Ano: 2017 Banca: CPCON Órgão: Prefeitura de Riacho da Cruz – RN Prova: CPCON – 2017 – Prefeitura de Riacho da Cruz – RN – Contador)

Considerando as informações financeiras e econômicas de uma entidade, a Lei n° 4.320/1964 versa sobre:

(A) Normas gerais de direito financeiro para elaboração e controle dos orçamentos e balanços, exclusivamente, da União.

(B) Normas para licitações e contratos da Administração Pública.

(C) Normas gerais de direito financeiro para elaboração e controle dos orçamentos e balanços, exclusivamente, dos Municípios.

(D) Normas gerais de direito financeiro para elaboração e controle dos orçamentos e balanços da União, dos Estados, dos Municípios e do Distrito Federal.

(E) Normas para licitações e contratos da Administração Privada.

18. (Ano: 2017 Banca: Instituto Ânima Sociesc Órgão: CISNORDESTE – SC Prova: Instituto Ânima Sociesc – 2017 – CISNORDESTE – SC – Contador)

O Manual de Contabilidade Aplicada ao Setor Público (MCASP) constitui o instrumento que harmoniza e padroniza a Contabilidade Aplicada ao Setor Público (CASP) no âmbito da Federação Brasileira, estabelecendo as bases para a consolidação das contas nacionais indo ao encontro das disposições da Portaria do Ministério da Fazenda 184/2008 e do Decreto Federal n° 6.976/2009. O Manual de Contabilidade Aplicada ao Setor Público (MCASP):

I. É um conjunto de procedimentos (orçamentários, patrimoniais e específicos).

II. Orienta aos gestores na aplicação de todo o arcabouço legal e normativo relacionado à Contabilidade Aplicada ao Setor Público (CASP).

III. É emitido mediante resolução do Conselho Federal de Contabilidade (CFC).

IV. É emitido pela Secretaria do Tesouro Nacional (STN).

Está correto o que se afirma em:

(A) Somente II e III.

(B) Somente I e IV.

(C) Somente II.

(D) Somente III.

(E) Somente I, II e IV.

19. (Ano: 2017 Banca: Instituto Ânima Sociesc Órgão: CISNORDESTE – SC Prova: Instituto Ânima Sociesc – 2017 – CISNORDESTE – SC – Contador)

Segundo o Manual da Contabilidade Aplicada ao Setor Público (MCASP) o reconhecimento da variação patrimonial diminutiva pode ocorrer:

(A) Antes do momento da arrecadação da receita orçamentária.

(B) Depois do momento da arrecadação da receita orçamentária.

(C) Somente antes do momento da liquidação da despesa orçamentária.

(D) Somente no momento da liquidação da despesa orçamentária.

(E) Antes, depois ou no momento da liquidação da despesa orçamentária.

20. (Ano: 2019 Banca: OBJETIVA Órgão: Prefeitura de Portão – RS Prova: OBJETIVA – 2019 – Prefeitura de Portão – RS – Contador)

Considerando-se a estrutura básica do Plano de Contas Aplicado ao Setor Público, numerar a 2ª coluna de acordo com a natureza da informação da 1ª coluna e, após, assinalar a alternativa que apresenta a sequência CORRETA:

(1) Patrimonial.

(2) Orçamentária.

(3) Controle.

( ) Execução de Restos a Pagar.

( ) Dívida Ativa.

( ) Uso de Bens, Serviços e Consumo de Capital Fixo.

(A) 1 – 2 – 3.

(B) 3 – 2 – 1.

(C) 2 – 3 – 1.

(D) 2 – 1 – 3.

GABARITOS

1) **GABARITO: B.**

Comentário

Segundo a estrutura básica do plano de contas, em nível de classe (1º nível) e grupo (2º nível):

5 – Controles da Aprovação do Planejamento

Orçamento 5.3 – Inscrição de Restos a Pagar

5 – Controles da Aprovação do Planejamento e Orçamento (Classe)

5.1 – Planejamento Aprovado

5.2 – Orçamento Aprovado

5.3 – Inscrição de Restos a Pagar (Grupo)

As contas contábeis do PCASP são identificadas por códigos com 7 níveis de desdobramento, compostos por 9 dígitos, de acordo com a seguinte estrutura: 1º Nível – Classe (1 dígito), 2º Nível – Grupo (1 dígito), 3º Nível – Subgrupo (1 dígito), 4º Nível – Título (1 dígito), 5º Nível – Subtítulo (1 dígito), 6º Nível – Item (2 dígitos) e

7º Nível – Subitem (2 dígitos).

2) **GABARITO: E.**

Comentário

Considera-se realizada a variação patrimonial diminutiva (VPD):

a. Quando deixar de existir o correspondente valor ativo, por transferência de sua propriedade para terceiro;

b. Diminuição ou extinção do valor econômico de um ativo;

c. Pelo surgimento de um passivo, sem o correspondente ativo.

3) **GABARITO: E.**

Comentário

Segundo a Estrutura Conceitual aplicável ao Setor Público, a característica qualitativa que ajuda a assegurar que a informação contábil contida nos Relatórios Contábeis de Propósito Geral do órgão apresentou os fenômenos econômicos de forma completa, neutra e livre de erro material é denominada: Representação Fidedigna.

4) **GABARITO: A.**

Comentário

Valor em uso é para mensuração de ativos. Esta seção (7.69) discute as bases de mensuração para os passivos, não repete toda a discussão sobre os ativos e considera as seguintes bases de mensuração: (a) custo histórico; (b) custo de cumprimento da obrigação; (c) valor de mercado; (d) custo de liberação; e (e) preço presumido.

5) GABARITO: B.

Comentário

No Plano de Contas Aplicado ao Setor Público as contas contábeis são classificadas segundo a natureza das informações que evidenciam, sendo uma dessas classificadas em Contas com Informações de Natureza Orçamentária – as que registram, processam e evidenciam os atos e os fatos relacionados ao planejamento e à execução orçamentária, representadas pelas contas que registram aprovação e execução do planejamento e orçamento, inclusive Restos a Pagar.

6) GABARITO: B.

Comentário

I. Orçamentário: registra, processa e evidencia os atos e os fatos relacionados ao planejamento e à execução orçamentária. **CORRETO.**

II. Compensação: registra, processa e evidencia os fatos financeiros e não financeiros relacionados com as variações qualitativas e quantitativas do patrimônio público. **ERRADO.** No sistema de Compensação são efetuados os registros dos atos administrativos praticados pelo gestor da entidade, que, direta ou indiretamente, possam a vir afetar o patrimônio da entidade, ainda que de imediato, isto não ocorra, mas possa implicar em modificação futura.

III. Custos: registra, processa e evidencia os custos dos bens e serviços, produzidos e ofertados à sociedade pela entidade pública. **CORRETO.**

IV. Patrimonial: registra, processa e evidencia os atos de gestão cujos efeitos possam produzir modificações no patrimônio da entidade do setor público, bem como aqueles com funções específicas de controle. **ERRADO.** O Sistema Patrimonial é constituído das contas que registram as movimentações que concorrem ativa e passivamente para a formação do patrimônio da entidade, ou seja, são registrados os bens patrimoniais (móveis, imóveis, estoques, créditos, obrigações, valores, operações de crédito, dentre outras), originadas ou não da execução orçamentária.

7) GABARITO: D.

Comentário

A PRIMEIRA assertiva está **CORRETA.** Segundo o item 5.6, "Ativo é um recurso controlado no presente pela entidade como resultado de evento passado. Pelo item 5.7, "Recurso é um item com potencial de serviços ou com a capacidade de gerar benefícios econômicos".

A SEGUNDA assertiva está **ERRADA.** Não se trata de obrigação passada, mas presente. Justificativa. Segundo o item 5.14, "Passivo é uma obrigação presente, derivada de evento passado, cuja extinção deva resultar na saída de recursos da entidade".

A TERCEIRA assertiva está **CORRETA**. Segundo o item 5.30, "Despesa corresponde a diminuições na situação patrimonial líquida da entidade não oriundas de distribuições aos proprietários".

A QUARTA assertiva está **CORRETA**. Segundo o item 5.29, "Receita corresponde a aumentos na situação patrimonial líquida da entidade não oriundos de contribuições dos proprietários".

8) GABARITO: E.

Comentário

A fim de garantir a integridade dos procedimentos contábeis, assim como a qualidade, consistência e transparência das informações geradas, o MCASP 8ª dispõe sobre algumas regras de integridade relativas ao PCASP:

– Lançamentos contábeis: o registro contábil deve ser feito pelo método das partidas dobradas e os lançamentos devem debitar e creditar contas que apresentem a mesma natureza de informação.

– Pagamento e recebimento: a natureza de informação patrimonial contempla os registros financeiros e patrimoniais. Assim, uma atenção especial deve ser dada aos fatos financeiros que tenham como contrapartida uma conta que possua o atributo Permanente (P), ou seja, que dependam de autorização legislativa para a sua realização ou liquidação.

– Desenvolvimento de equações contábeis: algumas equações podem ser utilizadas para fins de conferência e validação das informações geradas.

– Consistência dos registros e saldos de contas: cada unidade que realize a gestão de recursos públicos deverá ser responsável pelo acompanhamento, análise e consistência dos registros e saldos das contas contábeis, bem como os reflexos causados nos respectivos demonstrativos.

9) GABARITO: D.

Comentário

Patrimonial 1,2, 3 e 4; Orçamentária 5 e 6 e Controle 7 e 8.

10) GABARITO: E.

Comentário

Natureza da informação orçamentária: registra, processa e evidencia os atos e os fatos relacionados ao planejamento e à execução orçamentária.

11) GABARITO: D.

Comentário

Natureza da informação: orçamentária

D 6.2.1.1.x.xx.xx Receita a Realizar

C 6.2.1.2.x.xx.xx Receita Realizada

Natureza da informação: controle

D 7.2.1.1.x.xx.xx Controle da Disponibilidade de Recursos

C 8.2.1.1.1.xx.xx Disponibilidade por Destinação de Recursos (DDR)

Registro da baixa de dívida ativa

Natureza da informação: patrimonial

D 1.2.3.x.x.xx.xx Imobilizado

C 1.x.x.x.x.xx.xx Créditos a Receber – Dívida Ativa

12) GABARITO: C.

Comentário

Lançamentos:

Registro da receita orçamentária referente ao recebimento da dívida ativa

Natureza da informação: orçamentária

D 6.2.1.1.x.xx.xx Receita a Realizar

C 6.2.1.2.x.xx.xx Receita Realizada

Natureza da informação: controle

D 7.2.1.1.x.xx.xx Controle da Disponibilidade de Recursos

C 8.2.1.1.1.xx.xx Disponibilidade por Destinação de Recursos (DDR)

Registro da baixa de dívida ativa

Natureza da informação: patrimonial

D 1.2.3.x.x.xx.xx Imobilizado

C 1.x.x.x.x.xx.xx Créditos a Receber – Dívida Ativa

13) GABARITO: B.

Comentário

1. Subsistema Financeiro: registra, processa e evidencia os fatos relacionados aos ingressos e aos desembolsos financeiros, bem como as disponibilidades no início e final do período e permite evidenciar o ativo e passivo financeiro na forma definida pela Lei 4.320/1964;

2. Subsistema Permanente/Não-Financeiro: registra, processa e evidencia bens, direitos e obrigações não financeiros, as variações qualitativas e quantitativas do patrimônio público e permite evidenciar o ativo e passivo permanente na forma definida pela Lei 4.320/1964.

b) Controle: gera informações sobre os atos potenciais, planejamento e execução orçamentária, programação financeira, custos, entre outros controles. Compreende os seguintes subsistemas:

1. Orçamentário: registra, processa e evidencia os atos e os fatos relacionados ao planejamento e à execução orçamentária;

2. Custos: registra, processa e evidencia os custos dos bens e serviços, produzidos e ofertados à sociedade pela entidade pública;

3. Compensação: registra, processa e evidencia os atos de gestão cujos efeitos possam produzir modificações no patrimônio da entidade do setor público, bem como aqueles com funções específicas de controle.

14) GABARITO: B.

Comentário

Conforme a NBC T 16.2 (revogada), o sistema contábil está estruturado nos seguintes subsistemas de informações:

1. Orçamentário: registra, processa e evidencia os atos e os fatos relacionados ao planejamento e à execução orçamentária;

2. Custos: registra, processa e evidencia os custos dos bens e serviços, produzidos e ofertados à sociedade pela entidade pública;

3. Compensação: registra, processa e evidencia os atos de gestão cujos efeitos possam produzir modificações no patrimônio da entidade do setor público, bem como aqueles com funções específicas de controle.

4. Custos: registra, processa e evidencia os custos dos bens e serviços, produzidos e ofertados à sociedade pela entidade pública, consoante a NBC T 16.11.

15) GABARITO: A.

Comentário

Comentário: Conforme a NBC T 16.2 (revogada), o sistema contábil está estruturado nos seguintes subsistemas de informações:

(...)

Compensação: registra, processa e evidencia os atos de gestão cujos efeitos possam produzir modificações no patrimônio da entidade do setor público, bem como aqueles com funções específicas de controle.

16) GABARITO: B.

Comentário

A contabilidade evidenciará os fatos ligados à administração, exclusivamente, no seu aspecto orçamentário. Incorreto.

Lei 4.320 – Art. 89. A contabilidade evidenciará os fatos ligados à administração orçamentária, financeira patrimonial e industrial.

17) GABARITO: D.

Comentário

Segundo a ementa da Lei n° 4.320, de 17 de março de 1964, que diz: estatui Normas Gerais de Direito Financeiro para elaboração e controle dos orçamentos e balanços da União, dos Estados, dos Municípios e do Distrito Federal.

18) **GABARITO: E.**

Comentário

É emitido mediante resolução do Conselho Federal de Contabilidade (CFC), da Secretaria do Tesouro Nacional (STN), Órgão Central de Contabilidade Aplicada ao Setor Público.

19) **GABARITO: E.**

Comentário

Trata-se da diferença entre o aspecto patrimonial e orçamentário conforme o MCASP 8ª.

Para fins de contabilidade patrimonial, verifica-se a existência de 3 tipos de relacionamentos entre o segundo estágio da execução da despesa orçamentária (liquidação) e o reconhecimento da VPD:

1) Apropriação da VPD antes da liquidação: o fato gerador da obrigação exigível ocorre antes da liquidação e a conta "crédito empenhado em liquidação" é utilizada para evitar que o passivo financeiro seja contabilizado em duplicidade, até o momento da devida liquidação. Ex.: apropriação mensal para 13° salário.

2) Apropriação da VPD simultaneamente à liquidação: existem situações em que o fato gerador da obrigação exigível ocorre concomitante à liquidação. Nesses casos, é facultativo o uso da conta "créditos empenhados em liquidação". Ex.: Fornecimento de prestação de serviço de limpeza e conservação.

3) Apropriação da VPD após a liquidação: há situações em que o fato gerador da obrigação exigível ocorre antes ou concomitante à liquidação, porém, a apropriação da VPD ocorre após a liquidação. Exemplo: Na aquisição de material de consumo que será estocado em almoxarifado para uso em momento posterior, no qual será reconhecida a despesa orçamentária. Como se trata de VPD, então estamos falando das etapas da despesa orçamentária. Assim, podemos eliminar as letras A e B. Além do mais, as letras C e D não possuem reconhecimento ANTES, SIMULTÂNEO e APÓS a LIQUIDAÇÃO. Ademais, a Letra E está de acordo com o exigido.

20) **GABARITO: C.**

Comentário

Segundo o MCASP (8ª edição), pág. 384 Execução de Restos a Pagar: tem a ver com orçamento Dívida ativa: grupo de Controles Devedores; Uso de bens, serviços e consumo de capital fixo: grupo de Variações Patrimoniais Diminutivas (subsistema patrimonial).

Capítulo 15

LANÇAMENTOS TÍPICOS

15.1 Introdução

A ciência contábil tem como finalidade principal o fornecimento de informações, contribuindo de forma significativa para a adequada tomada de decisão. Assim, o papel desempenhado pelo contador ganha relevância com o objetivo principal de adequar as práticas contábeis, as demonstrações e a evidenciação da informação (*disclosure*) às novas necessidades dos usuários.

15.2. Plano de Contas Aplicado ao Setor Público (PCASP)

O Plano de Contas Aplicado ao Setor Público (PCASP) estabelece conceitos básicos, regras para registro dos atos e fatos e estrutura contábil padronizada, de modo a atender a todos os Entes da Federação (Estados e Municípios) e aos demais usuários da informação contábil, permitindo a geração de base de dados consistente para compilação de estatísticas e finanças públicas. Sendo o plano de contas a estrutura básica da escrituração contábil, formada por um conjunto de contas previamente estabelecido, que permite obter as informações necessárias à elaboração de relatórios gerenciais e demonstrações contábeis conforme as características gerais da entidade, possibilitando a padronização de procedimentos contábeis.

O plano de contas de uma entidade tem como objetivo atender, de maneira uniforme e sistematizada, ao registro contábil dos atos e fatos praticados pela entidade. Desta forma, proporciona maior flexibilidade no gerenciamento e consolidação dos dados e alcança as necessidades de informações dos usuários. Sua entrada de informações deve ser flexível de modo a atender aos normativos, gerar informações necessárias à elaboração de relatórios e demonstrativos e facilitar a tomada de decisões e a prestação de contas. A figura abaixo, evidencia a motivação para a adoção de um plano de contas único:

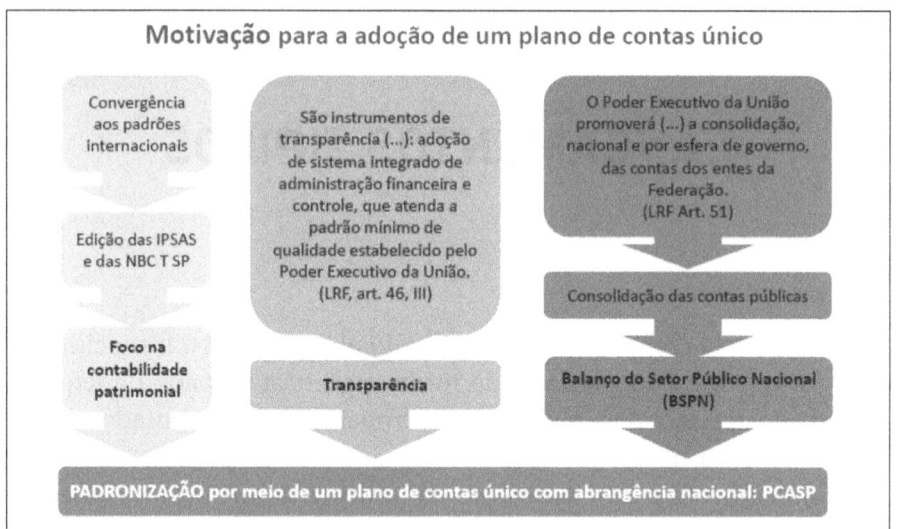

15.2.1. CONTA CONTÁBIL

É a expressão qualitativa e quantitativa de fatos de mesma natureza, evidenciando a composição, variação e estado do patrimônio, bem como de bens, direitos, obrigações e situações nele não compreendidas, mas que, direta ou indiretamente, possam vir a afetá-lo.

As Contas são agrupadas segundo suas funções, possibilitando:

a) Identificar, classificar e efetuar a escrituração contábil, pelo método das partidas dobradas, dos atos e fatos de gestão, de maneira uniforme e sistematizada;

b) Determinar os custos das operações do governo;

c) Acompanhar e controlar a aprovação e a execução do planejamento e do orçamento, evidenciando a receita prevista, lançada, realizada e a realizar, bem como a despesa autorizada, empenhada, realizada, liquidada, paga e as dotações disponíveis;

d) Elaborar os Balanços Orçamentário, Financeiro e Patrimonial, a Demonstração das Variações Patrimoniais, de Fluxo de Caixa, das Mutações do Patrimônio Líquido e facultativamente a do Resultado Econômico;

e) Conhecer a composição e situação do patrimônio analisado, por meio da evidenciação de todos os ativos e passivos;

f) Analisar e interpretar os resultados econômicos e financeiros;

g) Individualizar os devedores e credores, com a especificação necessária ao controle contábil do direito ou obrigação; e por fim

h) Controlar contabilmente os atos potenciais oriundos de contratos, convênios, acordos, ajustes e outros instrumentos congêneres.

As contas contábeis podem ainda ser classificadas quanto à:

a) **Natureza do saldo**:

1. Conta Devedora: aquela de possui saldo predominantemente devedor;

2. Conta Credora: aquela que possui saldo predominantemente credor;

3. Conta Híbrida ou Mista: aquela que possuí saldo devedor ou credor.

15.2.2. LÓGICA DO REGISTRO CONTÁBIL

NATUREZA DA INFORMAÇÃO DAS CONTAS DO PCASP

No Plano de Contas Aplicado ao Setor Público as contas contábeis são classificadas segundo a natureza das informações que evidenciam:

– **Contas com Informações de Natureza Patrimonial**: são as contas que registram, processam e evidenciam os fatos financeiros e não financeiros relacionados com as variações qualitativas e quantitativas do patrimônio público, representadas pelas contas que integram o Ativo, Passivo, Patrimônio Líquido, Variações Patrimoniais Diminutivas (VPD) e Variações Patrimoniais Aumentativas (VPA);

– **Contas com Informações de Natureza Orçamentária**: são as contas que registram, processam e evidenciam os atos e os fatos relacionados ao planejamento e à execução orçamentária, representadas pelas contas que registram a aprovação e execução do planejamento e orçamento, inclusive Restos a Pagar;

– **Contas com Informações de Natureza Típica de Controle**: são as contas que registram, processam e evidenciam os atos de gestão cujos efeitos possam produzir modificações no patrimônio da entidade do setor público, bem como outras que tenham função precípua de controle, seja para fins de elaboração de informações gerenciais específicas, acompanhamento de rotinas, elaboração de procedimentos de consistência contábil ou para registrar atos que não ensejaram registros nas contas patrimoniais, mas que potencialmente possam vir a afetar o patrimônio.

O PCASP está dividido em 8 classes:

1. Ativo;

2. Passivo e Patrimônio Líquido;

3. Variações Patrimoniais Diminutivas;

4. Variações Patrimoniais Aumentativas;

5. Controles da Aprovação do Planejamento e Orçamento;

6. Controles da Execução do Planejamento e Orçamento;

7. Controles Devedores; e

8. Controles Credores.

A natureza da informação evidenciada pelas contas das quatro primeiras classes, 1 a 4, é patrimonial, ou seja, informa a situação do Patrimônio da Entidade Pública. A natureza da informação das contas das duas classes seguintes, 5 e 6, é orçamentária, pois nessas classes são feitos os controles do Planejamento e do Orçamento, desde a aprovação até a execução. Por fim, a natureza da informação das contas das duas últimas classes, 7 e 8, é de Controle, pois nessas classes são registrados os atos potenciais e diversos controles.

O registro contábil deve ser feito pelo método das partidas dobradas e os lançamentos devem debitar e creditar contas que apresentem a mesma natureza de informação, seja patrimonial, orçamentária ou de controle. Assim, os lançamentos estarão fechados dentro das classes 1, 2, 3 e 4 ou das classes 5 e 6 ou das classes 7 e 8, conforme figura a seguir:

1 – Ativo	2 - Passivo
1.1- Ativo Circulante 1.2 – Ativo Não Circulante	2.1 – Passivo Circulante 2.2 – Passivo Não Circulante
Informações de Natureza Patrimonial Patrimônio Líquido	
3 – Variação Patrimonial Diminutiva	**4 – Variação Patrimonial Aumentativa**
3.1 - Pessoal e Encargos 3.2 – Benefícios Previdenciários e Assistenciais ... 3.9 – Outras Variações Patrimoniais Diminutivas	4.1 – Impostos, Taxas e Contribuições de Melhoria 4.2 - Contribuições ... 4.9 – Outras Variações Patrimoniais Aumentativas
5 – Controles da Aprovação do Planejamento e Orçamento	**6 – Controles da Execução do Planejamento e Orçamento**
5.1 - Planejamento Aprovado 5.2 – Orçamento Aprovado 5.3 – Inscrição de Restos a Pagar	6.1 - Execução do Planejamento 6.2 – Execução do Orçamento 6.3 – Execução de Restos a Pagar
Informações de Natureza Orçamentária	
7 – Controles Devedores	**8 – Controles Credores**
7.1 – Atos Potenciais 7.2 – Administração Financeira 7.3 – Dívida Ativa 7.4 – Riscos Fiscais 7.8 – Custos	8.1 – Execução dos Atos Potenciais 8.2 – Execução da Administração Financeira 8.3 – Execução da Dívida Ativa 8.4 – Execução dos Riscos Fiscais 8.8 – Apuração de Custos
Informações de Natureza Típica de Controle	

Informações de Natureza Patrimonial	
1 – Ativo 1. 1 – Ativo Circulante 1.2 – Ativo Não Circulante	**2 – Passivo** 2.1 – Passivo Circulante 2.2 – Passivo Não Circulante 2.3 – Patrimônio Líquido
3 – Variação Patrimonial Diminutiva 3.1 – Pessoal e Encargos 3.2 – Benefícios Previdenciários e Assistenciais ... 3.9 – Outras Variações Patrimoniais Diminutivas	**4 – Variação Patrimonial Aumentativa** 4.1 – Impostos, Taxas e Contribuições de Melhoria 4.2 – Contribuições ... 4.9 – Outras Variações Patrimoniais Aumentativas

Informações de Natureza Orçamentária	
5 – Controles da Aprovação do Planejamento e Orçamento 5.1 – Planejamento Aprovado 5.2 – Orçamento Aprovado 5.3 – Inscrição de Restos a Pagar	**6 – Controles da Execução do Planejamento e Orçamento** 6.1 – Execução do Planejamento 6.2 – Execução do Orçamento 6.3 – Execução de Restos a Pagar
Informações de Natureza Típica de Controle	
7 – Controles Devedores 7.1 – Atos Potenciais 7.2 – Administração Financeira 7.3 – Dívida Ativa 7.4 – Riscos Fiscais 7.5 – Consórcios Públicos 7.6 – Custos 7.7 – Outros Controles	**8 – Controles Credores** 8.1 – Execução dos Atos Potenciais 8.2 – Execução da Administração Financeira 8.3 – Execução da Dívida Ativa 8.4 – Execução dos Riscos Fiscais 8.5 – Execução dos Consórcios Públicos 8.6 – Execução dos Custos

Para melhor compreensão apresenta-se a seguir a contabilização de fenômenos contábeis referentes a atos e fatos típicos da Contabilidade Aplicada ao Setor Público, comuns à administração da União, do Distrito Federal dos Estados e Municípios, através do livro diário e do livro razão, baseados naqueles que constam informados nos manuais da Secretaria do Tesouro Nacional – STN. Ao final, será apresentado o Balancete de Verificação, que servirá como base para o levantamento das Demonstrações Contábeis, conforme as Normas Brasileiras de Contabilidade Aplicadas ao Setor Público NBC TSP.

Classe	Contas	Código	Classe	Contas	Código
1 Ativo	Caixa e equivalentes de caixa em moeda nacional (F)	1.1.1.1.0.00.00	2 Passivo e Patrimônio Líquido	Pessoal a pagar (F)	2.1.1.1.x.xx.xx
	Créditos tributários a receber (P)	1.1.2.2.0.00.00		Pessoal a pagar - Precatórios a curto prazo (F)	2.1.1.1.x.xx.xx
	Depósitos restituíveis e valores vinculados (F)	1.1.3.6.0.00.00		Pessoal a pagar - Precatórios a curto prazo (P)	2.1.1.1.x.xx.xx
	Outros créditos a receber e valores a curto prazo (P)	1.1.3.8.0.00.00		Empréstimos a Curto Prazo (P)	2.1.2.2.0.00.00
	Créditos a longo prazo - Dívida ativa (P)	1.2.1.1.x.xx.xx		Fornecedores e contas a pagar nacionais a curto prazo (F)	2.1.3.1.0.00.00
	Bens móveis - veículos (P)	1.2.3.1.x.xx.xx		Valores restituíveis (F)	2.1.5.8.0.00.00
	Bens imóveis (P)	1.2.3.2.0.00.00		Pessoal a pagar - Precatórios a longo prazo (P)	2.2.1.1.x.xx.xx
	* Depreciação acumulada - veículos (P)	1.2.3.8.1.01.xx			
	* Redução ao valor recuperável - bem imóveis (P)	1.2.3.9.1.02.xx			
3 Variação Patrimonial Diminutiva VPD	Remuneração a pessoal – RPPS	3.1.1.1.0.00.00	4 Variação Patrimonial Aumentativa VPA	Impostos sobre patrimônio e a renda / IPVA	4.1.1.2.x.xx.xx
	Serviços Terceiros – PJ	3.3.2.3.0.00.00		Impostos sobre a produção e a circulação / ICMS	4.1.1.3.x.xx.xx
	Depreciação	3.3.3.1.0.00.00		Venda bruta de produtos (Venda de Produtos da Indústria de Transformação)	4.3.2.1.x.xx.xx
	Transferências intragovernamentais - Intra OFSS	3.5.1.0.2.00.00		Valor bruto de exploração de bens e direitos e prestação de serviços (Aluguéis)	4.3.3.1.x.xx.xx
	Transferências a instituições privadas sem fins lucrativos	3.5.3.1.0.00.00		Valor bruto de exploração de bens e direitos e prestação de serviços (Prestação de Serviços Relacionados a T.I.)	4.3.3.1.x.xx.xx
	Redução a valor recuperável de imobilizado	3.6.1.2.0.00.00		Transferências intragovernamentais - Intra OFSS	4.5.1.0.2.00.00
				Transferências das instituições privadas sem fins lucrativos	4.5.3.1.0.00.00
				Reavaliação de imobilizado	4.6.1.1.0.00.00
				Ganhos com Alienação de Imobilizado	4.6.2.2.0.00.00
5 Controle da Aprovação do Planejamento e Orçamento	Previsão inicial da receita	5.2.1.1.0.00.00	6 Controle da Execução do Planejamento e Orçamento	Receita a realizar	6.2.1.1.0.00.00
	Dotação Orçamentária (Crédito inicial)	5.2.2.1.1.00.00		Receita realizada	6.2.1.2.0.00.00
	RP não Processados - inscrição no exercício	5.3.1.7.0.00.00		Crédito disponível	6.2.2.1.1.00.00
	RP Processados - inscrição no exercício	5.3.2.7.0.00.00		Crédito empenhado a liquidar	6.2.2.1.3.01.00
				Crédito empenhado em liquidação	6.2.2.1.3.02.00
				Crédito empenhado liquidado	6.2.2.1.3.03.00
				Crédito empenhado pago	6.2.2.1.3.04.00
				RP não Processados - inscrição no exercício	6.3.1.7.0.00.00
				RP Processados - inscrição no exercício	6.3.2.7.0.00.00
7 Controles Devedores	Direitos conveniados	7.1.1.2.0.00.00	8 Controles Credores	Execução de direitos conveniados - convênios a receber	8.1.1.2.x.xx.xx
	Obrigações conveniadas	7.1.2.2.0.00.00		Execução de direitos conveniados - convênios a comprovar	8.1.1.2.x.xx.xx
	Obrigações contratuais	7.1.2.3.0.00.00		Execução de direitos conveniados - convênios a aprovar	8.1.1.2.x.xx.xx
	Controle da disponibilidade de recursos	7.2.1.1.0.00.00		Execução de direitos conveniados - convênios aprovados	8.1.1.2.x.xx.xx
	Controle do encaminhamento de créditos p/ inscrição em dív	7.3.1.0.0.00.00		Execução de obrigações conveniadas - convênios a liberar	8.1.2.2.x.xx.xx
	Controle da inscrição de créditos em dívida ativa	7.3.2.0.0.00.00		Execução de obrigações conveniadas - convênios a comprov	8.1.2.2.x.xx.xx
				Execução de obrigações conveniadas - convênios a aprovar	8.1.2.2.x.xx.xx
				Execução de obrigações conveniadas - convênios aprovados	8.1.2.2.x.xx.xx
				Execução de obrigações contratuais - contratos de serviços a	8.1.2.3.x.xx.xx
				Execução de obrigações contratuais - contratos de serviços e	8.1.2.3.x.xx.xx
				Execução da disponib. de recursos - Disponibilidade por De:	8.2.1.1.1.00.00
				Execução da disponib. de recursos - DDR comprometida por empenho	8.2.1.1.2.00.00
				Execução da disponib. de recursos - DDR comprometida por liquidação e entradas compensatórias	8.2.1.1.3.00.00
				Execução da disponib. de recursos - DDR utilizada	8.2.1.1.4.00.00
				Créditos a encaminhar para a dívida ativa	8.3.1.1.0.00.00
				Créditos encaminhados para a dívida ativa	8.3.1.2.0.00.00
				Créditos a Inscrever em Dívida Ativa	8.3.2.1.0.00.00
				Créditos Inscritos em Dívida Ativa a receber	8.3.2.3.0.00.00

DESCRIÇÃO DA NATUREZA DA RECEITA ORÇAMENTÁRIA PARA RESOLUÇÃO DO EXERCÍCIO

7° Nivel: DETALHAMENTO (FACULTATIVO)
6° Nivel: SUBALÍNEA
5° Nivel: ALÍNEA
4° Nivel: RUBRICA
3° Nivel: ESPÉCIE
2° Nivel: ORIGEM
1° Nivel: CATEGORIA ECONÔMICA

1000.00.00	Receitas Correntes
1100.00.00	Receita Tributária
1110.00.00	Impostos
1112.00.00	Impostos sobre o Patrimônio e a Renda
1112.05.00	Imposto sobre a Propriedade de Veículos Automotores – IPVA
1113.00.00	Impostos sobre a Produção e a Circulação
1113.02.01	Imposto sobre Operações Relativas à Circulação de Mercadorias e sobre Prestações de Serviços de Transporte Interestadual e Intermunicipal e de Comunicação – ICMS
1200.00.00	Receitas de Contribuições
1300.00.00	Receita Patrimonial
1310.00.00	Receitas Imobiliárias
1311.00.00	Aluguéis
1400.00.00	Receita Agropecuária
1500.00.00	Receita Industrial
1520.20.00	Receita da Indústria Química
1520.99.00	Outras Receitas da Indústria de Transformação
1600.00.00	Receita de Serviços
1600.01.00	Serviços Comerciais
1700.00.00	Transferências Correntes
1900.00.00	Outras Receitas Correntes
2000.00.00	Receitas de Capital

2100.00.00	Operações de Crédito
2110.00.00	Operações de Crédito Internas
2120.00.00	Operações de Crédito Externas
2123.01.00	Operações de Crédito Externas para Programas de Educação
2200.00.00	Alienação de Bens
2210.00.00	Alienação de Bens Móveis
2215.00.00	Alienação de Veículos
2300.00.00	Amortização de Empréstimos
2400.00.00	Transferências de Capital
2500.00.00	Outras Receitas de Capital

DESCRIÇÃO DA NATUREZA DA DESPESA ORÇAMENTÁRIA PARA RESOLUÇÃO DO EXERCÍCIO

5° Nível: DESDOBRAMENTO DO ELEMENTO DE DESPESA (FACULTATIVO)
4° Nível: ELEMENTO DE DESPESA
3° Nível: MODALIDADE DE APLICAÇÃO
2° Nível: GRUPO DE DESPESA
1° Nível: CATEGORIA ECONÔMICA

300000	Despesas Correntes
310000	Pessoal e Encargos Sociais
319000	Pessoal e Encargos Sociais - aplicação direta
319011	Pessoal Civil
319091	Sentenças judiciais
320000	Juros e encargos da dívida
330000	Outras despesas correntes
339000	Outras despesas correntes - aplicação direta

339030	Material de Consumo
339036	Serviços de terceiros - Pessoa Física
339039	Serviços de terceiros - Pessoa Jurídica
400000	Despesa de capital
440000	Investimentos
443200	Investimentos - Execução orçamentária delegada a Estados e ao Distrito Federal
443251	Obras e Instalações
449000	Investimentos - Aplicação direta
449052	Equipamento e material permanente
450000	Inversões Financeiras
460000	Amortização da Dívida

15.3. LANÇAMENTOS CONTÁBEIS TÍPICOS DO SETOR PÚBLICO

Os lançamentos são apresentados de forma simplificada e exemplificativa, apresentando as contas debitadas e creditadas com seus respectivos títulos e códigos. Para evitar uma excessiva pormenorização de detalhes e para manter o caráter didático dos lançamentos padronizados, algumas contas não são apresentadas até o nível do PCASP padronizado para a Federação. Nos casos em que a conta for apresentada até um nível além do padronizado para a Federação, far-se-á uso do PCASP adaptado à União.

Desta forma, alguns lançamentos possuem contas apresentadas até o 7º nível e outros até o 2º.

Nos casos em que contas com títulos diferentes apresentem aparente igualdade de códigos, deve-se entender que as contas estão apresentadas apenas até o nível identificado como necessário à compreensão do lançamento. Os níveis representados pela letra x representam o detalhamento, que será feito por meio do uso do PCASP e por cada um dos entes, a partir do nível padronizado, para atender suas necessidades específicas.

Sendo assim, são apresentados os fatos contábeis mais comuns, conforme a seguir:

PREVISÃO DA RECEITA			
1. Previsão da Receita			
Título da Conta	**Código**	**Natureza da Inf.**	**Valor (R$)**
D Previsão inicial da receita	5.2.1.1.0.00.00	Orça-	
C Receita a realizar	6.2.1.1.0.00.00	mentária	80.000,00
FIXAÇÃO DA DESPESA			
2. Fixação da Despesa			
Título da Conta	**Código**	**Natureza da Inf.**	**Valor (R$)**
D Dotação orçamentária / Crédito inicial	5.2.2.1.1.00.00	Orça-mentária	80.000,00
C Crédito disponível	6.2.2.1.1.00.00		
RECEITA DE IMPOSTOS			
3. Reconhecimento do Crédito Tributário relativo ao IPVA (Variação Patrimonial Aumentativa / Receita Tributária por Competência – enfoque patrimonial)			
Título da Conta	**Código**	**Natureza da Inf.**	**Valor (R$)**
D Créditos tributários a receber (P)	1.1.2.2.0.00.00	Patrimo-nial	14.000,00
C Impostos sobre patrimônio e a renda / IPVA	4.1.1.2.x.xx.xx		
4. Arrecadação de Tributos – Receita Orçamentária posterior ao fato gerador – IPVA			
Título da Conta	**Código**	**Natureza da Inf.**	**Valor (R$)**
D Caixa e equivalentes de caixa em moeda nacional (F)	1.1.1.1.0.00.00	Patrimo-nial	11.000,00
C Créditos tributários a receber (P)	1.1.2.2.0.00.00		

	Título da Conta	Código	Natureza da Inf.	Valor (R$)
D	Receita a realizar	6.2.1.1.0.00.00	Orça-mentária	
C	Receita realizada	6.2.1.2.0.00.00		11.000,00
	Informe a natureza da receita:	11120500		

	Título da Conta	Código	Natureza da Inf.	Valor (R$)
D	Controle da disponibilidade de recursos	7.2.1.1.0.00.00	Controle	
C	Execução da disponibilidade de recursos – Disponibilidade por Destinação de Recursos	8.2.1.1.1.00.00		11.000,00

5. Arrecadação de Tributos (ICMS) – concomitante com o fato gerador

	Título da Conta	Código	Natureza da Inf.	Valor (R$)
D	Caixa e equivalentes de caixa em moeda nacional (F)	1.1.1.1.0.00.00	Patrimo-nial	
C	Impostos sobre a produção e a circulação / ICMS	4.1.1.3.x.xx.xx		29.000,00

	Título da Conta	Código	Natureza da Inf.	Valor (R$)
D	Receita a realizar	6.2.1.1.0.00.00	Orça-mentária	
C	Receita realizada	6.2.1.2.0.00.00		29.000,00
	Informe a natureza da receita:	11130201		

	Título da Conta	Código	Natureza da Inf.	Valor (R$)
D	Controle da disponibilidade de recursos	7.2.1.1.0.00.00	Controle	
C	Execução da disponibilidade de recursos – Disponibilidade por Destinação de Recursos	8.2.1.1.1.00.00		29.000,00

CONTRATAÇÃO DE OPERAÇÃO DE CRÉDITO DE CURTO PRAZO

6. Arrecadação de Receita Orçamentária – Operação de Crédito Externa

	Título da Conta	Código	Natureza da Inf.	Valor (R$)
D	Caixa e equivalentes de caixa em moeda nacional (F)	1.1.1.1.0.00.00	Patrimonial	15.500,00
C	Empréstimos a Curto Prazo (P)	2.1.2.2.0.00.00		
	Título da Conta	**Código**	**Natureza da Inf.**	**Valor (R$)**
D	Receita a realizar	6.2.1.1.0.00.00	Orçamentária	15.500,00
C	Receita realizada	6.2.1.2.0.00.00		
	Informe a natureza da receita:	21230000		
	Título da Conta	**Código**	**Natureza da Inf.**	**Valor (R$)**
D	Controle da disponibilidade de recursos	7.2.1.1.0.00.00	Controle	15.500,00
C	Execução da disponibilidade de recursos – Disponibilidade por destinação de recursos	8.2.1.1.1.00.00		

CONTRATAÇÃO DE SERVIÇOS

7. Empenho da despesa de serviços de terceiros – pessoa jurídica

	Título da Conta	Código	Natureza da Inf.	Valor (R$)
D	Crédito disponível	6.2.2.1.1.00.00	Orçamentária	200,00
C	Crédito empenhado a liquidar	6.2.2.1.3.01.00		
	Informe a natureza da despesa:	339039		
	Título da Conta	**Código**	**Natureza da Inf.**	**Valor (R$)**
D	Execução da disponibilidade de recursos – Disponibilidade por Destinação de Recursos	8.2.1.1.1.00.00	Controle	200,00
C	Execução da disponibilidade de recursos – DDR comprometida por empenho	8.2.1.1.2.00.00		

8. Registro do contrato de serviços

	Título da Conta	Código	Natureza da Inf.	Valor (R$)
D	Obrigações contratuais	7.1.2.3.0.00.00	Controle	1.200,00
C	Execução de obrigações contratuais – contratos de serviços a executar	8.1.2.3.x.xx.xx		

9. Reconhecimento da VPD (concomitante com a liquidação orçamentária) – entrega da NF e Liquidação da Despesa Orçamentária, vinculada a contrato.

	Título da Conta	Código	Natureza da Inf.	Valor (R$)
D	Serviços Terceiros – PJ	3.3.2.3.0.00.00	Patrimonial	100,00
C	Fornecedores e contas a pagar nacionais a curto prazo (F)	2.1.3.1.0.00.00		

	Título da Conta	Código	Natureza da Inf.	Valor (R$)
D	Crédito empenhado a liquidar	6.2.2.1.3.01.00	Orçamentária	100,00
C	Crédito empenhado liquidado	6.2.2.1.3.03.00		

	Título da Conta	Código	Natureza da Inf.	Valor (R$)
D	Execução de obrigações contratuais – contratos de serviços a executar	8.1.2.3.x.xx.xx	Controle	100,00
C	Execução de obrigações contratuais – contratos de serviços executados	8.1.2.3.x.xx.xx		

	Título da Conta	Código	Natureza da Inf.	Valor (R$)
D	Execução da disponibilidade de recursos – DDR comprometida por empenho	8.2.1.1.2.00.00	Controle	100,00
C	Execução da disponibilidade de recursos – DDR comprometida por liquidação e entradas compensatórias	8.2.1.1.3.00.00		

10. Pagamento da Despesa Orçamentária (Saída do Recurso Financeiro)

	Título da Conta	Código	Natureza da Inf.	Valor (R$)
D	Fornecedores e contas a pagar nacionais a curto prazo (F)	2.1.3.1.0.00.00	Patrimo-nial	
C	Caixa e equivalentes de caixa em moeda nacional (F)	1.1.1.1.0.00.00		100,00

	Título da Conta	Código	Natureza da Inf.	Valor (R$)
D	Crédito empenhado liquidado	6.2.2.1.3.03.00	Orça-mentária	
C	Crédito liquidado pago	6.2.2.1.3.04.00		100,00
D	Execução da disponibilidade de recursos – DDR com-prometida por liquidação e entradas compensatórias	8.2.1.1.3.00.00	Controle	
C	Execução da disponibilidade de recursos – Disponibilidade por destinação de recursos utilizada	8.2.1.1.4.00.00		100,00

AQUISIÇÃO DE BENS DO IMOBILIZADO (Veículos)

11. Empenho da Dotação Orçamentária referente a aquisição de 2 veículos no valor de R$12.000,00 (cada)

	Título da Conta	Código	Natureza da Inf.	Valor (R$)
D	Crédito disponível	6.2.2.1.1.00.00	Orça-mentário	
C	Crédito empenhado a liquidar	6.2.2.1.3.01.00		24.000,00
	Informe a natureza da despe-sa:	449052		

	Título da Conta	Código	Natureza da Inf.	Valor (R$)
D	Execução da disponibilidade de recursos – Disponibilidade por destinação de recursos	8.2.1.1.1.00.00	Controle	
C	Execução da disponibilidade de recursos – DDR compro-metida por empenho	8.2.1.1.2.00.00		24.000,00

12. Liquidação da Despesa Orçamentária e Incorporação do Bem

	Título da Conta	Código	Natureza da Inf.	Valor (R$)
D	Bens móveis – veículos (P)	1.2.3.1.x.xx.xx	Patrimo-nial	
C	Fornecedores e contas a pagar nacionais a curto prazo (F)	2.1.3.1.0.00.00		24.000,00

	Título da Conta	Código	Natureza da Inf.	Valor (R$)
D	Crédito empenhado a liquidar	6.2.2.1.3.01.00	Orça-mentário	
C	Crédito empenhado liquidado	6.2.2.1.3.03.00		24.000,00

	Título da Conta	Código	Natureza da Inf.	Valor (R$)
D	Execução da disponibilidade de recursos – DDR comprometida por empenho	8.2.1.1.2.00.00	Controle	
C	Execução da disponibilidade de recursos – DDR comprometida por liquidação e entradas compensatórias	8.2.1.1.3.00.00		24.000,00

DEPRECIAÇÃO

13. Reconhecimento da Variação Patrimonial Diminutiva decorrente da depreciação, no valor de R$ 400,00, sendo R$200,00 para cada veículo

	Título da Conta	Código	Natureza da Inf.	Valor (R$)
D	Depreciação	3.3.3.1.0.00.00	Patrimo-nial	
C	* Depreciação acumulada – veículos (P)	1.2.3.8.1.01.xx		400,00

ALIENAÇÃO DE UM VEÍCULO

14. Apuração do valor líquido contábil

	Título da Conta	Código	Natureza da Inf.	Valor (R$)
D	* Depreciação acumulada – veículos (P)	1.2.3.8.1.01.xx	Patrimo-nial	
C	Bens móveis – veículos (P)	1.2.3.1.x.xx.xx		200,00

15. Recebimento do valor da venda à vista

C	Bens móveis – veículos (P)	1.2.3.1.x.xx.xx		11.800,00
C	Ganhos com alienação de imobilizado	4.6.2.2.0.00.00		2.200,00

	Título da Conta	Código	Natureza da Inf.	Valor (R$)
D	Receita a realizar	6.2.1.1.0.00.00	Orça-	
C	Receita realizada	6.2.1.2.0.00.00	mentária	14.000,00
	Informe a natureza da receita:	22150000		

	Título da Conta	Código	Natureza da Inf.	Valor (R$)
D	Controle da disponibilidade de recursos	7.2.1.1.0.00.00	Controle	
C	Execução da disponibilidade de recursos – Disponibilidade por destinação de recursos	8.2.1.1.1.00.00		14.000,00

DOAÇÃO CONCEDIDA A INSTITUIÇÕES PRIVADAS REFERENTE UM VEÍCULO

16. Apuração do valor líquido contábil

	Título da Conta	Código	Natureza da Inf.	Valor (R$)
D	* Depreciação acumulada – veículos (P)	1.2.3.8.1.01.xx	Patrimo-nial	200,00
C	Bens móveis – veículos (P)	1.2.3.1.x.xx.xx		

17. Realização da doação concedida de veículos

	Título da Conta	Código	Natureza da Inf.	Valor (R$)
D	Transferências a instituições privadas sem fins lucrativos	3.5.3.1.0.00.00	Patrimo-nial	11.800,00
C	Bens móveis – veículos (P)	1.2.3.1.x.xx.xx		

DOAÇÃO RECEBIDA DE INSTITUIÇÕES PRIVADAS REFERENTE IMÓVEIS

18. Recebimento de 2 imóveis no valor de R$30.000,00 (cada).

	Título da Conta	Código	Natureza da Inf.	Valor (R$)
D	Bens imóveis (P)	1.2.3.2.0.00.00	Patrimonial	60.000,00
C	Transferências das instituições privadas sem fins lucrativos	4.5.3.1.0.00.00		

REAVALIAÇÃO DE IMÓVEL RECEBIDO EM DOAÇÃO

19. Reavaliação de 1 imóvel – valor atualizado: R$40.000,00 / valor contábil: R$ 30.000,00

	Título da Conta	Código	Natureza da Inf.	Valor (R$)
D	Bens imóveis (P)	1.2.3.2.0.00.00	Patrimonial	10.000,00
C	Reavaliação de imobilizado	4.6.1.1.0.00.00		

AJUSTE A VALOR RECUPERÁVEL DE IMÓVEL RECEBIDO EM DOAÇÃO

20. Ajuste a valor recuperável de um dos imóveis – valor atualizado: R$ 25.000,00 / valor contábil: R$ 30.000,00

	Título da Conta	Código	Natureza da Inf.	Valor (R$)
D	Redução a valor recuperável de imobilizado	3.6.1.2.0.00.00	Patrimonial	5.000,00
C	Bens Imóveis (P)	1.2.3.2.0.00.00		

CAUÇÃO

21. Recebimento de depósito de caução

	Título da Conta	Código	Natureza da Inf.	Valor (R$)
D	Depósitos restituíveis e valores vinculados (F)	1.1.3.6.0.00.00	Patrimonial	2.000,00
C	Valores restituíveis (F)	2.1.5.8.0.00.00		

	Título da Conta	Código	Natureza da Inf.	Valor (R$)
D	Controle da disponibilidade de recursos	7.2.1.1.0.00.00	Controle	2.000,00
C	Execução da disponibilidade de recursos – Disponibilidade por Destinação de Recursos	8.2.1.1.1.00.00		

	Título da Conta	Código	Natureza da Inf.	Valor (R$)
D	Execução da disponibilidade de recursos – Disponibilidade por Destinação de Recursos	8.2.1.1.1.00.00	Controle	2.000,00
C	Execução da disponibilidade de recursos – DDR comprometida por liquidação e entradas compensatórias	8.2.1.1.3.00.00		

22. Devolução parcial de caução recebida

	Título da Conta	Código	Natureza da Inf.	Valor (R$)
D	Valores restituíveis (F)	2.1.5.8.0.00.00	Patrimo-nial	700,00
C	Depósitos restituíveis e valores vinculados	1.1.3.6.0.00.00		

	Título da Conta	Código	Natureza da Inf.	Valor (R$)
D	Execução da disponibilidade de recursos – DDR comprometida por liquidação e entradas compensatórias	8.2.1.1.3.00.00	Controle	700,00
C	Execução da disponibilidade de recursos – Disponibilidade por destinação de recursos utilizada	8.2.1.1.4.00.00		

DÍVIDA ATIVA

23. Formalização do processo para encaminhamento à Procuradoria Jurídica (PJ)

	No órgão			
	Título da Conta	Código	Natureza da Inf.	Valor (R$)
D	Controle do encaminhamento de créditos para inscrição em dívida ativa	7.3.1.0.0.00.00	Controle	3.000,00
C	Créditos a encaminhar para a dívida ativa	8.3.1.1.0.00.00		
	Na Procuradoria Jurídica			
	Não há lançamentos.			

24. Encaminhamento para inscrição em dívida ativa (recebimento do processo pela PJ)

	No órgão			
	Título da Conta	**Código**	**Natureza da Inf.**	**Valor (R$)**
D	Créditos a encaminhar para a dívida ativa	8.3.1.1.0.00.00	Controle	3.000,00
C	Créditos encaminhados para a dívida ativa	8.3.1.2.0.00.00		
	Na Procuradoria Jurídica			
	Título da Conta	**Código**	**Natureza da Inf.**	**Valor (R$)**
D	Controle da inscrição de créditos em dívida ativa	7.3.2.0.0.00.00	Controle	3.000,00
C	Créditos a inscrever em dívida ativa	8.3.2.1.0.00.00		

25. Inscrição da Dívida Ativa

	No órgão			
	Título da Conta	**Código**	**Natureza da Inf.**	**Valor (R$)**
D	Transferências intragovernamentais – Intra OFSS	3.5.1.0.2.00.00	Patrimonial	3.000,00
C	Créditos tributários a receber (P)	1.1.2.2.0.00.00		
	Na Procuradoria Jurídica			
	Título da Conta	**Código**	**Natureza da Inf.**	**Valor (R$)**
D	Créditos realizáveis de longo prazo – Dívida ativa (P)	1.2.1.1.x.xx.xx	Patrimonial	3.000,00
C	Transferências intragovernamentais – Intra OFSS	4.5.1.0.2.00.00		
	Título da Conta	**Código**	**Natureza da Inf.**	**Valor (R$)**
D	Créditos a inscrever em dívida ativa	8.3.2.1.0.00.00	Controle	3.000,00
C	Créditos inscritos em dívida ativa a receber	8.3.2.3.0.00.00		

PRECATÓRIO DE PESSOAL

26. Reconhecimento após decisão judicial

	Título da Conta	Código	Natureza da Inf.	Valor (R$)
D	Remuneração a pessoal – RPPS	3.1.1.1.0.00.00	Patrimonial	1.000,00
C	Pessoal a pagar – Precatórios a curto prazo (P)	2.1.1.1.x.xx.xx		100,00
C	Pessoal a pagar – Precatórios a longo prazo (P)	2.2.1.1.x.xx.xx		900,00

27. Empenho

	Título da Conta	Código	Natureza da Inf.	Valor (R$)
D	Crédito disponível	6.2.2.1.1.00.00	Orçamentária	100,00
C	Crédito empenhado a liquidar	6.2.2.1.3.01.00		
	Informe a natureza da despesa:	319091		

	Título da Conta	Código	Natureza da Inf.	Valor (R$)
D	Crédito empenhado a liquidar	6.2.2.1.3.01.00	Orçamentária	100,00
C	Crédito empenhado em liquidação	6.2.2.1.3.02.00		

	Título da Conta	Código	Natureza da Inf.	Valor (R$)
D	Execução da disponibilidade de recursos – Disponibilidade por destinação de recursos	8.2.1.1.1.00.00	Controle	100,00
C	Execução da disponibilidade de recursos – DDR comprometida por empenho	8.2.1.1.2.00.00		

	Título da Conta	Código	Natureza da Inf.	Valor (R$)
D	Pessoal a pagar – Precatórios a curto prazo (P)	2.1.1.1.x.xx.xx	Patrimonial	100,00
C	Pessoal a pagar – Precatórios a curto prazo (F)	2.1.1.1.x.xx.xx		

28. Liquidação

	Título da Conta	Código	Natureza da Inf.	Valor (R$)
D	Crédito empenhado em liquidação	6.2.2.1.3.02.00	Orçamentária	100,00
C	Crédito empenhado liquidado	6.2.2.1.3.03.00		

	Título da Conta	Código	Natureza da Inf.	Valor (R$)
D	Execução da disponibilidade de recursos – DDR comprometida por empenho	8.2.1.1.2.00.00	Controle	100,00
C	Execução da disponibilidade de recursos – DDR comprometida por liquidação e entradas compensatórias	8.2.1.1.3.00.00		

29. Pagamento

	Título da Conta	Código	Natureza da Inf.	Valor (R$)
D	Pessoal a pagar – Precatórios a curto prazo (F)	2.1.1.1.x.xx.xx	Patrimonial	100,00
C	Caixa e equivalentes de caixa em moeda nacional (F)	1.1.1.1.0.00.00		

	Título da Conta	Código	Natureza da Inf.	Valor (R$)
D	Crédito empenhado liquidado	6.2.2.1.3.03.00	Orçamentária	100,00
C	Crédito liquidado pago	6.2.2.1.3.04.00		

	Título da Conta	Código	Natureza da Inf.	Valor (R$)
D	Execução da disponibilidade de recursos – DDR comprometida por liquidação e entradas compensatórias	8.2.1.1.3.00.00	Controle	100,00
C	Execução da disponibilidade de recursos – Disponibilidade por destinação de recursos utilizada	8.2.1.1.4.00.00		

**CONVÊNIO FIRMADO ENTRE OS ESTADOS "A" E "B" PARA CONS-
TRUÇÃO DE PONTE – Lançamentos no estado "A" (concedente)**

OBS: Os lançamentos a seguir, relativos ao controle de convênios registrados nas classes 7 e 8, são apenas ilustrativos, em virtude das contas utilizadas não estarem no nível de padronização obrigatória para a Federação.

30. Empenho relativo ao convênio a ser firmado

	Título da Conta	Código	Natureza da Inf.	Valor (R$)
D	Crédito disponível	6.2.2.1.1.00.00	Orça-	
C	Crédito empenhado a liquidar	6.2.2.1.3.01.00	mentária	20.000,00
	Informe a natureza da despesa:	443251		

	Título da Conta	Código	Natureza da Inf.	Valor (R$)
D	Execução da disponibilidade de recursos – Disponibilidade por destinação de recursos	8.2.1.1.1.00.00	Controle	20.000,00
C	Execução da disponibilidade de recursos – DDR compro-metida por empenho	8.2.1.1.2.00.00		

**31. Assinatura do Convênio – Convênio entre Estado A (concedente) e
Estado B (convenente) para construção de ponte**

	Título da Conta	Código	Natureza da Inf.	Valor (R$)
D	Direitos Conveniados	7.1.1.2.0.00.00	Controle	20.000,00
C	Execução de direitos conve-niados – convênios a receber	8.1.1.2.x.xx.xx		

	Título da Conta	Código	Natureza da Inf.	Valor (R$)
D	Obrigações conveniadas	7.1.2.2.0.00.00	Controle	20.000,00
C	Execução de obrigações con-veniadas – convênios a liberar	8.1.2.2.x.xx.xx		

32. Liquidação para transferência do recurso ao convenente (concomitante ao pagamento)

	Título da Conta	Código	Natureza da Inf.	Valor (R$)
D	Outros créditos e valores de curto prazo a receber (P)	1.1.3.8.0.00.00	Patrimo-nial	
C	Fornecedores e contas a pagar nacionais a curto prazo (F)	2.1.3.1.0.00.00		20.000,00

	Título da Conta	Código	Natureza da Inf.	Valor (R$)
D	Crédito empenhado a liquidar	6.2.2.1.3.01.00	Orça-mentária	
C	Crédito empenhado liquidado	6.2.2.1.3.03.00		20.000,00

	Título da Conta	Código	Natureza da Inf.	Valor (R$)
D	Execução da disponibilidade de recursos – DDR compro-metida por empenho	8.2.1.1.2.00.00	Controle	
C	Execução da disponibilidade de recursos – DDR com-prometida por liquidação e entradas compensatórias	8.2.1.1.3.00.00		20.000,00

33. Pagamento (concomitante a liquidação)

	Título da Conta	Código	Natureza da Inf.	Valor (R$)
D	Fornecedores e contas a pagar nacionais a curto prazo (F)	2.1.3.1.0.00.00	Patrimo-nial	
C	Caixa e equivalentes de caixa em moeda nacional (F)	1.1.1.1.0.00.00		20.000,00

	Título da Conta	Código	Natureza da Inf.	Valor (R$)
D	Crédito empenhado liquidado	6.2.2.1.3.03.00	Orça-mentária	
C	Crédito liquidado pago	6.2.2.1.3.04.00		20.000,00

	Título da Conta	Código	Natureza da Inf.	Valor (R$)
D	Execução de direitos conve-niados – convênios a receber	8.1.1.2.x.xx.xx	Controle	
C	Execução de direitos conve-niados – convênios a compro-var	8.1.1.2.x.xx.xx		20.000,00

	Título da Conta	Código	Natureza da Inf.	Valor (R$)
D	Execução de obrigações conveniadas – convênios a liberar	8.1.2.2.x.xx.xx		
C	Execução de obrigações conveniadas – convênios a comprovar	8.1.2.2.x.xx.xx	Controle	20.000,00

	Título da Conta	Código	Natureza da Inf.	Valor (R$)
D	Execução da disponibilidade de recursos – DDR comprometida por liquidação e entradas compensatórias	8.2.1.1.3.00.00	Controle	20.000,00
C	Execução da disponibilidade de recursos – Disponibilidade por destinação de recursos utilizada	8.2.1.1.4.00.00	Controle	20.000,00

34. Prestação de Contas e incorporação da ponte ao patrimônio do Estado

A

	Título da Conta	Código	Natureza da Inf.	Valor (R$)
D	Bens imóveis (P)	1.2.3.2.0.00.00	Patrimonial	
C	Outros créditos e valores de curto prazo a receber (P)	1.1.3.8.0.00.00		20.000,00

	Título da Conta	Código	Natureza da Inf.	Valor (R$)
D	Execução de direitos conveniados – convênios a comprovar	8.1.1.2.x.xx.xx	Controle	
C	Execução de direitos conveniados – convênios a aprovar	8.1.1.2.x.xx.xx		20.000,00

	Título da Conta	Código	Natureza da Inf.	Valor (R$)
D	Execução de obrigações conveniadas – convênios a comprovar	8.1.2.2.x.xx.xx	Controle	
C	Execução de obrigações conveniadas – convênios a aprovar	8.1.2.2.x.xx.xx		20.000,00

35. Aprovação da prestação de contas

	Título da Conta	Código	Natureza da Inf.	Valor (R$)
D	Execução de direitos conveniados – convênios a aprovar	8.1.1.2.x.xx.xx	Controle	20.000,00
C	Execução de direitos conveniados – convênios aprovados	8.1.1.2.x.xx.xx		
	Título da Conta	**Código**	**Natureza da Inf.**	**Valor (R$)**
D	Execução de obrigações conveniadas – convênios a aprovar	8.1.2.2.x.xx.xx	Controle	20.000,00
C	Execução de obrigações conveniadas – convênios aprovados	8.1.2.2.x.xx.xx	Controle	20.000,00

ARRECADAÇÕES DIVERSAS

36. Arrecadações diversas – Receita Orçamentária concomitante ao fato gerador

(Receitas Imobiliárias – Aluguéis – R$ 350,00 / Receitas de Indústrias de Transformação – R$ 400,00 / Receitas de Serviços relacionados a T.I. – R$ 1.250,00)

	Título da Conta	Código	Natureza da Inf.	Valor (R$)
D	Caixa e equivalentes de caixa em moeda nacional (F)	1.1.1.1.0.00.00		2.000,00
C	Valor bruto de exploração de bens e direitos e prestação de serviços (Aluguéis)	4.3.3.1.x.xx.xx		350,00
C	Venda bruta de produtos (Venda de Produtos da Industria de Transformação)	4.3.2.1.x.xx.xx	Patrimonial	400,00
C	Valor bruto de exploração de bens e direitos e prestação de serviços (Prestação de Serviços Relacionados a T.I.)	4.3.3.1.x.xx.xx		1.250,00
	Título da Conta	**Código**	**Natureza da Inf.**	**Valor (R$)**
D	Receita a realizar	6.2.1.1.0.00.00	Orçamentária	2.000,00
C	Receita realizada	6.2.1.2.0.00.00		
	Informe a natureza da receita:	13110000		

	Informe a natureza da receita:	15209900		
	Informe a natureza da receita:	16000100		

	Título da Conta	Código	Natureza da Inf.	Valor (R$)
D	Controle da disponibilidade de recursos	7.2.1.1.0.00.00	Controle	2.000,00
C	Execução da disponibilidade de recursos – Disponibilidade por Destinação de Recursos	8.2.1.1.1.00.00		

DESPESA COM PESSOAL

37. Empenho e reconhecimento da VPD

	Título da Conta	Código	Natureza da Inf.	Valor (R$)
D	Crédito disponível	6.2.2.1.1.00.00	Orça-mentária	20.000,00
C	Crédito empenhado a liquidar	6.2.2.1.3.01.00		
	Informe a natureza da despesa:	319011		

	Título da Conta	Código	Natureza da Inf.	Valor (R$)
D	Execução da disponibilidade de recursos – Disponibilidade por destinação de recursos	8.2.1.1.1.00.00	Controle	20.000,00
C	Execução da disponibilidade de recursos – DDR compro-metida por empenho	8.2.1.1.2.00.00		

	Título da Conta	Código	Natureza da Inf.	Valor (R$)
D	Remuneração a pessoal – RPPS	3.1.1.1.0.00.00	Patrimo-nial	20.000,00
C	Pessoal a pagar (F)	2.1.1.1.x.xx.xx		

38. Liquidação

	Título da Conta	Código	Natureza da Inf.	Valor (R$)
D	Crédito empenhado a liquidar	6.2.2.1.3.01.00	Orça-mentária	20.000,00
C	Crédito empenhado liquidado a pagar	6.2.2.1.3.03.00		

	Título da Conta	Código	Natureza da Inf.	Valor (R$)
D	Execução da disponibilidade de recursos – DDR comprometida por empenho	8.2.1.1.2.00.00	Controle	20.000,00
C	Execução da disponibilidade de recursos – DDR comprometida por liquidação e entradas compensatórias	8.2.1.1.3.00.00		

39. Pagamento

	Título da Conta	Código	Natureza da Inf.	Valor (R$)
D	Pessoal a pagar (F)	2.1.1.1.x.xx.xx	Patrimonial	100,00
C	Caixa e equivalentes de caixa em moeda nacional (F)	1.1.1.1.0.00.00		

	Título da Conta	Código	Natureza da Inf.	Valor (R$)
D	Crédito empenhado liquidado	6.2.2.1.3.03.00	Orçamentária	
C	Crédito liquidado pago	6.2.2.1.3.04.00		

	Título da Conta	Código	Natureza da Inf.	Valor (R$)
D	Execução da disponibilidade de recursos – DDR comprometida por liquidação e entradas compensatórias	8.2.1.1.3.00.00	Controle	20.000,00
C	Execução da disponibilidade de recursos – Disponibilidade por destinação de recursos utilizada	8.2.1.1.4.00.00		

RESTOS A PAGAR

40. Inscrição em Restos a Pagar Processados – saldo da conta "crédito empenhado liquidado a pagar"

	Título da Conta	Código	Natureza da Inf.	Valor (R$)
D	RP Processados – inscrição no exercício	5.3.2.7.0.00.00	Orçamentária	24.000,00
C	RP Processados a Pagar – inscrição no exercício	6.3.2.7.0.00.00		

41. Inscrição em Restos a Pagar Não Processados – saldo da conta "crédito empenhado a liquidar"

	Título da Conta	Código	Natureza da Inf.	Valor (R$)
D	RP não processados – inscrição no exercício	5.3.1.7.0.00.00	Orça-mentária	100,00
C	RP não Processados a Pagar – inscrição no exercício	6.3.1.7.0.00.00		

A seguir são apresentados os razonetes e balancete síntese dos lançamentos contábeis:

Caixa e Equiv. de Caixa (F)

c/ 1111

(4)	R$ 11.000,00	R$ 100,00	(10)
(5)	R$ 29.000,00	R$ 100,00	(29)
(6)	R$ 15.500,00	R$ 20.000,00	(33)
(16)	R$ 14.000,00	R$ 20.000,00	(40)
(36)	R$ 2.000,00		

R$ 31.300,00 | --- |

Créd. Trib. a Receber (P)

c/ 1122

| (3) | R$ 14.000,00 | R$ 11.000,00 | (4) |
| | | R$ 3.000,00 | (25) |

R$ 0,00 | --- |

Depósitos rest. e vlrs. vinc. (F)

c/ 1136

| (21) | R$ 2.000,00 | R$ 700,00 | (22) |

R$ 1.300,00 | --- |

Créditos Realizáveis de LP – Divida Ativa

c/ 1211

| (25) | | 3.000,00 | (25) |

--- | 3.000,00

Outros Créd./vlrs. c.prazo a rec. (P)

c/ 1138

| (32) | R$ 20.000,00 | R$ 20.000,00 | (34) |

R$ 0,00 | ---

Bens Móveis - Veículos

c/ 1231

(12)	R$ 24.000,00	R$ 200,00	(14)
		R$ 11.800,00	(15)
		R$ 200,00	(16)
		R$ 11.800,00	(17)

R$ 0,00 | ---

Bens Imóveis (P)

c/ 1232

(18)	R$ 60.000,00	5.000,00	(20)
(19)	R$ 10.000,00		
(34)	R$ 20.000,00		

R$ 85.000,00 | ---

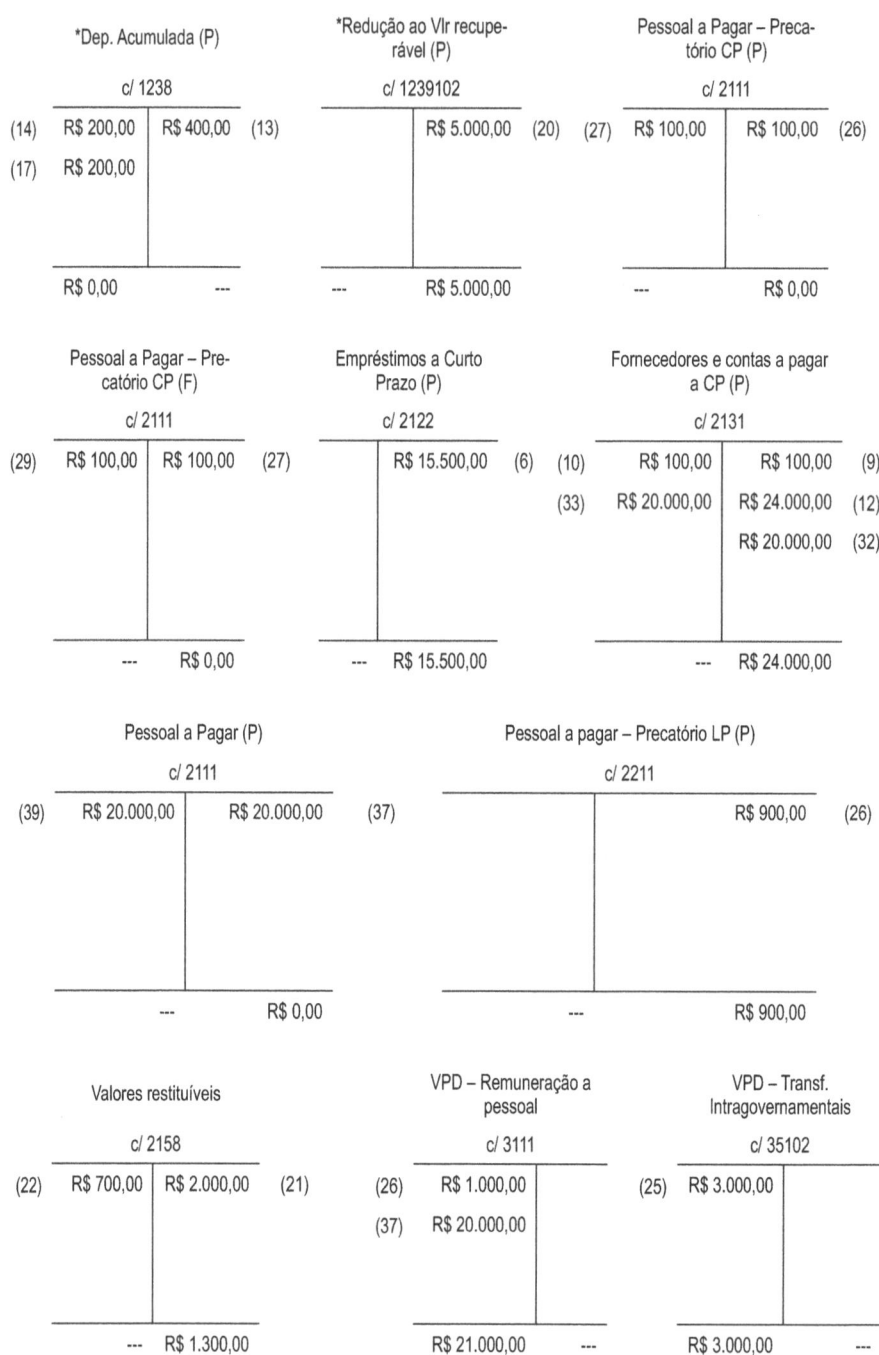

VPD – Transf. A Inst. Privadas		VPD – Serviços Terceiros – PJ		VPD – Uso de Bens e Serv. – Deprec.	
c/ 3531		c/ 3323		c/ 3331	
(17) R$ 11.800,00		(9) R$ 100,00		(13) R$ 400,00	
R$ 11.800,00	---	R$ 100,00	---	R$ 400,00	---

VPD – Redução a Vlr. Recuperável		VPA – IPVA		VPA – ICMS	
c/ 3612		c/ 4112		c/ 4113	
(20) R$ 5.000,00			R$ 14.000,00 (3)		R$ 29.000,00 (5)
R$ 5.000,00	---	---	R$ 14.000,00	---	R$ 29.000,00

Transferência intragovernamental – intra OFSS	
c/ 45102	
	3.000,00 (25)
---	3.000,00

Transf. Das Inst. Privadas		Exploração do Pat. Imobiliário / Aluguéis		Prestação de Serviços Relacionados a T.I.	
c/ 4531		c/ 4.3.3.1.1.03.01		c/ 4.3.3.1	
	R$ 60.000,00 (18)		R$ 350,00 (36)		R$ 1.250,00 (36)
---	R$ 60.000,00	---	R$ 350,00	---	R$ 1.250,00

Reavaliação de Imobilizado

c/ 4611

	R$ 10.000,00 (19)
---	R$ 10.000,00

Ganhos com Alien. de Ativos Imob.

c/ 4622

	R$ 2.200,00 (15)
---	R$ 2.200,00

Venda de Prod. da Ind. de Transformação

c/ 4.3.2.1.1.14

	R$ 400,00 (36)
---	R$ 400,00

Previsão Inicial da Receita

c/ 5211

(1)	R$ 80.000,00	
	R$ 80.000,00	---

Dotação Orçamentária Inicial

c/ 5221

(2)	R$ 80.000,00	
	R$ 80.000,00	---

RP não processados inscritos no exercício

c/ 5317

(41)	R$ 100,00	
	R$ 100,00	---

RP processados inscritos

c/ 5327

(40)	R$ 24.000,00	
	R$ 24.000,00	---

Receita Orçamentária a Realizar

c/ 6211

(4)	R$ 11.000,00	R$ 80.000,00	(1)
(5)	R$ 29.000,00		
(6)	R$ 15.500,00		
(15)	R$ 14.000,00		
(36)	R$ 2.000,00		
	---	R$ 8.500,00	

Receita Orçamentária Realizada

c/ 6212

	R$ 11.000,00	(4)
	R$ 29.000,00	(5)
	R$ 15.500,00	(6)
	R$ 14.000,00	(16)
	R$ 2.000,00	(36)
---	R$ 71.500,00	

Crédito Orçamentário Disponível

c/ 62211

(7)	R$ 200,00	R$ 80.000,00	(2)
(27)	R$ 100,00		
(11)	R$ 24.000,00		
(31)	R$ 20.000,00		
(37)	R$ 20.000,00		
	---	R$ 15.700,00	

Crédito Empenhado a liquidar

c/ 6221301

(9)	R$ 100,00	R$ 200,00	(7)
(27)	R$ 100,00	R$ 100,00	(27)
(12)	R$ 24.000,00	R$ 24.000,00	(11)
(32)	R$ 20.000,00	R$ 20.000,00	(31)
(38)	R$ 20.000,00	R$ 20.000,00	(37)
	---	R$ 100,00	

Crédito Emp. liquidado a pagar

c/ 6221303

(10)	R$ 100,00	R$ 100,00	(9)
(33)	R$ 20.000,00	R$ 24.000,00	(12)
(29)	R$ 100,00	R$ 20.000,00	(32)
(39)	R$ 20.000,00	R$ 100,00	(28)
		R$ 20.000,00	(38)
	---	R$ 24.000,00	

Crédito Empenhado pago				Crédito Empenhado em Liquidação			RP não Processado a pagar	
c/ 6221304				c/ 6221302			c/ 6317	
	R$ 100,00 (10)		(28)	R$ 100,00	R$ 100,00 (27)		R$ 100,00 (41)	
	R$ 20.000,00 (33)							
	R$ 100,00 (29)							
	R$ 20.000,00 (39)							
---	R$ 40.200,00			---	R$ 0,00		--- R$ 100,00	

RP Processado a pagar			Direitos Conveniados			Obrigações Conveniadas	
c/ 6327			c/ 7112			c/ 7122	
	R$ 24.000,00 (40)	(31)	R$ 20.000,00		(31)	R$ 20.000,00	
---	R$ 24.000,00		R$ 20.000,00 ---			R$ 20.000,00 ---	

Obrigações Contratuais			Controle da Dispon. de Recursos			Controle Encam. Créd. Dívida Ativa	
c/ 7123			c/ 7211			c/ 7320	
(8)	R$ 1.200,00	(4)	R$ 11.000,00		(24)	R$ 3.000,00	
		(5)	R$ 29.000,00				
		(6)	R$ 15.500,00				
		(15)	R$ 14.000,00				
		(21)	R$ 2.000,00				
		(36)	R$ 2.000,00				
R$ 1.200,00 ---			R$ 73.500,00 ---			R$ 3.000,00 ---	

Direitos Conveniados a Receber			Direitos Conveniados a comprovar			Direitos Conveniados a aprovar	
c/ 8112			c/ 8112			c/ 8112	
(33) R$ 20.000,00	R$ 20.000,00 (30)	(34) R$ 20.000,00	R$ 20.000,00 (33)		(35) R$ 20.000,00	R$ 20.000,00 (34)	
---	R$ 0,00	---	R$ 0,00		---	R$ 0,00	

Direitos Conveniados aprovados — c/ 811300104

	R$ 20.000,00 (35)
	--- R$ 20.000,00

Obrig. de Convênios a liberar — c/ 812300101

(33) R$ 20.000,00	R$ 20.000,00 (30)
---	R$ 0,00

Obrig. de Convênios Liberados — c/ 812300102

(34) R$ 20.000,00	R$ 20.000,00 (33)
---	R$ 0,00

Obrig. de Convênios a aprovar — c/ 812300103

(35) R$ 20.000,00	R$ 20.000,00 (34)
---	R$ 0,00

Obrig. de Convênios aprovadas — c/ 812300104

	R$ 20.000,00 (35)
---	R$ 20.000,00

Obrig. Contratadas a Executar — c/ 812400201

(9) R$ 100,00	R$ 1.200,00 (8)
---	R$ 1.100,00

Obrig. Contratadas Executadas — c/ 812400202

	R$ 100,00 (9)
---	R$ 100,00

Disp. por Destinação de Recursos — c/ 82211

(7)	R$ 200,00	R$ 11.000,00	(4)
(11)	R$ 24.000,00	R$ 29.000,00	(5)
(31)	R$ 20.000,00	R$ 15.500,00	(6)
(22)	R$ 2.000,00	R$ 14.000,00	(15)
(27)	R$ 100,00	R$ 2.000,00	(22)
(38)	R$ 20.000,00	R$ 2.000,00	(36)
---		R$ 7.200,00	

Disp. por DR Comprometida — c/82112

(09)	100,00	200,00	(7)
(12)	24.000,00	24.000,00	(11)
(22)		20.000,00	(30)
(28)	100,00		(22)
(32)	20.000,00	100,00	(27)
(38)	20.000,00	20.000,00	(37)
	64.200,00	64.300,00	
		100,00	

Obrig. de Convênios a Comprovar — c/8122

	20.000,00 (33)
---	20.000,00

Disp. por Dest. de Rec. Utilizada — c/82113

(10)	100,00	100,00	(09)
(22)	700,00	24.000,00	(12)
(29)	100,00	2.000,00	(21)
(33)	20.000,00	100,00	(28)
(38)	20.000,00	20.000,00	(32)
(39)	20.000,00	20.000,00	(38)
	60.900,00	66.200,00	
		5.300,00	

Disp. por Dest. de Rec. Utilizada				Créditos a encaminhar em DA			Créditos encaminhados para DA	
c/ 82214				c/ 8311			c/ 8312	
R$ 100,00	(10)	(24)	R$ 3.000,00	R$ 3.000,00	(23)		R$ 3.000,00	(24)
R$ 20.000,00	(33)							
R$ 700,00	(22)							
R$ 100,00	(29)							
R$ 20.000,00	(40)							
---	R$ 40.900,00			---	R$ 0,00		---	R$ 3.000,00

BALANCETE CONTÁBIL FINAL

Classe	Contas	Código	Débito	Crédito
	Caixa e equivalentes de caixa em moeda nacional (F)	1.1.1.1.0.00.00	31.300,00	-
	Créditos tributários a receber (P)	1.1.2.2.0.00.00	-	-
	Depósitos restituíveis e valores vinculados (F)	1.1.3.6.0.00.00	1.300,00	-
	Outros créditos e valores de curto prazo a receber (P)	1.1.3.8.0.00.00	-	-
1	Créditos Realizáveis de LP - Divida Ativa	1.2.1.1.0.00.00	3.000,00	
	Bens móveis - veículos (P)	1.2.3.1.x.xx.xx	-	-
	Bens imóveis (P)	1.2.3.2.0.00.00	85.000,00	-
	* Depreciação acumulada - veículos (P)	1.2.3.8.1.01.xx	-	-
	* Redução ao valor recuperável - bem imóveis (P)	1.2.3.9.1.02.xx	-	-
SOMA CLASSE 1			120.600,00	-
	Pessoal a pagar (F)	2.1.1.1.0.00.00		-
	Pessoal a pagar - Precatórios a curto prazo (P)	2.1.1.1.0.00.00		-
	Pessoal a pagar - Precatórios a curto prazo (F)	2.1.1.1.0.00.00		-
2	Empréstimos a Curto Prazo (P)	2.1.2.2.0.00.00		15.500,00
	Fornecedores e contas a pagar nacionais a curto prazo (F)	2.1.3.1.0.00.00		24.000,00
	Valores Restituíveis (F)	2.1.5.8.0.00.00		1.300,00
	Pessoal a pagar - Precatórios a longo prazo (P)	2.2.1.1.0.00.00		900,00
SOMA CLASSE 2			-	41.700,00
	Remuneração a pessoal abrangido pelo RPPS (P)	3.1.1.1.0.00.00	21.000,00	
	Serviços Terceiros – PJ	3.3.2.3.0.00.00	100,00	
	Depreciação (VPD)	3.3.3.1.0.00.00	400,00	
3	Transferências de bens intragovernamentais (VPD)	3.5.1.0.2.00.00	3.000,00	
	Transferências de bens a instituições privadas sem fins lucrativos	3.5.3.1.0.00.00	11.800,00	
	Redução a valor recuperável de imobilizado	3.6.1.2.0.00.00	5.000,00	
SOMA CLASSE 3			41.300,00	-
	Impostos sobre patrimônio e a renda (IPVA)	4.1.1.2.x.xx.xx		14.000,00
	Impostos sobre a produção e a circulação (ICMS)	4.1.1.3.x.xx.xx		29.000,00
	Venda bruta de produtos (Venda de Produtos da Industria de Transformação)	4.3.2.1.x.xx.xx		400,00
	Valor bruto de exploração de bens e direitos e prestação de serviços (Aluguéis)	4.3.3.1.1.xx.xx		350,00
4	Valor bruto de exploração de bens e direitos e prestação de serviços (Prestação de Serviços Relacionados a T.I.)	4.3.3.1.1.09.xx		1.250,00
	Transferência intragovernamental - intra OFSS	4.5.1.0.2.00.00		3.000,00
	Transferências de bens das instituições privadas sem fins lucrativos	4.5.3.1.0.00.00		60.000,00
	Reavaliação de Imobilizado	4.6.1.1.0.00.00		10.000,00
	Ganhos com Alienação de Imobilizado	4.6.2.2.0.00.00		2.200,00

Classe	Contas	Código	Débito	Crédito
SOMA CLASSE 4			-	120.200,00
Classe	Contas	Código	Débito	Crédito
5	Previsão inicial da receita (ver conta corrente)	5.2.1.1.0.00.00	80.000,00	
	Dotação Orçamentária / Crédito inicial (ver conta corrente)	5.2.2.1.1.00.00	80.000,00	
	RP não Processados - inscrição no exercício	5.3.1.7.0.00.00	100,00	
	RP Processados - inscrição no exercício	5.3.2.7.0.00.00	24.000,00	
SOMA CLASSE 5			184.100,00	-
6	Receita a realizar (ver conta corrente)	6.2.1.1.0.00.00		8.500,00
	Receita realizada (ver conta corrente)	6.2.1.2.0.00.00		71.500,00
	Crédito disponível (ver conta corrente)	6.2.2.1.1.00.00		15.700,00
	Crédito empenhado a liquidar	6.2.2.1.3.01.00		100,00
	Crédito empenhado em liquidação	6.2.2.1.3.02.00		-
	Crédito empenhado liquidado a pagar (ver conta corrente)	6.2.2.1.3.03.00		24.000,00
	Crédito liquidado pago (ver conta corrente)	6.2.2.1.3.04.00		40.200,00
	RP não Processados - inscrição no exercício	6.3.1.7.0.00.00		100,00
	RP Processados - inscrição no exercício	6.3.2.7.0.00.00		24.000,00
SOMA CLASSE 6			-	184.100,00
7	Direitos conveniados	7.1.1.2.0.00.00	20.000,00	
	Obrigações conveniadas	7.1.2.2.0.00.00	20.000,00	
	Obrigações contratuais	7.1.2.3.0.00.00	1.200,00	
	Controle da disponibilidade de recursos	7.2.1.1.0.00.00	73.500,00	
	Encaminhamento de créditos da dívida ativa	7.3.2.0.0.00.00	3.000,00	
SOMA CLASSE 7			117.700,00	-
8	Execução de direitos conveniados - convênios a receber	8.1.1.2.x.xx.xx		-
	Execução de direitos conveniados - convênios a comprovar	8.1.1.2.x.xx.xx		-
	Execução de direitos conveniados - convênios a aprovar	8.1.1.2.x.xx.xx		-
	Execução de direitos conveniados - convênios aprovados	8.1.1.2.x.xx.xx		20.000,00
	Execução de obrigações conveniadas - convênios a liberar	8.1.2.2.x.xx.xx		-
	Execução de obrigações conveniadas - convênios a comprovar	8.1.2.2.x.xx.xx		20.000,00
	Execução de obrigações conveniadas - convênios a aprovar	8.1.2.2.x.xx.xx		-
	Execução de obrigações conveniadas - convênios aprovados	8.1.2.2.x.xx.xx		20.000,00
	Execução de obrigações contratuais - contratos de serviços a executar	8.1.2.3.x.xx.xx		1.100,00
	Execução de obrigações contratuais - contratos de serviços executados	8.1.2.3.x.xx.xx		100,00
	Exec da disp. de recursos - Disp por Dest de Recursos (ver c/c)	8.2.1.1.1.00.00		7.200,00
	Exec da disp. de recursos - Disp por Dest de Recursos comprometida por empenho	8.2.1.1.2.00.00		100,00
	Exec da disp. de recursos - DDR comprometida por liquidação e entradas compensatórias	8.2.1.1.3.00.00		5.300,00
	Exec da disp. de recursos - Disp por destinação de recursos utilizada	8.2.1.1.4.00.00		40.900,00
	Créditos a encaminhar para a dívida ativa	8.3.1.1.0.00.00		-
	Créditos encaminhados para a dívida ativa	8.3.2.1.0.00.00		-
	Créditos Inscritos em dívida ativa a receber	8.3.2.3.0.00.00		3.000,00
SOMA CLASSE 8			-	117.700,00
TOTAL DO BALANCETE			**463.700,00**	**463.700,00**

EXERCÍCIOS

1. (VUNESP Órgão: Prefeitura de Morro Agudo – SP Prova: VUNESP – Prefeitura de Morro Agudo – SP – Agente de Licitações e Contratos – 2020) Uma entidade contratou um serviço em 30/11/2018 por R$ 450.000,00. O contador público verificou que, em 31/12/2018, o empenho referente à contratação do serviço havia sido realizado, mas o serviço seria entregue somente em 30/03/2019.

Considerando a situação, assinale a alternativa que apresenta o registro orçamentário correto dessa transação econômica em 31/12/2018.

(A) D: Crédito Disponível – 450.000,00

    C: Crédito Empenhado a liquidar– 450.000,00

(B) D: Crédito Empenhado a liquidar – 450.000,00

    C: Crédito Empenhado liquidado – 450.000,00

(C) D: Crédito Empenhado a liquidar – 450.000,00

    C: Empenhos a liquidar inscritos em restos a pagar não processados – 450.000,00

(D) D: Crédito Empenhado a liquidar – 450.000,00

    C: Empenhos a liquidar inscritos em restos a pagar processados – 450.000,00

(E) D: Despesa antecipada – 450.000,00

    C: Empenhos a liquidar inscritos em restos a pagar não processados – 450.000,00

2. (VUNESP Órgão: Prefeitura de Morro Agudo – SP Prova: VUNESP – Prefeitura de Morro Agudo – SP – Agente de Licitações e Contratos – 2020) Na aquisição de material de consumo que será estocado em almoxarifado para uso em momento posterior por R$ 45.000,00, o registro, em R$, na natureza da informação patrimonial está correto em:

(A) D: Crédito Disponível – 45.000,00

    C: Crédito Empenhado a liquidar – 45.000,00

(B) D: Disponibilidade por Destinação – 45.000,00

    C: DDR Comprometida por Empenho – 45.000,00

(C) D: Estoque e Almoxarifado – 45.000,00

    C: Fornecedores – 45.000,00

(D) D: Crédito Empenhado a Liquidar – 45.000,00

    C: Crédito Empenhado liquidado – 45.000,00

(E) D: Estoque e Almoxarifado – 45.000,00

    C: Crédito Empenhado liquidado – 45.000,00

3. (INSTITUTO AOCP Órgão: Câmara de Maringá– PR Prova: INSTITUTO AOCP – 2017 – Câmara de Maringá – PR – Contador – 2017) Referente à contabilização dos Precatórios em Regime Especial, analise as assertivas e assinale a alternativa que aponta a(s) correta(s).

I. A contabilização dos precatórios em regime especial dar-se-á de forma distinta nos municípios e nos estados e Distrito Federal, uma vez que, no primeiro caso, o ente devedor (município) não pertence à esfera do Tribunal de Justiça e, no segundo caso, o ente devedor (estados e Distrito Federal) pertence à esfera do Tribunal de Justiça.

II. Incentiva-se a utilização do mecanismo de fonte/destinação de recursos com o objetivo de explicitar que os recursos da conta especial são vinculados ao pagamento de precatórios em regime especial.

III. A contabilização dos precatórios em regime especial dar-se-á de forma análoga nos municípios e nos estados e Distrito Federal, uma vez que, no primeiro caso, o ente devedor (município) pertence à esfera do Tribunal de Justiça e, no segundo caso, o ente devedor (estados e Distrito Federal) pertence à esfera do Tribunal de Justiça.

(A) Apenas I.

(B) Apenas I e II.

(C) Apenas I e III.

(D) Apenas II e III.

(E) I, II e III.

4. (FUNCAB Órgão: Prefeitura de Araruama – RJ Prova: FUNCAB – 2015 – Prefeitura de Araruama – RJ – Contador) Identifique e marque entre as alternativas abaixo, aquela que apresenta o lançamento contábil a ser efetuado por ocasião do registro do empenho da despesa.

(A) Débito: Crédito disponível
    Crédito: Crédito empenhado a liquidar

(B) Débito: Dotação orçamentária inicial
    Crédito: Crédito disponível

(C) Débito: Disponibilidade por destinação de recursos
    Crédito: Disponibilidade por destinação de recursos comprometidos

(D) Débito: Crédito empenhado a liquidar
    Crédito: Crédito empenhado liquidado

(E) Débito: Crédito disponível
    Crédito: Dotação orçamentária inicial

5. (CCV-UFC Órgão: UFC Prova: CCV-UFC – UFC – Contador – 2014) O lançamento abaixo, necessariamente, foi realizado no seguinte subsistema:

D – 7.3.2.1.x.xx.xx Inscrição de Créditos

C – 8.3.2.1.x.xx.xx Créditos a Inscrever em Dívida Ativa

(A) Custo.

(B) Financeiro.

(C) Compensação.

(D) Informações Patrimoniais.

(E) Informações Orçamentárias.

6. (UFPR Órgão: Câmara de Curitiba – PR Prova: UFPR – Câmara de Curitiba – PR – Contador – 2020) No registro da apropriação mensal para o 13º salário, no seu empenho, liquidação e pagamento, que ocorrem, em geral, nos meses de novembro e dezembro, o lançamento no momento da liquidação de natureza orçamentária será:

(A) Débito Remuneração a Pessoal

a Crédito Pessoal a Pagar – 13º Salário

(B) Débito Crédito Disponível

a Crédito Empenho a Liquidar

(C) Débito Crédito Empenhado em Liquidação

a Crédito Empenhado Liquidado a Pagar

(D) Débito Pessoal a Pagar – 13º Salário

a Crédito Caixa e Equivalente de Caixa em Moeda Nacional

(E) Débito Crédito Empenhado Liquidado

a Pagar a Crédito Empenhado Pago

7. (IBGP Órgão: Prefeitura de Santa Luzia – MG Prova: IBGP – Prefeitura de Santa Luzia – MG – Contador – 2018) Sobre os registros contábeis (lançamentos), orçamentários e de controle, sob a ótica do plano de contas aplicado ao setor público, analise as afirmativas a seguir:

I – No momento do empenho da despesa orçamentária (ocorrência do fato gerador depois do empenho): Natureza da informação: orçamentária D 6.2.2.1.1.xx.xx Crédito Disponível C 6.2.2.1.3.01.xx Crédito Empenhado a Liquidar Natureza da informação: controle D 8.2.1.1.x.xx.xx Execução da Disponibilidade de Recursos C 8.2.1.1.2.xx.xx DDR Comprometida por Empenho

II – No momento da ocorrência do Fato Gerador: Natureza da informação: patrimonial D 3.x.x.x.x.xx.xx Variação Patrimonial Diminutiva C 2.1.x.x.x.xx.xx Passivo Circulante (F) Natureza da informação: orçamentária D 6.2.2.1.3.01. xx Crédito Empenhado a Liquidar C 6.2.2.1.3.02.xx Crédito Empenhado em Liquidação

III – No momento da liquidação da despesa orçamentária Natureza da informação: orçamentária D 6.2.2.1.3.03.xx Crédito Empenhado Liquidado a Pagar

C 6.2.2.1.3.04.xx Crédito Empenhado Pago Natureza da informação: controle D 8.2.1.1.2.xx.xx DDR Comprometida por Empenho C 8.2.1.1.3.xx.xx DDR Comprometida por Liquidação e Entradas Compensatórias

Estão CORRETAS as afirmativas:

(A) II e III apenas.

(B) I e II apenas.

(C) I e III apenas.

(D) I, II e III.

(E) Nenhuma das opções apresentada.

8. (IPEFAE Órgão: Prefeitura de São João da Boa Vista – SP Prova: IPEFAE – Prefeitura de São João da Boa Vista – SP – Contador – 2018) Assinale a alternativa que indica a conta que tem como função registrar a despesa orçamentária liquidada:

(A) Débito – crédito empenhado liquidado.

(B) Crédito – crédito empenhado liquidado.

(C) Crédito – crédito empenhado em liquidação.

(D) Débito – crédito disponível a liquidar.

(E) Crédito – crédito empenhado liquidado pago

9. (IPEFAE Órgão: Prefeitura de São João da Boa Vista – SP Prova: IPEFAE – Prefeitura de São João da Boa Vista – SP – Contador – 2018)

Assinale a alternativa que representam as contas envolvidas ao se registrar a arrecadação da receita orçamentária:

(A) Débito – previsão inicial da receita; crédito – receita a realizar.

(B) Crédito – previsão inicial da receita; débito – receita a realizar.

(C) Débito – receita a realizar; crédito – receita realizada.

(D) Crédito – receita a realizar; débito – receita realizada.

(E) Crédito – receita realizada; débito – receita realizada.

10. (FEPESE Órgão: Prefeitura de Mafra – SC Prova: FEPESE – Prefeitura de Mafra – SC – Contador – 2018) Um contador verificou que em determinado momento da escrituração de um ente público foi realizado o lançamento contábil:

Débito 6.2.2.1.3.03.xx Crédito Empenhado Liquidado a Pagar R$ 15.000

Crédito 6.2.2.1.3.04.xx Crédito Empenhado Liquidado Pago R$ 15.000

É correto afirmar que esse lançamento contábil:

(A) Implica o reconhecimento de um resto a pagar processado.

(B) Representa o registro do pagamento de uma despesa orçamentária e foi realizado na natureza da informação orçamentária.

(C) Representa o registro do pagamento de uma despesa extraorçamentária e foi realizado na natureza da informação patrimonial.

(D) Não é o registro de um pagamento, pois não envolve a conta "Caixa e Equivalentes de Caixa em Moeda Nacional (F)".

(E) Representa o registro de uma devolução de valores não aplicados e foi realizado na natureza da informação orçamentária.

11. (FEPESE Órgão: Prefeitura de Mafra – SC Prova: FEPESE – Prefeitura de Mafra – SC – Contador – 2018) O registro contábil deve ser feito pelo método das partidas dobradas e os lançamentos devem debitar e creditar contas que apresentem a mesma natureza de informação. Então, se foi realizado um lançamento de crédito na conta "6.2.2.1.1.xx.xx Crédito Disponível", isso significa que o registro da contrapartida deve ser realizado em uma conta de natureza da informação:

(A) Financeira.

(B) de Variação.

(C) de Controle.

(D) Patrimonial.

(E) Orçamentária.

12. (IESES Órgão: Prefeitura de São José – SC Prova: IESES – Prefeitura de São José – SC – Contador – 2019) Com relação aos registros contábeis, orçamentários e de controle, sob a ótica do Plano de Contas Aplicado ao Setor Público (PCASP), destacando os lançamentos de uma despesa orçamentária. No momento da ocorrência do fato gerador, indique os lançamentos corretos.

(A) Natureza da informação: patrimonial

D 3.x.x.x.x.xx.xx Variação Patrimonial Diminutiva

C 2.1.x.x.x.xx.xx Passivo Circulante (F)

Natureza da informação: orçamentária

D 6.2.2.1.3.01.xx Crédito Empenhado a Liquidar

C 6.2.2.1.3.02.xx Crédito Empenhado em Liquidação

(B) Natureza da informação: orçamentária

D 6.2.2.1.1.xx.xx Crédito Disponível

C 6.2.2.1.3.01.xx Crédito Empenhado a Liquidar

Natureza da informação: controle

D 8.2.1.1.x.xx.xx Execução da Disponibilidade de Recursos

C 8.2.1.1.2.xx.xx DDR Comprometida por Empenho

(C) Natureza da informação: orçamentária

D 6.2.2.1.3.02.xx Crédito Empenhado em Liquidação

C 6.2.2.1.3.03.xx Crédito Empenhado Liquidado a Pagar

(D) Natureza da informação: controle

D 8.2.1.1.2.xx.xx DDR Comprometida por Empenho

C 8.2.1.1.3.xx.xx DDR Comprometida por Liquidação e Entradas Compensatórias

13. (FEPESE Órgão: CIS – AMOSC – SC Prova: FEPESE – CIS – AMOSC – SC – Controlador Interno – 2018) A respeito dos conhecimentos sobre o registro contábil da despesa mensal com a folha de pagamento dos servidores (vencimentos e vantagens fixas), é correto afirmar:

(A) Há o reconhecimento de uma despesa de capital.

(B) O empenho é realizado em contas de natureza da informação patrimonial.

(C) Contribui para o aumento do resultado orçamentário do exercício

(D) No estágio da liquidação, há o reconhecimento de uma Variação Patrimonial Diminutiva.

(E) Não tem impacto no resultado patrimonial do exercício.

14. (FEPESE Órgão: CIS – AMOSC – SC Prova: FEPESE – CIS – AMOSC – SC – Contador – 2018) Considere a seguinte situação hipotética:

Um ente da federação efetuou o pagamento de R$ 50.000 referente a uma parcela de financiamento que estava registrada em seu passivo.

Segundo o Manual de Contabilidade Aplicada ao Setor Público, deve ser realizado, entre outros, o seguinte registro contábil:

(A) Natureza da informação: orçamentária

| Débito: | 2.1.2.2.x.xx.x | Empréstimos a Curto Prazo – Externo (F) | 50.000 |
| Crédito: | 1.1.1.1.1.xx.xx | Caixa e Equivalentes de Caixa em Moeda Nacional (F) | 50.000 |

(B) Natureza da informação: patrimonial

| Débito: | 6.2.2.1.1.xx.xx | Crédito Disponível | 50.000 |
| Crédito: | 1.1.1.1.1.xx.xx | Caixa e Equivalentes de Caixa em Moeda Nacional (F) | 50.000 |

(C) Natureza da informação: orçamentária

| Débito: | 2.1.2.2.x.xx.x | Empréstimos a Curto Prazo – Externo (F) | 50.000 |
| Crédito: | 6.2.2.1.3.04.xx | Crédito Empenhado Liquidado Pago | 50.000 |

(D) Natureza da informação: patrimonial

Débito:	6.2.2.1.3.03.xx	Crédito Empenhado Liquidado a Pagar	50.000
Crédito:	1.1.1.1.1.xx.xx	Caixa e Equivalentes de Caixa em Moeda Nacional (F)	50.000

(E) Natureza da informação: orçamentária

Débito:	6.2.2.1.3.03.xx	Crédito Empenhado Liquidado a Pagar	50.000
Crédito:	6.2.2.1.3.04.xx	Crédito Empenhado Liquidado Pago	50.000

15. (VUNESP Órgão: Prefeitura de Cananéia – SP Prova: VUNESP – Prefeitura de Cananéia – SP – Controlador Interno do Município – 2020)

O recebimento da cota que lhe cabe no Fundo de Participação dos Municípios, não sujeita ao redutor financeiro previsto na Lei Complementar n° 91/1997, é registrado no sistema orçamentário do município por meio do seguinte lançamento:

(A) D Receita a Realizar

C Receita Realizada.

(B) D Controle da Disponibilidade de Recursos

C Disponibilidade por Destinação de Recursos.

(C) D Caixa e Equivalentes Caixa

C Transferências Intergovernamentais.

(D) D Receita a Realizar

C Transferências intergovenamentais.

(E) D Caixa e Equivalentes Caixa

C Receita Realizada.

16. (VUNESP Órgão: Prefeitura de Cananéia – SP Prova: VUNESP – Prefeitura de Cananéia – SP – Controlador Interno do Município – 2020) No momento do empenho do décimo terceiro salário a ser pago ao servidor público, assinale, entre as alternativas a seguir, qual é um dos lançamentos a ser feito e o respectivo sistema:

(A) Natureza da informação: orçamentária

D Crédito Empenhado em Liquidação

C Crédito Empenhado Liquidado a Pagar.

(B) Natureza da informação: controle

D DDR Comprometida por Liquidação e Entradas Compensatórias

C DDR Utilizada.

(C) Natureza da informação: controle

D DDR Comprometida por Empenho

C DDR Comprometida por Liquidação e Entradas Compensatórias.

(D) Natureza da informação: patrimonial

D Remuneração a Pessoal

C Pessoal a Pagar – 13º Salário (P).

(E) Natureza da informação: patrimonial

D Pessoal a Pagar – 13º Salário (P)

C Pessoal a Pagar – 13º Salário (F).

17. (VUNESP Órgão: ESEF – SP Prova: VUNESP – ESEF – SP – Contador – 2019) O governo concedeu um benefício a um grupo de microempreendedores individuais na forma de redução da taxa de juros para aquisição de equipamentos. Estima-se que o governo deverá pagar às instituições financeiras R$ 3.500.000,00 ao longo dos próximos três anos referentes a esse benefício.

A situação descrita gera para o governo a necessidade de registrar, em seu sistema patrimonial:

(A) adiantamento para futuro aumento de capital.

(B) ativo contingente.

(C) ativo intangível.

(D) provisão.

(E) receita em contraprestação.

18. (VUNESP Órgão: ESEF – SP Prova: VUNESP – ESEF – SP – Contador – 2019) Um órgão do setor público contratou uma empresa pública de tecnologia para desenvolver um software em 10.03.2019 pelo valor de R$ 3.230.000,00. Sabe-se que, contratualmente, esse software deverá ser entregue para o órgão em 10.12.2019.

Assinale a alternativa que contém o registro contábil orçamentário inicial dessa transação econômica em 10/03/2019, em R$.

(A) D: Crédito Disponível – 3.230.000,00

　　C: Crédito Empenhado a Liquidar – 3.230.000,00

(B) D: Disponibilidade por Destinação de Recursos – 3.230.000,00

C: Crédito Empenhado a Liquidar – 3.230.000,00

(C) D: Softwares em desenvolvimento – 3.230.000,00

　　C: Crédito Empenhado a Liquidar – 3.230.000,00

(D) D: Softwares – 3.230.000,00

　　C: Softwares em contratação – 3.230.000,00

(E) D: Crédito Empenhado a Liquidar – 3.230.000,00

C: Crédito Empenhado Liquidado a pagar – 3.230.000,00

19. (FEPESE Órgão: Prefeitura de Águas de Chapecó – SC Prova: FEPESE – Prefeitura de Águas de Chapecó – SC – Contador – 2018) Considere o lançamento contábil abaixo:

Débito: 6.2.2.1.1.xx.xx Crédito Disponível 10.000 Crédito: 6.2.2.1.3.01.xx Crédito Empenhado a Liquidar 10.000

É correto afirmar que:

(A) A natureza da informação é patrimonial.

(B) A natureza da informação é orçamentária.

(C) Será obrigatoriamente gerado um resto a pagar.

(D) É referente à liquidação da despesa orçamentária.

(E) É referente à arrecadação da receita orçamentária.

20. (CPCON Órgão: Câmara de Santa Rita – PB Prova: CPCON – Câmara de Santa Rita – PB – Contador – 2019) Suponha que, em determinado Município, o Código Tributário regula que o fato gerador do Imposto sobre a Propriedade Predial e Territorial Urbana (IPTU) ocorrerá no dia 1º de janeiro de cada ano. Com base nesta informação, no que preconiza o Art. 35 da Lei 4.320/1964 e sob a ótica do Plano de Contas Aplicado ao Setor Público o registro contábil neste momento é:

(A) D – 1.1.1.1.1.xx.xx – Caixa e Equivalentes de Caixa em Moeda Nacional (F)

C – 1.1.2.2.x.xx.xx – Créditos Tributários a Receber (P)

(B) D – 1.1.2.2.x.xx.xx – Créditos Tributários a Receber (P)

C – 4.1.1.2.x.xx.xx – Impostos Sobre o Patrimônio e a Renda

(C) D – 6.2.1.1.x.xx.xx – Receita a Realizar

C – 6.2.1.2.x.xx.xx – Receita Realizada

(D) D – 7.2.1.1.x.xx.xx – Controle da Disponibilidade de Recursos

C – 8.2.1.1.1.xx.xx – Disponibilidade por Destinação de Recursos (DDR)

(E) D – 1.1.2.2.x.xx.xx – Créditos Tributários a Receber (P)

C – 8.2.1.1.1.xx.xx – Disponibilidade por Destinação de Recursos (DDR)

21. (VUNESP Órgão: Prefeitura de Campinas – SP Prova: VUNESP – Prefeitura de Campinas – SP – Contador – 2019) Um órgão do setor público transfere determinado ativo imobilizado para uma agência, também do setor público. Sabe-se que o ativo imobilizado transferido estava registrado no órgão de origem por R$ 670.000,00. Adicionalmente, em relação ao ativo em questão, o contador público do órgão verificou que:

(a) a depreciação acumulada totalizava R$ 300.000,00;

(b) havia um registro patrimonial de perda por valor recuperável no valor de R$ 100.000,00.

Assinale a alternativa correta em relação ao registro contábil patrimonial na agência pelo recebimento do ativo imobilizado.

(A) D: Depreciação Acumulada R$ 300.000,00

    D: Redução ao Valor Recuperável de Imobilizado R$ 100.000,00

    D: Perda com a incorporação de ativos R$ 270.000,00

    C: Bens móveis R$ 670.000,00

(B) D: Bens móveis R$ 270.000,00

    C: Ganhos com incorporações de ativos R$ 270.000,00

(C) D: Desincorporação de ativos R$ 270.000,00

    C: Bens móveis R$ 270.000,00

(D) D: Bens móveis R$ 370.000,00

    C: Ganhos com incorporações de ativos R$ 370.000,00

(E) D: Desincorporação de ativos R$ 370.000,00

    C: Bens móveis R$ 370.000,00

22. (VUNESP Órgão: Prefeitura de Campinas – SP Prova: VUNESP – Prefeitura de Campinas – SP – Contador – 2019) Em 05.01.2018, uma entidade do setor público adquiriu estoque pelo valor de R$ 95.000,00. Para que esse estoque estivesse disponível para uso, a entidade incorreu em gastos adicionais com frete e com seguro no valor de R$ 1.500,00 e R$ 500,00, respectivamente.

Ao longo do ano, foi consumido pela entidade pública 70% dos estoques adquiridos no dia 05.01.2018. Em 05.12.2018, os servidores públicos em exercício verificaram que o restante do estoque adquirido em janeiro estava obsoleto, em parte. Ao analisar o valor dos benefícios econômicos desses estoques, os servidores verificaram que o seu valor estava superestimado no sistema contábil em R$ 7.000,00.

O registro contábil no sistema patrimonial referente a perda de valor recuperável dos estoques em 05.12.2018 é:

(A) D: Variação Patrimonial Diminutiva (VPD) com ajuste de estoques R$ 7.000,00

    C: Ajustes de Perdas de Estoques R$ 7.000,00

(B) D: Variação Patrimonial Diminutiva (VPD) com ajuste de estoques R$ 7.000,00

    C: Ajustes de Perdas de Estoques com fretes R$ 23,70

    C: Ajustes de Perdas de Estoques com seguros R$ 2,70

    C: Ajustes de Perdas de Estoques R$ 6.973,60

(C) D: Variação Patrimonial Diminutiva (VPD) com fretes R$ 23,70

D: Variação Patrimonial Diminutiva (VPD) com seguros R$ 2,70

D: Fornecedores e Contas a Pagar de Curto Prazo R$ 6.973,60

C: Estoques R$ 7.000,00

(D) D: Variação Patrimonial Diminutiva (VPD) com ajuste de estoques R$ 7.000,00

C: Disponibilidades R$ 7.000,00

(E) D: Variação Patrimonial Diminutiva (VPD) com ajuste de estoques R$ 7.000,00

C: Estoques R$ 7.000,00

GABARITO

1) GABARITO: C.

Comentário

Natureza da informação: orçamentária

D 6.2.2.1.3.01.xx Crédito empenhado a liquidar

C 6.2.2.1.3.05.xx Empenhos a liquidar inscritos em restos a pagar não processados

2) GABARITO: C.

Comentário

No momento da aquisição do material não há o registro da VPD. Há uma simples partida dobrada registrando o reconhecimento do bem no ativo a débito (Estoque de Almoxarifado) e uma obrigação a pagar a crédito (Fornecedores).

O MCASP 8ª Ed, p. 105, assim diz:

No momento do recebimento e incorporação ao estoque:

Natureza da informação: patrimonial

D 1.1.5.6.x.xx.xx Estoque – Almoxarifado

C 2.1.3.x.x.xx.xx Fornecedores e Contas a Pagar a Curto Prazo (F)

Natureza da informação: orçamentária

D 6.2.2.1.3.01.xx Crédito Empenhado a Liquidar

C 6.2.2.1.3.02.xx Crédito Empenhado em liquidação

3) GABARITO: B.

Comentário

A contabilização dos precatórios em regime especial dar-se-á de forma distinta nos municípios e nos estados e Distrito Federal, uma vez que no primeiro caso o ente devedor (município) não pertence à esfera do Tribunal de Justiça e no segundo caso o ente devedor (estados e Distrito Federal) pertence à esfera do Tribunal de Justiça.

"Incentiva-se a utilização do mecanismo de fonte / destinação de recursos com o objetivo de explicitar que os recursos da conta especial são vinculados ao pagamento de precatórios em regime especial." (MCASP, ANO, p. 369)

4) **GABARITO: A.**

Comentário

Natureza da informação: orçamentária

D 6.2.2.1.1.xx.xx Crédito Disponível

C 6.2.2.1.3.01.xx Crédito Empenhado a Liquidar

5) **GABARITO: C.**

Comentário

Segundo o PCASP as contas contábeis que têm como primeiro nível os dígitos 7 e 8, são de controle/compensação.

6) **GABARITO: C.**

Comentário

Natureza da informação: orçamentária

Débito Crédito Empenhado em Liquidação

a Crédito Empenhado Liquidado a Pagar

7) **GABARITO: B.**

Comentário

No momento do empenho da despesa orçamentária (ocorrência do fato gerador depois do empenho):

Natureza da informação: orçamentária

D 6.2.2.1.1.xx.xx Crédito Disponível C 6.2.2.1.3.01.xx Crédito Empenhado a Liquidar

Natureza da informação: controle

D 8.2.1.1.x.xx.xx Execução da Disponibilidade de Recursos C 8.2.1.1.2.xx.xx DDR Comprometida por Empenho

No momento da ocorrência do Fato Gerador:

Natureza da informação: patrimonial

D 3.x.x.x.x.xx.xx Variação Patrimonial Diminutiva C 2.1.x.x.x.xx.xx Passivo Circulante (F)

Natureza da informação: orçamentária

D 6.2.2.1.3.01.xx Crédito Empenhado a Liquidar C 6.2.2.1.3.02.xx Crédito Empenhado em Liquidação

No momento da liquidação da despesa orçamentária:

Natureza da informação: orçamentária

D 6.2.2.1.3.02.xx Crédito Empenhado em Liquidação C 6.2.2.1.3.03.xx Crédito Empenhado Liquidado a Pagar

Natureza da informação: controle

D 8.2.1.1.2.xx.xx DDR Comprometida por Empenho C 8.2.1.1.3.xx.xx DDR Comprometida por Liquidação e Entradas Compensatórias.

8) GABARITO: B.

Comentário

No momento da liquidação:

D Crédito Empenhado a Liquidar

C Crédito Empenhado Liquidado a pagar

9) GABARITO: C.

Comentário

Natureza da informação: orçamentária

D 6.2.1.1.x.xx.xx Receita a Realizar

C 6.2.1.2.x.xx.xx Receita Realizada

10) GABARITO: B.

Comentário

Lançamento contábil de um fato de pagamento na natureza de informação orçamentário:

Débito 6.2.2.1.3.03.xx Crédito Empenhado Liquidado a Pagar

Crédito 6.2.2.1.3.04.xx Crédito Empenhado Liquidado Pago

11) GABARITO: E.

Comentário

Contas que registram os grupos 5 e 6 são de natureza da informação orçamentária.

12) GABARITO: A.

Comentário

Por eliminação, naquela que apresenta VPD (bens ou serviços).

13) GABARITO: D.

Comentário

No estágio da liquidação, há o reconhecimento de uma Variação Patrimonial Diminutiva (VPD).

Certo. No sistema orçamentário, a liquidação reflete o reconhecimento do direito adquirido pelo credor. No sistema patrimonial, o fato contábil é registrado na ocorrência do fato gerador. Assim, em regra, quando há liquidação, a VPD é gerada e reconhecida.

14) **GABARITO: E.**

Comentário

Letra A – natureza da informação: orçamentária e dentro dos lançamentos estão sendo utilizados contas patrimoniais.

Letra B – lançamento em contas de natureza distintas, o que não é permitido. Débito em conta orçamentária e crédito em conta patrimonial.

Letra C – lançamento em contas de natureza distintas, o que não é permitido. Débito em conta patrimonial e crédito em conta orçamentária.

Letra D – lançamento em contas de natureza distintas, o que não é permitido. Débito em conta orçamentária e crédito em conta patrimonial.

Letra E – natureza da informação: orçamentária e contas orçamentárias utilizadas no lançamento corretamente.

15) **GABARITO: A.**

Comentário

A questão pediu lançamento no sistema orçamentário:

Letra B são contas de controle.

Letra C contra patrimoniais.

Letras D e E misto de contas patrimoniais e orçamentárias, que não é possível.

16) **GABARITO: E.**

Comentário

Empenho e transferência do passivo patrimonial para o financeiro:

Natureza da informação: orçamentária

D 6.2.2.1.1.xx.xx Crédito Disponível

C 6.2.2.1.3.01.xx Crédito Empenhado a Liquidar

Natureza da informação: controle

D 8.2.1.1.x.xx.xx Execução da Disponibilidade de Recursos

C 8.2.1.1.2.xx.xx DDR Comprometida por Empenho

Natureza da informação: patrimonial

D 2.1.1.1.x.xx.xx Pessoal a Pagar – 13º Salário (P)

C 2.1.1.1.x.xx.xx Pessoal a Pagar – 13º Salário (F)

Natureza da informação: orçamentária

D 6.2.2. 1.3.01.xx Crédito Empenhado a Liquidar

C 6.2.2.1.3.02.xx Crédito Empenhado em Liquidação"

17) GABARITO: D.

Comentário

As provisões devem ser reconhecidas quando estiverem presentes os três requisitos abaixo:

(1) Exista uma obrigação presente (formalizada ou não) resultante de passados;

(2) Seja provável uma saída de recursos que incorporam benefícios econômicos ou potencial de serviços para a extinção da obrigação.

(3) Seja possível fazer uma estimativa confiável do valor da obrigação;

Sendo assim, estão presentes os três requisitos necessários para configurar uma provisão:

"Estima-se (3) que o governo deverá pagar (1) às instituições financeiras R$ 3.500.000,00 ao longo dos próximos três anos referentes a esse benefício (2)"

Logo, como essas condições forem satisfeitas, uma provisão deve ser reconhecida.

18) GABARITO: A.

Comentário

Atentar para a Regra de Integridade do PCASP (Contas Patrimoniais=1,2,3,4), Orçamentária (5 e 6), Controle (7 e 8).

19) GABARITO: B.

Comentário

O registro contábil deve ser feito pelo método das partidas dobradas e os lançamentos devem debitar e creditar contas que apresentem a mesma natureza de informação.

Assim, os lançamentos estarão fechados dentro das classes 1 a 4 ou das classes 5 e 6 ou das classes 7 e 8:

a. Lançamentos de natureza patrimonial: apenas debitam e creditam contas das classes 1, 2, 3 e 4.

b. Lançamentos de natureza orçamentária: apenas debitam e creditam contas das classes 5 e 6.

c. Lançamentos de natureza de controle: apenas debitam e creditam contas das classes 7 e 8.

Esse lançamento se refere ao empenho

No empenho:

a) Contratação de empresa para desenvolvimento de software 36

Empenho da Despesa:

D 6.2.2.1.1.00.00 Crédito Disponível

C 6.2.2.1.3.01.00 Crédito Empenhado a Liquidar

D 8.2.2.1.1.00.00 Disponibilidade por Destinação de Recursos
C 8.2.1.1.2.00.00 DDR Comprometida por Empenho
Liquidação da Despesa:
D 1.2.4.1.1.02.00 Softwares em Desenvolvimento (P)37
C 2.1.3.X.X.XX.XX Fornecedores e Contas a Pagar a Curto Prazo (F)
D 6.2.2.1.3.01.00 Crédito Empenhado a Liquidar
C 6.2.2.1.3.03.00 Crédito Empenhado Liquidado a Pagar
D 8.2.1.1.2.00.00 DDR Comprometida por Empenho
C 8.2.1.1.3.00.00 DDR Comp. por Liquidação e Entradas Compensatórias

20) **GABARITO: B.**
Comentário
Segundo o MCASP
Reconhecimento do crédito tributário Natureza da informação: patrimonial
D 1.1.2.2.1.xx.xx Crédito Tributário a Receber (P)
C 4.1.1.2.1.xx.xx Imposto sobre Patrimônio e Renda

21) **GABARITO: B.**
Comentário
Segundo o MCASP 8ª
(+) Imobilizado R$ 670.000
(-) Depreciação acumulada R$ 300.000
(-) Perda por valor recuperável R$ 100.000
(=) Imobilizado Líquido R$ 270.000
D: Imobilizado (AÑC) R$ 270.000
C: Ganhos com incorporações de ativos (VPA) R$ 270.000

22) **GABARITO: A.**
Comentário
Segundo o MCASP 8ª
Em 05.01.2018,
(+) Compra R$ 95.000
(+) Gastos com frete R$ 1.500
(+) Gastos com seguro R$ 500
(=) Estoque R$ 97.000
 Ao longo do ano, foi consumido pela entidade pública 70% dos estoques.
(=) Estoque (R$ 97.000*30%) R$ 29.100

Em 05.12.2018, ao analisar o valor dos benefícios econômicos desses estoques, os servidores verificaram que o seu valor estava superestimado no sistema contábil em R$ 7.000.

Os estoques devem ser mensurados pelo custo histórico (R$ 29.100) ou pelo valor realizável líquido (R$ 22.100), dos dois o menor, exceto:

(=) Estoque... R$ 29.100

(-) Ajustes de Perdas de Estoques......... R$ 7.000

(=) Estoque líquido............................... R$ 22.100

D: Ajuste de estoques (VPD) R$ 7.000

C: (-) Ajustes de Perdas de Estoques (AC) R$ 7.000

Capítulo 16

DEMONSTRAÇÕES CONTÁBEIS APLICADAS AO SETOR PÚBLICO

16.1 Introdução

As Demonstrações Contábeis Aplicadas ao Setor Público (DCASP), segundo o Manual de Contabilidade Aplicada ao Setor Público (MCASP), têm como objetivo padronizar a estrutura e as definições dos elementos que compõem as DCASP. Tais padrões devem ser observados pela União, estados, Distrito Federal e municípios, permitindo a evidenciação, a análise e a consolidação das contas públicas em âmbito nacional, em consonância com o Plano de Contas Aplicado ao Setor Público (PCASP). As DCASP foram elaboradas com base na NBC TSP 11 (Apresentação das Demonstrações Contábeis), NBC TSP 12 (Demonstração dos Fluxos de Caixa), NBC TSP 13 (Apresentação de Informação Orçamentária nas Demonstrações Contábeis), além da legislação aplicável, observando as Leis nº 4.320/1964 e a Complementar 101/2000.

A Lei nº 4.320/19641 dispõe sobre as demonstrações contábeis em seus artigos 101 a 106 e apresenta a estrutura para tais demonstrativos em seus anexos. Conforme o art. 113 da Lei, dentre outras atribuições, compete ao Conselho Técnico de Economia e Finanças a atualização de tais anexos. Com a extinção deste Conselho, tais funções atualmente são exercidas pela Secretaria do Tesouro Nacional (STN), devido a sua competência estabelecida pela Lei Complementar nº 101/2000 (LRF) de consolidação das contas públicas, nacionais e por esfera de governo, bem como a competência estabelecida pela Lei nº 10.180/2001 de órgão central do Sistema de Contabilidade e de Administração Financeira Federal.

Além da legislação citada, o tema é abordado na NBC TSP 11 (Apresentação das Demonstrações Contábeis). A citada norma tem como objetivo estabelecer como as demonstrações contábeis devem ser apresentadas, para assegurar a comparabilidade tanto com as demonstrações contábeis de períodos anteriores da mesma entidade quanto com as de outras entidades. Para alcançar esse objetivo, estabelece requisitos gerais para a apresentação das demonstrações contábeis, diretrizes para a sua estrutura e os requisitos mínimos para o seu conteúdo.

O item 21 da NBC TSP 11 relata quais as demonstrações que compõem o conjunto completo de demonstrações contábeis e esclarece que tais demonstrações podem ter outras nomenclaturas definidas conforme normas específicas ou de acordo com a legislação aplicável, desde que evidenciem as informações conforme seus dispositivos e das demais NBC TSP. É o caso, por exemplo, da Demonstração do Resultado e da Demonstração de Informações Orçamentárias, as quais, em decorrência da legislação brasileira são denominadas Demonstração das Variações Patrimoniais e Balanço Orçamentário, respectivamente.

Vale observar, que a NBC TSP não prevê o Balanço Financeiro, porém sua elaboração e publicação são obrigatórias por força do art. 101 da Lei nº 4.320/1964.

Assim sendo, conjugando as disposições legais e aquelas contidas na NBC TSP 11, compõem o conjunto de Demonstrações Contábeis Aplicadas ao Setor Público (DCASP):

a) Balanço Patrimonial;

b) Demonstração das Variações Patrimoniais;

c) Demonstração das Mutações do Patrimônio Líquido;

d) Demonstração dos Fluxos de Caixa;

e) Balanço Orçamentário;

f) Balanço Financeiro;

g) Notas explicativas, compreendendo a descrição sucinta das principais políticas contábeis e outras informações elucidativas; e

h) Informação comparativa com o período anterior.

Vale observar que as estruturas das demonstrações contábeis contidas nos anexos da Lei nº 4.320/1964 foram atualizadas pela Portaria STN nº 438/2012, em consonância com os novos padrões da Contabilidade Aplicada ao Setor Público (CASP). Em função da atualização dos anexos da Lei, somente os demonstrativos relacionados acima serão exigidos para fins de apresentação das demonstrações contábeis nos termos dos Manuais da STN, órgão central do Sistema de Contabilidade e de Administração Financeira Federal.

As entidades são incentivadas a apresentar informações adicionais para auxiliar os usuários na avaliação do desempenho e na administração dos seus bens, bem como auxiliá-los a tomar e avaliar decisões sobre a alocação de recursos. Essa informação adicional pode incluir detalhes sobre os produtos e os resultados da entidade na forma de (a) indicadores de desempenho, (b) demonstrativos de desempenho dos serviços prestados, (c) revisões de programas e (d) outros relatórios de gestão sobre o cumprimento dos objetivos da entidade durante o período divulgado.

As entidades são incentivadas também a divulgar informação sobre a conformidade com as leis e outras normas. O reconhecimento da inconformidade pode ser relevante para fins de prestação de contas e responsabilização (*accountability*) e pode afetar a avaliação do usuário sobre o desempenho e o direcionamento das operações futuras da entidade. Pode também influenciar as decisões sobre os recursos a serem alocados na entidade no futuro.

16.1.1. Alcance

Esta norma deve ser aplicada a todas as demonstrações contábeis das entidades do setor público, incluindo as demonstrações consolidas, conforme alcance definido no item 5 da Parte Geral do MCASP (8ª Edição).

As demonstrações contábeis correspondem às demonstrações contábeis de propósito geral, destinadas a satisfazer as necessidades de informação de usuários que não se encontram em condições de exigir relatórios elaborados para atender às suas necessidades específicas. Os usuários das demonstrações contábeis incluem contribuintes, parlamentares, credores, fornecedores, mídia e empregados, dentre outros.

Demonstrações contábeis podem ser tanto apresentadas em separado quanto incluídas em outro documento público, tal como o relatório anual.

16.1.2. Definições

Regime de competência

É o regime contábil segundo as transações e outros eventos são reconhecidos quando ocorrem (não necessariamente quando caixa e equivalentes de caixa são recebidos ou pagos). Entretanto, as transações e os eventos são registrados contabilmente e reconhecidos nas demonstrações contábeis dos períodos a que se referem. Os elementos reconhecidos, de acordo com o regime de competência, são ativos, passivos, patrimônio líquido, variações patrimoniais aumentativas e variações patrimoniais diminutivas.

16.1.3. Notas explicativas

Contêm informação adicional em relação àquela apresentada nas demonstrações contábeis. As notas explicativas oferecem descrições narrativas ou detalhamentos de itens divulgados nessas demonstrações e informação sobre itens que não se enquadram nos critérios de reconhecimento nas demonstrações contábeis.

16.1.4. Objetivo das Demonstrações Contábeis

As demonstrações contábeis são a representação estruturada da situação patrimonial, financeira e do desempenho da entidade. As demonstrações contábeis no setor público devem proporcionar informação útil para subsidiar a tomada de decisão e a prestação de contas e responsabilização (*accountability*) da entidade quanto aos recursos que lhe foram confiados, fornecendo informações:

a) sobre as fontes, as alocações e os usos de recursos financeiros;

b) sobre como a entidade financiou suas atividades e como supriu suas necessidades de caixa;

c) *úteis na avaliação da capacidade de a entidade financiar suas atividades e cumprir com suas obrigações e compromissos;*

d) sobre a condição financeira da entidade e suas alterações; e

e) agregadas e úteis para a avaliação do desempenho da entidade em termos dos custos dos serviços, eficiência e cumprimento dos seus objetivos.

As demonstrações contábeis também podem ter a função preditiva ou prospectiva, proporcionando informações úteis para prever o nível de recursos necessários para a continuidade de suas operações, os recursos que podem ser gerados pela continuidade dessas operações e os riscos e as incertezas associadas. As demonstrações contábeis também podem proporcionar informação aos usuários indicando:

a) se os recursos foram obtidos e utilizados de acordo com o orçamento aprovado; e

b) se os recursos foram obtidos e utilizados de acordo com os requisitos legais e contratuais, inclusive os limites financeiros estabelecidos por autoridades competentes.

Embora a informação contida nas demonstrações contábeis seja relevante, é improvável que ela satisfaça a todos os objetivos descritos, especificamente, no que diz respeito a entidades cujo objetivo principal não seja gerar lucro. Assim, informação suplementar, incluindo demonstrativos não financeiros, pode ser apresentada junto com as demonstrações contábeis no intuito de proporcionar uma visão mais abrangente das atividades da entidade durante o período.

16.1.5. Responsabilidade Pelas Demonstrações Contábeis

Segundo a NBC TSP 11, compete à legislação brasileira definir a responsabilidade pela elaboração e apresentação das demonstrações contábeis do governo e das entidades do setor público, bem como pela elaboração das demonstrações contábeis consolidadas nacionais e por esfera de governo. Na atualidade, tais responsabilidades são definidas pela Lei nº 4.320/1964 e pela Lei Complementar nº 101/2000 (LRF).

De acordo com o art. 51 da LRF compete ao Poder Executivo da União promover, até o dia 30 de junho, a consolidação, nacional e por esfera de governo, das contas dos entes da Federação relativas ao exercício anterior, bem como a sua divulgação. Atualmente está competência é exercida pela STN. Para viabilizar a elaboração dos demonstrativos consolidados, a lei estabelece a obrigatoriedade de envio das contas dos estados e municípios à União.

Quanto às demonstrações dos entes públicos, cabe à legislação local dispor sobre os responsáveis bem como respectivos prazos de publicação, observada a obrigatoriedade constitucional de envio das contas aos respectivos Tribunais de Contas para emissão de parecer prévio.

Ressalta-se que, em decorrência do disposto na Resolução CFC nº 560/83, a qual disciplina o artigo 25 do Decreto-lei nº 9.295/1946, que trata sobre as prerrogativas profissionais dos contabilistas, os demonstrativos contábeis deverão ser elaborados por contabilista, o qual deverá apor sua assinatura, categoria profissional e número de registro no CRC respectivo.

16.1.6. Considerações Gerais

16.1.6.1. Apresentação apropriada e conformidade com as normas contábeis

As demonstrações contábeis devem representar apropriadamente a situação patrimonial, o desempenho e os fluxos de caixa da entidade. A representação adequada exige a representação fidedigna dos efeitos das transações, outros eventos e condições, de acordo com as definições e critérios de reconhecimento para ativos, passivos, receitas e despesas como estabelecidos no Manual de Contabilidade Aplicada ao Setor Público da Secretaria do Tesouro Nacional, com divulgação adicional, quando necessária.

A entidade cujas demonstrações contábeis estão em conformidade com o Manual deve declarar de forma explícita essa conformidade nas notas explicativas.

A representação apropriada também exige que a entidade:

a) selecione e aplique políticas contábeis de acordo com orientações específicas que tratem de políticas contábeis.

b) apresente informação, incluindo suas políticas contábeis, de forma que proporcione informação relevante, representação fidedigna, compreensível, oportuna, comparável e verificável;

c) forneça divulgações adicionais quando o cumprimento com os requisitos específicos contidos nas normas for insuficiente para permitir que os usuários compreendam o impacto de determinadas transações sobre a situação patrimonial e o desempenho da entidade.

Políticas contábeis inadequadas não devem ser convalidadas em razão de sua divulgação, seja por meio de notas explicativas ou qualquer outra divulgação explicativa.

Em circunstâncias raras, nas quais a administração conclua que a conformidade com um requisito da norma pode distorcer as demonstrações contábeis, a entidade não deve aplicar esse requisito, exceto se exigido pela legislação. Neste caso, ela deverá divulgar:

a) que a administração concluiu que as demonstrações contábeis apresentam de forma apropriada a situação patrimonial, o desempenho e os fluxos de caixa da entidade;

b) que aplicou as normas, exceto pela não aplicação de um requisito específico com o propósito de obter representação adequada;

c) o título da norma que a entidade não aplicou; a natureza dessa exceção, incluindo o tratamento que a norma exigiria; a razão pela qual esse tratamento seria tão distorcido e entraria em conflito com o propósito das demonstrações contábeis estabelecido nessa norma; e o tratamento efetivamente adotado; e

d) o impacto financeiro da não aplicação da norma vigente sobre cada item nas demonstrações contábeis que teria sido informado, caso tivesse sido cumprido o requisito não aplicado.

Quando a legislação ou regulamentos vigentes exigem a aplicação do requisito, a entidade deve, na maior extensão possível, reduzir os aspectos distorcidos identificados no cumprimento estrito dessa norma evidenciando:

a) o título da norma em questão, a natureza do requisito e as razões que levaram a administração a concluir que o cumprimento desse requisito tornaria as demonstrações contábeis tão distorcidas que entrariam em conflito com o propósito das demonstrações contábeis estabelecido nesta norma; e

b) para cada período apresentado, os ajustes de cada item nas demonstrações contábeis que a administração concluiu serem necessários para se obter a representação apropriada.

16.2. Balanço Orçamentário

16.2.1. Introdução

Segundo a NBC TSP 13, que tem como objetivo, Apresentação de Informação Orçamentária nas Demonstrações Contábeis determina que a comparação dos valores orçados com os valores realizados decorrentes da execução do orçamento deve ser incluída nas demonstrações contábeis das entidades que publicam seu orçamento aprovado, obrigatória ou voluntariamente, para fins de cumprimento das obrigações de prestação de contas e responsabilização (*accountability*) das entidades do setor público.

A Lei n° 4.320/1964, em seu Art. 102, diz que o Balanço Orçamentário demonstrará as receitas e despesas previstas em confronto com as realizadas.

Neste sentido, considerando que os entes públicos estão obrigados à publicação da lei orçamentária anual, por força de dispositivo constitucional e observada as disposições da Lei n° 4.320/1964, entende-se que o Balanço Orçamentário atende aos objetivos previstos na NBC TSP 13 e, deve, tanto quanto possível, observar o disposto naquela norma. Desta forma, este capítulo tem por objetivo dispor sobre a elaboração do Balanço Orçamentário, compatibilizando as disposições da NBC TSP 11, NBC TSP 13 e a legislação aplicável.

O Balanço Orçamentário é composto por:

a) Quadro Principal;

b) Quadro da Execução dos Restos a Pagar *Não Processados; e*

c) Quadro da Execução dos Restos a Pagar Processados.

O Balanço Orçamentário demonstrará as receitas detalhadas por categoria econômica e origem, especificando a previsão inicial, a previsão atualizada para o exercício, a receita realizada e o saldo, que corresponde ao excesso ou insuficiência de arrecadação. Demonstrará, também, as despesas por categoria econômica e grupo de natureza da despesa, discriminando a dotação inicial, a dotação atualizada para o exercício, as despesas empenhadas, as despesas liquidadas, as despesas pagas e o saldo da dotação.

É importante destacar que em decorrência da utilização do superávit financeiro de exercícios anteriores para abertura de créditos adicionais, apurado no Balanço Patrimonial do exercício anterior ao de referência, o Balanço Orçamentário demonstrará uma situação de desequilíbrio entre a previsão atualizada da receita e a dotação atualizada. Essa situação também pode ser causada pela reabertura de créditos adicionais, especificamente os créditos especiais e extraordinários que tiveram o ato de autorização promulgado nos últimos quatro meses do ano anterior, caso em que esses créditos serão reabertos nos limites de seus saldos e incorporados ao orçamento do exercício financeiro em referência, nos termos de nossa Constituição Federal de 1988, art. 167, § 2º.

Esse desequilíbrio ocorre porque o superávit financeiro de exercícios anteriores, quando utilizado como fonte de recursos para abertura de créditos adicionais, não pode ser demonstrado como parte da receita orçamentária do Balanço Orçamentário que integra o cálculo do resultado orçamentário. O superávit financeiro não é receita do exercício de referência, pois já aconteceu em exercício anterior, mas constitui disponibilidade para utilização no exercício de referência. Por outro lado, as despesas executadas à conta do superávit financeiro são despesas do exercício de referência, por determinação legal, visto que não foram empenhadas no exercício anterior. Esse desequilíbrio também ocorre pela reabertura de créditos adicionais porque aumentam a despesa fixada sem necessidade de nova arrecadação. Tanto o superávit financeiro utilizado quanto a reabertura de créditos adicionais estão detalhados no campo Saldo de Exercícios Anteriores, do Balanço Orçamentário.

É certo que, no momento inicial da execução orçamentária, tem-se, em geral, o equilíbrio entre receita prevista e despesa fixada. No entanto, iniciada a execução do orçamento, quando há superávit financeiro de exercícios anteriores, tem-se um recurso disponível para abertura de créditos para as despesas não fixadas ou não totalmente contempladas pela lei orçamentária.

Neste sentido, o equilíbrio entre receita prevista e despesa fixada no Balanço Orçamentário pode ser verificado (sem influenciar o seu resultado) somando-se os valores da linha Total e da linha Saldos de Exercícios Anteriores, constantes da coluna Previsão Atualizada, e confrontando-se esse montante com o total da coluna Dotação Atualizada.

Recomenda-se a utilização de notas explicativas para esclarecimentos a respeito da utilização do superávit financeiro e de reabertura de créditos especiais e extraordinários, bem como suas influências no resultado orçamentário, de forma a possibilitar a correta interpretação das informações.

16.2.2. Elaboração

O Balanço Orçamentário será elaborado utilizando-se as seguintes classes e grupos do Plano de Contas Aplicado ao Setor Público (PCASP):

a) Classe 5 (Orçamento Aprovado), Grupo 2 (Previsão da Receita e Fixação da Despesa); e

b) Classe 6 (Execução do Orçamento), Grupo 2 (Realização da Receita e Execução da Despesa).

16.2.2.1. Quadro Principal

O quadro principal apresentará as receitas e despesas previstas em confronto com as realizadas.

As receitas e despesas serão apresentadas conforme a classificação por natureza. No caso da despesa, a classificação funcional também será utilizada complementarmente à classificação por natureza.

As receitas deverão ser informadas pelos valores líquidos das respectivas deduções, tais como restituições, descontos, retificações, deduções para o Fundeb e repartições de receita tributária entre os entes da Federação, quando registradas como dedução, conforme orientação da Parte I – Procedimentos Contábeis Orçamentários (PCO).

16.2.2.2. Quadro da Execução de Restos a Pagar *Não Processados*

Neste quadro, deverão ser informados os Restos a Pagar *não processados inscritos até o exercício anterior e suas respectivas fases de execução. Os* Restos a Pagar inscritos na condição de não processados que tenham sido liquidados em exercício anterior ao de referência deverão compor o Quadro da Execução de Restos a Pagar Processados.

16.2.2.3. Quadro da Execução de Restos a Pagar Processados

Neste quadro, deverão ser informados os Restos a Pagar processados inscritos até o exercício anterior nas respectivas fases de execução. Deverão ser informados, também, os Restos a Pagar inscritos na condição de não processados que tenham sido liquidados em exercício anterior. O ente deverá ao final do exercício transferir os saldos de Restos a Pagar *não processados liquidados para* Restos a Pagar processados.

Não se faz necessária a coluna Liquidados, uma vez que todos os Restos a Pagar evidenciados neste quadro já passaram pelo estágio da liquidação na execução orçamentária.

16.2.3. Notas Explicativas

O Balanço Orçamentário deverá ser acompanhado de notas explicativas que divulguem, ao menos:

a) o regime orçamentário e o critério de classificação adotados no orçamento aprovado;

b) o período a que se refere o orçamento;

c) as entidades abrangidas;

d) o detalhamento das receitas e despesas intraorçamentárias, quando relevante;

e) o detalhamento das despesas executadas por tipos de créditos (inicial, suplementar, especial e extraordinário);

f) a utilização do superávit financeiro e da reabertura de créditos especiais e extraordinários, bem como suas influências no resultado orçamentário;

g) as atualizações monetárias autorizadas por lei, efetuadas antes e após a data da publicação da LOA, que compõem a coluna Previsão Inicial da receita orçamentária;

h) o procedimento adotado em relação aos Restos a Pagar *não processados liquidados, ou seja, se o ente transfere o saldo ao final do exercício para* Restos a Pagar processados ou se mantém o controle dos Restos a Pagar *não processados liquidados separadamente;*

i) o detalhamento dos "recursos de exercícios anteriores" utilizados para financiar as despesas orçamentárias do exercício corrente, destacando-se os recursos vinculados ao Regime Próprio de Previdência Social (RPPS) e outros com destinação vinculada;

j) conciliação com os valores dos fluxos de caixa líquidos das atividades operacionais, de investimento e de financiamento, apresentados na Demonstração dos Fluxos de Caixa.

Os Balanços Orçamentários não consolidados (de órgãos e entidades, por exemplo), poderão apresentar desequilíbrio e déficit orçamentário, pois muitos deles não são agentes arrecadadores e executam despesas orçamentárias para prestação de serviços públicos e realização de investimentos.

Esse fato não representa irregularidade, devendo ser evidenciado complementarmente por nota explicativa que demonstre o montante da movimentação financeira (transferências financeiras recebidas e concedidas) relacionado à execução do orçamento do exercício.

16.2.4. Estrutura – Quadro Principal

<ENTE DA FEDERAÇÃO>
BALANÇO ORÇAMENTÁRIO
ORÇAMENTOS FISCAL E DA SEGURIDADE SOCIAL

Exercício 20XX

RECEITAS ORÇAMENTÁRIAS	Previsão Inicial (a)	Previsão Atualizada (b)	Receitas Realizadas (c)	Saldo (d) =(c-b)
Receitas Correntes (I)				
Receita Tributária				
Receita de Contribuições				
Receita Patrimonial				
Receita Agropecuária				
Receita Industrial				
Receita de Serviços				
Transferências Correntes				
Outras Receitas Correntes				
Receitas de Capital (II)				
Operações de Crédito				
Alienação de Bens				
Amortizações de Empréstimos				
Transferências de Capital				
Outras Receitas de Capital				
SUBTOTAL DAS RECEITAS (III) = (I + II)				

Operações de Crédito / Refinanciamento (IV)				
Operações de Crédito Internas				
Mobiliária				
Contratual				
Operações de Crédito Externas				
Mobiliária				
Contratual				
SUBTOTAL COM REFINANCIAMENTO (V) = (III+IV)				
Déficit (VI)				
TOTAL (VII) = (V + VI)				
Saldos de Exercícios Anteriores				
Recursos Arrecadados em Exercícios Anteriores				
Superávit Financeiro				
Reabertura de Créditos Adicionais				

DESPESAS ORÇAMENTÁRIAS	Dotação Inicial (e)	Dotação Atualizada (f)	Despesas Empenhadas (g)	Despesas Liquidadas (h)	Despesas Pagas (i)	Saldo da Dotação (j) = (f-g)
Despesas Correntes (VIII)						
Pessoal e Encargos Sociais						
Juros e Encargos da Dívida						
Outras Despesas Correntes						
Despesas de Capital (IX)						
Investimentos						
Inversões Financeiras						
Amortização da Dívida						
Reserva de Contingência (X)						
SUBTOTAL DAS DESPESAS (XI) = (VIII + IX + X)						
Amortização da Dívida/ Refinanciamento (XII)						
Amortização da Dívida Interna						
Dívida Mobiliária						
Outras Dívidas						
Amortização da Dívida Externa						
Dívida Mobiliária						

Outras Dívidas						
SUBTOTAL COM REFINANCIAMENTO (XII) = (XI + XII)						
Superávit (XIII)						
TOTAL (XIV) = (XII + XIII)						
Reserva do RPPS						

16.2.5 Estrutura – Quadro da Execução de Restos a Pagar *Não Processados*

```
                          <ENTE DA FEDERAÇÃO>
                 EXECUÇÃO DE RESTOS A PAGAR NÃO PROCESSADOS
                                                        Exercício: 20XX
```

	Inscritos					
	Em Exercícios Anteriores	Em 31 de Dezembro do Exercício Anterior	Liquidados	Pagos	Cancelados	Saldo a Pagar
	(a)	(b)	(c)	(d)	(e)	(f) = (a+b-d-e)
Despesas Correntes						
Pessoal e Encargos Sociais						
Juros e Encargos da Dívida						
Outras Despesas Correntes						
Despesas de Capital						
Investimentos						
Inversões Financeiras						
Amortização da Dívida						
TOTAL						

16.2.6. Estrutura – Quadro da Execução de Restos a Pagar Processados

```
                          <ENTE DA FEDERAÇÃO>
                 EXECUÇÃO DE RESTOS A PAGAR PROCESSADOS
                                                        Exercício: 20XX
```

	Inscritos				
	Em Exercícios Anteriores	Em 31 de Dezembro do Exercício Anterior	Pagos	Cancelados	Saldo a Pagar
	(a)	(b)	(c)	(d)	(e) = (a+b-c-d)
Despesas Correntes					
Pessoal e Encargos Sociais					
Juros e Encargos da Dívida					
Outras Despesas Correntes					
Despesas de Capital					
Investimentos					
Inversões Financeiras					
Amortização da Dívida					
TOTAL					

16.2.7. DEFINIÇÕES

16.2.7.1 Quadro Principal

RECEITAS ORÇAMENTÁRIAS

Na coluna: Previsão Inicial

Demonstra os valores da previsão inicial das receitas conforme consta na Lei Orçamentária Anual (LOA).

Os valores registrados nessa coluna permanecerão inalterados durante todo o exercício, pois refletem a posição inicial do orçamento previsto na LOA.

As atualizações monetárias autorizadas por lei, efetuadas antes a data da publicação da LOA, também integrarão os valores apresentados na coluna.

Previsão Atualizada

Demonstra os valores da previsão atualizada das receitas, que reflete a reestimativa da receita decorrente de, por exemplo:

a) registro de excesso de arrecadação ou contratação de operações de crédito, ambas podendo ser utilizadas para abertura de créditos adicionais;

b) criação de novas naturezas de receita não previstas na LOA;

c) remanejamento entre naturezas de receita; ou

d) atualizações monetárias autorizadas por lei, efetuadas após a data da publicação da LOA.

Se não ocorrerem eventos que ocasionem a reestimativa da receita, a coluna Previsão Atualizada apresentará os mesmos valores da coluna Previsão Inicial.

Receitas Realizadas

Correspondem às receitas arrecadadas diretamente pelo órgão, ou por meio de outras instituições como, por exemplo, a rede bancária.

Na linha:

Receitas Correntes

Receitas Correntes são as receitas orçamentárias que aumentam as disponibilidades financeiras do Estado e são instrumentos de financiamento dos programas e ações orçamentários, a fim de se atingirem as finalidades públicas e que, em geral, provocam efeito positivo sobre o Patrimônio Líquido.

Receitas de Capital

Receitas de Capital são as receitas orçamentárias que aumentam as disponibilidades financeiras do Estado e são instrumentos de financiamento dos programas e ações orçamentários, a fim de se atingirem as finalidades públicas e que, em geral, não provocam efeito sobre o Patrimônio Líquido.

Operações de Crédito / Refinanciamento

Demonstra o valor da receita decorrente da emissão de títulos públicos e da obtenção de empréstimos, inclusive as destinadas ao refinanciamento da dívida pública.

Os valores referentes ao refinanciamento da dívida pública deverão ser segregados em operações de crédito internas e externas, e estas segregadas em dívida mobiliária e dívida contratual. Este nível de agregação também se aplica às despesas com amortização da dívida e refinanciamento.

Déficit

Demonstra a diferença negativa entre as receitas realizadas e as despesas empenhadas, se for o caso.

Equivale à diferença entre a linha Subtotal com Refinanciamento (V) das receitas e a linha

Subtotal com Refinanciamento (XII) das despesas.

Se as receitas realizadas forem superiores às despesas empenhadas, essa diferença será lançada na linha Superávit (XIII). Nesse caso, a linha Déficit (VI) deverá ser preenchida com um traço (-), indicando valor inexistente ou nulo.

O déficit é apresentado junto às receitas a fim de demonstrar o equilíbrio do Balanço Orçamentário.

Saldos de Exercícios Anteriores

Demonstra o valor dos recursos provenientes de exercícios anteriores que serão utilizados para custear despesas do exercício corrente. Estão compreendidos nessa rubrica:

a) Recursos arrecadados em exercícios anteriores

b) Superávit financeiro de exercícios anteriores

c) Créditos adicionais autorizados nos últimos quatro meses do exercício anterior ao de referência e reabertos no exercício de referência

Recursos Arrecadados em Exercícios Anteriores

Demonstra os valores arrecadados em exercícios anteriores que serão utilizados para custear despesas de benefícios previdenciários do RPPS do exercício corrente, permitindo o equilíbrio na aprovação da Lei Orçamentária.

A classificação orçamentária criada para essa finalidade é a "9990.00.00 – Recursos arrecadados em exercícios anteriores – RPPS", que se encontra disponível na relação de naturezas de receitas, conforme estabelecido na Portaria Interministerial STN/SOF nº 163/2001.

No caso do RPPS, inicialmente há mais receitas do que pagamentos de benefícios (fase de capitalização). Para que haja equilíbrio orçamentário, a diferença de valores é lançada como reserva do RPPS do lado da despesa orçamentária.

Entretanto, a partir de determinado momento, é provável que haja mais despesas do que receitas, fazendo-se necessário utilizar os recursos que foram anteriormente capitalizados. Deste modo, a parcela de recursos de exercícios anteriores que será utilizada para complementar os pagamentos de aposentadorias e pensões poderá ser incluída na previsão da receita para fins de equilíbrio orçamentário.

Ressalta-se que, quando da elaboração do projeto de lei orçamentária, estes recursos arrecadados em exercícios anteriores ainda não podem ser classificados como superávit financeiro, já que este só pode ser obtido ao final do exercício.

Assim, tais recursos poderão ser incluídos na coluna de previsão inicial, para fins de demonstração do equilíbrio na aprovação do orçamento. Todavia, não são passíveis de execução, por já terem sido arrecadados em exercícios anteriores. Na execução do orçamento, estes recursos serão lançados como superávit financeiro no Balanço Orçamentário na coluna de receita realizada (c).

Superávit Financeiro de exercícios anteriores

Conforme previsto no art. 43 da Lei nº 4.320/1964, o superávit financeiro apurado em balanço patrimonial do exercício anterior constitui fonte para abertura de crédito adicional. Tais valores não são considerados na receita orçamentária do exercício de referência nem serão considerados no cálculo do déficit ou superávit orçamentário já que foram arrecadados em exercícios anteriores.

Apresenta valores somente nas colunas Previsão Atualizada e Receita Realizada e deverá corresponder ao valor utilizado para a abertura de créditos adicionais e valor efetivamente utilizado para o empenho de despesas, respectivamente.

Reabertura de Créditos Adicionais

Corresponde aos créditos adicionais autorizados nos últimos quatro meses do exercício anterior que forem reabertos no exercício de referência, observado o saldo remanescente. Somente deverão ser levados ao balanço os valores efetivamente reabertos.

Despesas Orçamentárias

• Na coluna:

Dotação Inicial

Demonstra os valores dos créditos iniciais conforme consta na Lei Orçamentária Anual (LOA).

Os valores registrados nessa coluna permanecerão inalterados durante todo o exercício, pois refletem a posição inicial do orçamento previsto na LOA.

Dotação Atualizada

Demonstra a dotação inicial somada aos créditos adicionais abertos ou reabertos durante o exercício de referência e às atualizações monetárias efetuadas após a data da publicação da LOA, deduzidos das respectivas anulações e cancelamentos.

Se não ocorrerem eventos que ocasionem a atualização da despesa, a coluna Dotação Atualizada apresentará os mesmos valores da coluna Dotação Inicial.

Despesas Empenhadas

Demonstra os valores das despesas empenhadas no exercício, inclusive das despesas em liquidação, liquidadas ou pagas.

Considera-se despesa orçamentária executada a despesa empenhada.

Despesas Liquidadas

Demonstra os valores das despesas liquidadas no exercício de referência, inclusive das despesas pagas. Não inclui os valores referentes à liquidação de Restos a Pagar *não processados*.

Despesas Pagas

Demonstra os valores das despesas pagas no exercício de referência. Não inclui os valores referentes ao pagamento de Restos a Pagar, processados ou não processados.

• **Na linha:**

Despesas Correntes

São as despesas que não contribuem, diretamente, para a formação ou aquisição de um bem de capital.

Despesas de Capital

São as despesas que contribuem, diretamente, para a formação ou aquisição de um bem de capital.

Reserva de Contingência

É a destinação de parte das receitas orçamentárias para o atendimento de passivos contingentes e outros riscos, bem como eventos fiscais imprevistos, inclusive para a abertura de créditos adicionais.

Reserva do RPPS

É a destinação de parte das receitas orçamentárias do Regime Próprio de Previdência Social (RPPS) para o pagamento de aposentadorias e pensões futuras.

Ressalta-se que a diferença entre a reserva do RPPS e a reserva de contingência está na subfunção, identificadas pelos códigos 997 e 999, respectivamente, conforme a Portaria Interministerial STN/SOF nº 163/2001. Ressalta-se ainda que esta rubrica se destina a evidenciar a reserva/guarda de um recurso que será utilizado para custear despesas futuras, não havendo execução de fato (empenho, liquidação ou pagamento) nesta rubrica.

Amortização da Dívida / Refinanciamento

Demonstra o valor da despesa orçamentária decorrente do pagamento ou da transferência de outros ativos para a quitação do valor principal da dívida, inclusive de seu refinanciamento.

Os valores referentes à amortização da dívida pública deverão ser segregados em operações de crédito internas e externas, e estas segregadas em dívida mobiliária e dívida contratual. Este nível de agregação também se aplica às receitas com operações de crédito e refinanciamento.

Superávit

Demonstra a diferença positiva entre as receitas realizadas e as despesas empenhadas, se for o caso. Equivale à diferença entre a linha Subtotal com Refinanciamento (V) das receitas e a linha Subtotal com Refinanciamento (XII) das despesas.

Se as despesas empenhadas forem superiores às receitas realizadas, essa diferença será lançada na linha Déficit (VI). Nesse caso, a linha Superávit (XIII) deverá ser preenchida com um traço (-), indicando valor inexistente ou nulo.

O superávit é apresentado junto às despesas a fim de demonstrar o equilíbrio do Balanço Orçamentário.

16.2.7.2 Quadro da Execução de Restos a Pagar *Não Processados*

Inscritos em Exercícios Anteriores

Compreende o valor de Restos a Pagar *não processados relativos aos exercícios anteriores, exceto os relativos ao exercício imediatamente anterior, que não foram cancelados porque tiveram seu prazo de validade prorrogado.*

Inscritos em 31 de Dezembro do Exercício Anterior

Compreende o valor de Restos a Pagar *não processados relativos ao exercício imediatamente anterior que não foram cancelados porque tiveram seu prazo de validade prorrogado.*

Liquidados

Compreende o valor dos Restos a Pagar *não processados, liquidados após sua inscrição e ainda não pagos.*

Pagos

Compreende o valor dos Restos a Pagar *não processados, liquidados após sua inscrição e pagos.*

Cancelados

Compreende o cancelamento de Restos a Pagar *não processados por insuficiência de recursos, pela inscrição indevida ou para atender dispositivo legal.*

Saldo a Pagar

Compreende o saldo, em 31 de dezembro, dos valores inscritos e ainda não pagos. Corresponde aos valores inscritos nos exercícios anteriores deduzidos dos valores pagos ou cancelados ao longo do exercício de referência. Ressalta-se que a parcela do saldo que tiver sido liquidada ao longo do exercício de referência será transferida para Restos a Pagar processados no início do exercício seguinte.

16.2.7.3. Quadro da Execução de Restos a Pagar Processados

Inscritos em Exercícios Anteriores

Compreende o valor de Restos a Pagar processados relativos aos exercícios anteriores, exceto os relativos ao exercício imediatamente anterior, que não foram cancelados porque tiveram seu prazo de validade prorrogado.

Inscritos em 31 de dezembro do Exercício Anterior

Compreende o valor de Restos a Pagar processados relativos ao exercício imediatamente anterior que não foram cancelados porque tiveram seu prazo de validade prorrogado.

Pagos

Compreende o valor dos Restos a Pagar processados pagos.

Cancelados

Compreende o cancelamento de Restos a Pagar processados por insuficiência de recursos, pela inscrição indevida ou para atender dispositivo legal.

Saldo a Pagar

Compreende o saldo, em 31 de dezembro, dos valores inscritos e ainda não pagos. Corresponde aos valores inscritos nos exercícios anteriores deduzidos dos valores pagos ou cancelados ao longo do exercício de referência.

16.3. Balanço Financeiro

16.3.1. Introdução

O Balanço Financeiro, nos termos da Lei nº 4.320/1964, que diz em seu Art. 103, demonstrará a receita e a despesa orçamentária bem como os recebimentos e os pagamentos de natureza extraorçamentária, conjugados com os saldos em espécie provenientes do exercício anterior, e os que se transferem para o exercício seguinte. Evidencia as receitas e despesas orçamentárias, bem como os ingressos e dispêndios extraorçamentários, conjugados com os saldos de caixa do exercício anterior e os que se transferem para o início do exercício seguinte.

O Balanço Financeiro é composto por um único quadro que evidencia a movimentação financeira das entidades do setor público, demonstrando:

a) a receita orçamentária realizada e a despesa orçamentária executada, por fonte/destinação de recurso, discriminando as ordinárias e as vinculadas;

b) os recebimentos e os pagamentos extraorçamentários;

c) as transferências financeiras recebidas e concedidas, decorrentes ou independentes da execução orçamentária, destacando os aportes de recursos para o RPPS; e

d) o saldo em espécie do exercício anterior e para o exercício seguinte.

O Balanço Financeiro possibilita a apuração do resultado financeiro do exercício. Esse cálculo pode ser efetuado de dois modos:

MODO 1
Saldo em Espécie para o Exercício Seguinte
(-) Saldo em Espécie do Exercício Anterior.
= Resultado Financeiro do Exercício

MODO 2
Receitas Orçamentárias
(+) Transferências Financeiras Recebidas
(+) Recebimentos Extraorçamentários
(-) Despesa Orçamentária
(-) Transferências Financeiras Concedidas
(-) Pagamentos Extraorçamentários
= Resultado Financeiro do Exercício

O resultado financeiro do exercício não deve ser confundido com o superávit ou déficit financeiro do exercício apurado no Balanço Patrimonial.

Em geral, um resultado financeiro positivo é um indicador de equilíbrio financeiro. No entanto, uma variação positiva na disponibilidade do período não é sinônimo, necessariamente, de bom desempenho da gestão financeira, pois pode decorrer, por exemplo, da elevação do endividamento público. Da mesma forma, a variação negativa não significa, necessariamente, um mau desempenho, pois pode decorrer de uma redução no endividamento. Portanto, a análise deve ser feita conjuntamente com o Balanço Patrimonial, considerando os fatores mencionados e as demais variáveis orçamentárias e extraorçamentárias.

A discriminação por fonte/destinação de recurso permite evidenciar a origem e a aplicação dos recursos financeiros referentes à receita e despesa orçamentárias.

16.3.2. Elaboração

O Balanço Financeiro será elaborado utilizando-se as seguintes classes do Plano de Contas Aplicado ao Setor Público (PCASP):

a) Classes 1 (Ativo) e 2 (Passivo) para os Recebimentos e Pagamentos Extraorçamentários de Depósitos Restituíveis e Valores Vinculados, Saldo em Espécie do Exercício Anterior e Saldo em Espécie para o Exercício Seguinte;

b) Classe 3 (Variações Patrimoniais Diminutivas) para as Transferências Financeiras Concedidas;

c) Classe 4 (Variações Patrimoniais Aumentativas) para as Transferências Financeiras Recebidas;

d) Classe 5 (Orçamento Aprovado) para a Inscrição de Restos a Pagar, nos termos da Lei nº 4.320/1964, em seu Art. 103, Parágrafo único, que diz que os Restos a Pagar do exercício serão computados na receita extraorçamentária para compensar sua inclusão na despesa orçamentária; e

e) Classe 6 (Execução do Orçamento), para a Receita Orçamentária, Despesa Orçamentária e Pagamento de Restos a Pagar.

Os Ingressos (Receitas Orçamentárias e Recebimentos Extraorçamentários) e Dispêndios (Despesa Orçamentária e Pagamentos Extraorçamentários) se equilibram por meio da inclusão do Saldo em Espécie do Exercício Anterior na coluna dos Ingressos e do Saldo em Espécie para o Exercício Seguinte na coluna dos Dispêndios.

As receitas e despesas orçamentárias deverão ser segregadas quanto à destinação em ordinárias e vinculadas. Deverão ser detalhadas, no mínimo, as vinculações à educação, saúde, previdência social (RPPS e RGPS) e assistência social. Como a classificação por fonte/destinação de recursos não é padronizada para a Federação, cabe a cada ente adaptá-la à classificação por ele adotada, criando uma linha para cada fonte/destinação de recursos existente.

Recomenda-se que as vinculações agrupadas nas linhas Outras Destinações de Recursos não ultrapassem 10% do total da receita ou despesa orçamentária.

16.3.3. Notas Explicativas

Algumas operações podem interferir na elaboração do Balanço Financeiro. Sempre que a utilização de um procedimento afetar o resultado financeiro apurado neste demonstrativo, tal procedimento deverá ser evidenciado em notas explicativas.

É o caso, por exemplo, da forma de contabilização de retenções. A depender da forma como as retenções são contabilizadas, os saldos em espécie podem ser afetados. Se o ente considerar a retenção como paga no momento da liquidação, então deverá promover um ajuste no saldo em espécie a fim de demonstrar que há um saldo vinculado a ser deduzido. Entretanto, se o ente considerar a retenção como paga apenas na baixa da obrigação, nenhum ajuste será promovido. Dessa forma, eventuais ajustes relacionados às retenções, bem como outras operações que impactem significativamente o Balanço Financeiro, deverão ser evidenciados em notas explicativas.

As receitas orçamentárias serão apresentadas líquidas de deduções. O detalhamento das deduções da receita orçamentária por fonte/destinação de recursos pode ser apresentado em quadros anexos ao Balanço Financeiro e em Notas Explicativas.

16.3.4. Estrutura

```
┌─────────────────────────────────────────────────────────────────────────┐
│                          <ENTE DA FEDERAÇÃO>                              │
│                          BALANÇO FINANCEIRO                               │
│                                                          EXERCÍCIO: 20XX  │
│                              INGRESSOS                                    │
│                                                                           │
│                                                    Exercício   Exercício  │
│                                            Nota      Atual     Anterior   │
│ Receita Orçamentária (I)                                                  │
│   Ordinária                                                               │
│   Vinculada                                                               │
│ Recursos Vinculados à Educação                                            │
│ Recursos Vinculados à Saúde                                               │
│ Recursos Vinculados à Previdência Social – RPPS                           │
│ Recursos Vinculados à Previdência Social – RGPS                           │
│ Recursos Vinculados à Assistência Social                                  │
│ (...)                                                                     │
│ Outras Destinações de Recursos                                            │
│                                                                           │
│ Transferências Financeiras Recebidas (II)                                 │
│ Transferências Recebidas para a Execução Orçamentária                     │
│ Transferências Recebidas Independentes de Execução Orçamentária           │
│ Transferências Recebidas para Aportes de recursos para o RPPS             │
│ Transferências Recebidas para Aportes de recursos para o RGPS             │
│                                                                           │
│ Recebimentos Extraorçamentários (III)                                     │
│ Inscrição de Restos a Pagar Não Processados                               │
│ Inscrição de Restos a Pagar Processados                                   │
│ Depósitos Restituíveis e Valores Vinculados                               │
│ Outros Recebimentos Extraorçamentários                                    │
│                                                                           │
│ Saldo do Exercício Anterior (IV)                                          │
│ Caixa e Equivalentes de Caixa                                             │
│ Depósitos Restituíveis e Valores Vinculados                               │
│                                                                           │
│ TOTAL (V) = (I + II + III + IV)                                           │
└─────────────────────────────────────────────────────────────────────────┘
```

DISPÊNDIOS			EXERCÍCIO: 20XX
	Nota	Exercício Atual	Exercício Anterior
Despesa Orçamentária (VI)			
Ordinária			
Vinculada			
Recursos Destinados à Educação			
Recursos Destinados à Saúde			
Recursos Destinados à Previdência Social – RPPS			
Recursos Destinados à Previdência Social – RGPS			
Recursos Destinados à Assistência Social			
(...)			
Outras Destinações de Recursos			
Transferências Financeiras Concedidas (VII)			
Transferências Concedidas para a Execução Orçamentária			
Transferências Concedidas Independentes de Execução Orçamentária			
Transferências Concedidas para Aportes de recursos para o RPPS			
Transferências Concedidas para Aportes de recursos para o RGPS			
Pagamentos Extraorçamentários (VIII)			
Pagamentos de Restos a Pagar Não Processados			
Pagamentos de Restos a Pagar Processados			
Depósitos Restituíveis e Valores Vinculados			
Outros Pagamentos Extraorçamentários			
Saldo para o Exercício Seguinte (IX)			
Caixa e Equivalentes de Caixa			
Depósitos Restituíveis e Valores Vinculados			
TOTAL (X) = (VI + VII + VIII + IX)			

16.3.5. Definições

Receitas e Despesas Orçamentárias Ordinárias

Compreendem as receitas orçamentárias, líquidas das deduções, e despesas orçamentárias de livre alocação entre a origem e a aplicação de recursos, para atender a quaisquer finalidades.

Receitas e Despesas Orçamentárias Vinculadas

Compreendem as receitas orçamentárias, líquidas das deduções, e despesas orçamentárias cuja aplicação dos recursos é definida em lei, de acordo com sua origem.

A identificação das vinculações pode ser feita por meio do mecanismo fonte/destinação de recursos. As fontes/destinações de recursos indicam como são financiadas as despesas orçamentárias, atendendo sua destinação legal.

Transferências Financeiras Recebidas e Concedidas

Refletem as movimentações de recursos financeiros entre órgãos e entidades da administração direta e indireta. Podem ser orçamentárias ou extraorçamentárias. Aquelas efetuadas em cumprimento à execução do Orçamento são as cotas, repasses e sub-repasses. Aquelas que não se relacionam com o Orçamento em geral decorrem da transferência de recursos relativos aos Restos a Pagar. Esses valores, quando observados os demonstrativos consolidados, são compensados pelas transferências financeiras concedidas.

Recebimentos Extraorçamentários

Compreendem os ingressos não previstos no orçamento, por exemplo:

a) ingressos de recursos relativos a consignações em folha de pagamento, fianças, cauções, dentre outros;

b) inscrição de Restos a Pagar.

Pagamentos Extraorçamentários

Compreendem os pagamentos que não precisam se submeter ao processo de execução orçamentária, por exemplo:

a) relativos a obrigações que representaram ingressos extraorçamentárias (ex. devolução de depósitos);

b) Restos a Pagar inscritos em exercícios anteriores e pagos no exercício.

Saldo do Exercício Anterior e Saldo para o Exercício Seguinte

Compreende os recursos financeiros, e o valor das entradas compensatórias no ativo e passivo financeiros, que serão demonstradas na linha Depósitos Restituíveis e Valores Vinculados.

16.4. Balanço Patrimonial

16.4.1. Introdução

O Balanço Patrimonial, nos termos da Lei nº 4.320/1964, art. 105, diz que O Balanço Patrimonial demonstrará: I – O Ativo Financeiro; II

– O Ativo Permanente; III – O Passivo Financeiro; IV – O Passivo Permanente; V – O Saldo Patrimonial; VI – As Contas de Compensação; no § 1º o Ativo Financeiro compreenderá os créditos e valores realizáveis independentemente de autorização orçamentária e os valores numerários; no § 2º o Ativo Permanente compreenderá os bens, créditos e valores, cuja mobilização ou alienação dependa de autorização legislativa; no § 3º O Passivo Financeiro compreenderá as dívidas fundadas e outras pagamento que independa de autorização orçamentária; no § 4º o Passivo Permanente compreenderá as dívidas fundadas e outras que dependam de autorização legislativa para amortização ou resgate; e no § 5º as contas de compensação serão registrados os bens, valores, obrigações e situações não compreendidas nos parágrafos anteriores e que, imediata ou indiretamente, possam vir a afetar o patrimônio. *É a demonstração contábil que evidencia, qualitativa e quantitativamente, a situação patrimonial da entidade pública por meio de contas representativas do patrimônio público, bem como os atos potenciais, que são registrados em contas de compensação (natureza de informação de controle).*

A Lei nº 4.320/1964 confere viés orçamentário ao Balanço Patrimonial ao separar o ativo e o passivo em dois grupos, Financeiro e Permanente, em função da dependência ou não de autorização legislativa ou orçamentária para realização dos itens que o compõem.

A fim de atender aos novos padrões da Contabilidade Aplicada ao Setor Público (CASP), as estruturas das demonstrações contábeis contidas nos anexos da Lei nº 4.320/1964 foram alteradas pela Portaria STN nº 438/2012.

Assim, de modo a atender às determinações legais e às normas contábeis vigentes, atualmente o Balanço Patrimonial é composto por:

a) Quadro Principal;

b) Quadro dos Ativos e Passivos Financeiros e Permanentes;

c) Quadro das Contas de Compensação (controle); e

d) Quadro do Superávit / Déficit Financeiro.

16.4.2. Elaboração

16.4.2.1. Quadro Principal

No quadro principal tem-se a visão patrimonial como base para análise e registro dos fatos contábeis.

O Quadro Principal do Balanço Patrimonial será elaborado utilizando-se a classe 1 (Ativo) e a classe 2 (Passivo e Patrimônio Líquido) do Plano de Contas Aplicado ao Setor Público (PCASP). Os ativos e passivos serão apresentados em níveis sintéticos (3º nível – Subgrupo ou 4º nível – Título).

Os saldos das contas intragovernamentais deverão ser excluídos para viabilizar a consolidação das contas no ente.

A NBC TSP 11 prevê a adoção das seguintes formas de apresentação dos ativos e passivos:

a) Segregação em ativos circulantes e não circulantes e passivos circulantes e não circulantes, sendo este o modelo que deve ser adotado preferencialmente;

b) Apresentação baseada na liquidez, aplicável apenas quando proporcionar informação que seja mais relevante. Tal situação pode ocorrer, por exemplo, em instituições financeiras, pelo fato de que tais instituições não fornecem bens ou serviços dentro de ciclo operacional claramente identificável.

A norma dispõe ainda sobre a possibilidade de adoção de uma base mista, quando a entidade tem diversos tipos de operações. Para fins de consolidação e consistência das informações, as entidades do setor público deverão utilizar a forma de apresentação indicada no item (a), sendo a apresentação baseada na liquidez utilizada de forma subsidiária. Ressalta-se que o Plano de Contas Aplicado ao Setor Público (PCASP), de uso obrigatório pelos entes federados, já observa esta forma de apresentação em sua estrutura.

16.4.2.1.1. Ativo Circulante e Não Circulante

O ativo deve ser classificado como circulante quando satisfizer a qualquer dos seguintes critérios:

a) espera-se que esse ativo seja realizado, ou pretende-se que seja mantido com o propósito de ser vendido ou consumido no decurso normal do ciclo operacional da entidade;

b) o ativo está mantido essencialmente com o propósito de ser negociado;

c) espera-se que o ativo seja realizado até doze meses após a data das demonstrações contábeis; ou

d) o ativo seja caixa ou equivalente de caixa, a menos que sua troca ou uso para pagamento de passivo se encontre vedada durante pelo menos doze meses após a data das demonstrações contábeis.

Todos os demais ativos devem ser classificados como não circulantes.

Os ativos circulantes incluem ativos que são vendidos, consumidos ou realizados como parte do ciclo operacional normal, mesmo quando não se espera que sejam realizados no período de até doze meses após a data das demonstrações contábeis, tais como impostos a receber, multas e tarifas regulatórias a receber e estoques. Os ativos circulantes também incluem ativos essencialmente mantidos com a finalidade de serem negociados (exemplos incluem alguns ativos monetários classificados como "mantidos para negociação") e a parcela circulante de ativos monetários não circulantes.

O ciclo operacional da entidade é o tempo levado para converter entradas (inputs) ou recursos em saídas (outputs). Quando o ciclo operacional normal da entidade não for claramente identificável, pressupõe-se que sua duração seja de doze meses.

16.4.2.1.2. Passivo Circulante e Não circulante

O passivo deve ser classificado como circulante quando satisfizer a qualquer dos seguintes critérios:

a) espera-se que o passivo seja pago durante o ciclo operacional normal da entidade;

b) o passivo está mantido essencialmente para a finalidade de ser negociado;

c) o passivo deve ser pago no período de até doze meses após a data das demonstrações contábeis; ou

d) a entidade não tem direito incondicional de diferir a liquidação do passivo durante pelo menos doze meses após a data do balanço.

Todos os outros passivos devem ser classificados como não circulantes.

Outros passivos circulantes não são pagos como parte do ciclo operacional normal, mas têm sua liquidação prevista para o período de até doze meses após a data das demonstrações contábeis ou estão essencialmente mantidos com a finalidade de serem negociados. Exemplos disso são os passivos financeiros classificados como "mantidos para negociação", saldos bancários negativos de cheques especiais e a parte circulante de passivos financeiros não circulantes, dividendos a pagar, imposto de renda e outras dívidas a pagar não comerciais.

Se a entidade espera, e tiver a possibilidade de refinanciar ou rolar a dívida durante pelo menos doze meses após a data das demonstrações contábeis, segundo as condições de flexibilidade do empréstimo existente, deve classificar a obrigação como não circulante. Contudo, quando o refinanciamento ou substituição da obrigação não depender somente da entidade (por exemplo, se não houver acordo de refinanciamento), o simples potencial de refinanciamento não é considerado suficiente para a classificação como não circulante e, portanto, a obrigação deve ser classificada como circulante.

Quando a entidade não cumprir compromisso, segundo acordo de empréstimo em longo prazo até a data das demonstrações contábeis, tendo como consequência a condição de o passivo se tornar vencido e pagável à ordem do credor, o passivo deve ser classificado como circulante. Entretanto, se o credor tiver concordado, até a data das demonstrações contábeis, em proporcionar um período de carência a terminar pelo menos doze meses após a data das demonstrações contábeis, o passivo deve ser classificado como não circulante.

16.4.2.1.3. Informação a ser apresentada no balanço patrimonial

A NBC TSP 11 apresenta uma lista de itens que devem ser apresentados de forma individualizada no balanço patrimonial devido à sua natureza ou função, sem, entretanto, determinar a ordem ou formato de apresentação. Tal dispositivo deverá ser observado pelo PCASP, sempre que possível. Além disto, a norma traz alguns dispositivos a serem observados para criação de outras contas, os quais são replicados abaixo e deverão ser observados pelos entes no detalhamento de seus planos de contas, bem como na apresentação de seu balanço:

• Contas adicionais, cabeçalhos e subtotais devem ser apresentados no balanço patrimonial sempre que tais apresentações sejam relevantes para o entendimento da posição financeira e patrimonial da entidade;

• Contas do balanço patrimonial devem ser incluídas sempre que o tamanho, natureza ou função de item ou agregação de itens similares apresentados separadamente seja relevante na compreensão da posição financeira da entidade; e

• A nomenclatura de contas utilizada e sua ordem de apresentação dos itens e das agregações de itens semelhantes podem ser modificadas de acordo com a natureza da entidade e de suas transações, no sentido de fornecer informação que seja relevante para a compreensão da situação patrimonial da entidade.

• A entidade deve julgar a adequação da apresentação de contas adicionais separadamente com base na avaliação:

I. da natureza e liquidez dos ativos;

II. da função dos ativos na entidade; e

III. dos montantes, natureza e prazo dos passivos.

• a utilização de distintos critérios de mensuração de classes diferentes de ativos sugere que suas naturezas ou funções são distintas e, portanto, devem ser apresentadas em contas separadas. É o caso, por exemplo, de diferentes classes de imobilizado, que podem ser reconhecidas ao custo ou pelo valor de reavaliação.

16.4.2.1.4 Quadro dos Ativos e Passivos Financeiros e Permanentes

Este quadro apresenta os ativos e passivos financeiros e permanentes, de acordo com o disposto no art. 105 da Lei nº 4.320/1964.

Será elaborado utilizando-se a classe 1 (Ativo), a classe 2 (Passivo e Patrimônio Líquido) do PCASP, bem como as contas que representem passivos financeiros, mas que não apresentam passivos patrimoniais associados, como as contas da classe 6 "Crédito Empenhado a Liquidar" e "Restos a Pagar *Não Processados a Liquidar*".

Os ativos e passivos financeiros e permanentes e o saldo patrimonial serão apresentados pelos seus valores totais. É facultativo o detalhamento dos saldos em notas explicativas.

16.4.2.1.5. Quadro das Contas de Compensação

Este quadro apresenta os atos potenciais do ativo e do passivo a executar, que potencialmente podem afetar o patrimônio do ente. Os valores dos atos potenciais já executados não devem ser considerados.

Será elaborado utilizando-se a classe 8 (Controles Credores) do PCASP.

O PCASP não padroniza o desdobramento dos atos potenciais ativos e passivos em nível que permita segregar os atos executados daqueles a executar. Tal desdobramento deverá ser feito por cada ente, a nível de item e subitem (6º nível e 7º nível).

16.4.2.1.6. Quadro do Superávit/Déficit Financeiro

Este quadro apresenta o superávit/déficit financeiro, apurado conforme o § 2º do art. 43 da Lei nº 4.320/1964.

Será elaborado utilizando-se o saldo da conta 8.2.1.1.1.00.00 – Disponibilidade por Destinação de Recurso (DDR), segregado por fonte/destinação de recursos. Como a classificação por fonte/destinação de recursos não é padronizada, cabe a cada ente adaptá-lo à classificação por ele adotada.

Poderão ser apresentadas algumas fontes com déficit e outras com superávit financeiro, de modo que o total seja igual ao superávit/déficit financeiro apurado pela diferença entre o Ativo Financeiro e o Passivo Financeiro conforme o quadro dos ativos e passivos financeiros e permanentes.

16.4.3. Notas Explicativas

O Balanço Patrimonial deverá ser acompanhado de notas explicativas em função da dimensão, da natureza e função dos valores envolvidos nos ativos e passivos. A entidade deve divulgar, no balanço patrimonial ou nas notas explicativas, rubricas adicionais às contas apresentadas (subclassificações), classificadas de forma adequada às operações da entidade.

Recomenda-se o detalhamento das seguintes contas:

a) Créditos a Curto Prazo e a Longo Prazo;

b) Imobilizado;

c) Intangível;

d) Obrigações Trabalhistas, Previdenciárias e Assistenciais a Curto Prazo e a Longo Prazo;

e) Provisões a Curto Prazo e a Longo Prazo, segregando as provisões para benefícios a empregados dos demais itens;

f) Componentes do patrimônio líquido, segregando o capital integralizado, resultados acumulados e quaisquer reservas;

g) Demais elementos patrimoniais, quando relevantes.

Também é recomendado que as políticas contábeis relevantes que tenham reflexos no patrimônio sejam evidenciadas, como as políticas de depreciação, amortização e exaustão.

Muitas entidades do setor público não possuem capital representado por ações, sendo controladas exclusivamente por outra entidade do setor público. A natureza da participação do governo no patrimônio líquido da entidade é, provavelmente, a combinação de capital integralizado e do valor resultante dos resultados acumulados e reservas.

Quando a entidade não possui nenhuma parcela de capital representado por ações, ela deve demonstrar separadamente:

a) o capital integralizado, consistindo do valor total acumulado, na data das demonstrações contábeis, das contribuições dos proprietários menos as distribuições aos proprietários;

b) resultados acumulados;

c) reservas, incluindo descrição da natureza e propósito de cada reserva dentro do patrimônio líquido; e

d) participação dos não controladores.

Quando a entidade possui seu capital representado por ações, ela deve divulgar também as seguintes informações:

a) para cada classe de ações do capital:

I. a quantidade de ações autorizadas;

II. a quantidade de ações subscritas e inteiramente integralizadas, e subscritas mas não integralizadas;

III. o valor nominal por ação, ou informar que as ações não têm valor nominal;

IV. a conciliação entre as quantidades de ações em circulação no início e no fim do período;

V. os direitos, preferências e restrições associados a essa classe de ações, incluindo restrições na distribuição de dividendos e no reembolso de capital;

VI. ações ou quotas da entidade mantidas pela própria entidade (ações ou quotas em tesouraria) ou por controladas ou coligadas; e

VII. ações reservadas para emissão em função de opções e contratos para a venda de ações, incluindo os prazos e respectivos montantes; e

b) a descrição da natureza e da finalidade de cada reserva dentro do patrimônio líquido.

16.4.4. Estrutura

16.4.4.1. Quadro Principal

<ENTE DA FEDERAÇÃO>
BALANÇO PATRIMONIAL

Exercício: 20XX

ATIVO	Nota	Exercício Atual	Exercício Anterior
Ativo Circulante			
Caixa e Equivalentes de Caixa			
Créditos a Curto Prazo			
Investimentos e Aplicações Temporárias a Curto Prazo			
Estoques			
Ativo Não Circulante Mantido para Venda			
VPD Pagas Antecipadamente			
Total do Ativo Circulante			
Ativo Não Circulante			
Realizável a Longo Prazo			
Investimentos			
Imobilizado			
Intangível			
Total do Ativo Não Circulante			
TOTAL DO ATIVO			
PASSIVO E PATRIMÔNIO LÍQUIDO			
Passivo Circulante			
Obrigações Trab., Prev. e Assistenciais a Pagar a Curto Prazo			
Empréstimos e Financiamentos a Curto Prazo			
Fornecedores e Contas a Pagar a Curto Prazo			
Obrigações Fiscais a Curto Prazo			
Obrigações de Repartições a Outros Entes			
Provisões a Curto Prazo			
Demais Obrigações a Curto Prazo			
Total do Passivo Circulante			
Passivo Não Circulante			
Obrigações Trab., Prev. e Assistenciais a Pagar a Longo Prazo			
Empréstimos e Financiamentos a Longo Prazo			
Fornecedores e Contas a Pagar a Longo Prazo			
Obrigações Fiscais a Longo Prazo			
Provisões a Longo Prazo			
Demais Obrigações a Longo Prazo			
Resultado Diferido			
Total do Passivo Não Circulante			

Patrimônio Líquido
  Patrimônio Social e Capital Social
  Adiantamento Para Futuro Aumento de
Capital
   Reservas de Capital
   Ajustes de Avaliação Patrimonial
   Reservas de Lucros
   Demais Reservas
   Resultados Acumulados
   (-) Ações / Cotas em Tesouraria
Total do Patrimônio Líquido

**TOTAL DO PASSIVO E DO PATRIMÔNIO
LÍQUIDO**

16.4.4.2. Quadro dos Ativos e Passivos Financeiros e Permanentes

Patrimônio Líquido
  Patrimônio Social e Capital Social
  Adiantamento Para Futuro Aumento de
Capital
   Reservas de Capital
   Ajustes de Avaliação Patrimonial
   Reservas de Lucros
   Demais Reservas
   Resultados Acumulados
   (-) Ações / Cotas em Tesouraria
Total do Patrimônio Líquido

**TOTAL DO PASSIVO E DO PATRIMÔNIO
LÍQUIDO**

16.4.4.3. Quadro das Contas de Compensação

<ENTE DA FEDERAÇÃO>
QUADRO DAS CONTAS DE COMPENSAÇÃO
(Lei nº 4.320/1964)

Exercício: 20XX

	Exercício Atual	Exercício Anterior
Atos Potenciais Ativos		
Garantias e Contragarantias recebidas		
Direitos Conveniados e outros instrumentos congêneres		
Direitos Contratuais		
Outros atos potenciais ativos		
Total dos Atos Potenciais Ativos		
Atos Potenciais Passivos		
Garantias e Contragarantias concedidas		
Obrigações conveniadas e outros instrumentos congêneres		
Obrigações contratuais		
Outros atos potenciais passivos		
Total dos Atos Potenciais Passivos		

16.4.4.4. Quadro do Superávit / Déficit Financeiro

```
                          <ENTE DA FEDERAÇÃO>
              QUADRO DO SUPERÁVIT / DÉFICIT FINANCEIRO
                         (Lei nº 4.320/1964)
                                                         Exercício: 20XX

                                       Exercício Atual    Exercício Anterior
           FONTES DE RECURSOS

<Código da fonte>        <Descrição da fonte>
<Código da fonte>        <Descrição da fonte>
<Código da fonte>        <Descrição da fonte>
(...)                    (...)

Total das Fontes de Recursos
```

16.4.5. Definições

16.4.5.1. Quadro Principal

Ativo Circulante

Compreende os ativos que satisfazem algum dos seguintes critérios enumerados no item 4.2.1.1. Caixa e Equivalentes de Caixa.

Compreende o somatório dos valores em caixa e em bancos, bem como equivalentes, que representam recursos com livre movimentação para aplicação nas operações da entidade e para os quais não haja restrições para uso imediato.

Créditos a Curto Prazo

Compreende os valores a receber por fornecimento de bens, serviços, créditos tributários, dívida ativa, transferências e empréstimos e financiamentos concedidos realizáveis até doze meses da data das demonstrações contábeis.

Investimentos e Aplicações Temporárias a Curto Prazo

Compreendem as aplicações de recursos em títulos e valores mobiliários, não destinadas à negociação e que não façam parte das atividades operacionais da entidade, resgatáveis no curto prazo, além das aplicações temporárias em metais preciosos.

Estoques

Compreende o valor dos bens adquiridos, produzidos ou em processo de elaboração pela entidade com o objetivo de venda ou utilização própria no curso normal das atividades.

Ativo Não Circulante Mantido para Venda

Compreende os ativos não circulantes cuja recuperação esperada do seu valor contábil venha a ocorrer por meio de uma transação de venda em vez do uso contínuo, segundo um plano de venda com prazo inferior a 12 meses.

Variações Patrimoniais Diminutivas (VPD) Pagas Antecipadamente

Compreende pagamentos de variações patrimoniais diminutivas (VPD) de forma antecipada, cujos benefícios ou prestação de serviço à entidade ocorrerão no futuro.

Ativo Não Circulante

Compreende os ativos que atendem a definição de ativo não circulante, conforme item 4.2.1.1.

Integram o ativo não circulante: o ativo realizável a longo prazo, os investimentos, o imobilizado, o intangível e eventual saldo a amortizar do ativo diferido.

Realizável a Longo Prazo

Compreende os bens, direitos e despesas (VPD) antecipadas realizáveis no longo prazo.

Investimentos

Compreende as participações permanentes em outras sociedades, bem como os bens e direitos não classificáveis no ativo circulante nem no ativo realizável a longo prazo e que não se destinem a manutenção da atividade da entidade.

Imobilizado

Compreende os direitos que tenham por objeto bens corpóreos destinados a manutenção das atividades da entidade ou exercidos com essa finalidade, inclusive os decorrentes de operações que transfiram a ela os benefícios, os riscos e o controle desses bens.

Intangível

Compreende os direitos que tenham por objeto bens incorpóreos destinados a manutenção da entidade ou exercidos com essa finalidade.

Passivo Circulante

Compreende os passivos que atendem aos critérios estabelecidos no item 4.2.1.2.

Compreende as obrigações conhecidas e estimadas que atendam a qualquer um dos seguintes critérios: tenham prazos estabelecidos ou esperados dentro do ciclo operacional da entidade; sejam mantidos primariamente para negociação; tenham prazos estabelecidos ou esperados no curto prazo; sejam valores de terceiros ou retenções em nome deles, quando a entidade do setor público for fiel depositária, independentemente do prazo de exigibilidade.

Obrigações Trabalhistas, Previdenciárias e Assistenciais a Pagar a Curto Prazo

Compreende as obrigações referentes a salários ou remunerações, bem como benefícios aos quais o empregado ou servidor tenha direito, aposentadorias, reformas, pensões e encargos a pagar, benefícios assistenciais, inclusive os precatórios decorrentes dessas obrigações, com vencimento no curto prazo.

Empréstimos e Financiamentos a Curto Prazo

Compreende as obrigações financeiras externas e internas da entidade a título de empréstimos, bem como as aquisições efetuadas diretamente com o fornecedor, com vencimentos no curto prazo.

Fornecedores e Contas a Pagar a Curto Prazo

Compreende as obrigações junto a fornecedores de matérias-primas, mercadorias e outros materiais utilizados nas atividades operacionais da entidade, bem como as obrigações decorrentes do fornecimento de utilidades e da prestação de serviços, tais como de energia elétrica, água, telefone, propaganda, aluguéis e todas as outras contas a pagar, inclusive os precatórios decorrentes dessas obrigações, com vencimento no curto prazo.

Obrigações Fiscais a Curto Prazo

Compreende as obrigações das entidades com o governo relativas a impostos, taxas e contribuições com vencimento no curto prazo.

Obrigações de Repartições a Outros Entes

Compreende os valores arrecadados de impostos e outras receitas a serem repartidos aos estados, Distrito Federal e municípios.

Provisões a Curto Prazo

Compreende os passivos de prazo ou de valor incertos, com probabilidade de ocorrerem no curto prazo.

Demais Obrigações a Curto Prazo

Compreende as obrigações da entidade junto a terceiros não inclusas nos subgrupos anteriores, com vencimento no curto prazo, inclusive os precatórios decorrentes dessas obrigações, com vencimento no curto prazo.

Passivo Não Circulante

Compreende os passivos assim definidos no item 4.2.1.2.

Compreende as obrigações conhecidas e estimadas que não atendam a nenhum dos critérios para serem classificadas no passivo circulante.

Obrigações Trabalhistas, Previdenciárias e Assistenciais a Pagar a Longo Prazo

Compreende as obrigações referentes a salários ou remunerações, bem como benefícios aos quais o empregado ou servidor tenha direito, aposentadorias, reformas, pensões e encargos a pagar, benefícios assistenciais, inclusive os precatórios decorrentes dessas obrigações, com vencimento no longo prazo.

Empréstimos e Financiamentos a Longo Prazo

Compreende as obrigações financeiras da entidade a título de empréstimos, bem como as aquisições efetuadas diretamente com o fornecedor, com vencimentos no longo prazo.

Fornecedores e Contas a Pagar a Longo Prazo

Compreende as obrigações junto a fornecedores de matérias-primas, mercadorias e outros materiais utilizados nas atividades operacionais da entidade, inclusive os precatórios decorrentes dessas obrigações, com vencimento no longo prazo.

Obrigações Fiscais a Longo Prazo

Compreende as obrigações das entidades com o governo relativas a impostos, taxas e contribuições com vencimento no longo prazo.

Provisões a Longo Prazo

Compreende os passivos de prazo ou de valor incertos, com probabilidade de ocorrerem no longo prazo.

Demais Obrigações a Longo Prazo

Compreende as obrigações da entidade junto a terceiros não inclusas nos subgrupos anteriores, inclusive os precatórios decorrentes dessas obrigações, com vencimento no longo prazo.

Resultado Diferido

Compreende o valor das variações patrimoniais aumentativas já recebidas que efetivamente devem ser reconhecidas em resultados em anos futuros e que não haja qualquer tipo de obrigação de devolução por parte da entidade. Compreende também o saldo existente na antiga conta resultado de exercícios futuros em 31 de dezembro de 2008.

Patrimônio Líquido

Compreende o valor residual dos ativos depois de deduzidos todos os passivos.

Patrimônio Social e Capital Social

Compreende o patrimônio social das autarquias, fundações e fundos e o capital social das demais entidades da administração indireta.

Adiantamento Para Futuro Aumento de Capital

Compreende os recursos recebidos pela entidade de seus acionistas ou quotistas destinados a serem utilizados para aumento de capital, quando não haja a possibilidade de devolução destes recursos.

Reservas de Capital

Compreende os valores acrescidos ao patrimônio que não transitaram pelo resultado como variações patrimoniais aumentativas (VPA).

Ajustes de Avaliação Patrimonial

Compreende as contrapartidas de aumentos ou diminuições de valor atribuídos a elementos do ativo e do passivo em decorrência da sua avaliação a valor justo, nos casos previstos pela lei 6.404/76 ou em normas expedidas pela comissão de valores mobiliários, enquanto não computadas no resultado do exercício em obediência ao regime de competência.

Reservas de Lucros

Compreende as reservas constituídas com parcelas do lucro líquido das entidades para finalidades específicas.

Demais Reservas

Compreende as demais reservas, não classificadas como reservas de capital ou de lucro, inclusive aquelas que terão seus saldos realizados por terem sido extintas pela legislação.

Resultados Acumulados

Compreende o saldo remanescente dos lucros ou prejuízos líquidos das empresas e os superávits ou déficits acumulados da administração direta, autarquias, fundações e fundos.

Ações / Cotas em Tesouraria

Compreende o valor das ações ou cotas da entidade que foram adquiridas pela própria entidade.

16.4.5.2. Quadro dos Ativos e Passivos Financeiros e Permanentes

Ativo Financeiro

Compreende os créditos e valores realizáveis independentemente de autorização orçamentária e os valores numerários.

Ativo Permanente

Compreende os bens, créditos e valores, cuja mobilização ou alienação dependa de autorização legislativa.

Passivo Financeiro

Compreende as dívidas fundadas e outros compromissos exigíveis cujo pagamento independa de autorização orçamentária. Considera-se nesse conceito apenas a parcela da dívida fundada que tenha tido execução orçamentária iniciada e esteja pendente de pagamento.

Caso o Balanço Patrimonial seja elaborado no decorrer do exercício, serão incluídos no passivo financeiro os créditos empenhados a liquidar.

Passivo Permanente

Compreende as dívidas fundadas e outras que dependam de autorização legislativa para amortização ou resgate.

16.4.5.3. Quadro das Contas de Compensação

Contas de Compensação

Compreende as contas representativas dos atos potenciais ativos e passivos.

Atos Potenciais

Compreende os atos a executar que podem vir a afetar o patrimônio, imediata ou indiretamente, por exemplo: direitos e obrigações conveniadas ou contratadas; responsabilidade por valores, títulos e bens de terceiros; garantias e contragarantias recebidas e concedidas. A definição é orientada pelo fluxo de caixa a ser envolvido na execução futura do ato potencial.

Atos Potenciais Ativos

Compreende os atos a executar que podem vir a afetar positivamente o patrimônio, imediata ou indiretamente.

Atos Potenciais Passivos

Compreende os atos a executar que podem vir a afetar negativamente o patrimônio, imediata ou indiretamente.

16. 4.5.4. Quadro do Superávit / Déficit Financeiro

Superávit Financeiro

Corresponde à diferença positiva entre o ativo financeiro e o passivo financeiro.

O superávit financeiro do exercício anterior é fonte de recursos para abertura de créditos suplementares e especiais, devendo-se conjugar, ainda, os saldos dos créditos adicionais transferidos e as operações de crédito a eles vinculadas, de acordo com o artigo 43 da Lei nº 4.320/1964, *caput*, § 1º, inciso I e § 2º.

Déficit Financeiro

Corresponde à diferença negativa entre o ativo financeiro e o passivo financeiro.

Fonte de Recursos

Mecanismo que permite a identificação da origem e destinação dos recursos legalmente vinculados a órgão, fundo ou despesa.

16.5. Demonstração das Variações Patrimoniais

16.5.1. Introdução

A Demonstração das Variações Patrimoniais (DVP), nos termos da Lei nº 4.320/1964, Art. 104, evidenciará as alterações verificadas no patrimônio, resultantes ou independentes da execução orçamentária, e indicará o resultado patrimonial do exercício.

O resultado patrimonial do período é apurado na DVP pelo confronto entre as variações patrimoniais quantitativas aumentativas e diminutivas. O valor apurado passa a compor o saldo patrimonial do Balanço Patrimonial (BP) do exercício.

Este Demonstrativo tem função semelhante à Demonstração do Resultado do Exercício (DRE) do setor privado. Contudo, é importante ressaltar que a DRE apura o resultado em termos de lucro ou prejuízo líquido, como um dos principais indicadores de desempenho da entidade. Já no setor público, o resultado patrimonial não é um indicador de desempenho, mas um medidor do quanto o serviço público ofertado promoveu alterações quantitativas dos elementos patrimoniais.

A DVP permite a análise de como as políticas adotadas provocaram alterações no patrimônio público, considerando-se a finalidade de atender às demandas da sociedade.

16.5.2. Elaboração

A DVP será elaborada utilizando-se as classes 3 (variações patrimoniais diminutivas) e 4 (variações patrimoniais aumentativas) do PCASP.

Os itens de VPA e VPD não devem ser compensados, exceto quando exigido ou permitido por norma específica.

Caso haja contas intraorçamentárias (nível de consolidação 2), estas devem ser excluídas para fins de consolidação das demonstrações contábeis no âmbito de cada ente. Entretanto, se a DVP se referir apenas às contas de um órgão, uma entidade ou uma empresa pública, então não há exclusão das contas intraorçamentárias.

De acordo a NBC TSP, a demonstração do resultado (aqui denominada demonstração das variações patrimoniais – DVP) deve incluir itens que apresentam os seguintes valores do período contábil:

a) receita, correspondente às variações patrimoniais aumentativas;

b) despesa, correspondente às variações patrimoniais diminutivas;

c) parcela do resultado de coligadas e empreendimento controlado em conjunto mensurada pelo método da equivalência patrimonial;

d) ganhos ou perdas antes dos tributos reconhecidos na alienação de ativos ou pagamento de passivos relativos a operações em descontinuidade; e

e) resultado do período.

Devem ser divulgados ainda, como alocações do resultado do período:

a) resultado atribuível aos acionistas não controladores;

b) resultado atribuível aos acionistas controladores da entidade.

Outros itens e contas, títulos e subtotais devem ser apresentados na demonstração do resultado quando tal apresentação for relevante para a compreensão do desempenho financeiro da entidade. Os fatores a serem considerados incluem a materialidade, a natureza e a função dos componentes das VPA e VPD.

16.5.3. Notas Explicativas

A DVP deverá ser acompanhada de notas explicativas, divulgando separadamente a natureza e valores dos itens relevantes que compõem as VPA e as VPD.

Algumas circunstâncias poderão ser apresentadas em notas explicativas, ainda que seus valores não sejam relevantes, por exemplo:

a) Redução ao valor recuperável no ativo imobilizado, bem como as reversões de tais reduções;

b) Baixas de itens do ativo imobilizado;

c) Baixas de investimento;

d) Reestruturações das atividades da entidade e reversões de quaisquer provisões para gastos de reestruturação;

e) Unidades operacionais descontinuadas;

f) Constituição ou reversão de provisões;

Quando a entidade distribui dividendos ou outro item similar para os seus proprietários e possui capital representado por ações, ela deve divulgar, na demonstração do resultado, na demonstração das mutações do patrimônio líquido ou nas notas explicativas, o valor de dividendos ou outro item similar distribuídos e reconhecidos como distribuições aos proprietários durante o período e o respectivo valor por ação.

A NBC TSP 11 incentiva a apresentação de análise das variações patrimoniais diminutivas utilizando a classificação baseada em dois métodos alternativos: quanto à natureza ou quanto à sua função dentro da entidade. Segundo a norma, deve-se selecionar o critério que proporcionar informação que seja representação fidedigna e seja mais relevante. Ressalta-se que, para tal finalidade, os termos "natureza da despesa" e "classificação funcional" não se confundem com os termos correspondentes utilizados na execução orçamentária. Como a estrutura do PCASP detalha as VPD conforme a abordagem da natureza, a utilização do método da natureza é obrigatória para todos os entes, sendo facultado publicar, adicionalmente, análise segundo o método da função.

De acordo com o método da natureza, as VPD são agregadas na demonstração do resultado de acordo com a sua natureza, como, por exemplo: depreciações, consumo de materiais, despesas com transporte, benefícios a empregados e despesas de publicidade. Segue abaixo um exemplo de classificação que usa o método da natureza do gasto:

Receitas	X		
Despesas com benefícios a empregados		X	
Despesas com depreciações e amortizações		X	
Outras despesas		X	
Total das despesas	(X)		
Resultado	X		

Segundo o método da função, as VPD são classificadas de acordo com o programa ou o propósito para o qual elas foram incorridas. Esse método pode proporcionar informação mais relevante aos usuários, mas a alocação de despesas às funções pode exigir alocações arbitrárias e envolver considerável capacidade de julgamento. As despesas associadas às principais funções empreendidas pela entidade são apresentadas separadamente. Abaixo, exemplo de apresentação conforme este método para uma entidade que tem funções relacionadas ao fornecimento de serviços de saúde e educação.

Receitas	X
Despesas:	
Despesas com saúde	(X)
Despesas com educação	(X)
Outras despesas	(X)
Resultado	X

16.5.4. Estrutura

```
                           <ENTE DA FEDERAÇÃO>
                   DEMONSTRAÇÃO DAS VARIAÇÕES PATRIMONIAIS
                                                           Exercício: 20XX

                                    Nota    Exercício Atual   Exercício Anterior
Variações Patrimoniais Aumentativas
  Impostos, Taxas e Contribuições de Melhoria
  Contribuições
  Exploração e Venda de Bens, Serviços e Direitos
  Variações Patrimoniais Aumentativas Financeiras
  Transferências e Delegações Recebidas
  Valorização    e    Ganhos    com    Ativos    e
  Desincorporação de Passivos
  Outras Variações Patrimoniais Aumentativas
Total das Variações Patrimoniais Aumentativas
(I)

Variações Patrimoniais Diminutivas
  Pessoal e Encargos
  Benefícios Previdenciários e Assistenciais
  Uso de Bens, Serviços e Consumo de Capital Fixo
  Variações Patrimoniais Diminutivas Financeiras
  Transferências e Delegações Concedidas
  Desvalorização e Perdas de Ativos e Incorporação
  de Passivos
  Tributárias
  Custo das Mercadorias e Produtos Vendidos, e
  dos Serviços Prestados
  Outras Variações Patrimoniais Diminutivas
Total das Variações Patrimoniais Diminutivas
(II)

RESULTADO PATRIMONIAL DO PERÍODO (III) =
(I - II)
```

16.5.5. Definições

16.5.5.1. Variações Patrimoniais Aumentativas

Impostos, Taxas e Contribuições De Melhoria

Compreende toda prestação pecuniária compulsória, em moeda ou cujo valor nela se possa exprimir, que não constitua sanção de ato ilícito, instituída em lei e cobrada mediante atividade administrativa plenamente vinculada.

Contribuições

Compreende as contribuições sociais, de intervenção no domínio econômico e de iluminação pública.

Exploração e Venda de Bens, Serviços e Direitos

Compreende as variações patrimoniais auferidas com a venda de bens, serviços e direitos, que resultem em aumento do patrimônio líquido, independentemente de ingresso, incluindo-se a venda bruta e deduzindo-se as devoluções, abatimentos e descontos comerciais concedidos.

Variações Patrimoniais Aumentativas Financeiras

Representa o somatório das variações patrimoniais aumentativas com operações financeiras. Compreende descontos obtidos, juros auferidos, prêmio de resgate de títulos e debêntures, entre outros.

Transferências e Delegações Recebidas

Compreende o somatório das variações patrimoniais aumentativas com transferências intergovernamentais, transferências intragovernamentais, transferências de instituições multigovernamentais, transferências de instituições privadas com ou sem fins lucrativos, transferências de convênios e transferências do exterior.

Valorização e Ganhos com Ativos e Desincorporação de Passivos

Compreende a variação patrimonial aumentativa com reavaliação e ganhos de ativos ou com a desincorporação de passivos.

Outras Variações Patrimoniais Aumentativas

Compreende o somatório das demais variações patrimoniais aumentativas não incluídas nos grupos anteriores, tais como: resultado positivo da equivalência patrimonial, dividendos etc.

16.5.5.2. Variações Patrimoniais Diminutivas

Pessoal e Encargos

Compreende a remuneração do pessoal ativo civil ou militar, correspondente ao somatório das variações patrimoniais diminutivas com subsídios, vencimentos, soldos e vantagens pecuniárias fixas ou variáveis estabelecidas em lei decorrentes do pagamento pelo efetivo exercício do cargo, emprego ou função de confiança no setor público, bem como as variações patrimoniais diminutivas com contratos de terceirização de mão de obra que se refiram à substituição de servidores e empregados públicos. Compreende, ainda, obrigações trabalhistas de responsabilidade do empregador, incidentes sobre a folha de pagamento dos órgãos e demais entidades do setor público, contribuições a entidades fechadas de previdência e benefícios eventuais a pessoal civil e militar, destacados os custos de pessoal e encargos inerentes às mercadorias e produtos vendidos e serviços prestados.

Benefícios Previdenciários e Assistenciais

Compreendem as variações patrimoniais diminutivas relativas às aposentadorias, pensões, reformas, reserva remunerada e outros benefícios previdenciários de caráter contributivo, do Regime Próprio da Previdência Social (RPPS) e do Regime Geral da Previdência Social (RGPS). Compreendem, também, as ações de assistência social, que são políticas de seguridade social não contributiva, visando ao enfrentamento da pobreza, à garantia dos mínimos sociais, ao provimento de condições para atender às contingências sociais e à universalização dos direitos sociais.

Uso de Bens, Serviços e Consumo de Capital Fixo

Representa o somatório das variações patrimoniais diminutivas com manutenção e operação da máquina pública, exceto despesas com pessoal e encargos que serão registradas em grupo específico (Despesas de Pessoal e Encargos). Compreende diárias, material de consumo, depreciação, amortização etc.

Variações Patrimoniais Diminutivas Financeiras

Compreende as variações patrimoniais diminutivas com operações financeiras, tais como juros incorridos, descontos concedidos, comissões, despesas bancárias e correções monetárias.

Transferências e Delegações Concedidas

Compreende o somatório das variações patrimoniais diminutivas com transferências intergovernamentais, transferências intragovernamentais, transferências a instituições multigovernamentais, transferências a instituições privadas com ou sem fins lucrativos, transferências a convênios e transferências ao exterior.

Desvalorização e Perda de Ativos e Incorporação de Passivos

Compreende a variação patrimonial diminutiva com desvalorização e perdas de ativos, com redução a valor recuperável, perdas com alienação e perdas involuntárias ou com a incorporação de passivos.

Tributárias

Compreendem as variações patrimoniais diminutivas relativas aos impostos, taxas, contribuições de melhoria, contribuições sociais, contribuições econômicas e contribuições especiais.

Custo das Mercadorias e Produtos Vendidos, e dos Serviços Prestados

Compreende as variações patrimoniais diminutivas relativas aos custos das mercadorias vendidas, dos produtos vendidos e dos serviços prestados. O Custo dos produtos vendidos ou dos serviços prestados devem ser computados no exercício corresponde às respectivas receitas de vendas. A apuração do custo dos produtos vendidos está diretamente relacionada aos estoques, pois representa a baixa efetuadas nas contas dos estoques por vendas realizadas no período.

Outras Variações Patrimoniais Diminutivas

Compreende o somatório das variações patrimoniais diminutivas não incluídas nos grupos anteriores, como premiações, incentivos, equalizações de preços e taxas, participações e contribuições, resultado negativo com participações, dentre outros.

16.6. Demonstração dos Fluxos de Caixa

16.6.1. Introdução

Este capítulo tem por objetivo dispor sobre o objetivo, definições e estrutura da Demonstração dos Fluxos de caixa que foi elaborado com base na NBC TSP 12.

A Demonstração dos Fluxos de Caixa (DFC) apresenta as entradas e saídas de caixa e as classifica em fluxos operacional, de investimento e de financiamento.

A DFC identificará:

a) as fontes de geração dos fluxos de entrada de caixa;

b) os itens de consumo de caixa durante o período das demonstrações contábeis; e

c) o saldo do caixa na data das demonstrações contábeis.

A informação dos fluxos de caixa permite aos usuários avaliar como a entidade do setor público obteve recursos para financiar suas atividades e a maneira como os recursos de caixa foram utilizados. Tais informações são úteis para fornecer aos usuários das demonstrações contábeis informações para prestação de contas e responsabilização (*accountability*) e tomada de decisão.

16.6.2. Definições

Caixa compreende numerário em espécie e depósitos bancários disponíveis.

Equivalentes de caixa são aplicações financeiras de curto prazo, de alta liquidez, que são prontamente conversíveis em valor conhecido de caixa e que estão sujeitas a insignificante risco de mudança de valor.

Os equivalentes de caixa são mantidos com a finalidade de atender a compromissos de caixa de curto prazo e, não, para investimento ou outros fins. Para que o investimento seja qualificado como equivalente de caixa, ele deve ser prontamente conversível em quantia conhecida de caixa e estar sujeito a risco insignificante de mudanças de valor. Portanto, o investimento normalmente se qualifica como equivalente de caixa somente quando tiver vencimento de curto prazo de, por exemplo, três meses ou menos a partir da data de aquisição. Em regra, os investimentos em ações de outras entidades são excluídos dos equivalentes de caixa.

Fluxos de caixa são as entradas e as saídas de caixa e de equivalentes de caixa.

Os fluxos de caixa excluem movimentos entre itens que constituem caixa ou equivalentes de caixa porque esses componentes são parte da gestão de caixa da entidade e não parte de suas atividades operacionais, de investimento e de financiamento. A gestão de caixa inclui o investimento do excesso de caixa em equivalentes de caixa Atividades de financiamento são aquelas que resultam em mudanças no tamanho e na composição do capital próprio e no endividamento da entidade.

Atividades de investimento são as referentes à aquisição e à venda de ativos de longo prazo e de outros investimentos não incluídos em equivalentes de caixa.

Atividades operacionais são as atividades da entidade que não as de investimento e de financiamento.

16.6.3 Elaboração

A DFC deve ser elaborada pelo método direto e deve evidenciar as alterações de caixa e equivalentes de caixa verificadas no exercício de referência, classificadas nos seguintes fluxos, de acordo com as atividades da entidade:

a) operacionais;

b) de investimento; e

c) de financiamento.

A soma dos três fluxos deverá corresponder à diferença entre os saldos iniciais e finais de Caixa e Equivalentes de Caixa do exercício de referência.

Para a elaboração da DFC são utilizadas as contas da classe 6 (Controles da Execução do Planejamento e Orçamento) do Plano de Contas Aplicado ao Setor Público (PCASP), com filtros pelas naturezas orçamentárias de receitas e despesas, bem como funções e subfunções, assim como outros filtros e contas necessários para marcar a movimentação extraorçamentária que eventualmente transita pela conta Caixa e Equivalentes de Caixa.

A DFC é composta por:

a) Quadro Principal

b) Quadro de Transferências Recebidas e Concedidas

c) Quadro de Desembolsos de Pessoal e Demais Despesas por Função

d) Quadro de Juros e Encargos da Dívida

16.6.4. Atividades Operacionais

O montante dos fluxos de caixa líquidos decorrentes das atividades operacionais é um indicador chave da extensão na qual as operações da entidade são financiadas:

a) por meio de tributos (direta e indiretamente);

b) (pelos destinatários dos bens e serviços oferecidos pela entidade.

O montante dos fluxos de caixa das atividades operacionais também auxilia ao demonstrar a condição da entidade de manter sua capacidade operacional, amortizar empréstimos, pagar dividendos ou distribuições similares e fazer novos investimentos sem recorrer a fontes externas de financiamento.

Os fluxos de caixa operacionais consolidados do setor público proporcionam uma indicação da proporção em que o governo vem financiando suas atividades correntes por meio da tributação e outras cobranças.

São exemplos de fluxos de caixa relacionados às atividades operacionais:

a) recebimentos de caixa decorrentes de impostos, taxas, contribuições e multas;

b) recebimentos de caixa pela venda de mercadorias e pela prestação de serviços;

c) recebimentos de caixa de concessões ou transferências e outras dotações ou autorizações orçamentárias realizadas por outros entes ou entidades do setor público;

d) recebimentos de caixa decorrentes de royalties, honorários, comissões e outras receitas;

e) pagamentos em caixa a outras entidades do setor público para financiar suas operações (não inclui empréstimo);

f) pagamentos em caixa a fornecedores de mercadorias e serviços;

g) pagamentos em caixa a empregados ou em nome de empregados;

h) recebimentos de caixa de sinistros e outros benefícios da apólice; e pagamentos em caixa de prêmios, anuidades, em transações com seguradora;

i) pagamentos em caixa de tributos sobre o patrimônio ou a renda (quando aplicável) em relação a atividades operacionais;

j) recebimentos e pagamentos em caixa de contratos mantidos para negociação imediata ou disponíveis para venda;

k) recebimentos ou pagamentos em caixa decorrentes de operações descontinuadas; e

l) recebimentos ou pagamentos em caixa decorrentes da solução de litígios.

16.6.5. Atividades de Investimento

Os fluxos de caixa decorrentes das atividades de investimento representam a extensão em que as saídas de caixa são realizadas com a finalidade de contribuir para a futura prestação de serviços pela entidade.

Somente saídas de caixa que resultam em ativo reconhecido nas demonstrações contábeis são passíveis de classificação como atividades de investimento.

São exemplos de fluxos de caixa relacionados às atividades de investimento:

a) pagamentos em caixa para aquisição de ativo imobilizado, intangível e outros ativos de longo prazo. Esses pagamentos incluem os custos de desenvolvimento ativados e ativos imobilizados de construção própria;

b) recebimentos de caixa resultantes da venda de ativo imobilizado, intangível e outros ativos de longo prazo;

c) pagamentos para aquisição de instrumentos patrimoniais ou instrumentos de dívida de outras entidades e participações em empreendimentos controlados em conjunto (exceto aqueles mantidos como equivalentes de caixa, mantidos para negociação imediata ou disponível para venda);

d) recebimentos de caixa provenientes da venda de instrumentos patrimoniais ou instrumentos de dívida de outras entidades e participações em empreendimentos controlados em conjunto (exceto aqueles mantidos como equivalentes de caixa, mantidos para negociação imediata ou disponível para venda);

e) adiantamentos em caixa e empréstimos concedidos a terceiros (exceto aqueles adiantamentos e empréstimos feitos por instituição financeira pública);

f) recebimentos de caixa por liquidação de adiantamentos ou amortização de empréstimos concedidos a terceiros (exceto adiantamentos e empréstimos concedidos por instituição financeira pública);

g) pagamentos em caixa por contratos futuros, a termo, de opção e swap, exceto quando tais contratos forem mantidos para negociação imediata ou disponível para venda ou os pagamentos forem classificados como atividades de financiamento; e

h) recebimentos de caixa por contratos futuros, a termo, de opção e *swap*, exceto quando tais contratos forem mantidos para negociação imediata ou disponível para venda ou os recebimentos forem classificados como atividades de financiamento.

Quando o contrato for contabilizado como *hedge* de posição identificável, os fluxos de caixa do contrato devem ser classificados do mesmo modo como foram classificados os fluxos de caixa da posição que estiver sendo protegida.

A NCT TSP 12 faculta a utilização alternativa do método direto ou indireto para a elaboração do fluxo de caixa das atividades operacionais, incentivando a utilização do primeiro. Para fins de padronização optou-se pela utilização no método direto como obrigatório para todos os entes da Federação. No método direto são informadas as principais classes de recebimentos e pagamentos brutos.

16.6.6. Atividades de financiamento

A divulgação dos fluxos de caixa decorrentes das atividades de financiamento é importante para a previsão de exigências de fluxos futuros por parte dos provedores de capital. São exemplos de fluxos de caixa relacionados às atividades de financiamento:

a) caixa recebido proveniente da emissão de debêntures, empréstimos contraídos, notas promissórias, títulos e valores, hipotecas e outros empréstimos contraídos de curto e de longo prazos;

b) amortização de empréstimos e financiamentos que foram contraídos; e

c) pagamentos em caixa por arrendatário, para redução do passivo relativo a arrendamento mercantil financeiro.

16.6.7. Aspectos relevantes

Fluxos de caixa em moeda estrangeira

Os fluxos de caixa decorrentes de transações em moeda estrangeira devem ser registrados na moeda funcional da entidade, convertendo-se o valor em moeda estrangeira à taxa cambial na data da ocorrência do fluxo de caixa.

Ganhos e perdas não realizados resultantes de mudanças nas taxas de câmbio de moedas estrangeiras não são fluxos de caixa. Todavia, o efeito das mudanças nas taxas cambiais sobre o caixa e equivalentes de caixa, mantidos ou devidos em moeda estrangeira, deve ser apresentado na demonstração dos fluxos de caixa, a fim de conciliar o caixa e equivalentes de caixa no começo e no fim do período. Esse valor deve ser apresentado separadamente dos fluxos de caixa das atividades operacionais, de investimento e de financiamento e inclui as diferenças, se existirem, caso tais fluxos de caixa tenham sido convertidos e registrados com base nas taxas de câmbio do fim do período.

Juros e dividendos ou distribuições similares

Os juros pagos e recebidos e os dividendos ou distribuições similares recebidos são comumente classificados como fluxos de caixa operacionais em instituições financeiras públicas. Todavia, não há consenso sobre a classificação desses fluxos de caixa para os outros tipos de entidades.

Assim, a NBC TSP 12, faculta a classificação destes fluxos como como atividades operacionais, de investimento ou de financiamento, desde que a classificação seja adotada de forma consistente.

Para fins de padronização e consolidação das contas públicas e, considerando que os juros pagos e recebidos compõem o cálculo do resultado do exercício, recomenda-se sua classificação como fluxo das atividades operacionais. Os dividendos ou distribuições similares recebidas devem ser classificados como fluxo de atividades de investimento, enquanto os dividendos e distribuições similares pagos devem ser classificados como fluxos de caixa de financiamento, porque são custos da obtenção de recursos financeiros.

Transações que não envolvem caixa ou equivalentes de caixa

Muitas atividades de investimento e de financiamento não impactam diretamente os fluxos de caixa correntes, embora afetem a estrutura de capital e de ativos da entidade.

São exemplos de transações que não envolvem caixa ou equivalentes de caixa:

a) a aquisição de ativos por meio da troca de ativos, por meio da assunção direta do respectivo passivo ou ainda por meio de arrendamento financeiro; e

b) a conversão de dívida com terceiros em patrimônio líquido.

Transações de investimento e de financiamento que não envolvam o uso de caixa ou equivalentes de caixa não devem ser incluídas na demonstração dos fluxos de caixa. Tais transações devem ser divulgadas nas notas explicativas às demonstrações contábeis, quando relevantes.

Aquisição e venda de controlada e outras unidades operacionais

Os fluxos de caixa agregados decorrentes da aquisição e da alienação de entidades controladas ou outras unidades operacionais devem ser apresentados separadamente e classificados como atividades de investimento.

A entidade deve divulgar, de modo agregado, com relação tanto à aquisição quanto à venda das entidades controladas ou outras unidades operacionais durante o período, cada um dos seguintes itens:

a) o valor total pago para aquisição ou o valor total recebido na venda;

b) a parcela do valor total da compra ou da venda que foi paga ou recebida exclusivamente por meio de caixa e equivalentes de caixa;

c) o montante de caixa e equivalentes de caixa de entidade controlada ou de outra unidade operacional adquirida ou vendida; e

d) o montante dos ativos e passivos, exceto caixa e equivalentes de caixa, reconhecidos pela entidade controlada ou por outra unidade operacional adquirida ou vendida, resumido pelas principais classificações.

Componente de caixa e equivalentes de caixa

A entidade deve divulgar os componentes de caixa e equivalentes de caixa e deve apresentar a conciliação dos valores em sua demonstração dos fluxos de caixa com os respectivos itens apresentados no balanço patrimonial.

Em função da variedade de práticas de gestão de caixa e de produtos bancários, a entidade deve divulgar a política que adota na determinação da composição do caixa e equivalentes de caixa.

Tal divulgação inclui a forma de tratamento dos depósitos restituíveis e valores vinculados.

Quando a entidade incluir tais valores na composição de caixa e equivalentes de caixa, deverá destacá-los em notas explicativas, ressaltando o fato de que tais recursos, embora em poder do ente público, não podem ser por ele utilizados.

16.6.8 Notas Explicativas

A DFC deverá ser acompanhada de notas explicativas quando os itens que compõem os fluxos de caixa forem relevantes.

A entidade deve divulgar, juntamente com comentário da administração em nota explicativa, os valores significativos de saldos de caixa e equivalentes de caixa que não estejam disponíveis para uso pela entidade econômica. Entre os exemplos estão saldos de caixa e equivalentes de caixa em poder de entidade controlada no qual se apliquem restrições legais que impeçam o uso geral dos saldos pela entidade controladora ou outras entidades controladas, além dos depósitos de terceiros, quando classificados como caixa e equivalente de caixa.

Informações adicionais podem ser importantes para que os usuários entendam a posição financeira e a liquidez da entidade. A divulgação de tais informações, juntamente com as respectivas descrições contidas em notas explicativas, é recomendada e pode incluir:

a) o montante de linhas de crédito obtidas, mas não utilizadas, que podem estar disponíveis para futuras atividades operacionais e para satisfazer a compromissos de capital, indicando restrições, se houver, sobre o uso de tais linhas de crédito;

b) o montante e a natureza de saldos de caixa não disponíveis;

c) descrição dos itens incluídos no conceito de caixa e equivalente de caixas;

d) conciliação do saldo de caixa e equivalente de caixas apresentado na DFC com o valor apresentado no Balanço Patrimonial, justificando eventuais diferenças.

As transações de investimento e financiamento que não envolvem o uso de caixa ou equivalentes de caixa, como aquisições financiadas de bens e arrendamento financeiro, não devem ser incluídas na demonstração dos fluxos de caixa. Tais transações devem ser divulgadas nas notas explicativas à demonstração, de modo que forneçam todas as informações relevantes sobre essas transações.

Algumas operações podem interferir na elaboração da Demonstração dos Fluxos de Caixa, como, por exemplo, as retenções. Dependendo da forma como as retenções são contabilizadas, os saldos de caixa e equivalente de caixa podem ser afetados. Basicamente a diferença será sob o aspecto temporal.

Se o ente considerar a retenção como paga no momento da liquidação, então deverá promover um ajuste no saldo da conta caixa e equivalentes de caixa a fim de demonstrar que há um saldo vinculado a ser deduzido. Entretanto, se o ente considerar a retenção como paga apenas na baixa da obrigação, nenhum ajuste será promovido. Dessa forma, eventuais ajustes relacionados às retenções deverão ser evidenciados em notas explicativas.

16.6.9. Estrutura

16.6.9.1. Quadro Principal

	<ENTE DA FEDERAÇÃO> DEMONSTRAÇÃO DOS FLUXOS DE CAIXA		
			Exercício: 20XX
	Nota	Exercício Atual	Exercício Anterior

FLUXOS DE CAIXA DAS ATIVIDADES
OPERACIONAIS

Ingressos
   Receita Tributária
   Receita de Contribuições
   Receita Patrimonial
   Receita Agropecuária
   Receita Industrial
   Receita de Serviços
   Remuneração das Disponibilidades
   Outras Receitas Derivadas e Originárias
   Transferências recebidas

Desembolsos
   Pessoal e demais despesas
   Juros e encargos da dívida
   Transferências concedidas
   Outros desembolsos operacionais

Fluxo de caixa líquido das atividades
operacionais (I)

FLUXOS DE CAIXA DAS ATIVIDADES DE
INVESTIMENTO

Ingressos
   Alienação de bens
   Amortização de empréstimos e
financiamentos concedidos
   Outros ingressos de investimentos

Desembolsos
   Aquisição de ativo não circulante
   Concessão de empréstimos e financiamentos
   Outros desembolsos de investimentos

Fluxo de caixa líquido das atividades de
investimento (II)

FLUXOS DE CAIXA DAS ATIVIDADES DE
FINANCIAMENTO

Ingressos
   Operações de crédito
   Integralização do capital social de empresas
dependentes

Outros ingressos de financiamento

Desembolsos
Amortização /Refinanciamento da dívida
Outros desembolsos de financiamentos

Fluxo de caixa líquido das atividades de financiamento (III)

GERAÇÃO LÍQUIDA DE CAIXA E EQUIVALENTE DE CAIXA (I+II+III)

Caixa e Equivalentes de caixa inicial
Caixa e Equivalente de caixa final

16.6.9.2 Quadro de Transferências Recebidas e Concedidas

<ENTE DA FEDERAÇÃO>
QUADRO DE TRANSFERÊNCIAS RECEBIDAS E CONCEDIDAS

Exercício: 20XX

	Exercício Atual	Exercício Anterior
TRANSFERÊNCIAS CORRENTES RECEBIDAS		
Intergovernamentais		
da União		
de Estados e Distrito Federal		
de Municípios		
Intragovernamentais		
Outras transferências correntes recebidas		
Total das Transferências Correntes Recebidas		
TRANSFERÊNCIAS CONCEDIDAS		
Intergovernamentais		
a União		
a Estados e Distrito Federal		
a Municípios		
Intragovernamentais		
Outras transferências concedidas		
Total das Transferências Concedidas		

16.6.9.3 Quadro de Desembolsos de Pessoal e Demais Despesas por Função

<ENTE DA FEDERAÇÃO> QUADRO DE DESEMBOLSOS DE PESSOAL E DEMAIS DESPESAS POR FUNÇÃO Exercício: 20XX		
	Exercício Atual	Exercício Anterior
Legislativa		
Judiciária		
Essencial à Justiça		
Administração		
Defesa Nacional		
Segurança Pública		
Relações Exteriores		
Assistência Social		
Previdência Social		
Saúde		
Trabalho		
Educação		
Cultura		
Direitos da Cidadania		
Urbanismo		
Habitação		
Saneamento		
Gestão Ambiental		
Ciência e Tecnologia		
Agricultura		
Organização Agrária		
Indústria		
Comércio e Serviços		
Comunicações		
Energia		
Transporte		
Desporto e Lazer		
Encargos Especiais		
Total dos Desembolsos de Pessoal e Demais Despesas por Função		

16.6.9.4. Quadro de Juros e Encargos da Dívida

<ENTE DA FEDERAÇÃO> QUADRO DE JUROS E ENCARGOS DA DÍVIDA Exercício: 20XX		
	Exercício Atual	Exercício Anterior
Juros e Correção Monetária da Dívida Interna		
Juros e Correção Monetária da Dívida Externa		
Outros Encargos da Dívida		
Total dos Juros e Encargos da Dívida		

16.6.10 Definições

16.6.10.1 Quadro Principal

Fluxo de Caixa das Atividades Operacionais

Ingressos das Operações

Compreendem as receitas relativas às atividades operacionais líquidas das respectivas deduções e as transferências correntes recebidas.

Desembolsos das Operações

Compreendem as despesas relativas às atividades operacionais, demonstrando-se os desembolsos de pessoal, os juros e encargos sobre a dívida, as transferências concedidas e demais desembolsos das operações.

Fluxo de Caixa das Atividades de Investimento

Ingressos de Investimento

Compreendem as receitas referentes à alienação de ativos não circulantes e de amortização de empréstimos e financiamentos concedidos.

Desembolsos de Investimento

Compreendem as despesas referentes à aquisição de ativos não circulantes e as concessões de empréstimos e financiamentos.

Fluxo de Caixa das Atividades de Financiamento

Ingressos de Financiamento

Compreendem as obtenções de empréstimos, financiamentos e demais operações de crédito, inclusive o refinanciamento da dívida. Compreendem também a integralização do capital social de empresas dependentes.

Desembolsos de Financiamento

Compreendem as despesas com amortização e refinanciamento da dívida.

Caixa e Equivalentes de Caixa

Compreende o numerário em espécie e depósitos bancários disponíveis, além das aplicações financeiras de curto prazo, de alta liquidez, que são prontamente conversíveis em um montante conhecido de caixa e que estão sujeitas a um insignificante risco de mudança de valor. Inclui, ainda, a receita orçamentária arrecadada que se encontra em poder da rede bancária em fase de recolhimento.

16.6.10.2. Quadro das Transferências Recebidas e Concedidas

Transferências Intergovernamentais

Compreendem as transferências de recursos entre entes da Federação distintos.

Transferências Intragovernamentais

Compreendem as transferências de recursos no âmbito de um mesmo ente da Federação.

16.7. Demonstração das Mutações no Patrimônio *Líquido*

16.7.1. Introdução

A Demonstração das Mutações no Patrimônio Líquido (DMPL) demonstrará a evolução (aumento ou redução) do patrimônio líquido da entidade durante um período.

A alteração total no patrimônio líquido durante um período representa o valor total do resultado desse período, adicionado a outras receitas e despesas reconhecidas diretamente como alterações no patrimônio líquido (sem passar pelo resultado do período), junto com qualquer contribuição dos proprietários e deduzindo-se as distribuições para os proprietários agindo na sua capacidade de detentores do capital próprio da entidade.

Assim, dentre os itens demonstrados, podemos citar:

a) o resultado do período;

b) cada item de receita e de despesa do período que seja reconhecido diretamente no patrimônio líquido em virtude de norma específica (por exemplo: aumento ou redução por reavaliação e ganhos, quando utilizada a reserva de reavaliação, ou perdas decorrentes de ajustes específicos de conversão para moeda estrangeira);

c) os ajustes de exercícios anteriores;

d) a destinação do resultado, como por exemplo, constituição de reservas e a distribuição de e. dividendos;

f) as transações de capital com os proprietários como, por exemplo: o aumento de capital, a aquisição ou venda de ações em tesouraria. Os juros sobre capital próprio e as distribuições aos proprietários;

g) para cada item do patrimônio líquido divulgado, os efeitos das alterações nas políticas contábeis e da correção de erros.

A DMPL é obrigatória para as empresas estatais dependentes constituídas sob a forma de sociedades anônimas e facultativa para os demais órgãos e entidades dos entes da Federação.

Ressalta-se ainda que a DMPL complementa o Anexo de Metas Fiscais (AMF), integrante do Projeto de Lei de Diretrizes Orçamentárias (LDO), nos termos da Lei Complementar nº 101/2000 – Lei de Responsabilidade Fiscal (LRF) art. 4º § 1º e § 2º.

16.7.2. Elaboração

A DMPL será elaborada utilizando-se o grupo 3 (patrimônio líquido) da classe 2 (passivo) do PCASP.

O preenchimento de cada célula do quadro deverá conjugar os critérios informados nas colunas (C) com os critérios informados nas linhas (L). Os dados dos pares de lançamentos desses critérios poderão ser extraídos através de contas de controle, atributos de contas, informações complementares ou outra forma definida pelo ente.

Nas colunas, são apresentadas as contas contábeis das quais os dados devem ser extraídos, enquanto as linhas delimitam o par de lançamento de tais contas. Por exemplo, supondo um aumento de capital em dinheiro, o preenchimento da coluna "Patrimônio Social / Capital Social" e da linha "Aumento de Capital" deverá extrair os dados do respectivo par de lançamentos com as contas "1.1.1.0.0.00.00 – Caixa e Equivalentes de Caixa" e "2.3.1.0.0.00.00 – Patrimônio Social e Capital Social".

16.7.3 Notas Explicativas

Qualquer alteração relevante no patrimônio líquido, seja pelo valor ou pela natureza da informação, deve ser divulgada em notas explicativas.

Podem ser citadas como exemplo de alteração relevante:

a) Efeito no resultado acumulado em decorrência da adoção inicial das disposições contidas neste manual ou nas normas brasileiras de contabilidade;

b) Efeitos das alterações nas políticas contábeis ou correção de erros.

16.7.4. Estrutura

ESPECIFICAÇÃO	Pat. Social / Capital social	Adiantamento para Futuro Aumento de Capital (AFAC)	Reserva de Capital	Ajustes de Avaliação Patrimonial	Reservas de Lucros	Demais Reservas	Resultados Acumulados	Ações / Cotas em Tesouraria	TOTAL
Saldos iniciais									
Ajustes de exercícios anteriores									
Aumento de capital									
Resgate / Reemissão de Ações e Cotas									
Juros sobre capital próprio									
Resultado do exercício									
Ajustes de avaliação patrimonial									
Constituição / Reversão de reservas									
Dividendos a distribuir (R$ ... por ação)									
Saldos finais									

<ENTE DA FEDERAÇÃO> DEMONSTRAÇÃO DAS MUTAÇÕES DO PATRIMÔNIO LÍQUIDO — Exercício: 20XX

16.7.5. Definições

Patrimônio Social / Capital Social

Compreende o patrimônio social das autarquias, fundações e fundos e o capital social das demais entidades da administração indireta.

Adiantamento para Futuro Aumento de Capital

Compreende os recursos recebidos pela entidade de seus acionistas ou quotistas destinados a serem utilizados para aumento de capital, quando não haja a possibilidade de devolução destes recursos.

Reservas de Capital

Compreende os valores acrescidos ao patrimônio que não transitaram pelo resultado como variações patrimoniais aumentativas (VPA).

Ajustes de Avaliação Patrimonial

Compreende as contrapartidas de aumentos ou diminuições de valor atribuídos a elementos do ativo e do passivo em decorrência da sua avaliação a valor justo, nos casos previstos pela Lei nº 6.404/1976 ou em normas expedidas pela comissão de valores mobiliários, enquanto não computadas no resultado do exercício em obediência ao regime de competência.

Reservas de Lucros

Compreende as reservas constituídas com parcelas do lucro líquido das entidades para finalidades específicas.

Demais Reservas

Compreende as demais reservas, não classificadas como reservas de capital ou de lucro, inclusive aquelas que terão seus saldos realizados por terem sido extintas pela legislação.

Resultados Acumulados

Compreende o saldo remanescente dos lucros ou prejuízos líquidos das empresas e os superávits ou déficits acumulados da administração direta, autarquias, fundações e fundos.

A conta Ajustes de Exercícios Anteriores, que registra os efeitos da mudança de critério contábil ou da retificação de erro imputável a exercício anterior que não possam ser atribuídos a fatos subsequentes, integra a conta Resultados Acumulados.

Ações / Cotas em Tesouraria

Compreende o valor das ações ou cotas da entidade que foram adquiridas pela própria entidade.

16.8. Notas Explicativas às DCASP

16.8.1. Definição

Notas explicativas são informações adicionais às apresentadas nos quadros das DCASP e são consideradas parte integrante das demonstrações. Seu objetivo é facilitar a compreensão das demonstrações contábeis a seus diversos usuários. Portanto, devem ser claras, sintéticas e objetivas. Englobam informações de qualquer natureza exigidas pela lei, pelas normas contábeis e outras informações relevantes não suficientemente evidenciadas ou que não constam nas demonstrações.

16.8.2. Estrutura

As notas explicativas devem ser apresentadas de forma sistemática. Cada quadro ou item a que uma nota explicativa se aplique deverá ter referência cruzada com a respectiva nota explicativa.

A fim de facilitar a compreensão e a comparação das DCASP com as de outras entidades, sugere-se que as notas explicativas sejam apresentadas na seguinte ordem:

a) Informações gerais:

I. Natureza jurídica da entidade.

II. Domicílio da entidade.

III. Natureza das operações e principais atividades da entidade.

IV. Declaração de conformidade com a legislação e com as normas de contabilidade aplicáveis.

b) Resumo das políticas contábeis significativas, por exemplo:

I. Bases de mensuração utilizadas, por exemplo: custo histórico, valor realizável líquido, valor justo ou valor recuperável.

II. Novas normas e políticas contábeis alteradas.

III. Julgamentos pela aplicação das políticas contábeis.

c) Informações de suporte e detalhamento de itens apresentados nas demonstrações contábeis pela ordem em que cada demonstração e cada rubrica sejam apresentadas.

d) Outras informações relevantes, por exemplo:

I. Passivos contingentes e compromissos contratuais não reconhecidos;

II. Divulgações não financeiras, tais como: os objetivos e políticas de gestão do risco financeiro da entidade; pressupostos das estimativas;

III. Reconhecimento de inconformidades que podem afetar a compreensão do usuário sobre o desempenho e o direcionamento das operações da entidade no futuro;

IV. Ajustes decorrentes de omissões e erros de registro.

16.8.2.1. Divulgação de Políticas Contábeis

A entidade deve divulgar no resumo de políticas contábeis significativas, incluindo:

a) a base de mensuração utilizada na elaboração das demonstrações contábeis;

b) o grau em que a entidade tem aplicado qualquer disposição transitória de outra norma; e

c) outras políticas contábeis utilizadas que sejam relevantes para a compreensão das demonstrações contábeis.

Políticas contábeis são os princípios, bases, convenções, regras e procedimentos específicos aplicados pela entidade na elaboração e na apresentação de demonstrações contábeis.

Ao decidir se determinada política contábil específica será ou não evidenciada, a administração deve considerar se sua evidenciação proporcionará aos usuários melhor compreensão da forma em que as transações, condições e outros eventos, estão refletidos no resultado e na posição patrimonial relatados.

Cada entidade deve considerar a natureza das suas operações e as políticas que os usuários de suas demonstrações contábeis esperam que sejam divulgadas. Por exemplo, espera-se que entidades do setor público evidenciem suas políticas contábeis para reconhecimento das receitas de impostos, doações e outras formas de receitas de transações sem contraprestação em bens e serviços. Quando a entidade possui entidades com operações no exterior significativas ou possui transações significativas em moeda estrangeira, espera-se que ela evidencie as políticas contábeis para o reconhecimento de ganhos e perdas cambiais. Ressalta-se que uma política contábil pode ser significativa devido à natureza das operações da entidade, mesmo que os valores associados a períodos anteriores e ao atual não sejam materiais.

16.8.2.1.1. Bases de Mensuração

É importante que os usuários estejam informados sobre a base ou bases de mensuração utilizadas nas demonstrações contábeis (por exemplo, custo histórico, custo corrente, valor realizável líquido, valor justo ou valor recuperável), porque a base sobre a qual as demonstrações contábeis são elaboradas afeta significativamente a análise dos usuários. A divulgação da base de mensuração é especialmente útil para os usuários quando ela for selecionada entre opções permitidas nas normas. Um exemplo é a divulgação, pela entidade, da base de mensuração de suas propriedades para investimento, se pelo valor justo ou pelo modelo de custo.

Quando mais de uma base de mensuração for utilizada nas demonstrações contábeis, por exemplo, quando determinadas classes de ativos são reavaliadas, é suficiente divulgar uma indicação das categorias de ativos e de passivos à qual cada base de mensuração foi aplicada.

Um caso especial são os ativos obtidos a título gratuito que devem ser registrados pelo valor justo na data de sua aquisição, sendo que deverá ser considerado o valor resultante da avaliação obtida com base em procedimento técnico ou o valor patrimonial definido nos termos da doação. A eventual impossibilidade de sua valoração também deve ser evidenciada em notas explicativas.

16.8.2.1.2. Alteração de Políticas Contábeis

A entidade deve alterar uma política contábil e divulgá-la em nota explicativa apenas se a mudança:

a) for exigida pelas normas de contabilidade aplicáveis; ou

b) resultar em informação confiável e mais relevante sobre os efeitos das transações, outros eventos ou condições acerca da posição patrimonial, do resultado patrimonial ou dos fluxos de caixa da entidade.

16.8.2.1.3. Julgamentos pela aplicação das políticas contábeis

Os julgamentos exercidos pela aplicação das políticas contábeis que afetem significativamente os montantes reconhecidos nas demonstrações contábeis devem ser divulgados em notas explicativas, por exemplo:

a) classificação de ativos;

b) constituição de provisões;

c) reconhecimento de variações patrimoniais; e

d) transferência de riscos e benefícios significativos sobre a propriedade de ativos para outras entidades.

16.8.2.2. Divulgação de Estimativas

Definir os montantes de alguns ativos e passivos exige a estimativa dos efeitos de eventos futuros incertos sobre esses ativos e passivos ao término do período de reporte. Por exemplo, na ausência de preços de mercado, passam a ser necessárias estimativas orientadas para o futuro para mensurar o valor recuperável de ativos do imobilizado, o efeito da obsolescência tecnológica nos estoques, provisões sujeitas ao futuro resultado de litígio em curso e passivos em longo prazo de benefícios a empregados. Essas estimativas envolvem pressupostos sobre esses assuntos, como o risco associado aos fluxos de caixa ou taxas de desconto, futuras alterações em salários e futuras alterações nos preços que afetam outros custos.

O uso de estimativas adequadas é parte da ciência contábil e não reduz a confiabilidade das demonstrações contábeis.

As notas explicativas devem divulgar os pressupostos das estimativas dos riscos significativos que podem vir a causar um ajuste material nos valores contábeis dos ativos e passivos ao longo dos próximos doze meses. Devem ser detalhadas a natureza e o valor contábil desses ativos e passivos na data das demonstrações. São exemplos dessas divulgações:

a) a natureza dos pressupostos ou de outras incertezas nas estimativas;

b) a sensibilidade dos valores contábeis aos métodos, pressupostos e estimativas subjacentes ao respectivo cálculo, incluindo as razões para essa sensibilidade;

c) a solução esperada de incerteza e a variedade de desfechos possíveis ao longo do próximo exercício social em relação aos valores contábeis dos ativos e passivos impactados; e

d) a explicação de alterações feitas nos pressupostos adotados no passado, caso a incerteza permaneça sem solução.

Uma mudança de método de avaliação é uma mudança na política contábil e não na estimativa contábil e também deve ser evidenciada nas notas explicativas.

Se o montante não for evidenciado porque sua estimativa é impraticável, a entidade também deve evidenciar tal fato.

16.8.2.3. Gestão de Capital

A entidade deve divulgar informação que possibilite aos usuários das suas demonstrações contábeis avaliarem os objetivos, políticas e processos de gestão do capital dessa entidade. Tais informações incluem:

a) descrição dos elementos abrangidos pela gestão do capital;

b) se a entidade estiver sujeita a requisitos de capital impostos externamente, a natureza desses requisitos e a forma como são integrados na gestão de capital; e

c) como está cumprindo os seus objetivos em matéria de gestão de capital;

Essas informações devem se basear nas informações prestadas internamente pelo pessoal-chave da gestão da entidade.

16.8.2.4. Outras divulgações

A entidade deve divulgar, caso não sejam divulgadas em outro lugar nas demonstrações contábeis, as seguintes informações:

a) o domicílio e a forma jurídica da entidade, e a jurisdição onde ela opera;

b) a descrição da natureza das operações da entidade e de suas principais atividades;

c) a referência à legislação relevante que rege as operações da entidade;

d) o nome da entidade; e

e) se é entidade com prazo de duração limitado, a informação sobre o tempo da sua duração.

f) o montante de dividendos, ou outras distribuições similares, propostos ou declarados antes da data em que as demonstrações contábeis foram autorizadas para serem publicadas e não reconhecido como distribuição aos proprietários durante o período abrangido pelas demonstrações contábeis, bem como o respectivo valor por ação ou equivalente; e

g) a quantia de quaisquer dividendos preferenciais cumulativos, ou outras distribuições similares, não reconhecidos.

A entidade deverá observar ainda as exigências de divulgação prevista nos demais estudos constantes desta obra. Deverá divulgar ainda qualquer informação considerada relevante para a adequada compreensão dos demonstrativos.

16.9. Consolidação das Demonstrações Contábeis

Consolidação das demonstrações contábeis é o processo de agregação dos saldos das contas de mais de uma entidade, excluindo-se as transações recíprocas, de modo a disponibilizar os macro agregados do setor público, proporcionando uma visão global do resultado.

No setor público brasileiro, a consolidação pode ser feita no âmbito intragovernamental (em cada ente da Federação) ou em âmbito intergovernamental (consolidação nacional).

A consolidação nacional é de competência da Secretaria do Tesouro Nacional (STN) e abrange todas as entidades incluídas no orçamento fiscal e da seguridade social (OFSS), conforme a seguir:

a) as esferas de governo (União, estados, Distrito Federal e municípios);

b) os Poderes (Executivo, Legislativo e Judiciário); e

c) a administração pública, direta e indireta, incluindo fundos, autarquias, fundações e empresas estatais dependentes.

A fim de possibilitar a consolidação das contas públicas nos diversos níveis de governo, foi criado no Plano de Contas Aplicado ao Setor Público (PCASP) um mecanismo para a segregação dos valores das transações que serão incluídas ou excluídas na consolidação. Este mecanismo consiste na utilização do 5º nível (Subtítulo) das classes 1, 2, 3 e 4 do PCASP para identificar os saldos recíprocos nas contas de natureza patrimonial.

Ressalta-se que, para a elaboração de alguns quadros anexos do Balanço Patrimonial, também são utilizadas as classes de contas 5, 6, 7 e 8 do PCASP.

O PCASP indica as contas obrigatórias e o nível de detalhamento mínimo a ser utilizado pelos entes da Federação, a fim garantir a consolidação das contas nacionais.

Para fins de elaboração das demonstrações contábeis consolidadas, devem ser excluídos os seguintes itens, por exemplo:

a) as participações nas empresas estatais dependentes;

b) as transações e saldos recíprocos entre as entidades; e

c) as parcelas dos resultados do exercício, do lucro / prejuízo acumulado e do custo dos ativos que corresponderem a resultados ainda não realizados.

Exemplo de consolidação no ente (intragovernamental):

Considere a situação hipotética em que duas entidades – Prefeitura e Autarquia – de um mesmo município iniciam o exercício com todos os saldos zerados. Considere também as seguintes operações ocorridas no exercício X1:

a) Recebimento do FPM pela Prefeitura (R$ 10.000).

b) Compra de veículo de uma empresa privada pela Prefeitura (R$ 3.000), a prazo

c) Prestação de serviço de limpeza urbana pela autarquia à Prefeitura (R$ 1.000), a prazo.

d) Publicação no Diário Oficial da União de edital de licitação da Autarquia (R$ 1.500), a prazo.

e) Consolidação no município (intragovernamental).

Segue a demonstração dos impactos das operações no Balanço Patrimonial das entidades:

a) Recebimento do FPM pela Prefeitura (R$ 10.000).

BALANÇO PATRIMONIAL		
	BP da Prefeitura	BP da Autarquia
Ativo Circulante		
Caixa e Equivalentes de Caixa	10.000	
Clientes – Intra OFSS	-	
Clientes – Inter OFSS	-	
Ativo Não Circulante		
Veículos	-	
Total do Ativo	**10.000**	
Passivo Circulante		
Fornecedores – Consolidação	-	
Fornecedores – Intra OFSS	-	
Fornecedores – Inter OFSS	-	
Patrimônio Líquido		
Resultados do Exercício X1	10.000	
Total do Passivo e do Patrimônio Líquido	**10.000**	

Ativo Financeiro	10.000	
Ativo Permanente	-	
Passivo Financeiro	-	
Passivo Permanente	-	
Saldo Patrimonial	**10.000**	

b) Compra de veículo de uma empresa privada pela Prefeitura (R$ 3.000), a prazo.

BALANÇO PATRIMONIAL		
	BP da Prefeitura	BP da Autarquia
Ativo Circulante		
Caixa e Equivalentes de Caixa	10.000	
Clientes – Intra OFSS	-	
Clientes – Inter OFSS	-	
Ativo Não Circulante		
Veículos	3.000	
Total do Ativo	**13.000**	
Passivo Circulante		
Fornecedores – Consolidação	3.000	
Fornecedores – Intra OFSS	-	
Fornecedores – Inter OFSS	-	
Patrimônio Líquido		
Resultados do Exercício X1	10.000	
Total do Passivo e do Patrimônio Líquido	**13.000**	

Ativo Financeiro	10.000	
Ativo Permanente	3.000	
Passivo Financeiro	3.000	
Passivo Permanente	-	
Saldo Patrimonial	**10.000**	

c. Prestação de serviço de limpeza urbana pela autarquia à Prefeitura (R$ 1.000), a prazo.

BALANÇO PATRIMONIAL		
	BP da Prefeitura	BP da Autarquia
Ativo Circulante		
Caixa e Equivalentes de Caixa	10.000	-
Clientes – Intra OFSS	-	1.000
Clientes – Inter OFSS	-	-
Ativo Não Circulante		
Veículos	3.000	-
Total do Ativo	**13.000**	**1.000**
Passivo Circulante		
Fornecedores – Consolidação	3.000	-
Fornecedores – Intra OFSS	1.000	-
Fornecedores – Inter OFSS	-	-
Patrimônio Líquido		
Resultados do Exercício X1	9.000	1.000
Total do Passivo e do Patrimônio Líquido	**13.000**	**1.000**

Ativo Financeiro	10.000	1.000
Ativo Permanente	3.000	-
Passivo Financeiro	4.000	-
Passivo Permanente	-	-
Saldo Patrimonial	**9.000**	**1.000**

d) Autarquia contrata o Diário Oficial da União para publicação de edital (R$ 1.500), a prazo.

Caixa e Equivalentes de Caixa	10.000	-
Clientes – Intra OFSS	-	1.000
Clientes – Inter OFSS	-	-
Ativo Não Circulante		
Veículos	3.000	-
Total do Ativo	**13.000**	**1.000**
Passivo Circulante		
Fornecedores – Consolidação	3.000	-
Fornecedores – Intra OFSS	1.000	-
Fornecedores – Inter OFSS	-	1.500
Patrimônio Líquido		
Resultados do Exercício X1	9.000	(500)
Total do Passivo e do Patrimônio Líquido	**13.000**	**1.000**
Ativo Financeiro	10.000	1.000
Ativo Permanente	3.000	-
Passivo Financeiro	4.000	1.500
Passivo Permanente	-	-
Saldo Patrimonial	**9.000**	**(500)**

e) Consolidação no município (intragovernamental).

BALANÇO PATRIMONIAL				
	BP da Prefeitura	BP da Autarquia	Ajustes de consolidação	Consolidado
Ativo Circulante				
Caixa e Equivalentes de Caixa	10.000	-		10.000
Clientes – Intra OFSS	-	1.000	(1.000)	-
Clientes – Inter OFSS	-	-		-
Ativo Não Circulante				
Veículos	3.000	-		3.000
Total do Ativo	**13.000**	**1.000**		**13.000**
Passivo Circulante				
Fornecedores – Consolidação	3.000	-		3.000
Fornecedores – Intra OFSS	1.000	-	(1.000)	-
Fornecedores – Inter OFSS	-	1.500		1.500
Patrimônio Líquido				
Resultados do Exercício X1	9.000	(500)		8.500
Total do Passivo e do Patrimônio Líquido	**13.000**	**1.000**		**13.000**
Ativo Financeiro	10.000	1.000	(1.000)	10.000
Ativo Permanente	3.000	-		3.000
Passivo Financeiro	4.000	1.500	(1.000)	4.500
Passivo Permanente	-	-		
Saldo Patrimonial	**9.000**	**(500)**		**8.500**

EXERCÍCIOS

1. (Ano: 2020 Banca: CONSULPLAN Órgão: CFC Prova: CONSULPLAN –
CFC – Bacharel em Ciências Contábeis)

Um ente público apresentou as seguintes informações na sua Demonstração
das Variações Patrimoniais, referente ao exercício financeiro de 2019; observe.

(+) Exploração e Venda de Bens, Serviços e Direitos VPA . R$ 13.000.000,00

(-) Pessoal e Encargos VPD .... R$ 10.000.000,00

(+) Impostos, Taxas e Contribuições de Melhoria VPA ... R$ 11.000.000,00

(-) Uso de Bens, Serviços e Consumo de Capital Fixo VPD R$ 6.500.000,00

(+) Transferências e Delegações Recebidas VPA.......... R$ 9.500.000,00

(-) Desvalorização e Perdas de Ativos e Incorporação de
Passivos VPD .... R$ 2.000.000,00

(+) Valorização e Ganhos com Ativos e Desincorporação
de Passivos VPA................................... R$ 2.100.000,00

(-) Transferências e Delegações Concedidas VPD......... R$ 8.200.000,00

(-) Custo das Mercadorias e Produtos Vendidos e dos
Serviços Prestados VPD .... R$ 9.000.000,00

(=) Resultado Patrimonial – Déficit patrimonial .... R$ 100.000,00

Com base nessas informações, essa Demonstração das Variações Patrimoniais
apresentará um resultado patrimonial, no exercício financeiro de 2019, de:
(Assinale o valor do déficit ou superávit patrimonial da Demonstração das
Variações Patrimoniais).

(A) Superávit patrimonial R$ 2.100.000,00

(B) Déficit patrimonial de R$ 6.100.000,00

(C) Superávit patrimonial de R$ 2.700.000,00

(D) Déficit patrimonial de R$ 100.000,00

2. (Ano: 2020 Banca: CONSULPLAN Órgão: CFC Prova: CONSULPLAN –
CFC – Bacharel em Ciências Contábeis)

A Norma Brasileira de Contabilidade Aplicada ao Setor Público NBC TSP 07
– Ativo Imobilizado tem como objetivo estabelecer o tratamento contábil para
ativos imobilizados, de forma que os usuários das demonstrações contábeis
possam discernir a informação sobre o investimento da entidade em seus ativos imobilizados, bem como suas variações. Considerando o que consta nessa
norma sobre Ativo Imobilizado, um ente público, por meio do processo licitatório, adquiriu os seguintes bens:

Em 02-01-2020: um microcomputador pelo preço de R$ 5.000,00; Em 10-01-
2020: um armário para um consultório médico pelo preço de R$ 1.200,00; Em
21-01-2020: livros para doar para estudantes pelo preço de R$ 4.200,00; Em
25-01-2020: um software de gestão pública pelo preço de R$ 10.000,00.

Considerando essas informações, indique o valor que deverá ser registrado no Ativo Imobilizado.

(A) R$ 10.400,00

(B) R$ 16.200,00

(C) R$ 20.400,00

(D) R$ 6.200,00

3. (Ano: 2019 Banca: UFCG Órgão: UFCG Prova: UFCG – UFCG – Contador)

Considere os seguintes dados extraídos do Balanço Financeiro de um determinado ente público no exercício financeiro de 2018 (valores em milhares de reais):

Transferências financeiras recebidas – R$ 326.000,00

Despesas Orçamentárias – R$ 316.000,00

Inscrição de Restos a Pagar *não processados* – R$ 214,00

Pagamento de Restos a Pagar processados – R$ 3.740,00

Transferências concedidas independentes de execução orçamentária – R$ 4.800,00

Depósitos restituíveis e valores vinculados recebidos – R$ 850,00

Inscrição de Restos a Pagar processados – R$ 689,00

Com base nas informações apresentadas no período, o resultado financeiro e o total dos ingressos extraorçamentários do exercício 2018 foram, respectivamente:

(A) R$ 6.690,00 e R$ 903,00

(B) R$ 3.213,00 e R$ 1.753,00

(C) R$ 6.953,00 e R$ 1.539,00

(D) R$ 2.310,00 e R$ 1.064,00

(E) R$ 8.013,00 e R$ 983,00

4. (Ano: 2019 Banca: UFCG Órgão: UFCG Prova: UFCG – UFCG – Contador)

Durante o exercício financeiro, determinado ente federativo verificou a necessidade de solicitar a abertura de crédito especial para realização de nova obra pública. Nesse contexto, foi requisitado ao Contador que calculasse o montante disponível para tal ação, em que foi constatada a ocorrência dos seguintes saldos:

– Excesso de arrecadação do período: R$ 123.000,00.

– Dotações orçamentárias anuladas: R$ 9.500,00.

– Créditos adicionais reabertos no exercício: R$ 26.700,00.

– Superávit financeiro do exercício anterior: R$ 162.850,00.

– Créditos extraordinários abertos no exercício: R$ 32.450,00.

– Operações de crédito: R$ 65.200,00.

Considerando os dados apresentados na questão, o limite disponível para abertura do crédito especial calculado pelo Contador deverá ser de:

(A) R$ 426.350,00

(B) R$ 295.900,00

(C) R$ 301.400,00

(D) R$ 281.650,00

(E) R$ 325.600,00

5. (Ano: 2017 Banca: FUNDATEC Órgão: Câmara de Vereadores de Itaqui – RS Prova: FUNDATEC – Câmara de Vereadores de Itaqui – RS – Contador)

No Relatório Resumido da Execução Orçamentária do Município de Itaqui referente ao 3º bimestre de 2017, constam os valores descritos na tabela abaixo relativos à despesa orçamentária na Função Legislativa.

Função Legislativa	Valor (R$)
Dotação Inicial	4.803.600,00
Dotação Atualizada	4.778.600,00
Despesa Empenhada:	
No Bimestre	71.277,19
Até o Bimestre	4.067.383,85
Saldo	711.216,15
Despesa Liquidada:	
No Bimestre	738.820,41
Até o Bimestre	1.949.323,66
Saldo	2.829.276,34

Com base apenas nas informações acima, é correto afirmar que:

(A) A Câmara Municipal dispõe de um montante de crédito orçamentário para empenhar no segundo semestre maior do que aquele que empenhou no primeiro.

(B) Foi contraída dívida no 3º bimestre no montante de R$ 71.277,19.

(C) Foram pagas despesas no 3º bimestre no montante de R$ 738.820,41.

(D) Houve crédito adicional que aumentou as dotações constantes na Lei do Orçamento Anual (LOA).

(E) Os créditos orçamentários destinados à Função Legislativa na LOA foram de R$ 4.803.600,00.

6. (Ano: 2017 Banca: FUNDATEC Órgão: Câmara de Vereadores de Itaqui – RS Prova: FUNDATEC – *Câmara de Vereadores de Itaqui* – RS – Contador)

Em consonância com os novos padrões da contabilidade aplicada ao setor público, o Balanço Patrimonial – Anexo 14 da Lei nº 4.320/1964 – foi alterado e nele passou a constar o Quadro de Ativos e Passivos Financeiros e Permanentes. Sendo assim, considere os agrupamentos de contas da tabela abaixo:

Grupos de Contas	Saldo (R$)
Almoxarifados	2.000,00
Aplicações Financeiras	6.000,00
Bancos Conta Movimento	5.500,00
Bens Imóveis	5.000,00
Bens Móveis	4.500,00
Caixa	4.000,00
Dívida Ativa	3.000,00

Os totais dos Ativos Financeiro e Permanente são, respectivamente, os seguintes:
(A) R$ 11.500,00 e R$ 18.500,00.
(B) R$ 15.500,00 e R$ 14.500,00.
(C) R$ 17.500,00 e R$ 12.500,00.
(D) R$ 18.500,00 e R$ 11.500,00.
(E) R$ 20.500,00 e R$ 9.500,00.

7. Ano: 2020 Banca: UFU-MG Órgão: UFU-MG Prova: UFU-MG – 2020 – UFU-MG – Auditor

Os dados a seguir foram retirados do Balanço Orçamentário de 31/12/2019 de determinado ente federal.

Dados Balanço Orçamentário - 31/12/2019	R$
Previsão Inicial	1.863.675,00
Previsão Atualizada	1.921.876,00
Receitas Arrecadadas	2.099.345,00
Dotação Inicial	1.863.675,00
Dotação Atualizada	1.921.876,00
Despesas Empenhadas	1.919.455,00
Despesas Liquidadas	1.750.000,00
Despesas Pagas	1.550.000,00

Analise os dados e assinale a alternativa que representa o resultado da execução orçamentária do ano de 2019.

(A) R$ 177.469,00

(B) R$ 179.890,00

(C) R$ 2.421,00

(D) R$ 275.670,00

8. (Ano: 2020 Banca: UFU-MG Órgão: UFU-MG Prova: UFU-MG – UFU--MG – Auditor)

A Lei nº 4.320/64 define Restos a Pagar e os distingue em processados e não processados. Determinado ente federal apresentou ao final do exercício as seguintes informações quanto à execução das despesas:

Descrição	R$
Dotação Inicial	483.999,00
Dotação Atualizada	508.897,00
Despesas Empenhadas	485.323,00
Despesas Liquidadas	354.678,00
Despesas Pagas	234.516,00

Com base nessas informações, assinale a alternativa que apresenta o valor apurado em Restos a Pagar *Não Processados e Processados, respectivamente,*

(A) R$ 120.162,00 e R$ 130.645,00

(B) R$ 250.807,00 e R$ 154.219,00

(C) R$ 130.645,00 e R$ 120.162,00

(D) R$ 154.219,00 e R4 250.807,00

9. (Ano: 2017 Banca: Instituto Excelência Órgão: Câmara de Santa Rosa – RS Prova: Instituto Excelência – *Câmara de Santa Rosa* – RS – Contador Legislativo)

Para o levantamento da Demonstração dos Fluxos de Caixa, é necessário definir alguns conceitos. Sendo um deles Transferências Intergovernamentais assinale a alternativa CORRETA que define o mesmo:

(A) Corresponde à despesa orçamentária paga com investimentos e inversões financeiras, incluindo o pagamento dos Restos a Pagar.

(B) Compreende o numerário em espécie e depósitos bancários disponíveis, além das aplicações financeiras de curto prazo, de alta liquidez, que são prontamente conversíveis em um montante conhecido de caixa e que estão sujeitas a um insignificante risco de mudança de valor.

(C) Reflete as movimentações de recursos financeiros que não representam arrecadação ou aplicação direta.

(D) Nenhuma das alternativas.

10. (Ano: 2017 Banca: Instituto Excelência Órgão: Câmara de Santa Rosa – RS Prova: Instituto Excelência – *Câmara de Santa Rosa* – RS – Contador Legislativo)

O Balanço Patrimonial é a demonstração contábil que evidencia, qualitativa e quantitativamente, a situação patrimonial da entidade pública, por meio de contas representativas do patrimônio público, além das contas de compensação, conforme as seguintes definições: Relacione as colunas:

(I) Ativo

(II) Passivo

(III) Patrimônio Líquido

(IV) Contas de Compensação

( ) são obrigações presentes da entidade, derivadas de eventos passados, cujos pagamentos se esperam que resultem para a entidade saídas de recursos capazes de gerar benefícios econômicos ou potencial de serviços.

( ) compreende os atos que possam vir ou não a afetar o patrimônio.

( ) são recursos controlados pela entidade como resultado de eventos passados e dos quais se espera que resultem para a entidade benefícios econômicos futuros ou potencial de serviços.

( ) é o valor residual dos ativos da entidade depois de deduzidos todos seus passivos.

Assinale a alternativa que apresenta a sequência CORRETA:

(A) III– II– I– IV.

(B) II– IV– I– III.

(C) II– IV– III– I.

(D) Nenhuma das alternativas.

11. (Ano: 2017 Banca: INSTITUTO AOCP Órgão: Câmara de Maringá – PR Prova: INSTITUTO AOCP – *Câmara de Maringá* – PR – Contador)

Referente as Demonstrações Contábeis Aplicadas ao Setor Público, relacione as colunas e assinale a alternativa com a sequência correta.

1. Demonstração das Mutações no Patrimônio Líquido.

2. Demonstração dos Fluxos de Caixa.

3. Balanço Financeiro.

4. Balanço Orçamentário.

( ) Evidencia as receitas e despesas orçamentárias, bem como os ingressos e dispêndios extraorçamentários, conjugados com os saldos de caixa do exercício anterior e os que se transferem para o início do exercício seguinte.

( ) Demonstrará as receitas e despesas previstas em confronto com as realizadas.

( ) Apresenta as entradas e saídas de caixa e as classifica em fluxos operacional, de investimento e de financiamento.

( ) Demonstrará a evolução do patrimônio líquido da entidade.

(A) 4 – 3 – 1 – 2.

(B) 4 – 3 – 2 – 1.

(C) 3 – 2 – 1 – 4.

(D) 3 – 4 – 1 – 2.

(E) 3 – 4 – 2 – 1.

12. (Ano: 2017 Banca: INSTITUTO AOCP Órgão: Câmara de Maringá – PR Prova: INSTITUTO AOCP – *Câmara de Maringá* – PR – Contador)

A Demonstração das Variações Patrimoniais (DVP) evidenciará as alterações verificadas no patrimônio, que são resultantes ou independentes da execução orçamentária, e indicará o resultado patrimonial do exercício. Nesse contexto, informe se é verdadeiro (V) ou falso (F) o que se afirma a seguir e assinale a alternativa com a sequência correta.

( ) A elaboração da DVP tem por base as contas contábeis do modelo de Plano de Contas Aplicado ao Setor Público (PCASP), utilizando-se as classes 3 (variações patrimoniais diminutivas – VPD) e 4 (variações patrimoniais aumentativas – VPA).

( ) O resultado patrimonial do período é apurado na DVP pelo confronto entre as variações patrimoniais quantitativas aumentativas e diminutivas.

( ) A DVP poderá ser elaborada pelo modelo sintético e pelo modelo analítico.

( ) A DVP permite a análise de como as políticas adotadas provocaram alterações no patrimônio público, considerando-se a finalidade de atender às demandas da sociedade.

(A) F – V – V – V.

(B) V – V – V – F.

(C) V – V – F – F.

(D) V – F – F – F.

(E) V – V – V – V.

13. (Ano: 2016 Banca: FUNRIO Órgão: Câmara de Nova Iguaçu – RJ Prova: FUNRIO – *Câmara de Nova Iguaçu* – RJ – Contador)

O demonstrativo da contabilidade pública que deverá ser elaborado e publicado, em até 30 dias após o encerramento de cada bimestre, por determinação da Lei nº 101/00 é o seguinte:

(A) balanço financeiro.

(B) demonstração das variações patrimoniais.

(C) balanço patrimonial.

(D) balanço orçamentário.

14. (Ano: 2016 Banca: UFMT Órgão: Câmara de Sorriso – MT Prova: UFMT – *Câmara de Sorriso* – MT – Contador)

INSTRUÇÃO: Com base nos dados abaixo, responda à questão.

RECEITAS (Em R$)		DESPESAS (Em R$)		
Títulos	Previsão Inicial	Títulos	Dotação Inicial	Dotação Atualizada
Correntes	198.000,00	Correntes	190.000,00	207.000,00
Capital	158.000,00	Capital	166.000,00	158.000,00

OUTRAS OCORRÊNCIAS

Operações realizadas:	Valor em Real
Empenho da Despesa com aquisição de terreno	140.000,00
Recebimento de Receita Tributária	130.000,00
Empenho com Despesa de Pessoal e Encargos Sociais	120.000,00
Recebimento de Receita de Alienação de Bens	150.000,00
Empenho com Material de Consumo encaminhado para Estoque	50.000,00
Recebimento de Bens Imóveis em Doação	60.000,00
Recebimento de Receita de Contribuições	70.000,00
Considerando ainda que das:	
Despesas Correntes foi Liquidado o valor de	160.000,00
Despesas Correntes foi Pago o valor de	140.000,00
Despesas de Capital foi Liquidado o valor de	130.000,00
Despesas de Capital foi Pago o valor de	125.000,00

O Resultado Patrimonial do Exercício é Superavitário em:

(A) R$ 40.000,00.

(B) R$ 80.000,00.

(C) R$ 90.000,00.

(D) R$ 140.000,00.

15. (Ano: 2016 Banca: FUNEC Órgão: Câmara de Caeté – MG Prova: FUNEC – Câmara de Caeté – MG – Contador)

As demonstrações contábeis das entidades definidas no campo da Contabilidade Aplicada ao Setor Público apresentam informações extraídas dos registros e dos documentos que integram o sistema contábil da entidade.

Assinale a alternativa que NÃO representa uma demonstração prevista nas NBCASP.

(A) Balanço Orçamentário.

(B) Balanço Financeiro.

(C) Demonstração do Resultado do Exercício.

(D) Demonstração do Resultado Econômico.

16. (Ano: 2016 Banca: FUNEC Órgão: Câmara de Caeté – MG Prova: FUNEC – Câmara de Caeté – MG – Contador)

Considerando as normas estabelecidas pela Lei nº 4320/64, Resolução e as

Normas Brasileiras de Contabilidade Aplicadas ao Setor Público, Resolução nº 1268/08, CFC, analise as informações abaixo.

Receitas Arrecadadas:

Receita de Contribuições	R$ 500,00	
Receita de Operação de Crédito	R$ 200,00	
Receita Patrimonial	R$ 400,00	
Receita Tributária	R$ 900,00	R$ 2.000,00

Despesas Empenhadas:

Pessoal e Encargos Sociais	R$ 800,00	
Juros e Encargos da Dívida	R$ 300,00	
Outras Despesas Correntes	R$ 800,00	
Amortização da Dívida	R$ 150,00	R$ 2.050,00

É CORRETO afirmar:

(A) Houve déficit orçamentário e aumento do endividamento.

(B) O resultado orçamentário foi deficitário e o endividamento diminuiu.

(C) O resultado orçamentário foi superavitário e o endividamento diminuiu.

(D) Houve superávit orçamentário e o endividamento aumentou.

17. (Ano: 2017 Banca: Instituto Ânima Sociesc Órgão: CISNORDESTE – SC Prova: Instituto Ânima Sociesc – CISNORDESTE – SC – Contador)

Considere os valores atribuídos a cada item na compra de um ativo imobilizado por parte de uma entidade pública, o qual requer a preparação de um local para ter condições de uso efetivo.
Valor efetivamente pago após descontos e abatimentos: ....R$ 2.000,00.
Tributos não recuperáveis: ....R$ 100,00.
Tributos recuperáveis: ....R$ 40,00.
Descontos comerciais: ....R$ 10,00.
Abatimentos: ....R$ 5,00.
Custos com pessoal decorrentes da aquisição: ....R$ 20,00.
Custos com a preparação do local: ....R$ 30,00.
Frete e manuseio do ativo: ....R$ 5,00.
Honorários com estudos e testes relacionados com o ativo: ....R$ 2,00.

Despesas administrativas: ....R$ 3,00.
Deverá fazer parte do custo do ativo imobilizado o valor de:

(A) R$ 2.152,00.

(B) R$ 2.137,00.

(C) R$ 2.155,00.

(D) R$ 2.080,00.

(E) R$ 2.055,00.

18. (Ano: 2019 Banca: OBJETIVA Órgão: Prefeitura de Portão – RS Prova: OBJETIVA – Prefeitura de Portão – RS – Contador) Assinalar a alternativa que preenche a lacuna abaixo CORRTAMENTE:

O _____ evidencia as receitas e as despesas orçamentárias, detalhadas em níveis relevantes de análise, confrontando o orçamento inicial e as suas alterações com a execução, demonstrando o resultado orçamentário.

(A) fluxo de caixa

(B) balanço financeiro

(C) balanço patrimonial

(D) balanço orçamentário

19. (Ano: 2019 Banca: OBJETIVA Órgão: Prefeitura de Portão – RS Prova: OBJETIVA – Prefeitura de Portão – RS – Contador) Para fins de elaboração adequada das demonstrações contábeis consolidadas da Administração Pública, assinalar a alternativa que apresenta itens que devem ser excluídos:

(A) As participações nas empresas estatais dependentes.

(B) As esferas de governo (União, Estados, Distrito Federal e Municípios).

(C) Os Poderes (Executivo, Legislativo e Judiciário).

(D) A Administração Pública, direta e indireta, incluindo fundos, autarquias, fundações e empresas estatais dependentes.

20. (Ano: 2018 Banca: UECE-CEV Órgão: Prefeitura de Sobral – CE Prova: UECE-CEV – Prefeitura de Sobral – CE   Auditor de Controle Interno – Auditoria Governamental)

De acordo com as Normas Gerais de Direito Financeiro, existindo superávit patrimonial, este será evidenciado no(a)

(A) Balanço Financeiro.

(B) Balanço Patrimonial.

(C) Demonstração das Variações Patrimoniais.

(D) Relatório de Gestão Fiscal.

GABARITO

1) GABARITO: E.

Comentário

As variações patrimoniais aumentativas e diminutivas são transações que promovem alterações nos elementos patrimoniais da entidade do setor público e que afetam o resultado.

Essas variações patrimoniais podem ser definidas como:

a. Variações Patrimoniais Aumentativas (VPA): corresponde a aumentos na situação patrimonial líquida da entidade não oriundos de contribuições dos proprietários;

b. Variações Patrimoniais Diminutivas (VPD): corresponde a diminuições na situação patrimonial líquida da entidade não oriundas de distribuições aos proprietários.

(+) Exploração e Venda de Bens, Serviços e Direitos VPA............ . R$ 13.000.000,00

(-) Pessoal e Encargos VPD..................................... R$ 10.000.000,00

(+) Impostos, Taxas e Contribuições de Melhoria VPA................ .... R$ 11.000.000,00

(-) Uso de Bens, Serviços e Consumo de Capital Fixo VPD............ .... R$ 6.500.000,00

(+) Transferências e Delegações Recebidas VPA............... R$ 9.500.000,00

(-) Desvalorização e Perdas de Ativos e Incorporação de Passivos VPD........................ R$ 2.000.000,00

(+) Valorização e Ganhos com Ativos e Desincorporação de Passivos VPA.................... R$ 2.100.000,00

(-) Transferências e Delegações Concedidas VPD ....R$ 8.200.000,00

(-) Custo das Mercadorias e Produtos Vendidos e dos Serviços Prestados VPD.............. R$ 9.000.000,00

(=)   Resultado   Patrimonial   è   Déficit   patrimonial.. R$ 100.000,00

VPA R$ 35.600.000 – VPD R$ 35.700.000 = *Déficit patrimonial = (100.000)*

(+) Resultado patrimonial = 13.000.000 + 11.000.000 + 9.500.000 + 2.100.000 – 10.000.000 – 6.500.000 – 2.000.000 – 8.200.000 – 9.000.000 = -100.000

2) GABARITO: D.

<u>Comentário</u>

Ativo Imobilizado: É o item tangível que é mantido para o uso na produção ou fornecimento de bens ou serviços, ou para fins administrativos, inclusive os decorrentes de operações que transfiram para a entidade os benefícios, riscos e controle desses bens, cuja utilização se dará por mais de um período (exercício).

Os elementos do custo de um ativo imobilizado compreendem:

a. Seu preço de aquisição, acrescido de impostos de importação e tributos não recuperáveis sobre a compra, depois de deduzidos os descontos comerciais e abatimentos;

b. Quaisquer custos diretamente atribuíveis para colocar o ativo no local e condição necessários para o mesmo ser capaz de funcionar da forma pretendida pela administração;

No caso em questão o microcomputador e o armário são imobilizados:

5.000 + 1.200 = 6.200

Os livros para doação serão reconhecidos como estoque.

O software será classificado no intangível.

Obs.: o software não foi informado como parte do microcomputador. Se caso fosse seria também classificado como ativo imobilizado.

3) GABARITO: B.

<u>Comentário</u>

Demonstrativo por diferença

(+) Transferências financeiras recebidas – .... R$ 326.000,00

(+) Inscrição de Restos a Pagar *não processados* – .... *R$ 214,00*

(+) Depósitos restituíveis e valores vinculados recebidos – ....R$ 850,00

(+) Inscrição de Restos a Pagar processados - ....R$ 689,00

(-) Despesas Orçamentárias – .... R$ 316.000,00

(-) Pagamento de Restos a Pagar processados - ....R$ 3.740,00

(-) Transferências concedidas independentes de execução
orçamentária – ....R$ 4.800,00

(=) Resultado financeiro (327.753 – 324.540) ....R$ 3.213,00

(+) Inscrição de Restos a Pagar *não processados* – .... *R$ 214,00*

(+) Depósitos restituíveis e valores vinculados recebidos – ....R$ 850,00

(+) Inscrição de Restos a Pagar processados – ....R$ 689,00

(=) total dos ingressos extraorçamentários ....R$ 1.753,00

4) GABARITO: C.

Comentário

Demonstrativo por diferença

(+) R$ 123.000,00 – Excesso de arrecadação do período

(+) R$ 9.500,00 – Dotações orçamentárias anuladas

(-) R$ 26.700,00 – Créditos adicionais reabertos no exercício:

(+) R$ 162.850,00 – Superávit financeiro do exercício anterior

(-) R$ 32.450,00 – Créditos extraordinários abertos no exercício

(+) R$ 65.200,00 – Operações de crédito

(=) R$ 301.400 – limite disponível p/abertura do crédito especial calculado pelo Contador

360.550 – 59.150 = 301.400

Art. 43. A abertura dos créditos suplementares e especiais depende da existência de recursos disponíveis para ocorrer a despesa e será precedida de exposição justificativa.

§ 1º Consideram-se recursos para o fim deste artigo, desde que não comprometidos:

I – o superávit financeiro apurado em balanço patrimonial do exercício anterior;

II – os provenientes de excesso de arrecadação;

III – os resultantes de anulação parcial ou total de dotações orçamentárias ou de créditos adicionais, autorizados em Lei;

IV – o produto de operações de credito autorizadas, em forma que juridicamente possibilite ao poder executivo realiza-las.

§ 2º Entende-se por superávit financeiro a diferença positiva entre o ativo financeiro e o passivo financeiro, conjugando-se, ainda, os saldos dos créditos adicionais transferidos e as operações de credito a eles vinculadas.

§ 3º Entende-se por excesso de arrecadação, para os fins deste artigo, o saldo positivo das diferenças acumuladas mês a mês entre a arrecadação prevista e a realizada, considerando-se, ainda, a tendência do exercício.

§ º4 Para o fim de apurar os recursos utilizáveis, provenientes de excesso de arrecadação, deduzir-se-á a importância dos créditos extraordinários abertos no exercício.

5) **GABARITO: E.**

Comentário

Dotação Inicial: demonstra os valores dos créditos iniciais conforme consta na LOA. Os valores registrados nessa coluna permanecerão inalterados durante todo o exercício, pois refletem a posição inicial do orçamento previsto na LOA.

Dotação Atualizada: demonstra a dotação inicial somada aos créditos adicionais abertos ou reabertos durante o exercício de referência e às atualizações monetárias efetuadas após a data da publicação da LOA, deduzidos das respectivas anulações e cancelamentos.

Despesa Empenhada: identifica os valores das despesas empenhadas no bimestre e as acumuladas até o bimestre de referência.

SALDO: Identifica a dotação que não foi empenhada, representada pela diferença entre a dotação atualizada e as despesas empenhadas até o bimestre (coluna "b").

Cálculo:

(+) Dotação Atualizada............................. R$ 4.778.600,00

(-) Despesa Empenhada até o bimestre..... R$ 4.067.383,85

(=) Saldo não empenhado......................... R$ 711.216,15

Despesas Liquidadas: identifica os valores das despesas liquidadas no bimestre e as acumuladas até o bimestre de referência, bem como o percentual das despesas liquidadas até o final do bimestre em relação ao total de despesas liquidadas. Deverão ser consideradas, inclusive as despesas que já foram pagas.

SALDO: identifica o valor relativo à diferença entre a dotação atualizada e a despesa liquidada acumulada até o bimestre de referência.

(+) Dotação Atualizada..R$ 4.778.600,00

(-) Despesa Liquidada até o bimestre......................R$ 1.949.323,66

(=) Saldo não liquidado..R$ 2.829.276,34

Solução:

(A) A Câmara dispõe de crédito orçamentário para empenhar no segundo semestre maior do que aquele que empenhou no primeiro. **ERRADO**. No primeiro semestre, foi empenhado o montante de R$ 4.067.383,85, restando somente R$ 711.216,15 para empenhar.

(B) Foi contraída dívida no 3º bimestre no montante de R$ 71.277,19. **ERRADO**. Foi contraída dívida no 3º bimestre no montante de R$ 1.210.503,25 = (1.949.323,66-738.820,41) foi liquidado somente no 3º bimestre, gerando direito adquirido ao credor.

(C) Foram pagas despesas no 3º bimestre de R$ 738.820,41. **ERRADO**. Não é possível concluir sobre o montante pago, uma vez que as informações só mostram até a liquidação.

(D) Houve crédito adicional que aumentou as dotações constantes na LOA. **ERRADO**. Não é possível concluir se houve crédito adicional, uma vez que o aumento da dotação atualizada pode ter advindo de atualização monetária, inclusive.

(E) Os créditos orçamentários destinados à Função Legislativa na LOA foram de R$ 4.803.600. **CERTO**. Trata-se do montante aprovado pelo Legislativo.

6) **GABARITO: B.**

Comentário

Solução

Montante de Ativo Financeiro:

(+) Aplicações Financeiras............... 6.000

(+) Bancos Conta Movimento.......... 5.500

(+) Caixa...................................... 4.000

(=) Ativo Financeiro:..................... 15.500

Montante de Ativo Permanente:

(+) Almoxarifados.............. 2.000

(+) Bens Imóveis............... 5.000

(+) Bens Móveis................ 4.500

(+) Dívida Ativa................ 3.000

(=) Ativo Permanente:...... 14.500

7) **GABARITO: B.**

Comentário

Segundo a Lei 4.320/64, pertencem ao exercício financeiro a receita arrecada e a despesa empenhada.

Sendo assim, temos:

(+) Receitas arrecadadas:........... 2.099.345

(-) Despesas empenhadas:.......... 1.919.455

(=) Superávit orçamentário:.......... 179.890

8) **GABARITO: C.**

Comentário

Trata-se do levantamento de Restos a Pagar.

Teoria: São Restos a Pagar todas as despesas regularmente empenhadas, do exercício atual ou anterior, mas não pagas ou canceladas até 31 de dezembro do exercício financeiro vigente. Distingue-se dois tipos de Restos a Pagar:

Processados (despesas já liquidadas);

Não processados (despesas a liquidar ou em liquidação).

Dados:

– Despesas Empenhadas 485.323

– Despesas Liquidadas 354.678

– Despesas Pagas 234.516

Solução:

(+)Despesas Empenhadas.................. 485.323

(-) Despesas Liquidadas.................... 354.678

(=) RAP não processados:..................130.645

(=) Despesas Liquidadas.................... 354.678

(-) Despesas Pagas............................. 234.516

(=) RAP processados:........................ 120.162

9) GABARITO: C.

Comentário

Para o levantamento da Demonstração dos Fluxos de Caixa, é necessário definir alguns conceitos. Sendo um deles Transferências Intergovernamentais assinale a alternativa CORRETA que define o mesmo:

Reflete as movimentações de recursos financeiros que não representam arrecadação ou aplicação direta.

10) GABARITO: B.

Comentário

Relacione as colunas:

(I) Ativo

(II) Passivo

(III) Patrimônio Líquido

(IV) Contas de Compensação

(II) são obrigações presentes da entidade, derivadas de eventos passados, cujos pagamentos se esperam que resultem para a entidade saídas de recursos capazes de gerar benefícios econômicos ou potencial de serviços.

(IV) compreende os atos que possam vir ou não a afetar o patrimônio.

(I) são recursos controlados pela entidade como resultado de eventos passados e dos quais se espera que resultem para a entidade benefícios econômicos futuros ou potencial de serviços.

(III) *é o valor residual dos ativos da entidade depois de deduzidos todos seus passivos.*

11) **GABARITO: E.**

Comentário

Balanço Financeiro – Evidencia as receitas e despesas orçamentárias, bem como os ingressos e dispêndios extraorçamentários, conjugados com os saldos de caixa do exercício anterior e os que se transferem para o início do exercício seguinte.

Balanço Orçamentário – Demonstrará as receitas e despesas previstas em confronto com as realizadas.

Demonstração dos Fluxos de Caixa – Apresenta as entradas e saídas de caixa e as classifica em fluxos operacional, de investimento e de financiamento.

Demonstração das Mutações no Patrimônio Líquido – Demonstrará a evolução do patrimônio líquido da entidade.

12) **GABARITO: E.**

Comentário

(V) A elaboração da DVP tem por base as contas contábeis do modelo de Plano de Contas Aplicado ao Setor Público (PCASP), utilizando-se as classes 3 (variações patrimoniais diminutivas – VPD) e 4 (variações patrimoniais aumentativas – VPA).

(V) O resultado patrimonial do período é apurado na DVP pelo confronto entre as variações patrimoniais quantitativas aumentativas e diminutivas.

(V) A DVP poderá ser elaborada pelo modelo sintético e pelo modelo analítico.

(V) A DVP permite a análise de como as políticas adotadas provocaram alterações no patrimônio público, considerando-se a finalidade de atender às demandas da sociedade.

13) **GABARITO: D.**

Comentário

Art. 52 da LRF 101/2.000. O relatório a que se refere o § 3º do art. 165 da Constituição (Relatório Resumido da Execução Orçamentária – RREO) abrangerá todos os Poderes e o Ministério Público, será publicado até trinta dias após o encerramento de cada bimestre e composto de:

I – balanço orçamentário, que especificará, por categoria econômica, as:

a) receitas por fonte, informando as realizadas e a realizar, bem como a previsão atualizada;

b) despesas por grupo de natureza, discriminando a dotação para o exercício, a despesa liquidada e o saldo;

II – Demonstrativos da execução das:

a) receitas, por categoria econômica e fonte, especificando a previsão inicial, a previsão atualizada para o exercício, a receita realizada no bimestre, a realizada no exercício e a previsão a realizar;

b) despesas, por categoria econômica e grupo de natureza da despesa, discriminando dotação inicial, dotação para o exercício, despesas empenhada e liquidada, no bimestre e no exercício;

c) despesas, por função e subfunção.

14) **GABARITO: D.**

Comentário

Variação Patrimonial Aumentativa (VPA)

Receita Tributária.. 130.000

Recebimento de Bens em doação............... 60.000

Recebimento de Contribuições................... 70.000

Total:.. 260.000

Variação Patrimonial Diminutiva (VPD)

Empenho Despesa com Pessoal................... 120.000

Superávit Patrimonial = VPA – VPD = 260.000 – 120.000 = Superávit 140.000

15) **GABARITO: C.**

Comentário

NORMAS BRASILEIRAS DE CONTABILIDADE APLICADAS AO SETOR PÚBLICO NBC T 16.6 DEMONSTRAÇÕES CONTÁBEIS:

BALANÇO PATRIMONIAL;

BALANÇO ORÇAMENTÁRIO;

BALANÇO FINANCEIRO;

DEMONSTRAÇÃO DAS VARIAÇÕES PATRIMONIAIS;

DEMONSTRAÇÃO DOS FLUXOS DE CAIXA;

DEMONSTRAÇÃO DO RESULTADO ECONÔMICO; (Excluído pela Resolução CFC nº 13/1.437)

COMPLEMENTADAS POR NOTAS EXPLICATIVAS.

16) GABARITO: A.

Comentário

Receita Realizada: R$ 2.000 – Despesa Empenhada R$ 2.050 = *Déficit R$ 50 e aumento do endividamento, em de contratação de operações de* créditos na importância de R$ 200.

17) GABARITO: B.

Comentário

(+) Valor efetivamente pago após descontos e abatimentos:......... R$ 2.000,00

(+) Tributos não recuperáveis:... R$ 100,00

(+) Custos com a preparação do local:............................... R$ 30,00

(+) Frete e manuseio do ativo:.. R$ 5,00

(+) Honorários com estudos e testes relacionados com o ativo:.....R$ 2,00

(=) TOTAL.. R$ 2.137,00

18) GABARITO: D.

Comentário

O Balanço Orçamentário evidencia as receitas e as despesas orçamentárias, detalhadas em níveis relevantes de análise, confrontando o orçamento inicial e as suas alterações com a execução, demonstrando o resultado orçamentário.

Segundo o MCASP, o Balanço Orçamentário demonstrará as receitas detalhadas por categoria econômica e origem, especificando a previsão inicial, a previsão atualizada para o exercício, a receita realizada e o saldo, que corresponde ao excesso ou insuficiência de arrecadação. Demonstrará, também, as despesas por categoria econômica e grupo de natureza da despesa, discriminando a dotação inicial, a dotação atualizada para o exercício, as despesas empenhadas, as despesas liquidadas, as despesas pagas e o saldo da dotação.

19) GABARITO: A.

Comentário

Segundo MCASP (8ª edição), para fins de elaboração das demonstrações contábeis consolidadas devem ser excluídos os seguintes itens, por exemplo:

a. as participações nas empresas estatais dependentes;

b. as transações e saldos recíprocos entre as entidades; e

c. as parcelas dos resultados do exercício, do lucro / prejuízo acumulado e do custo dos ativos que corresponderem a resultados ainda não realizados

A exclusão anula o efeito da dupla contagem.

20) **GABARITO: C.**

Comentário

MCASP

O resultado patrimonial corresponde à diferença entre o valor total das VPA e o valor total das VPD, apurado na Demonstração das Variações Patrimoniais do período.

Caso o total das VPA sejam superiores ao total das VPD, diz-se que o resultado patrimonial foi superavitário ou que houve um superávit patrimonial. Caso contrário, diz-se que o resultado patrimonial foi deficitário ou que houve um déficit patrimonial.

Capítulo 17

CONTROLE INTERNO

17.1 Introdução

O Controle Interno no setor público é fundamental para que o gestor tenha conhecimento do que está acontecendo na Administração Pública. Tal controle deve ser capaz de produzir análises do andamento da execução dos programas.

Segundo determinam os artigos 70 e 74 da Constituição Federal, que dizem respectivamente: art. 70, a fiscalização contábil, financeira, orçamentária, operacional e patrimonial da União e das entidades da administração direta e indireta, quanto à legalidade, legitimidade, economicidade, aplicação das subvenções e renúncia de receitas, será exercida pelo Congresso Nacional, mediante controle externo, e pelo sistema de controle interno de cada Poder. Já o art. 74. diz que os poderes Legislativo, Executivo e Judiciário manterão, de forma integrada, sistema de controle interno com a finalidade de:

I – avaliar o cumprimento das metas previstas no plano plurianual, a execução dos programas de governo e dos orçamentos da União; e

II – comprovar a legalidade e avaliar os resultados, quanto à eficácia e eficiência da gestão orçamentária, financeira e patrimonial nos órgãos e entidades da administração federal, bem como da aplicação de recursos públicos por entidades de direito privado.

Neste sentido, os titulares de órgãos, no exercício da atividade financeira, são denominados ordenadores primários, enquanto ordenadores secundários são todas as autoridades com delegação para o exercício daquela autoridade.

Os órgãos diretivos têm como característica básica o fato de serem eles que ORDENAM o que deve ser arrecadado, bem como o que deve ser gasto e, em razão dessas atribuições, precisam apresentar prestações de contas periódicas dos atos que praticam.

A Constituição Federal, conforme anteriormente relatado, estabelece que a fiscalização financeira e orçamentária da União será exercida pelo Congresso Nacional mediante controle externo e pelos sistemas de controle interno de cada Poder.

Ao estabelecer que cada um dos Poderes terá seu sistema de Controle Interno, a Constituição de 1988 inovou em relação às normas anteriores, que previam o controle interno apenas como sendo de responsabilidade do Poder Executivo. Além dos objetivos já delineados, o sistema de controle interno no setor público tem, ainda, as seguintes e principais finalidades:

• proteger e salvaguardar os bens e outros ativos contra fraudes, perdas ou erros não intencionais;

• assegurar o grau de confiabilidade da informação contábil-financeira com o objetivo de auxiliar o processo de tomada de decisões;

• promover a eficiência das operações;

• impulsionar a adesão à política estabelecida pela administração a qual se vincula e servir de guardião dos princípios de controle interno integrados.

Sob o aspecto estrutural, o controle interno deve estar infiltrado em toda a organização e inclui os sistemas de contabilidade, administração financeira e auditoria interna. A figura abaixo mostra os componentes do sistema de controle interno de cada poder:

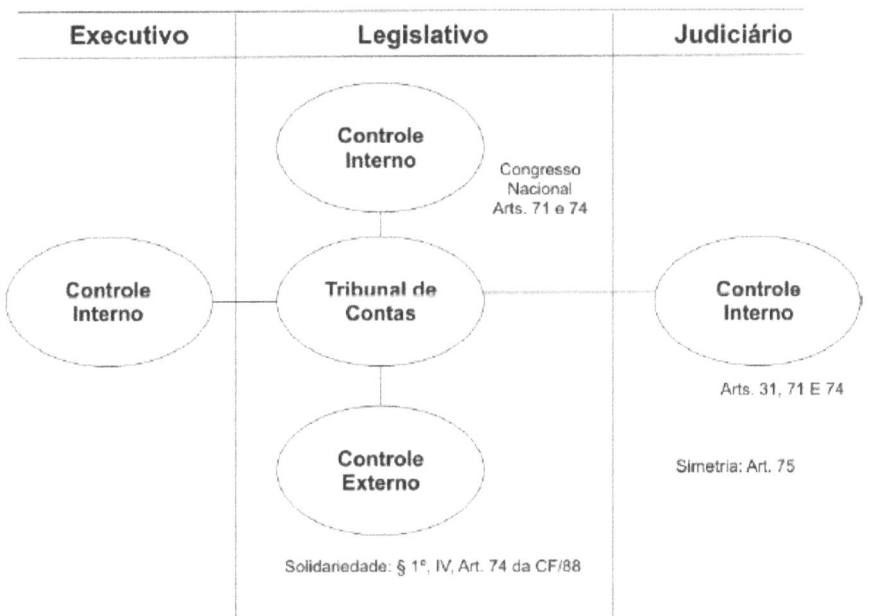

No que se refere à entidade – o Estado –, a Constituição indica que o Controle Interno será mantido, de forma integrada, pelos Poderes Legislativo, Executivo e Judiciário, com a finalidade de:

• avaliar o cumprimento das metas previstas no Plano Plurianual, a execução dos programas de governo e dos orçamentos;

• comprovar a legalidade e avaliar os resultados, quanto à eficácia e eficiência, da gestão orçamentária, financeira e patrimonial nos órgãos e entidades da administração, bem como a aplicação de recursos públicos por entidades de direito privado;

• exercer o controle das operações de crédito, avais e garantias, bem como dos direitos e haveres;

• apoiar o controle externo no exercício de sua missão institucional.

Ao tratar do controle interno, a Constituição Federal inclui dois dispositivos importantes para resguardar sua independência, bem como cria a possibilidade para denúncias sobre irregularidades. Assim, temos:

• os responsáveis pelo controle interno, ao tomarem conhecimento de qualquer irregularidade ou ilegalidade, dela darão ciência ao Tribunal de Contas, sob pena de responsabilidade solidária (§ 1º art. 74);

• qualquer cidadão, partido político, associação ou sindicato é parte legítima para, na forma da lei, denunciar irregularidades ou ilegalidades perante o Tribunal de Contas (§ 2º, art. 74).

No tocante ao controle externo, ele será exercido pelo Poder Legislativo, com o auxílio do Tribunal de Contas ou órgão equivalente e constitui-se na fiscalização contábil, financeira, orçamentária, operacional e patrimonial dos órgãos da administração direta e indireta, quanto à legalidade, legitimidade, economicidade, aplicação das subvenções e renúncia de receitas.

O julgamento da regularidade das contas de qualquer administrador ou responsável por bens e valores é baseado nos seguintes instrumentos:

• Levantamentos contábeis;

• Pareceres de auditoria.

O órgão de controle que assume maior amplitude no que diz respeito à administração pública, ou seja, o órgão que acompanha toda a atividade econômica, que estuda os fenômenos que lhe são inerentes, suas causas e seus efeitos, pondo-os em evidência, que demonstra os efeitos da administração sob o patrimônio e que dessa forma constrange os órgãos da administração a atuar em consonância com o programa estabelecido denomina-se órgão central de contabilidade.

É claro que isso não significa que todo controle é função exclusiva da Contabilidade. Os demais órgãos da administração também exercem de maneira acessória ou complementar a função de controle. Assim, o tesoureiro ou o almoxarife não podem deixar de autofiscalizar-se, conferindo os valores sujeitos à sua guarda ou, ainda, exercendo fiscalização sobre seus auxiliares.

17.1.1 Controle Interno sob o Enforque Contábil e a NBC TSP

Conforme a NBC TSP, o Controle Interno sob o enfoque contábil compreende o conjunto de recursos, métodos, procedimentos e processos adotados pela entidade do setor público, com a finalidade de:

a) salvaguardar os ativos e assegurar a veracidade dos componentes patrimoniais;

b) dar conformidade ao registro contábil em relação ao ato correspondente;

c) propiciar a obtenção de informação oportuna e adequada;

d) estimular adesão às normas e às diretrizes fixadas;

e) contribuir para a promoção da eficiência operacional da entidade;

f) auxiliar na prevenção de práticas ineficientes e antieconômicas, erros, fraudes, malversação, abusos, desvios e outras inadequações.

17.1.2 Abrangência do Controle Interno sob o Enforque Contábil

O controle interno deve ser exercido em todos os níveis da entidade do setor público, compreendendo:

a) a preservação do patrimônio público;

b) o controle da execução das ações que integram os programas;

c) a observância às leis, aos regulamentos e às diretrizes estabelecidas.

17.1.3 Classificação do Controle Interno sob o Enforque Contábil

O controle interno é classificado nas seguintes categorias:

a) operacional: relacionado às ações que propiciam o alcance dos objetivos da entidade;

b) contábil: relacionado à veracidade e à fidedignidade dos registros e das demonstrações contábeis;

c) normativo: relacionado à observância da regulamentação pertinente.

17.1.4 Estrutura e Componentes do Controle Interno sob o Enforque Contábil

A Estrutura de controle interno compreende ambiente de controle; mapeamento e avaliação de riscos; procedimentos de controle; informação e comunicação; e monitoramento.

O ambiente de controle deve demonstrar o grau de comprometimento em todos os níveis da administração com a qualidade do controle interno em seu conjunto. O mapeamento de riscos é a identificação dos eventos ou das condições que podem afetar a qualidade da informação contábil.

A avaliação de riscos corresponde à análise da relevância dos riscos identificados, incluindo:

a) a avaliação da probabilidade de sua ocorrência;

b) a forma como serão gerenciados;

c) a definição das ações a serem implementadas para prevenir a sua ocorrência ou minimizar seu potencial; e

d) a resposta ao risco, indicando a decisão gerencial para mitigar os riscos, a partir de uma abordagem geral e estratégica, considerando as hipóteses de eliminação, redução, aceitação ou compartilhamento.

Para efeito da NBC TSP entende-se por riscos ocorrências, circunstâncias ou fatos imprevisíveis que podem afetar a qualidade da informação contábil.

17.1.5 Procedimentos de Controle e Monitoramento

Procedimentos de controle são medidas e ações estabelecidas para prevenir ou detectar os riscos inerentes ou potenciais à tempestividade, à fidedignidade e à precisão da informação contábil, classificando-se em:

a) procedimentos de prevenção: medidas que antecedem o processamento de um ato ou um fato, para prevenir a ocorrência de omissões, inadequações e intempestividade da informação contábil;

b) procedimentos de detecção: medidas que visem à identificação, concomitante ou a posteriori, de erros, omissões, inadequações e intempestividade da informação contábil.

O Monitoramento compreende o acompanhamento dos pressupostos do controle interno, visando assegurar a sua adequação aos objetivos, ao ambiente, aos recursos e aos riscos.

O sistema de informação e comunicação da entidade do setor público deve identificar, armazenar e comunicar toda informação relevante, na forma e no período determinados, a fim de permitir a realização dos procedimentos estabelecidos e outras responsabilidades, orientar a tomada de decisão, permitir o monitoramento de ações e contribuir para a realização de todos os objetivos de controle interno.

17.2. Estudo do Controle Interno

O estudo do Controle Interno desperta tanto interesse, que de início é importante entender o significado das palavras e as conotações dadas em vários países, como o resumo a seguir demonstra:

Conceito de Controle: Significados da Palavra	
Idioma	**Significados**
Inglês	Dominação
Alemão	Fiscalização, vistoria, revisão e inspeção.
Português	Neologismo com diversos significados, entre os quais estão: verificação, fiscalização, dominação, regulação e restrição.

| Conceito de Controle: Óticas de Controle ||
Conotações	Explicação
Positiva	Capacidade de fazer com que as coisas ocorram exatamente como se deseja, como foi previsto ou planejado.
Negativa	Capacidade de impedir que as coisas aconteçam e que as pessoas ajam conforme elas desejem, sendo essa última acepção um sinônimo de fiscalizar e supervisionar.
	Neologismo com diversos significados, entre os quais estão: verificação, fiscalização, dominação, regulação e restrição.

Conceito de Controle: Óticas de Controle	
Controle como procedimento administrativo (da gestão) das organizações	Conjunto de procedimentos diversos que fazem com que a organização alcance seus objetivos ou impedem que desvie de seus objetivos.
	Possibilitam que as informações contábeis sejam íntegras e completas.
Controle como sistemas de instituições e organizações fiscalizadoras	Atuam por meio de procedimentos que fazem com que outras organizações alcancem seus objetivos ou impedem que desviem de seus objetivos.
	Prestam credibilidade e confiabilidade às informações contábeis.

17.3 Conceitos Associados

Com base no conceito anterior, há dois outros conceitos subjacentes que precisam ser explicitados:

a) o que são controles internos e

b) quais são os objetivos a serem alcançados pelas organizações.

Controles Internos

No caso da expressão 'controles internos', a falta de um denominador conceitual comum ajudava a aumentar a confusão sobre o papel e significado dos controles internos para as organizações. Gerentes tinham uma opinião sobre controle interno que não era a mesma dos auditores internos, que por sua vez tinham uma visão diferente dos funcionários da controladoria.

Controles Internos: Exemplos de Conceitos

– Conceito 1: conjunto de medidas adotadas pelas empresas com o objetivo de dirigir e controlar suas operações compreendendo os métodos, os processos e o plano da organização implantados para sistematizar, orientar e otimizar as atividades desenvolvidas dentro do ambiente de trabalho com a finalidade de verificar a correta aplicação dos recursos, em observância aos preceitos legais e às normas estabelecidas.

– Conceito 2: plano de organização e todos os métodos e medidas adotados numa organização para proteger seu ativo, verificar a exatidão e a fidedignidade de seus dados contábeis, incrementar a eficiência operacional e promover a obediência às diretrizes administrativas estabelecidas.

– Conceito 3: conjunto de atividades, planos, métodos e procedimentos interligados utilizado com vistas a assegurar que os objetivos dos órgãos e entidades da administração pública sejam alcançados, de forma confiável e concreta, evidenciando eventuais desvios ao longo da gestão, até a consecução dos objetivos fixados pelo Poder Público (IN STN 16/91).

17.4 Controle Interno segundo o COSO

O COSO é uma entidade sem fins lucrativos dedicada à melhoria dos relatórios financeiros através da ética, efetividade dos controles internos e governança corporativa, patrocinada por cinco das principais associações de classe de profissionais ligados à área financeira nos Estados Unidos, que são:

Instituições Integrantes do COSO		
AICPA	American Institute of Certified Public Accounts	Instituto Americano de Contadores Públicos Certificados
AAA	American Accounting Association	Associação Americana de Contadores
FEI	Financial Executives Internacional	Executivos Financeiros Internacional
IIA	The Insititute of Internal Auditors	Instituto dos Auditores Internos
IMA	Institute of Management Accountants	Instituto dos Contadores Gerenciais

O Comitê trabalha com independência em relação a suas entidades. Foi criado em 1985, nos Estados Unidos, a National Commission on Fraudulent Financial Reporting (Comissão Nacional sobre Fraudes em Relatórios Financeiros), iniciativa independente, para estudar as causas da ocorrência de fraudes em relatórios financeiros / contábeis, tendo como objeto de estudo os controles internos.

Em 1992 a comissão publicou o trabalho "Internal Control – Integrated Framework" (Controles Internos – Um Modelo Integrado), que após a sua publicação tornou-se referência mundial para o estudo e aplicação dos controles internos. Posteriormente a Comissão transformou-se em Comitê, que passou a ser conhecido como COSO – The Comitee of Sponsoring Organizations (Comitê das Organizações Patrocinadoras).

O COSO estabeleceu uma definição comum de controle interno. Controle Interno é um processo desenvolvido para garantir, com razoável certeza, que sejam atingidos os objetivos da empresa (definição elaborada pelo grupo), nas seguintes categorias:

– Eficiência e efetividade operacional (objetivos de desempenho ou estratégia): esta categoria está relacionada com os objetivos básicos da entidade, inclusive com os objetivos e metas de desempenho e rentabilidade, bem como da segurança e qualidade dos ativos;

– Confiança nos registros contábeis/financeiros (objetivos de informação): todas as transações devem ser registrar as transações reais, consignadas pelos valores e enquadramentos corretos; e

– Conformidade (objetivos de conformidade): com leis, todos os registros devem ser regidos por normativos aplicáveis à entidade e sua área de atuação.

A respeito do papel do controle interno, o COSO conclui que:

– Sua finalidade é auxiliar a entidade a atingir seus objetivos;

– *É* um elemento que compõe o processo de gestão;

– É responsabilidade de todos;

– Proporciona uma garantia razoável, nunca uma garantia absoluta;

– Auxilia a entidade na consecução de seus objetivos, mas não garante que eles serão atingidos, pois o custo/benefício sugere que todo controle tem um custo, que deve ser inferior à perda decorrente da consumação do risco controlado.

Sobre o conluio entre empregados, entende-se que da mesma maneira que as pessoas são responsáveis pelos controles, estas pessoas podem valer-se de seus conhecimentos e competências para burlar os controles, com objetivos ilícitos.

E os eventos externos estão além do controle de qualquer organização.

O controle interno é um processo constituído de 5 elementos inter-relacionados, conforme sugere o COSO 1:

– Ambiente de Controle

– Avaliação dos Riscos

– Atividade de Controle

– Informação e Comunicação

– Monitoramento

COSO 1

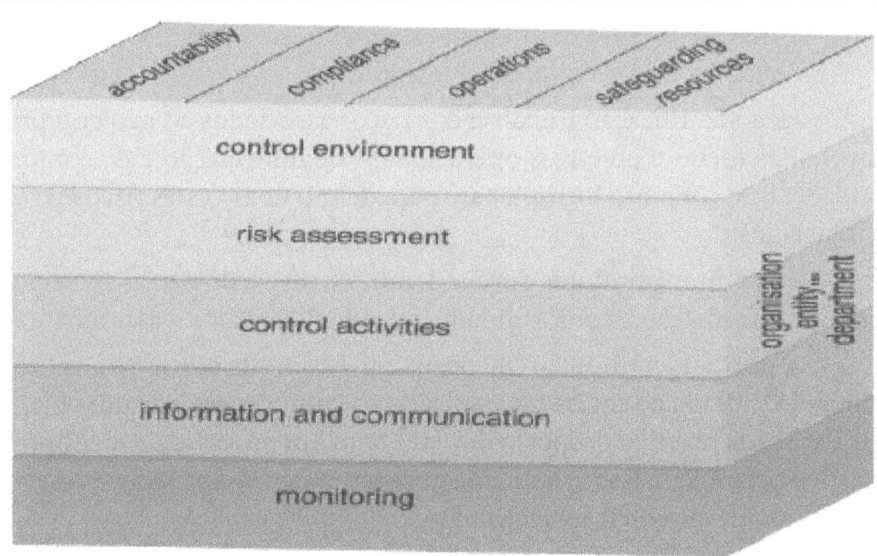

Ambiente de Controle

É representado pelos atributos a seguir:

– *É* a consciência de controle da entidade, sua cultura de controle;

– *É* efetivo quando as pessoas da entidade sabem quais são suas responsabilidades, os limites de sua autoridade e se tem a consciência, competência e o comprometimento de fazerem o que é correto da maneira;

– A entidade deve deixar claro para seus comandados quais são as políticas, procedimentos, Código de Ética e Código de Conduta a serem adotados;

– As definições podem ser feitas de maneira formal ou informal, o importante é que sejam claras aos funcionários da organização;

– O ambiente de controle é mais efetivo na medida em que as pessoas tenham a sensação que estão sendo controladas;

– Os funcionários devem conhecer suas responsabilidades e a função de seus serviços, além de saber qual o padrão de conduta e ética a serem seguidos; e

– As ações corretivas disciplinares devem ser tomadas quando o funcionário não agir de acordo com os padrões de conduta e comportamento esperados ou de acordo com as políticas e procedimentos recomendados

Avaliação de Riscos

É representada pelas questões a seguir:

– *É* a identificação e análise dos riscos associados ao não cumprimento das metas e objetivos operacionais, de informação e de conformidade. Este conjunto forma a base para definir como estes riscos serão gerenciados

– Os administradores devem definir os níveis de riscos operacionais, de informação e conformidade que estão dispostos a assumir;

– Sobre a identificação (mapeamento) do risco: o Risco é a probabilidade de perda ou incerteza associada ao cumprimento de um objetivo. Para cada objetivo proposto deve ser feito um processo de identificação dos riscos. Para isso, a entidade deve ter uma missão clara e as metas e objetivos devem estar formalizados.

Atividades de Controle

São representadas pelas questões a seguir:

– São *aquelas atividades que, quando executadas a tempo e maneira adequada*s, permitem a redução ou administração dos riscos;

– Compreendem o que, na sistemática de trabalho anterior à do COSO, era tratado como controle interno; e

– Podem ser de duas naturezas: atividades de prevenção ou de detecção.

Atividades de Prevenção

a) Alçadas: são os limites determinados a um funcionário quanto à possibilidade de este aprovar valores ou assumir posições em nome da instituição (exemplo: estabelecimento de valor máximo para um caixa pagar um cheque);

b) Normatização Interna: é a definição formal das regras internas necessárias ao funcionamento da entidade.

c) Segregação de Funções: contribui para reduzir tanto o risco de erros humanos quanto o risco de ações indesejadas (fraudes). São exemplos de atividades que devem estar segregadas: contabilidade e conciliação, informação e autorização, custódia e inventário, contratação e pagamento, administração de recursos próprios e de terceiros, normatização (gerenciamento de riscos) e fiscalização (auditoria).

Atividades de Detecção

a) Autorizações: se referem às atividades e transações que necessitam de aprovação de um supervisor para que sejam efetivadas.

b) Conciliação: trata-se da confrontação de uma informação com dados vindos de bases diferentes, adotando as ações corretivas, quando necessário.

c) Revisões de desempenho: trata-se do acompanhamento de uma atividade ou processo, para avaliação de sua adequação e/ou desempenho, em relação às metas, aos objetivos traçados e aos benchmarks.

– Atividades de Prevenção e Detecção:

a) Segurança física: *trata-se da proteção dos valores de uma entidade contra uso, compra,* venda ou outras operações não autorizados (exemplo: controle de acessos, controle da entrada e saída de funcionários e materiais, senhas para arquivos eletrônicos, criptografia).

b) Sistemas informatizados: trata-se de controles feitos através de sistemas informatizados.

Informação e Comunicação

A comunicação é o fluxo de informações dentro de uma organização, entendendo que este fluxo ocorre em todas as direções;

– O processo de comunicação pode ser:

a) formal, quando acontece por meio dos sistemas internos de comunicação; ou

b) informal, quando ocorre em conversas e encontros com clientes, fornecedores, autoridades, e empregados, sendo importante para obtenção das informações necessárias à identificação de riscos e oportunidades.

Monitoramento

O monitoramento é a avaliação dos controles internos ao longo do tempo, sendo o melhor indicador para saber se estes estão sendo efetivos ou não. Pode ser feito tanto através do acompanhamento contínuo das atividades quanto por avaliações pontuais, tais como autoavaliação, revisões eventuais e auditoria interna.

Comparação COSO 1 e COSO 2

COSO 1	COSO 2
1. Ambiente de Controle	1. Ambiente de Controle 2. Fixação de Objetivos 3. Identificação de Eventos
2. Avaliação de Riscos	1. Avaliação de Riscos 2. Respostas ao Risco
3. Atividades de Controle	1. Atividades de Controle
4. Informação e Comunicação	1. Informação e Comunicação
5. Monitoramento	1. Monitoramento

17.5. Controle Interno segundo a INTOSAI

No âmbito governamental, a INTOSAI emitiu um documento denominado "Internal Control: Providing a Foundation for Accountability in Government – An introduction to internal control for managers in governmental organizations", no qual também conceitua controle interno para fins de setor público, de forma bem similar ao que conceitua o COSO:

"Controle interno é uma ferramenta da administração usada com o intuito de promover razoável certeza de que os objetivos serão atingidos".

EXERCÍCIOS

1. (Ano: 2017 Banca: COPEVE-UFAL Órgão: Prefeitura de Barra de São Miguel – AL Prova: COPEVE-UFAL – Prefeitura de Barra de São Miguel – AL – Analista de Controle Interno)

De acordo com a Resolução CFC nº 1.135/2008, controle interno contábil é o conjunto de recursos, métodos, procedimentos e processos adotados pela entidade do setor público, tendo como um dos enfoques e finalidades:

(A) contribuir para a promoção da eficiência profissional dos gestores da entidade.

(B) tornar obrigatória a adesão dos funcionários às normas e às diretrizes fixadas pela entidade.

(C) dar conformidade ao registro contábil em relação ao ato que gere seu pagamento ou recebimento.

(D) salvaguardar os ativos da entidade e assegurar a veracidade dos seus componentes patrimoniais.

(E) permitir que a entidade obtenha informação oportuna, tempestiva, completa e detalhada acerca de suas operações.

2. (Ano: 2019 Banca: UFCG Órgão: UFCG Prova: UFCG – 2019 – UFCG – Auditor)

De acordo com a Lei Federal nº 10.180/2001, não representa uma finalidade do Sistema de Controle Interno do Poder Executivo Federal:

(A) Exercer o controle das operações de crédito, avais e garantias, bem como direitos e haveres da união.

(B) Criar condições para o exercício do controle social sobre os programas contemplados com recursos oriundos de transferências voluntárias da União.

(C) Apoiar o controle externo no exercício de sua missão institucional.

(D) Avaliar o cumprimento das metas previstas no plano plurianual, a execução dos programas de governo e dos orçamentos da União.

(E) Comprovar a legalidade e avaliar os resultados, quanto à eficácia e eficiência, da gestão orçamentária, financeira e patrimonial nos órgãos e entidades da Administração Pública Federal.

3. (Ano: 2019 Banca: UFCG Órgão: UFCG Prova: UFCG – 2019 – UFCG – Auditor)

De acordo com a Instrução Normativa nº 4, de 11 de junho de 2018 do Ministério da Transparência e Controladoria-Geral da União, o conceito "os impactos positivos observados na gestão pública a partir da implementação, por parte dos gestores públicos, de orientações e recomendações provenientes das atividades de auditoria interna, resultantes do trabalho conjunto da Unidade de Auditoria Interna Governamental e da gestão" refere-se a:

(A) Nexo causal.

(B) Memória de cálculo.

(C) Efetividade.

(D) Benefício.

(E) Prejuízo.

4. (Ano: 2019 Banca: UFCG Órgão: UFCG Prova: UFCG – 2019 – UFCG – Auditor)

Segundo o Referencial Técnico da Atividade de Auditoria Interna Governamental do Poder Executivo Federal, instituído por meio da Instrução Normativa nº 3, de 09 de junho de 2017, são princípios para a prática da atividade de auditoria interna governamental, EXCETO:

(A) Proficiência e zelo profissional.

(B) Comunicação eficaz.

(C) Eficiência e objetividade.

(D) Integridade.

(E) Qualidade e melhoria contínua.

5. (Ano: 2020 Banca: UFU-MG Órgão: UFU-MG Prova: UFU-MG – 2020 – UFU-MG – Auditor)

De acordo com a Instrução Normativa Conjunta MP/CGU nº 01, de 2016, que dispõe sobre controles internos, gestão de riscos e governança no âmbito do Poder Executivo Federal, são objetivos da gestão de riscos, EXCETO:

(A) Agregar valor à organização por meio da melhoria dos processos de tomada de decisão e do tratamento adequado dos riscos e dos impactos negativos decorrentes de sua materialização.

(B) Aumentar a probabilidade de alcance dos objetivos da organização, reduzindo os riscos a níveis aceitáveis.

(C) Assegurar que os responsáveis pela tomada de decisão, em todos os níveis do órgão ou da entidade, tenham acesso tempestivo a informações suficientes quanto aos riscos aos quais está exposta a organização, inclusive para determinar questões relativas à delegação, se for o caso.

(D) Promover práticas, princípios de conduta e padrões de comportamentos para minimizar os riscos de distorção relevantes na auditoria das demonstrações contábeis.

6. (Ano: 2017 Banca: COPEVE-UFAL Órgão: Prefeitura de São Miguel dos Campos – AL Prova: COPEVE-UFAL – Prefeitura de São Miguel dos Campos – AL – Controlador)

Dadas as afirmativas quanto à Auditoria no Setor Público:

I. O ambiente da auditoria do setor público é aquele no qual governos e outras entidades do setor público são responsáveis pelo uso de recursos provenientes de tributação e outras fontes, para a prestação de serviços aos cidadãos e outros beneficiários.

II. O governo e outras entidades do setor público devem prestar contas de sua gestão e desempenho, assim como do uso dos recursos, tanto para aqueles que proveem os recursos como para aqueles que dependem dos serviços prestados com a utilização de tais recursos, incluindo os cidadãos.

III. A auditoria do setor público ajuda a criar condições apropriadas e a fortalecer a expectativa de que as entidades do setor público e os servidores públicos desempenharão suas atribuições de modo efetivo, eficiente, ético e em conformidade com as leis e os regulamentos aplicáveis.

IV. A auditoria do setor público é prescindível, pois fornece aos órgãos do poder executivo, bem como aos responsáveis pela governança e ao público em geral, informações e avaliações independentes e objetivas acerca da gestão e dos gastos governamentais.

Verifica-se que estão corretas apenas

(A) I e III.

(B) II e IV.

(C) III e IV.

(D) I, II e III.

(E) I, II e IV.

7. (Ano: 2017 Banca: COPEVE-UFAL Órgão: Prefeitura de São Miguel dos Campos – AL Prova: COPEVE-UFAL – Prefeitura de São Miguel dos Campos – AL – Controlador)

A auditoria que objetiva examinar a economicidade, eficiência, eficácia e efetividade de organizações, programas e atividades governamentais, com a finalidade de avaliar o seu desempenho e de promover o aperfeiçoamento da gestão pública, é a auditoria:

(A) contábil.

(B) financeira.

(C) operacional.

(D) de regularidade.

(E) de conformidade.

8. (Ano: 2017 Banca: CONSULPLAN Órgão: Câmara de Nova Friburgo – RJ Prova: CONSULPLAN – Câmara de Nova Friburgo – RJ – Auditor de Controle Interno)

Sobre o controle interno no serviço público, analise as afirmativas a seguir.

I. A estrutura de controle interno compreende ambiente de controle; mapeamento e avaliação de riscos; procedimentos de controle; informação e comunicação; e, monitoramento.

II. O ambiente de controle é aquele que se realiza a identificação dos eventos ou das condições que podem afetar a qualidade da informação contábil.

III. O mapeamento de riscos deve demonstrar o grau de comprometimento em todos os níveis da administração com a qualidade do controle interno em seu conjunto.

IV. O controle interno sob o enfoque contábil compreende o conjunto de recursos, métodos, procedimentos e processos adotados pela entidade do setor público para salvaguardar os ativos e assegurar a veracidade dos componentes patrimoniais.

Estão corretas apenas as afirmativas:

(A) I e IV.

(B) II e III.

(C) I, II e IV.

(D) I, III e IV.

9. (Ano: 2020 Banca: SELECON Órgão: Prefeitura de Boa Vista – RR Prova: SELECON – Prefeitura de Boa Vista – RR – Médico de Qualquer Especialidade Habilitado em Auditoria Médica)

Em um processo de Auditoria Interna de uma determinada instituição, por vezes se faz necessária a realização da auditoria de *follow-up*, que consiste em:

(A) retorno do auditor para verificar se as ações tomadas pelos gestores, visando à adequação dos processos não conformes apontadas no relatório inicial, foram efetuadas.

(B) elaboração de relatório de auditoria interna após o fim do processo de auditoria, considerando as conclusões obtidas, como conformidades ou não conformidades com os requisitos avaliados.

(C) inspeções periódicas em alguns setores da instituição, utilizando-se roteiros elaborados previamente pela própria instituição com base estabelecida pelos órgãos competentes, devendo todo o processo ser programado, documentado e arquivado, e os registros gerados devem estar disponíveis para acesso das auditorias internas.

(D) um processo sistemático, documentado e independente para obter a evidência de que critérios estabelecidos previamente estão sendo atendidos.

10. (Ano: 2016 Banca: CFC Órgão: CFC Prova: CFC – CFC – Auditor Independente – SUSEP)

O relatório circunstanciado sobre a adequação dos controles internos aos riscos suportados pela supervisionada deverá avaliar a sua eficácia e eficiência em relação aos riscos suportados, destacando as deficiências encontradas, levando em consideração os principais processos existentes na supervisionada e abordando o ambiente de controle, a avaliação de riscos, as atividades e procedimentos de controles, os processos de informação e comunicação e a monitoração.

Relacione os principais processos descritos, na primeira coluna, com o entendimento do que eles representam, na segunda coluna, e, em seguida, assinale a opção CORRETA.

1. Ambiente de controle.

2. Avaliação de riscos.

3. Atividades de controle.

4. Processos de informação e comunicação.

5. Monitoração.

( ) Identificação e a análise dos riscos associados aos objetivos do negócio, tanto no âmbito da supervisionada, quanto no dos processos.

( ) Processo(s) que avalia(m) a qualidade da performance do sistema ao longo do tempo, através de um acompanhamento contínuo das atividades, avaliações separadas, ou uma combinação dos dois.

( ) Garante(m) a identificação, a captura e a comunicação das informações necessárias ao gerenciamento da supervisionada.

( ) Políticas e os procedimentos que asseguram que as ações necessárias para gerenciar riscos sejam executadas adequadamente.

( ) Cultura de controles da supervisionada na qual as atividades de negócio são executadas, especialmente a postura da supervisionada e a consciência de controles das pessoas que a compõe.

A sequência CORRETA é:

(A) 2 – 5 – 4 – 3 – 1.

(B) 4 – 1 – 3 – 2 – 5.

(C) 3 – 2 – 5 – 4 – 1.

(D) 1 – 3 – 2 – 5 – 4.

11. (Ano: 2018 Banca: FUNDATEC Órgão: CIGA-SC Prova: FUNDATEC – CIGA-SC – Controlador Interno)

Segundo as Normas Brasileiras de Contabilidade, que disciplinam as atividades e os procedimentos da Auditoria Interna, analise as seguintes assertivas:

I. A Auditoria Interna é exercida nas pessoas físicas e jurídicas de direito público, interno ou externo, e de direito privado.

II. A Auditoria Interna deve ser documentada por meio de papéis de trabalho, elaborados em meio físico ou eletrônico, que devem ser organizados e arquivados de forma sistemática e racional.

III. A utilização de processamento eletrônico de dados pela entidade auditada requer que exista, na entidade responsável pela Auditoria Interna, profissional com conhecimento suficiente sobre a tecnologia da informação, não sendo necessária sua participação na equipe responsável pelos trabalhos.

Quais estão corretas?

(A) Apenas I.

(B) Apenas II.

(C) Apenas III.

(D) Apenas I e II.

(E) Apenas I e III.

12. (Ano: 2018 Banca: FUNDATEC Órgão: Prefeitura de Santa Rosa – RS Prova: FUNDATEC – Prefeitura de Santa Rosa – RS – Agente de Controle Interno)

Sobre as chamadas "linhas de defesa" da estrutura de controles internos dos órgãos e entidades da Administração Pública, analise as seguintes assertivas:

I. A primeira linha de defesa é responsável por identificar, avaliar, controlar e mitigar os riscos, guiando o desenvolvimento e a implementação de políticas e procedimentos internos destinados a garantir que as atividades sejam realizadas de acordo com as metas e objetivos da organização.

II. As instâncias de segunda linha de defesa estão situadas ao nível da gestão e objetivam assegurar que as atividades realizadas pela primeira linha sejam desenvolvidas e executadas de forma apropriada.

III. A terceira linha de defesa é representada pela atividade de auditoria interna governamental, que presta serviços de avaliação e de consultoria com base nos pressupostos de autonomia técnica e de objetividade.

Quais estão corretas?

(A) Apenas I.

(B) Apenas II.

(C) Apenas I e III.

(D) Apenas II e III.

(E) I, II e III.

13. (Ano: 2017 Banca: CONSULPLAN Órgão: Câmara de Nova Friburgo – RJ Prova: CONSULPLAN – Câmara de Nova Friburgo – RJ – Auditor de Controle Interno)

Uma boa gestão pública deve ter como premissas e buscar o cumprimento das normas aplicadas ao Orçamento, o controle e execução das ações e programas de governo e a preservação do Patrimônio Público. Essas premissas são objetivos de um bom:

(A) Plano Orçamentário.

(B) Trabalho de Auditoria.

(C) Método de Gestão Fiscal.

(D) Sistema de Controle Interno.

14. (Ano: 2018 Banca: FUNDATEC Órgão: Prefeitura de Santa Rosa – RS Prova: FUNDATEC – Prefeitura de Santa Rosa – RS – Agente de Controle Interno)

Sobre a Auditoria Interna Governamental, assinale a alternativa INCORRETA.

(A) É uma atividade independente e objetiva de avaliação e de consultoria, desenhada para adicionar valor e melhorar as operações de uma organização.

(B) Deve buscar auxiliar as organizações públicas a realizarem seus objetivos, a partir da aplicação de uma abordagem sistemática e disciplinada para avaliar e melhorar a eficácia dos processos de governança, de gerenciamento de riscos e de controles internos.

(C) A atividade dessa auditoria tem como propósito aumentar e proteger o valor organizacional das instituições públicas, fornecendo avaliação, assessoria e aconselhamento baseados em risco.

(D) Os órgãos e entidades da Administração Pública Federal devem atuar de forma regular e alinhada ao interesse público. Para tanto, devem exercer o controle permanente sobre seus próprios atos, considerando o princípio da autotutela.

(E) É responsabilidade da alta administração das organizações públicas, em prejuízo das responsabilidades dos gestores dos processos organizacionais e das políticas públicas nos seus respectivos âmbitos de atuação, o estabelecimento, a manutenção, o monitoramento e o aperfeiçoamento dos controles internos da gestão.

15. (Ano: 2018 Banca: OBJETIVA Órgão: Prefeitura de Nonoai – RS Prova: OBJETIVA – 2018 – Prefeitura de Nonoai – RS – Contador)

Quanto às categorias em que o controle interno é classificado, numerar a 2ª coluna de acordo com a 1ª e, após, assinalar a alternativa que apresenta a sequência CORRETA:

(1) Operacional.
(2) Contábil.
(3) Normativo.

(   ) Relacionado às ações que propiciam o alcance dos objetivos da entidade.
(   ) Relacionado à observância da regulamentação pertinente.
(   ) Relacionado à veracidade e à fidedignidade dos registros e das demonstrações contábeis.

(A) 1 – 3 – 2.
(B) 3 – 1 – 2.
(C) 2 – 3 – 1.
(D) 2 – 1 – 3.

16. (Ano: 2020 Banca: VUNESP Órgão: Prefeitura de Cananéia – SP Prova: VUNESP – Prefeitura de Cananéia – SP – Controlador Interno do Município)

Sobre a atividade de controle interno da Administração Pública, assinale a alternativa correta.

(A) Os procedimentos de auditoria devem ser realizados exclusivamente por servidores ocupantes de cargos públicos de carreira no Tribunal de Contas.

(B) Os papéis de trabalho ficam sob sigilo até que seja concluído o procedimento de auditoria, vedado o seu descarte em qualquer fase do procedimento.

(C) Os papéis de trabalho objetivam auxiliar os exames e a elaboração do relatório, devendo conter o registro do trabalho e as conclusões, de forma abrangente, objetiva, clara e limpa.

(D) Os papéis de trabalho constituem o suporte do trabalho do auditor, devendo conter o registro de todas as informações levantadas, independentemente de sua relevância para fundamentar os resultados da auditoria, com publicidade restrita.

(E) Os papéis de trabalho possuem a mesma função em todas as fases do procedimento de auditoria, sendo responsabilidade exclusiva do coordenador da equipe a elaboração desses documentos.

17. (Ano: 2020 Banca: VUNESP Órgão: AVAREPREV-SP Prova: VUNESP – AVAREPREV-SP – Contador)

No que tange à Auditoria Interna, assinale a alternativa correta.

(A) A Auditoria Interna tem responsabilidade civil na prevenção de fraudes e erros, obrigando-se a identificar quaisquer indícios ou confirmações de irregularidades no decorrer de seu trabalho.

(B) A Auditoria Interna é exercida nas pessoas jurídicas de direito privado, exclusivamente.

(C) O planejamento do trabalho da Auditoria Interna compreende os exames preliminares das áreas, atividades, produtos e processos, para definir a amplitude e a época do trabalho a ser realizado de acordo com as diretrizes estabelecidas pela administração da entidade.

(D) A Auditoria Interna compreende o exame das demonstrações contábeis de acordo com as normas contábeis da profissão. A atividade da Auditoria Interna está estruturada em procedimentos, com enfoque técnico-contábil.

(E) A análise dos riscos da Auditoria Interna deve ser feita na fase final dos trabalhos, que estão relacionados à possibilidade de não ter atingido, de forma satisfatória, o objetivo dos gestores administrativos.

18. (Ano: 2019 Banca: FUNDEP (Gestão de Concursos) Órgão: Prefeitura de Lagoa Santa – MG Prova: FUNDEP (Gestão de Concursos) – Prefeitura de Lagoa Santa – MG – Contador)

Com relação ao que dispõe a Norma Brasileira de Contabilidade Aplicada ao Setor Público NBC TSP 16.8 – Controle Interno, assinale a alternativa incorreta.

(A) Entre as finalidades do controle interno, sob o enfoque contábil, está a de contribuir para a promoção da eficiência operacional da entidade.

(B) O controle interno do tipo operacional está relacionado às ações que propiciam o alcance dos objetivos da entidade.

(C) Entre os tipos de procedimentos de controle, tem-se os procedimentos de detecção, que são medidas que antecedem o processamento de um ato ou um fato, para prevenir a ocorrência de omissões, inadequações e intempestividade da informação contábil.

(D) Dentro da estrutura de controle interno, o monitoramento compreende o acompanhamento dos pressupostos do controle interno, visando a assegurar a sua adequação aos objetivos, ao ambiente, aos recursos e aos riscos.

19. (Ano: 2018 Banca: OBJETIVA Órgão: Câmara de Senador Salgado Filho – RS Prova: OBJETIVA – Câmara de Senador Salgado Filho – RS – Contador)

De acordo com a NBC T 16.8 – Controle Interno, o controle interno deve ser exercido em todos os níveis da entidade do setor público, compreendendo:

I. A dissipação do patrimônio público.

II. O controle da execução das ações que integram os programas.

III. A observância às leis, aos regulamentos e às diretrizes estabelecidas.

Estão CORRETOS:

(A) Somente os itens I e II.

(B) Somente os itens I e III.

(C) Somente os itens II e III.

(D) Todos os itens.

20. (Ano: 2019 Banca: IBADE Órgão: Prefeitura de Vilhena – RO Prova: IBA-DE – Prefeitura de Vilhena – RO – Contador)

Marque a opção que CONTRADIZ a afirmativa que se segue "Os Poderes Legislativo, Executivo e Judiciário manterão, de forma integrada, sistema de controle interno com a finalidade de ":

(A) sustar, se não atendido, a execução do ato impugnado, comunicando a decisão à Câmara dos Deputados e ao Senado Federal.

(B) avaliar o cumprimento das metas previstas no plano plurianual, a execução dos programas de governo e dos orçamentos da União.

(C) comprovar a legalidade e avaliar os resultados, quanto à eficácia e eficiência, da gestão orçamentária, financeira e patrimonial nos órgãos e entidades da administração federal, bem como da aplicação de recursos públicos por entidades de direito privado.

(D) exercer o controle das operações de crédito, avais e garantias, bem como dos direitos e haveres da União.

(E) apoiar o controle externo no exercício de sua missão institucional.

GABARITO

1) GABARITO: D.

Comentário

O controle interno sob a visão contábil compreende o conjunto de recursos, métodos, procedimentos e processos que visa, dentre outras coisas:

(A) proteger os ativos;

(B) assegurar a veracidade dos componentes do patrimônio;

(C) bem como dar conformidade ao registro contábil em relação ao ato correspondente.

2) GABARITO: B.

Comentário

Lei nº 10.180, art. 20 e art. 24: diz o seguinte:

Art. 20. O Sistema de Controle Interno do Poder Executivo Federal tem as seguintes FINALIDADES:

I – avaliar o cumprimento das metas previstas no plano plurianual, a execução dos programas de governo e dos orçamentos da União; (D)

II – comprovar a legalidade e avaliar os resultados, quanto à eficácia e eficiência, da gestão orçamentária, financeira e patrimonial nos órgãos e nas entidades da Administração Pública Federal, bem como da aplicação de recursos públicos por entidades de direito privado; (E)

III – exercer o controle das operações de crédito, avais e garantias, bem como dos direitos e haveres da União; (A)

IV – apoiar o controle externo no exercício de sua missão institucional. (C)

Art. 24. COMPETE aos órgãos e às unidades do Sistema de Controle Interno do Poder Executivo Federal:

XI – criar condições para o exercício do controle social sobre os programas contemplados com recursos oriundos dos orçamentos da União. (B)

3) GABARITO: D.

Comentário

De acordo com a Instrução Normativa nº 4, de 11 de junho de 2018 do Ministério da Transparência e Controladoria-Geral da União:

I – Conceitos Básicos

Para padronizar o vocabulário, no que se refere aos resultados da atividade de auditoria interna governamental, são definidos os seguintes conceitos:

– Prejuízo: danos ao erário que resulte em recomendação de reposição de bens e valores.

– Benefício: impactos positivos observados na gestão pública a partir da implementação, por parte dos gestores públicos, de orientações e/ou recomendações provenientes das atividades de auditoria interna, sendo, portanto, resultantes do trabalho conjunto da UASG e da gestão.

4) GABARITO: C.

Comentário

Instrução Normativa n° 3 de 9 de junho de 2017

38. Os princípios representam o arcabouço teórico sobre o qual repousam as normas de auditoria. São valores persistentes no tempo e no espaço, que concedem sentido lógico e harmônico à atividade de auditoria interna governamental e lhe proporcionam eficácia. As UAIG devem assegurar que a prática da atividade de auditoria interna governamental seja pautada pelos seguintes princípios:

a) integridade;

b) proficiência e zelo profissional;

c) autonomia técnica e objetividade;

d) alinhamento às estratégias, objetivos e riscos da Unidade Auditada;

e) atuação respaldada em adequado posicionamento e em recursos apropriados;

f) qualidade e melhoria contínua; e

g) comunicação eficaz.

5) GABARITO: D.

Comentário

Seção II Dos Objetivos da Gestão de Riscos

Art. 15. São objetivos da gestão de riscos:

I – Assegurar que os responsáveis pela tomada de decisão, em todos os níveis do órgão ou entidade, tenham acesso tempestivo a informações suficientes quanto aos riscos aos quais está exposta a organização, inclusive para determinar questões relativas à delegação, se for o caso;

II – Aumentar a probabilidade de alcance dos objetivos da organização, reduzindo os riscos a níveis aceitáveis; e

III – Agregar valor à organização por meio da melhoria dos processos de tomada de decisão e do tratamento adequado dos riscos e dos impactos negativos decorrentes de sua materialização.

6) GABARITO: D.

Comentário

A última assertiva está incorreta, em razão da palavra "prescindível": desnecessário. O correto seria = "imprescindível": necessário.

7) GABARITO: C.

Comentário

Segundo a ISSAI 300:

Definição de auditoria operacional

9. A auditoria operacional, como realizada pelas EFS, é o exame independente, objetivo e confiável que analisa se empreendimentos, sistemas, operações, programas, atividades ou organizações do governo estão funcionando de acordo com os princípios de economicidade, eficiência e efetividade e se há espaço para aperfeiçoamento.

8) GABARITO: A.

Comentário

I. A estrutura de controle interno compreende ambiente de controle; mapeamento e avaliação de riscos; procedimentos de controle; informação e comunicação; e, monitoramento. **Correto,** segundo a NBC T 16.8.

II. O ambiente de controle é aquele que se realiza a identificação dos eventos ou das condições que podem afetar a qualidade da informação contábil. **Errado**. É a definição de mapeamento de riscos. Segundo a NBC T 16.8, mapeamento de riscos é a identificação dos eventos ou das condições que podem afetar a qualidade da informação contábil.

III. O mapeamento de riscos deve demonstrar o grau de comprometimento em todos os níveis da administração com a qualidade do controle interno em seu conjunto. **Errado**. É a definição de ambiente de controle. Segundo a NBC T 16.8, o ambiente de controle deve demonstrar o grau de comprometimento em todos os níveis da administração com a qualidade do controle interno em seu conjunto.

IV. O controle interno sob o enfoque contábil compreende o conjunto de recursos, métodos, procedimentos e processos adotados pela entidade do setor público para salvaguardar os ativos e assegurar a veracidade dos componentes patrimoniais. **Correto**. Segundo a NBC T 16.8, controle interno sob o enfoque contábil compreende o conjunto de recursos, métodos, procedimentos e processos adotados pela entidade do setor público, com a finalidade de salvaguardar os ativos e assegurar a veracidade dos componentes patrimoniais;

9) GABARITO: A.

Comentário

Follow-up de Auditoria Interna

Monitoramento, ou *follow-up*, é o processo de avaliar e garantir que as ações corretivas propostas pelos gestores no relatório de auditoria frente às deficiências apontadas foram por eles implementadas de maneira adequada e dentro dos prazos estabelecidos nos relatórios. Isso acontece por meio de visitas periódicas prévias às áreas auditadas e verificação da implantação dos planos de ação.

A responsabilidade pelo processo de *follow-up* deve estar formalizada no relatório de auditoria. Devem-se incluir o prazo para implementação (parcial e total), valores necessários para desenvolvimento de procedimentos para mitigar riscos previamente identificados, responsabilidades das áreas e profissionais envolvidos no processo de solução dos pontos levantados, entre outros.

10) GABARITO: A.

Comentário

1. Ambiente de controle.

2. Avaliação de riscos.

3. Atividades de controle.

4. Processos de informação e comunicação.

5. Monitoração.

(2) Identificação e a análise dos riscos associados aos objetivos do negócio, tanto no âmbito da supervisionada, quanto no dos processos.

(5) Processo(s) que avalia(m) a qualidade da performance do sistema ao longo do tempo, através de um acompanhamento contínuo das atividades, avaliações separadas, ou uma combinação dos dois.

(4) Garante(m) a identificação, a captura e a comunicação das informações necessárias ao gerenciamento da supervisionada.

(3) Políticas e os procedimentos que asseguram que as ações necessárias para gerenciar riscos sejam executadas adequadamente.

(1) Cultura de controles da supervisionada na qual as atividades de negócio são executadas, especialmente a postura da supervisionada e a consciência de controles das pessoas que a compõe.

11) GABARITO: B.

Comentário

NBC TI 01 – Da Auditoria Interna

12.1.1.2 – A Auditoria Interna é exercida nas pessoas jurídicas de direito público, interno ou externo, e de direito privado.

12.1.2.1 – A Auditoria Interna deve ser documentada por meio de papéis de trabalho, elaborados em meio físico ou eletrônico, que devem ser organizados e arquivados de forma sistemática e racional.

12.2.5.1 – A utilização de processamento eletrônico de dados pela entidade requer que exista, na equipe da Auditoria Interna, profissional com conhecimento suficiente sobre a tecnologia da informação e os sistemas de informação utilizados.

12.2.5.2 – O uso de técnicas de Auditoria Interna, que demandem o emprego de recursos tecnológicos de processamento de informações, requer que exista na equipe da Auditoria Interna profissional com conhecimento suficiente de forma a implementar os próprios procedimentos ou, se for o caso, orientar, supervisionar e revisar os trabalhos de especialistas.

12) **GABARITO: E.**

Comentário

Segundo a Instrução Normativa n° 03/17:

Primeira linha de defesa

8. A primeira linha de defesa é responsável por identificar, avaliar, controlar e mitigar os riscos, guiando o desenvolvimento e a implementação de políticas e procedimentos internos destinados a garantir que as atividades sejam realizadas de acordo com as metas e objetivos da organização.

Segunda linha de defesa

11. As instâncias de segunda linha de defesa estão situadas ao nível da gestão e objetivam assegurar que as atividades realizadas pela primeira linha sejam desenvolvidas e executadas de forma apropriada.

Terceira linha de defesa

14. A terceira linha de defesa é representada pela atividade de auditoria interna governamental, que presta serviços de avaliação e de consultoria com base nos pressupostos de autonomia técnica e de objetividade.

13) **GABARITO: D.**

Comentário

Objetivo basilar de Auditoria e Controle, onde a boa gestão pública deve ter como premissas e buscar o cumprimento das normas aplicadas ao Orçamento, o controle e execução das ações e programas de governo e a preservação do Patrimônio Público.

14) **GABARITO: E.**

Comentário

(E) É responsabilidade da alta administração das organizações públicas, em prejuízo das responsabilidades dos gestores dos processos organizacionais e das políticas públicas nos seus respectivos âmbitos de atuação, o estabelecimento, a manutenção, o monitoramento e o aperfeiçoamento dos controles internos da gestão.

Errado. O correto seria sem prejuízo.

15) **GABARITO: A.**

Comentário

Segundo a NBC T16.8

Operacional: relacionado às ações que propiciam o alcance dos objetivos da entidade.

Contábil: relacionado à veracidade e à fidedignidade dos registros e das demonstrações contábeis.

Normativo: relacionado à observância da regulamentação pertinente.

16) **GABARITO: C.**

Comentário

Os denominados papéis de trabalho constituem elementos de grande importância na realização de uma auditoria. De acordo com a NBC TI 01, os papéis de trabalho constituem documentos e registros dos fatos, informações e provas; são obtidos no curso da auditoria; têm por finalidade evidenciar os exames realizados, e dar suporte a opiniões, críticas, sugestões e recomendações do auditor.

NBC TI 01

12.1.2. Papéis de Trabalho

12.1.2.1. A Auditoria Interna deve ser documentada por meio de papéis de trabalho, elaborados em meio físico ou eletrônico, que devem ser organizados e arquivados de forma sistemática e racional.

12.1.2.2. Os papéis de trabalho constituem documentos e registros dos fatos, informações e provas obtidas no curso da auditoria, a fim de evidenciar os exames realizados e dar suporte à sua opinião, críticas, sugestões e recomendações.

12.1.2.3. Os papéis de trabalho devem ter abrangência e grau de detalhe suficientes para propiciarem a compreensão do planejamento, da natureza, da oportunidade e da extensão dos procedimentos de Auditoria Interna aplicados, bem como do julgamento exercido e do suporte das conclusões alcançadas.

12.1.2.4. Análises, demonstrações ou quaisquer outros documentos devem ter sua integridade verificada sempre que forem anexados aos papéis de trabalho.

17) **GABARITO: C.**

Comentário

NBC TI 01

(A) A amplitude do trabalho do auditor interno e sua responsabilidade estão limitadas à sua área de atuação.

A auditoria Interna deve assessorar a administração da entidade no trabalho de prevenção de fraudes e erros, obrigando-se a informá-la, sempre por escrito, de maneira reservada, sobre quaisquer indícios ou confirmações de irregularidades detectadas no decorrer de seu trabalho.

B) A Auditoria Interna é exercida nas pessoas jurídicas de direito público, interno ou externo, e de direito privado.

(C) **CORRETA.**

(D) A Auditoria Interna compreende os exames, análises, avaliações, levantamentos e comprovações, metodologicamente estruturados para a avaliação da integridade, adequação, eficácia, eficiência e economicidade dos processos, dos sistemas de informações e de controles internos integrados ao ambiente, e de gerenciamento de riscos, com vistas a assistir à administração da entidade no cumprimento de seus objetivos.

(E) A análise dos riscos da Auditoria Interna deve ser feita na fase de planejamento dos trabalhos; estão relacionados à possibilidade de não se atingir, de forma satisfatória, o objetivo dos trabalhos

18) **GABARITO: C.**

Comentário

Segundo a NBC T 16.8

(C) procedimentos de prevenção – medidas que antecedem o processamento de um ato ou um fato, para prevenir a ocorrência de omissões, inadequações e intempestividade da informação contábil;

A questão trocou os conceitos de Prevenção e Detecção:

Procedimentos de detecção – medidas que visem à identificação, concomitante ou a posteriori, de erros, omissões, inadequações e intempestividade da informação contábil.

19) **GABARITO: C.**

Comentário

NBC T 16.8

(A) a preservação do patrimônio público;

(B) o controle da execução das ações que integram os programas;

(C) a observância às leis, aos regulamentos e às diretrizes estabelecidas.

20) **GABARITO: A.**

Comentário

(A) sustar, se não atendido, a execução do ato impugnado, comunicando a decisão à Câmara dos Deputados e ao Senado Federal. Errado. É competência do Tribunal de Contas da União.

(B) avaliar o cumprimento das metas previstas no plano plurianual, a execução dos programas de governo e dos orçamentos da União. Correto.

(C) comprovar a legalidade e avaliar os resultados, quanto à eficácia e eficiência, da gestão orçamentária, financeira e patrimonial nos órgãos e entidades da administração federal, bem como da aplicação de recursos públicos por entidades de direito privado. Correto.

(D) exercer o controle das operações de crédito, avais e garantias, bem como dos direitos e haveres da União. Correto.

(E) apoiar o controle externo no exercício de sua missão institucional. Correto.

Capítulo 18

IMPLANTAÇÃO DO SISTEMA DE CUSTOS

18.1. Introdução

A Secretaria do Tesouro Nacional, com o objetivo de implantação de um Novo Modelo de Contabilidade Aplicada ao Setor Público, teve como propósito harmonizar as práticas de contabilidade para os padrões estabelecidos nas Normas Internacionais de Contabilidade Aplicadas ao Setor Público. Esse modelo visa resgatar a Contabilidade como ciência e o patrimônio da entidade pública como objeto de estudo.

Nesse contexto, a Secretaria do Tesouro Nacional (STN) criou os Grupos Técnicos de Padronização de Relatórios e de Padronização de Procedimentos Contábeis com o objetivo de propor recomendações baseadas no diálogo permanente, com tendência a reduzir divergências e duplicidades, em benefício da transparência da gestão fiscal, da racionalização de custos nos entes da Federação e do controle social. As recomendações dos grupos técnicos são os pilares do Manual de Contabilidade Aplicada ao Setor Público (MCASP) e o Manual de Demonstrativos Fiscais (MDF). O estabelecimento de padrões contábeis e fiscais contribuirá para a melhoria da consolidação das contas públicas, conforme previsto na Lei da Responsabilidade Fiscal (LRF). A STN tem consciência do alcance e da dimensão dessa caminhada, cujo sucesso tem sido resultado de parcerias e debates, representando, assim, mais um passo para a implementação de um novo modelo de contabilidade pública a ser implantado no país.

Sendo assim, o governo federal, editou o Decreto nº 6.976, que dispõe sobre o Sistema de Contabilidade Federal e dá outras providências, 7 de outubro de 2009, que tem como fundamento:

– aprovar e publicar o Manual de Contabilidade Aplicada ao Setor Público (MCASP);

– manter e aprimorar o Plano de Contas Aplicado ao Setor Público;

– padronizar as prestações de contas e os relatórios e demonstrativos de gestão fiscal, por meio da elaboração, discussão,

– aprovar e publicar o Manual de Demonstrativos Fiscais (MDF);

– disseminar, por meio de planos de treinamento e apoio técnico, os padrões estabelecidos no MCASP e no MDF para a União, para os Estados, para o Distrito Federal e para os Municípios;

– elaborar as demonstrações contábeis consolidadas da União e demais relatórios destinados a compor a prestação de contas anual do Presidente da República.

A Portaria STN nº 828, de 14 de dezembro de 2011, alterada pela Portaria STN nº 231, de 29 de março de 2012, estabeleceu a necessidade de os entes divulgarem um cronograma de ações relativas às principais inovações na Contabilidade Aplicada ao Setor Público, quais sejam:

I – reconhecimento, mensuração e evidenciação dos créditos, tributários ou não, por competência, e a dívida ativa, incluindo os respectivos ajustes para perdas;

II – reconhecimento, mensuração e evidenciação das obrigações e provisões por competência;

III – reconhecimento, mensuração e evidenciação dos bens móveis, imóveis e intangíveis;

IV – registro de fenômenos econômicos, resultantes ou independentes da execução orçamentária, tais como depreciação, amortização, exaustão;

V – reconhecimento, mensuração e evidenciação dos ativos de infraestrutura;

VI – implementação do sistema de custos;

VII – aplicação do Plano de Contas, detalhado no nível exigido para a consolidação das contas nacionais;

VIII – demais aspectos patrimoniais previstos no Manual de Contabilidade Aplicada ao Setor Público.

Neste sentido, a Contabilidade de Custos para a Administração Pública com a adoção da Resolução do Conselho Federal de Contabilidade (CFC) nº 1.366/2011, incluiu a Norma Brasileira de Contabilidade Técnica NBC T 16.11, que estabelece a conceituação, os objetivos e as regras básicas para mensuração e evidenciação dos custos no setor público apresentado, nesta Norma, como Subsistema de Informação de Custos do Setor Público (SICSP). (Redação dada pela Resolução CFC nº 1.437/13).

O SICSP registra, processa e evidencia os custos de bens e serviços e outros objetos de custos, produzidos e oferecidos à sociedade pela entidade pública. Tal sistema tem por objetivo:

(a) mensurar, registrar e evidenciar os custos dos produtos, serviços, programas, projetos, atividades, ações, órgãos e outros objetos de custos da entidade;

(b) apoiar a avaliação de resultados e desempenhos, permitindo a comparação entre os custos da entidade com os custos de outras entidades públicas, estimulando a melhoria do desempenho dessas entidades;

(c) apoiar a tomada de decisão em processos, tais como comprar ou alugar, produzir internamente ou terceirizar determinado bem ou serviço;

(d) apoiar as funções de planejamento e orçamento, fornecendo informações que permitam projeções mais aderentes à realidade com base em custos incorridos e projetados;

(e) apoiar programas de controle de custos e de melhoria da qualidade do gasto.

A evidenciação dos objetos de custos pode ser efetuada sob a ótica institucional, funcional e programática, com atuação interdependente dos órgãos centrais de planejamento, orçamento, contabilidade e finanças.

Para atingir seus objetivos, o SICSP deve ter tratamento conceitual adequado, abordagem tecnológica apropriada que propicie atuar com as múltiplas dimensões (temporais, numéricas e organizacionais etc.), permitindo a análise de séries históricas de custos sob a ótica das atividades-fim ou administrativas do setor público.

Recomenda-se o uso de ferramentas que permitam acesso rápido aos dados, conjugado com tecnologias de banco de dados de forma a facilitar a criação de relatórios e a análise dos dados.

O governo federal foi o pioneiro em desenvolver um sistema de custos e iniciar sua implantação gradual em diversos órgãos. Esse sistema de custos, chamado SIC (Sistema de Informação de Custos), toma por base a NBC T 16.11, definindo que os sistemas devem conter informações que registrem, processem e evidenciem os custos dos bens e serviços, produzidos e ofertados à sociedade.

A Contabilidade de custos aplicada às entidades públicas foi introduzida através Lei n° 4.320/64, que estatui normas gerais de direito financeiro para elaboração e controle dos orçamentos e balanços da União, dos Estados, dos Municípios e do Distrito Federal, e reafirmada com o advento da Lei Complementar n° 101/2000 (LRF), estabelecendo normas de finanças públicas voltadas para a responsabilidade na gestão fiscal e dá outras providências.

Neste sentido, os órgãos públicos não tinham ideia de como implantá-la, mesmo com a publicação de normas e portarias instituídas sobre a adoção de sistemas de custos. Com o propósito de acompanhar e demonstrar os novos processos e a complexidade da implantação da contabilidade de custos pelos órgãos públicos, sendo uma área em expansão para pesquisa, muitos trabalhos têm surgido com a finalidade de esclarecer, informar e auxiliar os contadores públicos e usuários da informação da contabilidade pública.

A Lei 4.320/64 obriga a adoção da contabilidade de custos nos órgãos públicos. O art. 99 determina que serviços públicos industriais devam manter uma contabilidade especial capaz de determinar os custos, ingressos e resultados sem afetar a escrituração patrimonial e financeira. Já a CF/1988, art. 74, inciso II, determina que os órgãos da administração pública devam manter um sistema de controle interno capaz de comprovar a legalidade e avaliar os resultados, quanto à eficácia e eficiência, da gestão orçamentária, financeira e patrimonial.

Para demonstrar a eficiência e eficácia do gasto público, se faz necessário que a administração pública mantenha controles através de um sistema de custos. A Lei Complementar n° 101/2000 (LRF), em seu art. 50, tornou obrigatório o sistema de custos, sendo instituída a contabilidade de custos aplicada ao setor público. Contudo, poucos entes públicos adotaram sistemas de controle de custos tendo em vista suas dificuldades. Isto pode ser observado a partir das Instruções Normativas emitidas pela STN prorrogando o início da vigência das novas normas.

Mudanças significativas requerem reaprendizado e mudança de cultura, com consequente incorporação de novas técnicas e procedimentos, impactando não só os profissionais da área contábil, mas também os diversos setores e agentes públicos. Com isso, em 19 de novembro de 2013, a Secretaria do Tesouro Nacional divulgou a Portaria nº 634, que revogou todas as portarias anteriores, visando demonstrar em um único documento a regularização da contabilidade aplicada ao setor público.

Nessa portaria, mantiveram-se alguns prazos estabelecidos, porém quanto à implementação dos sistemas de custos, os prazos não foram definidos, tendo em vista as exigências legais anteriores.

O sistema de custos na administração pública está previsto no artigo 99 da Lei nº 4.320/1964, porém de forma restrita aos serviços públicos industriais, conforme abaixo:

> Art. 99. Os serviços públicos industriais, ainda que não organizados como empresa pública ou autárquica, manterão contabilidade especial para determinação dos custos, ingressos e resultados, sem prejuízo da escrituração patrimonial e financeiro comum.

O Decreto-Lei nº 200/1967, que dispõe sobre a organização da Administração Federal, estabelece diretrizes para a reforma administrativa e dá outras providências, estendendo para toda a administração pública a necessidade de apuração de custos de forma a evidenciar os resultados de gestão:

> Art. 79. A contabilidade deverá apurar os custos dos serviços de forma a evidenciar os resultados da gestão.

O parágrafo 3º do artigo 50 da LRF estabeleceu que a administração pública deve manter sistema de custos que permita a avaliação e o acompanhamento da gestão orçamentária, financeira e patrimonial.

No controle da ação governamental com enfoque para os resultados, é crescente a necessidade de a administração pública possuir um sistema de contabilização de custos que permita a análise da eficiência da utilização dos recursos colocados à disposição dos gestores, para execução dos programas de governo.

Um dos possíveis critérios para a apuração de custos pode ser a utilização dos parâmetros da classificação orçamentária:

1. Classificação Institucional: Apuração de Custos por Departamento (Órgão);

2. Classificação Funcional: Apuração de Custos por Função ou Subfunção;

3. Classificação Programática: Apuração de Custos por Programa;

A referida escolha decorre de a classificação orçamentária da despesa refletir o equivalente financeiro de um plano de ação do governo, possibilitando avaliação dos resultados das gestões orçamentárias, financeira e patrimonial, segundo os conceitos de eficiência e eficácia determinado no inciso II do artigo 74 da Constituição Federal de 1988.

Para possibilitar a implantação de um sistema de custos, o ente deve, ainda, efetuar os registros contábeis observando os Princípios de Contabilidade, de modo que a despesa seja registrada com enfoque patrimonial, possibilitando identificar o momento exato em que afetam o resultado.

Neste sentido, quando um ente público efetua despesa antecipada, empenha, liquida e paga, pois não se pode pagar nenhuma despesa sem que tenha percorrido os estágios do empenho e liquidação, devendo ainda registrar simultaneamente no seu ativo o direito referente a essa despesa antecipada em contrapartida de conta de Variação Ativa Patrimonial, anulando o efeito negativo da despesa orçamentária. Portanto, ocorre a despesa orçamentária sem que ocorra simultaneamente o impacto no resultado patrimonial.

Outro exemplo em que ocorre a despesa orçamentária sem que ocorra o impacto patrimonial é a aquisição de material permanente. Nesse caso, o ente empenha, liquida e paga uma Despesa de Capital e incorpora o bem no seu ativo em contrapartida de conta de Variação Ativa Patrimonial, anulando o efeito da despesa no seu resultado patrimonial.

Verifica-se que no momento do registro da despesa orçamentária de aquisição do bem não ocorre, e nem deve ocorrer de fato, nenhum impacto no resultado da entidade, pois esse bem irá servir a vários ciclos operacionais, não sendo coerente apropriar todo o seu custo no momento dessa aquisição. Para imputar ao resultado do exercício os custos de aquisição de um bem a um determinado programa, por exemplo, procede-se a depreciação/amortização/exaustão do imobilizado, apropriando, de forma proporcional aos benefícios que esse bem irá gerar no período, parte dessa despesa.

Outro ponto que deve ser analisado na implantação do Sistema de Custos é o caso da apuração de custos conjuntos por programa, ou seja, quando um custo é comum a dois ou mais programas, por exemplo, é necessário a utilização de algum critério de rateio para efetuar a alocação do custo a cada programa.

18.2 PLANEJAMENTO DOS CUSTOS

No ambiente da Administração pública, as receitas são oriundas principalmente da arrecadação de impostos, que posteriormente serão distribuídos e alocados às diversas entidades do Estado.

Esses recursos monetários arrecadados servem para cobrir gastos com investimentos, despesas, e seus custos necessários para oferecer serviços ao cidadão e à sociedade como um todo. É nesse contexto que a análise de custos é fundamental para poder desenvolver um orçamento governamental realista, funcional e eficiente.

Sendo assim, existem estudos com critério claro da gestão de custos aplicada na estrutura governamental, assim como os métodos de custos utilizados para fins de controle e tomada de decisão. Assim, vamos utilizar esse conhecimento para poder estudar esse vínculo entre análise de custos e o orçamento público.

18.3 PLANEJAMENTO DOS CUSTOS NO ORÇAMENTO PÚBLICO

Uma boa gestão da informação de custos no orçamento público é um fator crítico à qualidade do levantamento dos orçamentos das diversas entidades governamentais. Nesse sentido, os sistemas de custos que devem ser estudados pelo leitor, que no âmbito do sistema de custeio podem ser utilizadas as seguintes unidades de medida que são: custo histórico; custo-corrente; custo estimado; e custo padrão. Sendo certo que o método de custeio se refere ao método de apropriação de custos e está associado ao processo de identificação e associação do custo ao objeto que está sendo custeado. Os principais métodos de custeio são: direto; variável; por absorção; por atividade; pleno, que serão aplicados nas entidades públicas que devem fornecer informações de consumo de recursos (investimento, custos e despesas) à elaboração do PPA (Plano Plurianual) da LDO (Lei de Diretrizes Orçamentárias) e para a Lei do Orçamento Anual (LAO).

Esse fornecimento de informações ao levantamento do orçamento é a base para execução do orçamento público, o que é de grande ajuda à gestão dos custos executados. Essa gestão é uma fonte poderosa de informação, que serve para ter dados comparativos em função das metas fixadas no orçamento aprovado, servindo como base para a respectiva avaliação e controle do gasto público.

Com a aplicação dos sistemas de informação contábil e de custos estruturados nas entidades públicas, é possível para os gestores públicos ter uma ferramenta de medição dos impactos de uso de recursos no orçamento. Com isto poderá se ter um controle prévio e subsequente das decisões tomadas, ou seja, uma avaliação antes mesmo da execução orçamentária e uma avaliação/desempenho depois da execução. Neste sentido, podemos visualizar melhor por meio do seguinte quadro dinâmico.

Quadro 01 – Fluxo Orçamentário Com Base na Análise de Custos

CONTROLE PRÉVIO	EXECUÇÃO DO ORÇAMENTO – CONTROLE CONCOMITANTE			CONTROLE SUBSEQUENTE
PPA, LDO e LOA • Unidade Orçamentária • Unidade de despesa	CONTABILIDADE GOVERNAMENTAL			AUDITORIA INTERNA
	GERAL →	CUSTOS →	BALANÇO e RESULTADO ECONÔMICO →	

Fonte: Adaptado de Torre, (2016), Apud in: Silva (1997).

Neste quadro podemos observar a dinâmica da informação dos custos dentro do orçamento público, com o objetivo de analisar a origem e a execução dos recursos econômicos como ferramentas de controle do gasto público. Nesta dinâmica entre planejamento e execução é que vai se formando um ciclo entre planejamento de custos, levantamento/execução de orçamentos, e análise da execução orçamentária.

E uma vez cumprido o ciclo, este servirá como base para o planejamento de custos do próximo período, e assim vai a dinâmica do ciclo ano após ano. É nesse ciclo contínuo que o planejamento de custos deve considerar projeções de gastos, que deve considerar modelos de tipos de custos, segundo a finalidade do planejamento.

18.3.1 O CUSTO PLENO E O ORÇAMENTO

No ciclo do orçamento público se faz necessário observar que existem dois tipos de custos que servem como ferramentas tanto de planejamento como de sua execução. Estes são o custo pleno e o custo-padrão.

A diferença entres estes dois tipos de custos é que o custo pleno tem a finalidade de apresentar todos os custos e despesas incorridas sem diferenciá-los entre si, ou seja, todos são considerados como gastos. Sendo assim, no custo pleno, todos os custos e despesas são incorridos pelos serviços públicos. Isto pode ser muito útil no momento de exemplificar os recursos necessários para um programa estabelecido nas diretrizes orçamentárias (Torres, 2016).

Segundo Torres (2016), calculam-se os valores totais e dividem-se pela meta física e obtém-se o custo pleno unitário. Imagine um programa de esgotamento sanitário, onde são alocados os gastos com pessoal próprio, como encargos de pessoal, matérias e serviços para custeio, material permanente e despesas financeiras. Totalizando estes gastos e dividindo-se pela quantidade de metro cúbico tratado de esgoto, tem-se como resultado o custo pleno unitário de tratamento de esgoto por metro cúbico, Apud (RAIMONDI; GOEZZINGER, 2012, p. 140).

Assim sendo, o objetivo do custo pleno é apresentar todos os custos e despesas como gastos projetados. Podemos exemplificar isto por meio de um estudo de caso prático para aprendizado e análise, de autoria de Torres (2016). Suponha que na secretaria de obras do município de sua cidade estão orçando os recursos produtivos necessários para a implantação de reservatório de água tratada, obtendo-se os seguintes valores de gastos.

QUADRO 02 – Resumo da Projeção de Custo Pleno na Implantação de Reservatório de Água Tratada

Programa Água Tratada 08-001-Secretaria de Obras			Ano 2016
Objetivo: Implantação de água tratada			
Ação	59	*Meta: 10.800m³*	Valor
Projeto	10.22.16	Investimento em obras	R$ 1.275.000,00
Atividades	4.22.16	Despesa Pessoal	R$ 779.350,00
	4.22.17	Encargos Pessoal (24%)	R$ 187.044,00
	4.22.18	Custeio e Manutenção	R$ 1.700.000,00
	4.22.19	Material Permanente	R$ 640.000,00
Total Obra			R$ 4.581.394,00
Custo Unitário da obra por m³			R$ 424,20

Fonte: Adaptado de Torre, (2016), Apud in: Silva (1997).

Assim, por meio do custo pleno é fácil enxergar os valores deste programa.

Neste caso, a meta é a implantação de um reservatório de 10.800 m³ de água tratada. Para isso é necessário R$ 4.581.394 de recurso monetário (segundo a programação do município e seus técnicos). Certamente estes fundos devem ser programados e aprovados dentro do orçamento municipal. Segundo o critério do custo pleno, a obra terá um gasto de R$ 424,20 por m³ (R$ 4.581.394/ 10.800 m³). Observe que todos os custos e despesas são abordados como custos, não há diferença e subdivisão entre custos e despesas, daí a origem do custo pleno.

EXERCÍCIOS

1. (FGV Órgão: DPE-RJ Prova: FGV – 2019 – DPE-RJ – Técnico Superior Especializado – Ciências Contábeis) Na implantação do Subsistema de Informação de Custos do Setor Público, um elemento importante a ser definido é o método de custeio, que se refere ao método de apropriação de custos e está associado ao processo de identificação e associação do custo ao objeto que está sendo custeado.

Acerca da definição do método de custeio, a NBC T 16.11 dispõe que a entidade:

(A) deve adotar apenas o custeio por absorção;

(B) deve adotar apenas um método para todos os produtos e serviços;

(C) pode adotar apenas o custeio por absorção ou o custeio direto;

(D) pode adotar apenas o custeio por absorção ou o custeio baseado em atividade;

(E) pode adotar mais de um método de custeio, a partir das características dos objetos de custeio.

2. (CESPE / CEBRASPE Órgão: TCE-MG Prova: CESPE – 2018 – TCE-MG – Analista de Controle Externo – Ciências Contábeis) O Sistema de Informações de Custos do Governo Federal adota como metodologia de cálculo o que a Secretaria do Tesouro Nacional denomina de custo direto. A base de cálculo para a mensuração do custo direto, que subsidia decisões gerenciais, inclui, entre outros, os custos correspondentes a:

(A) pessoal ativo e inativo.

(B) investimentos, pessoal ativo e juros.

(C) aquisição de ativos, material de consumo e pessoal ativo.

(D) despesas de capital e pessoal ativo.

(E) despesas de capital e despesas correntes.

3. (FCC Órgão: TRE-AP Prova: FCC – 2015 – TRE-AP – Analista Judiciário – Contabilidade) Considere as afirmativas sobre o Sistema de Informação de Custo do Setor Público – SICSP.

I. Apoiar a avaliação de resultados e desempenhos, permitindo a comparação entre os custos da entidade com os custos de outras entidades públicas, estimulando a melhoria do desempenho dessas entidades.

II. Apoiar as funções de planejamento e orçamento, fornecendo informações que permitam projeções mais aderentes à realidade com base em custos incorridos e projetados.

III. Determinar a redução de custos de um programa de governo e remanejar os recursos para outro programa.

IV. Mensurar, registrar e evidenciar os custos dos produtos, serviços, programas, projetos, atividades, ações, órgãos e outros objetos de custos da entidade.

De acordo com a NBC T 16.11, são objetivos do SICSP o que consta APENAS em

(A) I e III.

(B) II e IV.

(C) I, II e IV.

(D) III e IV.

(E) I, II e III.

4. (CESPE / CEBRASPE Órgão: SEFAZ-AL Prova: CESPE – 2020 – SEFAZ--AL – Auditor de Finanças e Controle de Arrecadação da Fazenda Estadual) Uma secretaria municipal funciona em um imóvel alugado. Além desse gasto, a secretaria paga o salário de seis servidores, contas de água e energia elétrica, além das despesas com material de consumo e limpeza. Ao fazer o gerenciamento dos custos da secretaria, o gestor tem à sua disposição diferentes métodos de custeio.

Considerando a situação hipotética precedente, julgue o item a seguir.

Caso o gestor adote o método de custeio variável, o valor do aluguel não deverá ser alocado como custo, pois corresponde a um valor fixo.

( ) Certo   ( ) Errado

5. (IF-MT Órgão: IF-MT Prova: IF-MT – 2019 – IF-MT – Contador) A NBC T 16.11 – Sistema de Informação de Custos do Setor Público estabelece a conceituação, o objeto, os objetivos e as regras básicas para mensuração e evidenciação dos custos no setor público, sendo apresentado, nesta Norma, como Subsistema de Informação de Custos do Setor Público (SICSP). O SICSP registra,

processa e evidencia os custos de bens e serviços e outros objetos de custos, produzidos e oferecidos à sociedade pela entidade pública. Nesse contexto, é INCORRETO afirmar que:

(A) O SICSP de bens e serviços e outros objetos de custos públicos tem por objetivo, entre outros, mensurar, registrar e evidenciar os custos dos produtos, serviços, programas, projetos, atividades, ações, órgãos e outros objetos de custos da entidade.

(B) O SICSP é apoiado em três elementos: sistema de acumulação; sistema de custeio e método de custeio.

(C) Sistema de acumulação corresponde à forma como os custos são acumulados e apropriados aos bens e serviços e outros objetos de custos e está relacionado ao fluxo físico e real da produção.

(D) Sistema de custeio está associado ao modelo de mensuração e, desse modo, podem ser custeados os diversos agentes de acumulação, de acordo com diferentes unidades de medida, dependendo das necessidades dos tomadores de decisões.

(E) Método de custeio é o sistema de acumulação que compreende especificações predeterminadas do serviço ou produto demandado, com tempo de duração limitado.

6. (IDECAN Órgão: Câmara de Natividade – RJ Prova: IDECAN – 2017 – Câmara de Natividade – RJ – Controlador Interno) Na contabilidade aplicada ao setor público, há premissas importantes para o bom e correto uso dos recursos públicos. Uma dessas premissas estabelece que o valor que seria desembolsado na alternativa desprezada de menor valor entre aquelas consideradas possíveis para a execução da ação pública é um:

(A) Mau uso do erário.

(B) Déficit econômico.

(C) Custo de execução.

(D) Custo de oportunidade.

7. (CESPE / CEBRASPE Órgão: CGE – CE Prova: CESPE – 2019 – CGE – CE – Auditor de Controle Interno – Governamental) O sistema de informações de custos do governo federal consiste de um banco de dados alimentado a partir de informações dos diversos sistemas estruturantes da administração pública. O objetivo desse sistema é:

(A) identificar em que entes da administração pública federal ocorrem os maiores gastos de recursos públicos.

(B) comparar as despesas de pessoal dos diversos entes da administração pública federal.

(C) oferecer suporte tecnológico para a adequada contabilização dos ativos públicos.

(D) fornece subsídio a gestores nos processos de tomada de decisões

(E) gerenciar o controle orçamentário das despesas.

8. (Quadrix Órgão: CREF – 13ª Região (BA-SE) Prova: Quadrix – 2018 – CREF – 13ª Região (BA-SE) – Analista Contador) Quanto aos aspectos legais e à terminologia de custos, julgue o item a seguir.

O Subsistema de Informação de Custos do Setor Público (SICSP) é facultativo no Setor Público, pois sua finalidade básica é de caráter gerencial.

( ) Certo　　　　　　　( ) Errado

9. (UFMG Órgão: UFMG Prova: UFMG – 2019 – UFMG – Contador) A Norma Brasileira de Contabilidade aplicada ao setor público (NBC T 16.11) estabelece a conceituação, o objeto, os objetivos e as regras básicas para mensuração e evidenciação dos custos no setor público e apresentado, nesta Norma, como subsistema de Informação de Custos do setor público (SICSP). assinale a afirmativa INCORRETA sobre esse subsistema:

(A) O SICSP registra, processa e evidencia os custos de bens e serviços e outros objetos de custos, produzidos e oferecidos à sociedade pela entidade pública.

(B) Na geração de informação de custo, não é obrigatória a adoção dos princípios de contabilidade da competência.

(C) Os serviços públicos devem ser identificados, medidos e relatados em sistema projetado para gerenciamento de custos dos serviços públicos.

(D) Um dos objetivos é apoiar a avaliação de resultados e desempenhos, permitindo a comparação entre os custos da entidade com os custos de outras entidades públicas.

10. Acerca do sistema de custos do governo federal, julgue o item a seguir.

Na relação entre despesa e custo, o estágio da despesa que mais se aproxima à informação que alimenta o sistema é o valor correspondente ao pagamento.

( ) Certo　　　　　　　( ) Errado

11. (CESPE / CEBRASPE Órgão: TRF – 1ª REGIÃO Prova: CESPE – 2017 – TRF – 1ª REGIÃO – Analista Judiciário – Área Administrativa) Acerca das demonstrações contábeis aplicadas ao setor público e do sistema de custos da administração pública, julgue o item a seguir.

Na administração pública, a adoção do subsistema de custos permite mensurar e reportar os custos dos serviços de saúde prestados por um ente público; a demonstração do resultado econômico é adequada para a evidenciação dessas informações.

( ) Certo　　　　　　　( ) Errado

12. (UEM Órgão: UEM Prova: UEM – 2017 – UEM – Contador) O subsistema de custos definido pela Norma Brasileira de Contabilidade Aplicada ao Setor Público deve proporcionar informações, dentre outras, sobre:

(A) condução de políticas públicas.

(B) racionalização de procedimentos.

(C) otimização dos recursos públicos.

(D) subsídios obtidos pela administração.

(E) melhoria do processo de *accountability*.

13. (FCM Órgão: IF Baiano Prova: FCM – 2017 – IF Baiano – Técnico em Contabilidade) O Sistema de Custos aplicado ao setor público reforçou a necessidade de se buscar a representação fidedigna das informações, incluindo aquelas relacionadas aos custos das mercadorias, dos produtos e dos serviços prestados pelas entidades públicas. Considerando os diversos métodos de custeio, é correto afirmar que:

(A) o pleno consiste na apropriação dos custos de produção e das despesas aos produtos e serviços.

(B) o por absorção consiste na apropriação de todos os custos de produção e de despesas aos produtos e serviços.

(C) o por atividade considera que os departamentos das entidades são geradores de custos e consomem recursos.

(D) o direto aloca todos os custos fixos e variáveis diretamente aos produtos, sem qualquer tipo de rateio ou apropriação.

(E) a variável apropria aos produtos ou serviços apenas os custos variáveis e fixos operacionais e considera os custos fixos estruturais como despesas do período.

14. (CESPE / CEBRASPE Órgão: ANTT Prova: CESPE – 2013 – ANTT – Especialista em Regulação de Serviços de Transportes Terrestres – Ciências Contábeis) O Sistema de Informações de Custos do Governo Federal (SIC) utiliza a extração de dados dos sistemas estruturantes da administração pública federal para a geração de informações. Com relação a esse sistema, julgue o próximo item.

Por tratar de informação eminentemente gerencial, a manutenção de sistema de custos pela administração pública federal é obrigatória.

( ) Certo   ( ) Errado

15. (CESPE / CEBRASPE Órgão: FUNASA Prova: CESPE – 2013 – FUNASA – Atividade de Complexidade Intelectual) Em relação ao sistema de custos no setor público, julgue o item subsequente.

O método de custeio direto consiste na alocação de todos os custos fixos e variáveis diretamente a todos os objetos de custos, sem qualquer tipo de rateio ou apropriação.

( ) Certo   ( ) Errado

16. (ESAF Órgão: MF Prova: ESAF – 2013 – MF – Analista de Finanças e Controle – Contábil-Financeira) Em relação ao Sistema de Informação de Custos do Setor Público, considere:

I. Sistema de acumulação corresponde à forma como os custos são acumulados e apropriados aos bens e serviços e outros objetos de custos e está relacionado ao fluxo físico e real da produção.

II. Sistema de custeio está associado ao modelo de mensuração e desse modo podem ser custeados os diversos agentes de acumulação de acordo com diferentes unidades de medida, dependendo das necessidades dos tomadores de decisões.

III. Método de custeio se refere ao método de apropriação de custos e está associado ao processo de identificação e associação do custo ao objeto que está sendo custeado.

IV. Custo controlável é definido como o custo projetado para subsidiar o processo de elaboração dos orçamentos da entidade para determinado período.

Está correto o que se afirma em:

(A) I e III, apenas.

(B) I, II e III, apenas.

(C) II, III e IV, apenas.

(D) III e IV, apenas

(E) I, II, III e IV.

17. (CESPE / CEBRASPE Órgão: TC-DF Prova: CESPE – 2014 – TC-DF – Analista de Administração Pública – Orçamento, Gestão Financeira e Controle) Julgue o item abaixo, relativo ao Sistema de Informação de Custos do Setor Público (SICSP).

A adoção do SICSP é obrigatória em todas as entidades do setor público.

( ) Certo   ( ) Errado

18. (CESPE / CEBRASPE Órgão: TJ-CE Prova: CESPE – 2014 – TJ-CE – Analista Judiciário – Ciências Contábeis) Acerca do Sistema de Informação de Custos no Setor Público (SICSP), assinale a opção correta:

(A) O gestor da entidade é responsável pela consistência conceitual e pela apresentação das informações contábeis do subsistema de custos.

(B) Ainda que se refira aos mesmos objetos de custos, no SICSP não deve ser utilizada a mesma base conceitual do processo de planejamento e orçamento.

(C) O SICSP é de adoção obrigatória apenas nas entidades que observam integralmente as normas e técnicas próprias da contabilidade aplicada ao setor público.

(D) No método de custeio variável, são apropriados todos os custos de produção aos produtos e serviços.

(E) Para o SICSP, a adoção do princípio da competência é obrigatória na geração de informação de custo.

19. (CESPE / CEBRASPE Órgão: TCE-RO Prova: CESPE – 2013 – TCE-RO – Contador) Acerca do Sistema de Informações de Custos no Setor Público (SICSP), julgue os itens que se seguem.

O SICSP deverá estar integrado com o processo de avaliação patrimonial e de controle de estoques, permitindo efetuar o controle entre o físico e o financeiro.

( ) Certo   ( ) Errado

20. (CESPE / CEBRASPE Órgão: TCE-RO Prova: CESPE – 2013 – TCE-RO – Contador) Acerca do Sistema de Informações de Custos no Setor Público (SICSP), julgue os itens que se seguem.

Na elaboração da demonstração do resultado econômico, será considerada a receita econômica dos serviços prestados, dos bens e dos produtos fornecidos.

( ) Certo   ( ) Errado

GABARITO

1) **GABARITO: E.**

Comentário

Método de custeio (NBC T 16.11): se refere ao método de apropriação de custos e está associado ao processo de identificação e associação do custo ao objeto que está sendo custeado. A escolha do método deve estar apoiada na disponibilidade de informações e no volume de recursos necessários para obtenção das informações ou dados. As entidades podem adotar mais de uma metodologia de custeamento, dependendo das características dos objetos de custeio. Os principais métodos de custeio utilizados em Custos no setor público serão abordados no item 5.2 do MIC.

2. **GABARITO: A.**

Comentário

O método de custeio direto consiste na alocação de todos os custos fixos e variáveis diretamente a todos os objetos de custos, sem qualquer tipo de rateio ou apropriação. Contudo, o conceito de custo direto não é o direcionador da resposta, para responder à questão é importante lembrar que a CASP adota o regime de competência e tem como direcionador de custo as Variações Patrimoniais Diminutivas (VPD), ou seja, as despesas efetivas (despesas correntes).

3. GABARITO: C.

Comentário

NBC T16.11 – O SICSP de bens e serviços e outros objetos de custos públicos tem por objetivo:

a) mensurar, registrar e evidenciar os custos dos produtos, serviços, programas, projetos, atividades, ações, órgãos e outros objetos de custos da entidade;

b) apoiar a avaliação de resultados e desempenhos, permitindo a comparação entre os custos da entidade com os custos de outras entidades públicas, estimulando a melhoria do desempenho dessas entidades;

c) apoiar a tomada de decisão em processos, tais como comprar ou alugar, produzir internamente ou terceirizar determinado bem ou serviço;

d) apoiar as funções de planejamento e orçamento, fornecendo informações que permitam projeções mais aderentes à realidade com base em custos incorridos e projetados;

e) apoiar programas de redução de custos e de melhoria da qualidade do gasto.

4. GABARITO: Certo.

Comentário

Custeio por Absorção (também chamado "custeio integral") é o método derivado da aplicação dos Princípios Fundamentais de Contabilidade. Consiste na apropriação de todos os custos (diretos e indiretos, fixos e variáveis) causados pelo uso de recursos da produção aos bens elaborados, e só os de produção, isto dentro do ciclo operacional interno. Todos os gastos relativos ao esforço de fabricação são distribuídos para todos os produtos feitos.

O Método de Custeio Direto, ou Variável, atribui para cada custo uma classificação específica, na forma de custo fixo ou custo variável. O custo final do produto (ou serviço) será a soma do custo variável, dividido pela produção correspondente, sendo os custos fixos considerados diretamente no resultado do exercício.

O custo-padrão é um custo pré-atribuído, tomado como base para o registro da produção antes da determinação do custo efetivo. Em sua concepção gerencial, o custo-padrão indica um "custo ideal" que deverá ser perseguido, servindo de base para a administração mediar e eficiência da produção e conhecer as variações de custo.

Esse custo ideal seria aquele que deveria ser obtido pela indústria nas condições de plena eficiência e máximo rendimento.

O Princípio do Registro pelo Valor Original determina a avaliação dos componentes do patrimônio pelos valores originais das transações com o mundo exterior a valor presente em moeda nacional, sendo mantidos na avaliação das variações patrimoniais posteriores, o que descarta a utilização do custo-padrão para fins de avaliação dos estoques e dos custos dos produtos vendidos, posto que este pode divergir da transação efetiva.

5. GABARITO: E.

Comentário

NBC T 16.11 – Sistema de Informação de Custos do Setor Público

O SICSP é apoiado em três elementos: Sistema de acumulação, Sistema de custeio e Método de custeio.

O sistema de acumulação corresponde à forma como os custos são acumulados e apropriados aos bens e serviços e outros objetos de custos e está relacionado ao fluxo físico e real da produção. Os sistemas de acumulação de custos no setor público ocorrem por ordem de serviço (ou produção) e de forma contínua.

Por ordem de serviço (ou produção) é o sistema de acumulação que compreende especificações predeterminadas do serviço ou produto demandado, com tempo de duração limitado.

De forma contínua é o sistema de acumulação que compreende demandas de caráter continuado e são acumuladas ao longo do tempo.

Sistema de custeio está associado ao modelo de mensuração e desse modo podem ser custeados os diversos agentes de acumulação de acordo com diferentes unidades de medida, dependendo das necessidades dos tomadores de decisões. No âmbito do sistema de custeio, podem ser utilizadas as seguintes unidades de medida: custo histórico; custo-corrente; custo estimado; e custo padrão.

Método de custeio se refere ao método de apropriação de custos e está associado ao processo de identificação e associação do custo ao objeto que está sendo custeado. Os principais métodos de custeio são: direto, variável, por absorção, por atividade, e pleno.

6. GABARITO: D.

Comentário

NBC T 16.11 – Sistema de Informação de Custos do Setor Público.

Custo de oportunidade é o custo objetivamente mensurável da melhor alternativa desprezada relacionado à escolha adotada.

7. GABARITO: D.

Comentário

O Sistema de Informações de Custos do Governo Federal (SIC) é uma ferramenta tecnológica que tem a capacidade de integrar os principais sistemas estruturantes do Governo Federal – SIORG, SIAPE, SIAFI e SIGPLAN/SIOP – em uma única base de dados (*data warehouse*), armazenando e reunindo as informações de custos que permitem o apoio à tomada de decisões pelo gestor.

8. GABARITO: Errado.

Comentário

O SICSP é obrigatório em todas as entidades do setor público.

Vários dispositivos legais determinam a apuração de custos no setor público como requisito de transparência e prestação de contas, seja para controle interno, externo ou controle social.

Além dos aspectos legais, esta norma também destaca o valor da informação de custos para fins gerenciais. Sua relevância para o interesse público pode ser entendida pelo seu impacto sobre a gestão pública, seja do ponto de vista legal ou de sua utilidade.

9. GABARITO: B.

Comentário

Princípio de competência

Na geração de informação de custo, é obrigatória a adoção dos princípios de contabilidade em especial o da competência, devendo ser realizados os ajustes necessários quando algum registro for efetuado de forma diferente.

10. GABARITO: Errado.

Comentário

Na relação entre despesa e custo, o estágio da despesa que mais se aproxima à informação que alimenta o sistema é o valor correspondente à LIQUIDAÇÃO.

O estágio da despesa orçamentária que mais se aproxima da informação de custo é o da liquidação, sendo, portanto, a despesa liquidada o ponto de partida da informação que deve alimentar o sistema de custos.

As despesas liquidadas orçamentárias equivalem ao conceito de gasto e podem ser consideradas como custo dos produtos ou serviços prestados no período após as reclassificações e ajustes necessários.

As etapas da despesa orçamentária seguem a ordem de ocorrência dos fenômenos econômicos, levando-se em consideração o modelo de orçamento existente no país e a tecnologia utilizada.

11. GABARITO: Certo.

Comentário

As informações de custos descritas nesta Norma podem subsidiar a elaboração de relatórios de custos, inclusive da Demonstração do Resultado Econômico (DRE).

A DRE evidencia o resultado econômico de ações do setor público, devendo ser elaborada considerando sua interligação com o subsistema de custos e apresentar na forma dedutiva, pelo menos, a seguinte estrutura:

a) receita econômica dos serviços prestados, dos bens e dos produtos fornecidos;

b) custos e despesas identificados com a execução da ação pública; e

c) resultado econômico apurado.

Diante do exposto, percebe-se que a adoção do subsistema de custos permite mensurar e reportar os custos dos serviços de saúde prestados por um ente público. Ademais, a demonstração do resultado econômico é adequada para a evidenciação dessas informações.

12. GABARITO: C.

Comentário

O SICSP de bens e serviços e outros objetos de custos públicos têm por objetivo:

a) mensurar, registrar e evidenciar os custos dos produtos, serviços, programas, projetos, atividades, ações, órgãos e outros objetos de custos da entidade;

b) apoiar a avaliação de resultados e desempenhos, permitindo a comparação entre os custos da entidade com os custos de outras entidades públicas, estimulando a melhoria do desempenho dessas entidades;

c) apoiar a tomada de decisão em processos, tais como comprar ou alugar, produzir internamente ou terceirizar determinado bem ou serviço;

d) apoiar as funções de planejamento e orçamento, fornecendo informações que permitam projeções mais aderentes à realidade com base em custos incorridos e projetados;

e) apoiar programas de redução de custos e de melhoria da qualidade do gasto.

f) apoiar programas de controle de custos e de melhoria da qualidade do gasto. (Redação dada pela Resolução CFC nº 13/1.437)

13. GABARITO: A.

Comentário

NBC T 16.11

– Custeio direto é o custeio que aloca todos os custos – fixos e variáveis – diretamente a todos os objetos de custo sem qualquer tipo de rateio ou apropriação.

– Custeio variável que apropria aos produtos ou serviços apenas os custos variáveis e considera os custos fixos como despesas do período.

– Custeio por absorção que consiste na apropriação de todos os custos de produção aos produtos e serviços.

– Custeio pleno que consiste na apropriação dos custos de produção e das despesas aos produtos e serviços.

– Custeio por atividade que considera que todas as atividades desenvolvidas pelas entidades são geradoras de custos e consomem recursos. Procura estabelecer a relação entre atividades e os objetos de custo por meio de direcionadores de custos que determinam quanto de cada atividade é consumida por eles.

14. GABARITO: Certo.

Comentário

LEI COMPLEMENTAR Nº 101, DE 4 DE MAIO DE 2000.

Art. 50. Além de obedecer às demais normas de contabilidade pública, a escrituração das contas públicas observará as seguintes: (...)

§ 3o A Administração Pública manterá sistema de custos que permita a avaliação e o acompanhamento da gestão orçamentária, financeira e patrimonial.

15. GABARITO: Certo.

Comentário

NBC T 16.11 – Subsistema de Informação de Custos do Setor Público

O método de custeio se refere ao método de apropriação de custos e está associado ao processo de identificação e associação do custo ao objeto que está sendo custeado. Os principais métodos de custeio são: direto; variável, por absorção, por atividade, e pleno.

– Custeio direto é o custeio que aloca todos os custos – fixos e variáveis – diretamente a todos os objetos de custo sem qualquer tipo de rateio ou apropriação.

– Custeio variável que apropria aos produtos ou serviços apenas os custos variáveis e considera os custos fixos como despesas do período.

– Custeio por absorção que consiste na apropriação de todos os custos de produção aos produtos e serviços.

– Custeio pleno que consiste na apropriação dos custos de produção e das despesas aos produtos e serviços.

– Custeio por atividade que considera que todas as atividades desenvolvidas pelas entidades são geradoras de custos e consomem recursos. Procura estabelecer a relação entre atividades e os objetos de custo por meio de direcionadores de custos que determinam quanto de cada atividade é consumida por eles.

16. GABARITO: B.

Comentário

IV. Custo controlável é definido como o custo projetado para subsidiar o processo de elaboração dos orçamentos da entidade para determinado período. Custo estimado é o custo projetado para subsidiar o processo de elaboração dos orçamentos da entidade para determinado período; pode basear-se em simples estimativa ou utilizar a ferramenta do custo padrão.

17. GABARITO: Certo.

Comentário

O SICSP é obrigatório em todas as entidades do setor público.

Vários dispositivos legais determinam a apuração de custos no setor público como requisito de transparência e prestação de contas, seja para controle interno, externo ou controle social. Além dos aspectos legais, esta Norma também destaca o valor da informação de custos para fins gerenciais. Sua relevância para o interesse público pode ser entendida pelo seu impacto sobre a gestão pública, seja do ponto de vista legal ou de sua utilidade. (Fonte: NBC T 16.11)

18. GABARITO: E.

Comentário

Seguem os comentários conforme a NBC T 16.11

(A) O gestor da entidade é responsável pela consistência conceitual e pela apresentação das informações contábeis do subsistema de custos.

– Item 24. A responsabilidade pela consistência conceitual e apresentação das informações contábeis do sistema de custos é do profissional contábil.

(B) Ainda que se refira aos mesmos objetos de custos, no SICSP não deve ser utilizada a mesma base conceitual do processo de planejamento e orçamento

– Item 20: O SICSP deve estar integrado com o processo de planejamento e orçamento, devendo utilizar a mesma base conceitual se se referirem aos mesmos objetos de custos, permitindo assim o controle entre o orçado e o executado. No início do processo de implantação do SICSP, pode ser que o nível de integração entre planejamento, orçamento e execução consequentemente custos) não esteja em nível satisfatório. O processo de mensurar e evidenciar custos deve ser realizado sistematicamente, fazendo da informação de custos um vetor de alinhamento e aperfeiçoamento do planejamento e orçamento futuros.

(C) O SICSP é de adoção obrigatória apenas nas entidades que observam integralmente as normas e técnicas próprias da contabilidade aplicada ao setor público

– Item 7: O SICSP é obrigatório em todas as entidades do setor público.

(D) No método de custeio variável, são apropriados todos os custos de produção aos produtos e serviços.

– Custeio variável que apropria aos produtos ou serviços apenas os custos variáveis e considera os custos fixos como despesas do período.

– Atentar que o conceito de custeio direto na contabilidade privada é o mesmo do custeio variável. Porém, na contabilidade pública, o custeio direto tem outro conceito. Vejam:

– Custeio direto é o custeio que aloca todos os custos – fixos e variáveis – diretamente a todos os objetos de custo sem qualquer tipo de rateio ou apropriação.

(E) Para o SICSP, a adoção do princípio da competência é obrigatória na geração de informação de custo

– Item 14: Na geração de informação de custo, é obrigatória a adoção dos princípios de contabilidade em especial o da competência, devendo ser realizados os ajustes necessários quando algum registro for efetuado de forma diferente.

19. GABARITO: Errado.

Comentário

O SICSP deve estar integrado com o processo de planejamento e orçamento, devendo utilizar a mesma base conceitual se se referir aos mesmos objetos de custos, permitindo assim o controle entre o orçado e o executado. No início do processo de implantação do SICSP, pode ser que o nível de integração entre planejamento, orçamento e execução (consequentemente custos) não esteja em nível satisfatório. O processo de mensurar e evidenciar custos deve ser realizado sistematicamente, fazendo da informação de custos um vetor de alinhamento e aperfeiçoamento do planejamento e orçamento futuros". (Fonte: NBC T 16.11 – Sistema de Informação de Custos do Setor Público)

20. GABARITO: Certo.

Comentário

NBC T 16.11, item 27. A DRE deve ser elaborada considerando sua interligação com o subsistema de custos e apresentar na forma dedutiva, pelo menos, a seguinte estrutura:

a) receita econômica dos serviços prestados, dos bens e dos produtos fornecidos;

b) custos e despesas identificados com a execução da ação pública; e

c) resultado econômico apurado.

A Demonstração do Resultado Econômico evidencia o resultado econômico de ações do setor público, e deve ser elaborada considerando sua interligação com o sistema de custos e apresentar na forma dedutiva, pelo menos, a seguinte estrutura: (a) receita econômica dos serviços prestados e dos bens ou dos produtos fornecidos; (b) custos e despesas identificados com a execução da ação pública; e (c) resultado econômico apurado.

Capítulo 19

LICITAÇÃO PÚBLICA, DISPENSA E INEXIGIBILIDADE – ASPECTOS GERAIS

19.1 Introdução

A Administração Pública para a condução de seus negócios não tem liberdade como Administração Privada, devendo atender a estrita observância ao princípio da legalidade. Ao contrário do particular, a Administração Pública não pode firmar contratos com quem ela quiser, baseada apenas no julgamento subjetivo do agente público.

Como regra, para a escolha da pessoa a ser contratada, a Administração Pública deve promover procedimento licitatório, com vistas a assegurar ao maior número de interessados possível a oportunidade de apresentar propostas e de ser escolhido para firmar o contrato (art. 37, XXI da CF, fundamento constitucional da licitação).

Em vigor desde 1993, a Lei Federal nº 8.666 teve que ser apoiada, no decorrer dos anos, por diversos outros normativos, como a Lei Federal nº 10.520/02, que trata dos pregões, e a Lei Federal nº 12.462/11, que instituiu o Regime de Contratações Diferenciadas (RDC), e foi publicada com a finalidade de atender as demandas dos Jogos Olímpicos, da Copa do Mundo e de projetos e obras de infraestrutura de apoio às construções relacionadas aos eventos. A Lei Federal nº 8.666/93 demandou atualizações e adequações à realidade das compras, da gestão pública e da tecnologia de informação no transcorrer dos anos.

Não é difícil, ainda, encontrar falhas neste ordenamento jurídico por falta de conhecimento de sua aplicação prática, ou indicativos de desvios de recursos públicos por eventuais fraudes, em razão de sua fragilidade, que não alcança todas as necessidades atuais.

A fim de trazer esta nova realidade, a Lei 14.133, sancionada no dia 01 de abril de 2021, chega de modo a refletir as atualizações e o fortalecimento necessário aos sistemas de compras públicas e a todos profissionais que nele atuam.

A nova lei, em seu artigo 193 revoga alguns artigos e leis:

a) Os artigos 89 a 108 da Lei nº 8.666, de 21 de junho de 1993, na data de publicação desta Lei;

b) A Lei nº 8.666, de 21 de junho de 1993, a Lei nº 10.520, de 17 de julho de 2002, e os artigos 1º a -47A da Lei nº 12.462, de 4 de agosto de 2011, após decorridos 2 (dois) anos da publicação oficial desta Lei.

Neste capítulo, abordaremos a Lei 8.666/93 e a Lei 14.133 sancionada em 01 de abril 2021, uma vez que a Lei das Licitações 8.666/93 permanecerá vigente durante dois anos após a publicação da nova lei.

O artigo 191 da Lei 14.133/21 dispõe:

"Até o decurso do prazo de que trata o inciso II do caput do art. 193, a Administração poderá optar por licitar ou contratar diretamente de acordo com esta Lei ou de acordo com as leis citadas no referido inciso, e a opção escolhida deverá ser indicada expressamente no edital ou no aviso ou instrumento de contratação direta, vedada a aplicação combinada desta Lei com as citadas no referido inciso".

Deste modo, a primeira parte deste capítulo abordará os aspectos da Lei 8.666/93, em seguida serão apresentados os aspectos da nova lei das licitações e contratos (14.133/21), deixando assim nossos leitores a par das duas normas, tendo em mente que a Lei 8.666/93 deixará de existir dois anos após a sua promulgação.

19.2 LICITAÇÕES E CONTRATOS – LEI 8.666/93

A licitação é uma sequência de atos (procedimentos) que antecede a celebração do contrato, podendo até, em alguns casos, ser dispensada ou não ser exigida.

A celebração de contratos administrativos, como toda regra, encontrará exceções, as quais se encontram expressamente mencionadas na Lei 8.666/1993. Então, o dever de licitar é uma regra para a elaboração dos contratos administrativos.

A Lei 8.666/1993 e a Lei 10.520/2002 têm caráter nacional, isto é, são de observância obrigatória para todos os entes da Federação.

Cabe ressaltar que entidades estatais não são obrigadas a realizar licitação pública nas contratações relativas à sua atividade-fim (compra de insumos, venda de produtos, prestação de serviços de natureza econômica, concessão de financiamento etc.). Por exemplo, a Petrobras não precisa realizar licitação para adquirir petróleo no mercado internacional, da mesma forma que a Caixa Econômica não precisa fazer licitação para celebrar contratos de financiamento imobiliário com seus clientes. As empresas estatais exploradoras de atividade econômica devem realizar licitação apenas para celebrar contratos na atividade-meio (aquisição de material de expediente, serviços de limpeza, obras etc.).

19.3 COMISSÃO DE LICITAÇÃO

Em conformidade com a lei das Licitações Públicas (8.666/93), a comissão de licitação é a equipe de servidores responsáveis pela condução do procedimento de licitação. Segundo o artigo 51 do Diploma Legal (Lei 8666/93), as comissões serão integradas por, no mínimo, três membros, sendo pelo menos dois deles servidores qualificados pertencentes aos quadros permanentes dos órgãos da Administração responsáveis pela licitação.

Basicamente, a função desta comissão é receber, examinar e julgar todos os documentos e procedimentos relativos às licitações e ao cadastramento de licitantes (art. 6º, XVI). É importante que se saiba que não cabe à comissão a homologação e, muito menos, a adjudicação do certame – estes são papéis da autoridade competente.

Cabe, ainda, informar, quanto ao julgamento das propostas, o artigo 45 da lei dispõe sobre as funções da comissão:

> Art. 45. O julgamento das propostas será objetivo, devendo a Comissão de licitação ou o responsável pelo convite realizá-lo em conformidade com os tipos de licitação, os critérios previamente estabelecidos no ato convocatório e de acordo com os fatores exclusivamente nele referidos, de maneira a possibilitar sua aferição pelos licitantes e pelos órgãos de controle.

Os "tipos de licitação" mencionados no citado artigo são, na verdade, os critérios de julgamento da licitação, quais elencamos: "menor preço", "melhor técnica", "técnica e preço" e "maior lance ou oferta", conforme definido no edital.

A comissão pode ser permanente, para o julgamento de todas as licitações do órgão/entidade, ou especial, para cada licitação específica.

19.4 MODALIDADE DE LICITAÇÕES

A modalidade de licitação é a forma específica de conduzir o procedimento licitatório a partir de critérios definidos em lei.

A Lei 8.666/1993 prevê cinco modalidades de licitação, conforme estabelece os §§ 1º ao 5º do art. 22: concorrência, tomada de preços, convite, concurso e leilão.

Além das modalidades expressamente previstas na Lei 8.666/1993, existe o pregão, regulamentado pela Lei 10.520/2002, e a consulta, aplicável às agências reguladoras, conforme a Lei 9.472/199

É vedada a criação de novas modalidades e combinação de modalidades (§ 8º do art. 22 da Lei 8.666/1993).

O art. 23 da Lei 8.666/1993 dispõe qual modalidade de licitação deverá ser utilizada tendo em vista o valor estimado da contratação:

Modalidade	Obras e serviços de engenharia	Demais compras e serviços
Concorrência	Acima de R$ 1,5 milhão	Acima de R$ 650 mil
Tomada de preços	Até R$ 1,5 milhão	Até 650 mil
Convite	Até 150 mil	Até 80 mil
Dispensa de licitação	Até 15 mil	Até 8 mil

Vamos analisar cada uma delas, observando as particularidades de cada uma na hora de definir a forma específica de conduzir o procedimento licitatório

1. Concorrência

É a modalidade de licitação própria para contratos de grande vulto (valor), embora também possa ser utilizada no lugar das outras modalidades, seja qual for o valor do contrato que a Administração pretenda firmar, em que se admite a participação de quaisquer interessados, cadastrados ou não, com ampla publicidade pelo órgão oficial e pela imprensa particular.

Características:

a) Contratação de maior vulto;

b) Compra e venda de bens imóveis, concessões, parcerias público-privadas (PPP), licitações internacionais (regra) e empreitada integral;

c) Ampla publicidade;

d) Habilitação preliminar;

e) Quaisquer interessados podem participar.

2. Tomada de Preços

A tomada de preços atende à celebração de contratos de valores intermediários, realizada entre interessados previamente cadastrados. Se diferencia da concorrência, em que a habilitação integra o próprio procedimento (é preliminar, mas realizada após a abertura do procedimento).

O artigo 22 § 2º da Lei 8.666/93, dispõe sobre a modalidade Tomada de Preços:

> § 2º Tomada de preços é a modalidade de licitação entre interessados devidamente cadastrados ou que atenderem a todas as condições exigidas para cadastramento até o terceiro dia anterior à data do recebimento das propostas, observada a necessária qualificação.

Características:

a) Empresa previamente cadastrada;

b) Habilitação prévia;

c) Empresas que não se cadastraram até três dias antes do recebimento das propostas poderão se cadastrar;

d) Publicação em imprensa oficial e jornais de grande circulação.

3. Convite

Essa modalidade de licitação apresenta procedimentos mais simples, sendo utilizada para as contratações de pequena monta (valor). Nela, a Administração escolhe e convida interessados para participarem da licitação por intermédio da carta-convite, que é o instrumento convocatório da modalidade.

A Administração deve enviar a carta-convite para, pelo menos, três interessados do ramo pertinente ao objeto da licitação, cadastrados ou não, para que apresentem suas propostas. A carta-convite não precisa ser publicada em diário oficial ou em jornal. Para garantir a publicidade do certame, além do envio da carta-convite a no mínimo três possíveis interessados no objeto da licitação, a Administração deverá afixar uma cópia do instrumento convocatório em local apropriado de fácil visualização, a fim de que os demais interessados cadastrados não originalmente convidados possam participar, desde que manifestem seu interesse com antecedência de até 24 horas da apresentação das propostas (art. 22, § 3º).

O convite está definido da seguinte forma no artigo 22, § 3º da Lei 8.666/1993:

> § 3o Convite é a modalidade de licitação entre interessados do ramo pertinente ao seu objeto, cadastrados ou não, escolhidos e convidados em número mínimo de 3 (três) pela unidade administrativa, a qual afixará, em local apropriado, cópia do instrumento convocatório e o estenderá aos demais cadastrados na correspondente especialidade que manifestarem seu interesse com antecedência de até 24 (vinte e quatro) horas da apresentação das propostas.

Havendo limitações do mercado ou manifesto desinteresse dos convidados, ou caso seja impossível a obtenção do número mínimo de três licitantes, essas circunstâncias deverão ser devidamente justificadas no processo, hipótese em que a licitação poderá prosseguir com menos de três propostas válidas. Caso a Administração não consiga demonstrar (justificar) as limitações do mercado ou o desinteresse dos convidados, o convite deverá ser repetido, com a convocação de outros possíveis interessados (art. 22, §7º).

Na hipótese de existirem na praça mais de três possíveis interessados, a cada novo convite realizado para objeto idêntico ou assemelhado, é obrigatório o envio do convite a no mínimo mais um interessado, enquanto existirem cadastrados não convidados nas últimas licitações (art. 22, § 6º).

Características:

a) Enviado pelo menos a três interessados, cadastrados ou não, e afixado em local apropriado de fácil circulação;

b) Os não cadastrados só poderão participar se convidados;

c) Essa modalidade não precisa ser publicada (carta-convite);

d) Poderá ter menos de três licitantes, quando ocorrer manifesto desinteresse dos convidados ou limitação no mercado, desde que justificado;

e) Havendo limitação de servidores nas pequenas unidades, poderá o certame ser conduzido por um único servidor.

4. Concurso

Essa modalidade de licitação tem por objetivo a escolha de um trabalho técnico, artístico ou científico, mediante a instituição de prêmios ou remuneração aos vencedores, conforme critérios constantes de edital publicado na imprensa oficial com antecedência mínima de 45 (quarenta e cinco) dias. O que importa é a natureza do objeto e não o seu valor.

A Lei 8.666/1993 define concurso (art. 22, § 4º):

> § 4º Concurso é a modalidade de licitação entre quaisquer interessados para escolha de trabalho técnico, científico ou artístico, mediante a instituição de prêmios ou remuneração aos vencedores, conforme critérios constantes de edital publicado na imprensa oficial com antecedência mínima de 45 (quarenta e cinco) dias.

Características:

a) Deve ser precedido de regulamento próprio, a ser obtido pelos interessados no local indicado no instrumento convocatório;

b) O vencedor do concurso não é definido pelos critérios objetivos dos definidos no tipo de licitação (menor preço, melhor técnica, técnica e preço ou maior lance ou oferta) como nas demais modalidades;

c) O vencedor do concurso recebe um prêmio ou remuneração, que são pré-definidos no regulamento do certame.

5. Leilão

É a modalidade de licitação utilizada para a venda (alienação) e não para a compra de algo. O art. 22, § 5º da Lei 8.666/1993 apresenta a seguinte definição para a modalidade:

> § 5º Leilão é a modalidade de licitação entre quaisquer interessados para a venda de bens móveis inservíveis para a administração ou de produtos legalmente apreendidos ou penhorados, ou para a alienação de bens imóveis prevista no art. 19, a quem oferecer o maior lance, igual ou superior ao valor da avaliação.

Características:

a) Alienações de bens móveis e imóveis;

b) Bens móveis de até R$ 650.000,00;

c) Bens imóveis oriundos de ação judicial ou dação em pagamento;

d) Conduzido por leiloeiro oficial ou servidor designado;

e) Pagamento à vista ou entrada de no mínimo 5%;

f) Ampla divulgação no município com antecedência mínima de 15 dias.

6. Pregão

Essa modalidade de licitação foi instituída pela Lei 10.520/2002, lei de âmbito nacional que veicula normas gerais relativas à modalidade, aplicáveis no âmbito da União, dos estados, do Distrito Federal e dos Municípios. Neste sentido, não consta na Lei 8.666/1993 a modalidade pregão.

A Lei 8.666/1993 se aplica de forma subsidiária ao pregão, ou seja, na falta de disposição expressa na Lei 10.520, deve-se usar a Lei 8.666/93.

A modalidade pregão é mais célere, buscando simplificar procedimentos excessivamente rigorosos, eliminar formalidades desnecessárias e possibilitar que as decisões sejam tomadas, sempre que possível, no momento da sessão. Pode ser utilizado para a aquisição de bens e serviços comuns, independentemente do valor estimado para a contratação.

Características:

a) Aquisição de bens e serviços comuns;

b) Sempre tipo menos preço;

c) Qualquer valor de contrato;

d) Pode ser conduzida na forma eletrônica (Pregão Eletrônico);

e) Não se aplica a obras e serviços de engenharia, locações imobiliárias e alienações;

d) Inversão de fase: o julgamento precede a habilitação; adjudicação precede a homologação.

7. Consulta

Essa modalidade de licitação, assim como o pregão, não consta na Lei 8.666/1993. Foi criada pela Lei nº 9.472, de 16 de julho de 1997 (artigo 58) devido às suas peculiaridades, visando atender agências reguladoras, por isso o diferencial. A modalidade Consulta é utilizada em bens não comuns, feita por um júri, que atribui nota. As normas gerais relativas à modalidade são aplicáveis no âmbito da União, dos estados, do Distrito Federal e dos Municípios.

Características:

a) Totalmente diferente das demais modalidades;

b) A Consulta será aplicada a bens e serviços não comuns, não corriqueiros;

c) Órgãos e serviços de engenharia têm que seguir a Lei de Licitações e Contratos;

d) A Consulta deverá ser feita por no mínimo três pessoas de reputação ilibada e elevada qualificação para apreciar as propostas;

e) Cinco pessoas, físicas ou jurídicas, de elevada qualificação serão chamadas a apresentar propostas para fornecimento de bens ou serviços não comuns.

19.5 TIPOS DE LICITAÇÕES

Tipo de Licitação é a forma como se dará o julgamento das propostas e a escolha do vencedor. Não é sinônimo de modalidade; tipo quer dizer critério básico de julgamento, ou seja, julga-se com base no tipo. Na Lei 8.666, as modalidades de licitação são concorrência, tomada de preços, convite, concurso e leilão, as quais representam a forma específica de conduzir o procedimento licitatório.

O julgamento das propostas será sempre objetivo, em conformidade com os tipos de licitação, considerando os critérios previamente estabelecidos no ato convocatório.

Como já observado anteriormente, a modalidade concurso não se enquadra nos tipos que veremos a seguir quanto ao julgamento, uma vez que esse critério nessa modalidade especificamente não é objetivo, razão pela qual não se aplicam a ele nenhum dos tipos de licitação previstos na lei.

a) Tipo Menor Preço

A seleção da proposta mais vantajosa para a Administração. Será vencedor o licitante que ofertar o menor preço, desde que sua proposta cumpra todas as especificações do instrumento convocatório. Na modalidade pregão, obrigatoriamente o tipo menor preço terá que ser usado.

b) Tipo Maior Lance ou Oferta

Utilizado para alienação de bens ou concessão de direito real de uso, quando o vencedor será aquele que oferecer o maior valor. O leilão utiliza, obrigatoriamente, esse tipo de licitação. Também pode ser utilizado nas concorrências que tenham por objeto a alienação de bens.

c) Tipo Melhor Técnica

Utilizado exclusivamente para serviços de natureza predominantemente intelectual, em especial na elaboração de projetos, cálculos, fiscalização, supervisão e gerenciamento e de engenharia consultiva em geral, e, em particular, para a elaboração de estudos técnicos preliminares e projetos básicos e executivos de obras (art. 46, caput).

d) Tipo Técnica e Preço

Assim como a do Tipo Melhor Técnica, será utilizado para serviços de natureza predominantemente intelectual, em especial na elaboração de projetos, cálculos, fiscalização, supervisão e gerenciamento e de engenharia consultiva em geral, e, em particular, para a elaboração de estudos técnicos preliminares e projetos básicos e executivos de obras (art. 46, caput).

Aqui cabe um adendo: o termo "exclusivamente" utilizado no caput do artigo 46, restringindo o uso aos serviços de natureza intelectual para esse tipo de licitação, apresenta no mesmo artigo em seu § 3º, de forma excepcional, autorização para utilizar os tipos Melhor Técnica e Técnica e Preço para contratações relativas a fornecimento de bens e execução de obras ou prestação de serviços, desde que exista autorização expressa e justificada da autoridade promotora, e o objeto se refira a bens, obras ou serviços de grande vulto (valor) que sejam dependentes de tecnologia sofisticada.

O tipo Técnica e Preço também é usado, como regra, para contratação de bens e serviços de informática (art. 45, § 4º - Lei 8.666/93).

Modalidades	Tipos Possíveis
Convite	Menor Preço (regra), Melhor Técnica, Técnica e Preço.
Tomada de preços	
Concorrência	Menor Preço (regra), Melhor Técnica, Técnica e Preço, Maior Lance ou Oferta (alienação de bens).
Pregão	Menor Preço.
Leilão	Maior Lance ou Oferta.
Concurso	Nenhum.
Consulta	Para bens não comuns, atribuições de notas feito por um júri.

19.6 CONTRATAÇÃO DIRETA: INEXIGIBILIDADE E DISPENSA

Em conformidade com o artigo 37 da CF, notadamente no inciso XXI, dispõe que:

> Ressalvados os casos especificados na legislação, as obras, serviços, compras e alienações serão contratados mediante processo de licitação pública que assegure igualdade de condições a todos os concorrentes, com cláusulas que estabeleçam obrigações de pagamento, mantidas as condições efetivas da proposta, nos termos da lei, o qual somente permitirá as exigências de qualificação técnica e econômica indispensáveis à garantia do cumprimento das obrigações.

Contudo, o próprio texto constitucional abre a possibilidade para a lei afastar a obrigatoriedade da licitação.

Neste sentido, o artigo 25 da Lei 8666/93, dispõe:

> Art. 25. É inexigível a licitação quando houver inviabilidade de competição, em especial:
>
> I - para aquisição de materiais, equipamentos, ou gêneros que só possam ser fornecidos por produtor, empresa ou representante comercial exclusivo, vedada a preferência de marca, devendo a comprovação de exclusividade ser feita através de atestado fornecido pelo órgão de registro do comércio do local em que se realizaria a licitação ou a obra ou o serviço, pelo Sindicato, Federação ou Confederação Patronal, ou, ainda, pelas entidades equivalentes;
>
> II - para a contratação de serviços técnicos enumerados no art. 13 desta Lei, de natureza singular, com profissionais ou empresas de notória especialização, vedada a inexigibilidade para serviços de publicidade e divulgação;
>
> III - para contratação de profissional de qualquer setor artístico, diretamente ou através de empresário exclusivo, desde que consagrado pela crítica especializada ou pela opinião pública.

Inexigibilidade

Sempre que a Administração não puder realizar uma licitação por não existir viabilidade de competição, aplica-se a hipótese de inexigibilidade, ainda que a situação não se enquadre perfeitamente num dos incisos do art. 25.

Inviabilidade de competição:

a) Fornecedores exclusivos;

b) Artistas consagrados;

c) Serviços técnicos especializados;

d) Natureza singular do serviço;

e) Notória especialização do profissional;

f) Serviços técnicos (estudos, projetos básicos ou executivos e advocacia inciso 13 do citado artigo).

Dispensa

Quanto à dispensa de licitação, mesmo existindo viabilidade jurídica de competição, a lei autoriza a contratação direta ou mesmo determina que não se realize o procedimento licitatório.

O artigo 24 da Lei 8666/93 dispõe de trinta e cinco incisos que tratam de serviços, compras de material e outras despesas que poderão ser dispensadas do certame licitatório.

Alguns incisos em que a licitação poderá ser dispensada:

I – para obras e serviços de engenharia de valor até 10% (dez por cento) do limite previsto na alínea "a" do inciso I do artigo anterior, desde que não se refiram a parcelas de uma mesma obra ou serviço ou ainda para obras e serviços da mesma natureza e no mesmo local que possam ser realizadas conjunta e concomitantemente;

II – para outros serviços e compras de valor até 10% (dez por cento) do limite previsto na alínea "a" do inciso II do artigo anterior e para alienações, nos casos previstos nesta Lei, desde que não se refiram a parcelas de um mesmo serviço, compra ou alienação de maior vulto que possa ser realizada de uma só vez;

III – nos casos de guerra ou grave perturbação da ordem;

IV – nos casos de emergência ou de calamidade pública, quando caracterizada urgência de atendimento de situação que possa ocasionar prejuízo ou comprometer a segurança de pessoas, obras, serviços, equipamentos e outros bens, públicos ou particulares, e somente para os bens necessários ao atendimento da situação emergencial ou calamitosa, e para as parcelas de obras e serviços que possam ser concluídas no prazo máximo de 180 (cento e oitenta) dias consecutivos e ininterruptos, contados da ocorrência da emergência ou calamidade, vedada a prorrogação dos respectivos contratos;

V – quando não acudirem interessados à licitação anterior e esta, justificadamente, não puder ser repetida sem prejuízo para a Administração, mantidas, neste caso, todas as condições preestabelecidas;

VII – quando as propostas apresentadas consignarem preços manifestamente superiores aos praticados no mercado nacional, ou forem incompatíveis com os fixados pelos órgãos oficiais competentes, casos em que, observado o parágrafo único do art. 48 desta Lei, e, persistindo a situação, será admitida a adjudicação direta dos bens ou serviços, por valor não superior ao constante do registro de preços, ou dos serviços;

IX – quando houver possibilidade de comprometimento da segurança nacional, nos casos estabelecidos em decreto do Presidente da República, ouvido o Conselho de Defesa Nacional;

X – para a compra ou locação de imóvel destinado ao atendimento das finalidades precípuas da administração, cujas necessidades de instalação e localização condicionem a sua escolha, desde que o preço seja compatível com o valor de mercado, segundo avaliação prévia;

XIV – para a aquisição de bens ou serviços nos termos de acordo internacional específico aprovado pelo Congresso Nacional, quando as condições ofertadas forem manifestamente vantajosas para o Poder Público;

XV – para a aquisição ou restauração de obras de arte e objetos históricos, de autenticidade certificada, desde que compatíveis ou inerentes às finalidades do órgão ou entidade.

XVI – para a impressão dos diários oficiais, de formulários padronizados de uso da administração, e de edições técnicas oficiais, bem como para a prestação de serviços de informática à pessoa jurídica de direito público interno, por órgãos ou entidades que integrem a Administração Pública, criados para esse fim específico;

XIX – para as compras de material de uso pelas Forças Armadas, com exceção de materiais de uso pessoal e administrativo, quando houver necessidade de manter a padronização requerida pela estrutura de apoio logístico dos meios navais, aéreos e terrestres, mediante parecer de comissão instituída por decreto;

XX – na contratação de associação de portadores de deficiência física, sem fins lucrativos e de comprovada idoneidade, por órgãos ou entidades da Administração Pública, para a prestação de serviços ou fornecimento de mão-de-obra, desde que o preço contratado seja compatível com o praticado no mercado;

XXII - na contratação de fornecimento ou suprimento de energia elétrica e gás natural com concessionário, permissionário ou autorizado, segundo as normas da legislação específica;

XXIV - para a celebração de contratos de prestação de serviços com as organizações sociais, qualificadas no âmbito das respectivas esferas de governo, para atividades contempladas no contrato de gestão.

Limites de valores por Modalidades e Pregão

TABELA DE VALORES PARA LICITAÇÕES (Conforme DECRETO Nº 9.412, DE 18 DE JUNHO DE 2018)			
MODALIDADE	PRAZO	COMPRAS OU SERVIÇOS	OBRAS E SERVIÇOS DE ENGENHARIA
DISPENSA		Até R$ 17.600,00	Até R$ 33.000,00
CONVITE	05 dias úteis	Acima de R$ 17.600,00 Até R$ 176.000,00	Acima de R$ 33.000,00 Até R$ 330.000,00
TOMADA DE PREÇOS	15 dias corridos	Acima de R$ 176.000,00 Até R$ 1.400.000,00	Acima de R$ 330.000,00 Até 3.300.000,00
CONCORRÊNCIA	30 dias corridos	Acima de R$ 1.400.000,00	Acima de R$ 3.300.000,00
PREGÃO PRESENCIAL	08 dias úteis	Bens e serviços de uso comum	
PREGÃO ELETRÔNICO	08 dias úteis	Compras e serviços	não válido

19.7 LICITAÇÃO E CONTRATAÇÃO – LEI 14.133/21

A nova lei das licitações e contratos sancionada em 01 de abril de 2021 revoga:

– Os arts. 89 a 108 da Lei nº 8.666, de 21 de junho de 1993, na data de publicação desta Lei;

– A Lei nº 8.666, de 21 de junho de 1993, a Lei nº 10.520, de 17 de julho de 2002, e os arts. 1º a 47-A da Lei nº 12.462, de 4 de agosto de 2011, após decorridos 2 (dois) anos da publicação oficial desta Lei.

19.7.1 ABRANGÊNCIA

A nova lei, será aplicável à administração direta, autárquica e fundacional de todos os entes da Federação – União, Estados, Distrito Federal e Municípios.

A norma deixa claro que suas disposições **não se aplicam** às empresas públicas, sociedades de economia mista e suas subsidiárias regidas pela Lei nº 13.303/16, ressalvado o disposto no artigo 178 desta Lei.

Além dos já citados no parágrafo anterior, outros mencionados no Artigo 1º da nova norma não são passíveis da aplicabilidade da lei:

- Os fundos especiais e as demais entidades controladas direta ou indiretamente pela Administração Pública.
- As condições peculiares à seleção constante de normas e procedimentos, desde que sejam exigidas para a obtenção do empréstimo ou doação, não conflitem com os princípios constitucionais em vigor.

As contratações relativas à gestão direta e indireta das reservas internacionais do país, inclusive as de serviços conexos ou acessórios a essa atividade, serão disciplinadas em ato normativo próprio do Banco Central do Brasil, assegurada a observância dos princípios estabelecidos no *caput* do art. 37 da Constituição Federal.

19.7.2 PRINCÍPIOS

Em conformidade com o disposto no artigo 5º previsto na Lei 14.133/21, serão observados os princípios elencados a seguir:

1 – LEGALIDADE	12 – SEGREGAÇÃO DE FUNÇÕES
2 – IMPESSOALIDADE	13 – MOTIVAÇÃO
3 – MORALIDADE	14 – VINCULAÇÃO AO EDITAL
4 – PUBLICIDADE	15 – JULGAMENTO OBJETIVO
5 – EFICIÊNCIA	16 – SEGURANÇA JURÍDICA
6 – INTERESSE PÚBLICO	17 – RAZOABILIDADE
7 – PROBIDADE ADMINISTRATIVA	18 – COMPETITIVIDADE
8 – IGUALDADE	19 – PROPORCIONALIDADE
9 – PLANEJAMENTO	20 – CELERIDADE
10 – TRANSPARÊNCIA	21 – ECONOMICIDADE
11 – EFICÁCIA	22- DESENVOLVIMENTO NACIONAL SUSTENTÁVEL

Além dos princípios elencado, serão observados ainda, as disposições do Decreto-Lei nº 4.657, de 4 de setembro de 1942 (Lei de Introdução às Normas do Direito Brasileiro).

19.7.3 APLICABILIDADE DA LEI

Conforme o que dispõe o artigo 2º da Lei 14.133/21, ela se aplicará:

I – Alienação e concessão de direito real de uso de bens;

I – Compra, inclusive por encomenda;

III – Locação;

IV – Concessão e permissão de uso de bens públicos;

V – Prestação de serviços, inclusive os técnicos – profissionais especializados;

VI – Obras e serviços de arquitetura e engenharia.

VII – Contratações de tecnologia da informação e de comunicação.

19.7.4 AGENTES PÚBLICOS

A Lei em vigor em 01 de abril de 2021, traz novos conceito relacionados aos agentes públicos que serão parte do processo de licitações e contratações públicas.

A Lei, em vigor em 01 de abril de 2021, traz novos conceitos relacionados aos agentes públicos que serão parte do processo de licitações e contratações públicas.

A) Agente de Contratação:

Na Lei 8.666/93 de Licitações e Contratos, temos a formação de uma comissão de licitação para a realização do procedimento licitatório. A partir da nova lei (Artigo 8), em regra, não há mais a formação dessa comissão. Passa a existir um servidor, semelhante ao pregoeiro (da Lei de Pregão), chamado de agente de contratação, que será designado entre servidores efetivos ou empregados públicos, sendo o principal responsável pelo procedimento licitatório.

Com a extinção da comissão de licitação, o agente de licitação terá uma equipe de apoio, que exercerá o seu assessoramento, não tendo, entretanto, poder decisório.

B) Autoridade Superior:

A **autoridade superior** podemos equiparar ao **agente competente** da lei 8.666/93. Essa autoridade é hierarquicamente superior ao **agente de contratações** e tem como competência adjudicar e homologar o processo de licitação.

Outras Alterações:

Em licitação que envolva bens ou serviços especiais, desde que observados os requisitos estabelecidos no art. 8º da Lei 14.133/21, o agente de contratação poderá ser substituído por uma comissão de contratação formada por, no mínimo, 3 (três) membros, que responderão solidariamente por todos os atos praticados pela comissão, ressalvado o membro que expressar posição individual divergente fundamentada e registrada em ata lavrada na reunião em que houver sido tomada a decisão. Atenção, **poderá** ter, não é obrigatório ter.

Em licitação na modalidade pregão, o agente responsável pela condução do certame será designado pregoeiro.

Em licitação que envolva bens ou serviços especiais cujo objeto não seja rotineiramente contratado pela Administração, poderá ser contratado, por prazo determinado, serviço de empresa ou de profissional especializado para assessorar os agentes públicos responsáveis pela condução da licitação.

Na modalidade **Diálogo Competitivo** (nova modalidade), que será objeto do próximo tópico, será conduzido por comissão de contratação composta de pelo menos 3 (três) servidores efetivos ou empregados públicos pertencentes aos quadros permanentes da Administração, admitida a contratação de profissionais para assessoramento técnico da comissão;

Atenção: diferente da licitação de bens e serviços especiais, que traz a possibilidade de ter uma comissão, no Diálogo Competitivo há a *obrigatoriedade* da constituição de uma comissão, quando usar o termo, teremos uma comissão.

19.7.5 MODALIDADES DE LICITAÇÃO

Com a nova lei, não existirão mais regras que definam a modalidade de licitação pelo seu valor e natureza do objeto. O que definirá agora é só a natureza do objeto.

Deixam de existir as modalidades de licitação Convite e Tomada de Preços, e passam a vigorar as seguintes modalidades licitatórias:

1) Pregão: será a modalidade obrigatória para a contratação de bens ou serviços comuns). O pregão não se aplica às contratações de serviços técnicos especializados de natureza predominantemente intelectual e de obras e serviços de engenharia, exceto os serviços de engenharia de que trata a alínea "a" do inciso XXI do *caput* do art. 6º desta Lei.

2) Concorrência: será aplicável às contratações de bens e serviços especiais e obras e serviços comuns ou especiais de engenharia.

3) Concurso: modalidade de licitação para a escolha de trabalho técnico, científico ou artístico. Não teve mudanças em relação à lei anterior.

4) Leilão: modalidade de licitação para alienação de bens imóveis ou de bens móveis inservíveis ou legalmente apreendidos. Desfazimento de bens móveis ou imóveis.

5) Diálogo competitivo: modalidade utilizada para a contratação de obras, serviços e compras, na qual a Administração Pública realiza diálogos com licitantes previamente selecionados mediante critérios objetivos com o intuito de desenvolver uma ou mais alternativas capazes de atender às suas necessidades, devendo os licitantes apresentar proposta final após o encerramento do diálogo.

Essa modalidade surge com alguma característica inovadora na contratação de obras, serviços e compras que envolva inovação tecnológica ou técnica; ou que envolva soluções que dependem de adaptação das opções disponíveis no mercado; ou, ainda, que envolva especificações que não possam ser definidas de forma suficiente pela Administração.

Neste sentido, a Administração Pública convidará os licitantes previamente selecionados para uma sessão em que serão discutidas alternativas para a contratação. Após a discussão, os licitantes apresentarão uma proposta final.

19.7.6 CRITÉRIOS DE JULGAMENTO (TIPOS DE LICITAÇÃO)

Os critérios de julgamento passam a ser os seguintes:

1) Menor preço;

2) Melhor técnica ou conteúdo artístico;

3) Técnica e preço;

4) Maior retorno econômico;

5) Maior desconto;

6) Maior lance.

Vamos apresentar os critérios de julgamento para cada modalidade de licitação no quadro a seguir:

MODALIDADE	CRITÉRIO DE JULGAMENTO
CONCORRÊNCIA	Menor preço; melhor técnica ou conteúdo artístico; técnica e preço; maior retorno econômico; maior desconto.
CONCURSO	Melhor técnica ou conteúdo artístico (concessão de prêmio ou remuneração ao vencedor).
LEILÃO	Maior lance.
PREGÃO	Poderá ser o de menor preço ou o de maior desconto
DIÁLOGO COMPETITIVO	Critérios objetivos, com o intuito de desenvolver uma ou mais alternativas capazes de atender às suas necessidades, devendo os licitantes apresentar proposta final após o encerramento dos diálogos.

19.7.7 CONTRATAÇÃO DIRETA

O processo de contratação direta sobre o qual dispõe o artigo 72 da lei, deverá ser instruído, nos casos de inexigibilidade e de dispensa de licitação, com os seguintes documentos para sua formalização:

– Documento de formalização de demanda e, se for o caso, estudo técnico preliminar, análise de riscos, termo de referência, projeto básico ou projeto executivo;

– Estimativa de despesa, que deverá ser calculada na forma estabelecida no art. 23 Lei 14.133/21 – Parecer jurídico e pareceres técnicos, se for o caso, que demonstrem o atendimento dos requisitos exigidos;

– Demonstração da compatibilidade da previsão de recursos orçamentários com o compromisso a ser assumido;

– Comprovação de que o contratado   preenche os requisitos de habilitação e qualificação mínima necessária;

– Razão de escolha do contratado;

– Justificativa de preço;

– Autorização da autoridade competente.

Parágrafo único. O ato que autoriza a contratação direta ou o extrato decorrente do contrato deverá ser divulgado e mantido à disposição do público em sítio eletrônico oficial.

O artigo seguinte de número 73 da lei, deixa claro que na hipótese de contratação direta indevida ocorrida com dolo, fraude ou erro grosseiro, o contratado e o agente público responsável responderão solidariamente pelo dano causado ao erário, sem prejuízo de outras sanções legais cabíveis.

19.7.8 INEXIGIBILIDADE DE LICITAÇÃO

É inexigível a licitação quando inviável a competição, em especial nos casos de:

I – Aquisição de materiais, de equipamentos ou de gêneros ou contratação de serviços que só possam ser fornecidos por produtor, empresa ou representante comercial exclusivos;

II – Contratação de profissional do setor artístico, diretamente ou por meio de empresário exclusivo, desde que consagrado pela crítica especializada ou pela opinião pública;

III – Contratação dos seguintes serviços técnicos especializados de natureza predominantemente intelectual com profissionais ou empresas de notória especialização, vedada a inexigibilidade para serviços de publicidade e divulgação. Nesse inciso, o legislador elencou, no artigo 74, oito serviços técnicos especializados de natureza predominantemente intelectual com profissionais ou empresas de notória especialização, considerados inexigíveis à licitação.

Cabe aqui comentarmos, duas novidades nos incisos IV e V:

IV – Objetos que devam ou possam ser contratados por meio de **credenciamento**;

V – Aquisição ou locação de imóvel cujas características de instalações e de localização tornem necessária sua escolha.

O credenciamento é um processo administrativo de chamamento público em que a Administração Pública convoca interessados em prestar serviços ou fornecer bens para que, preenchidos os requisitos necessários, credenciem-se no órgão ou na entidade para executar o objeto quando convocados.

O inciso V, que trata da **aquisição ou locação de imóvel** cujas características de instalações e de localização tornem necessária sua escolha, enquadrada anteriormente na lei como dispensa, passou também para o grupo de serviços classificados como inexigibilidade de licitação.

19.7.9 DISPENSA DE LICITAÇÃO

O artigo 75 da nova lei elenca dezesseis incisos que tratam de serviços e compras nas quais a licitação é dispensada. Destacamos aqui os três primeiros incisos deste artigo:

I – Para contratação que envolva valores inferiores a R$ 100.000,00 (cem mil reais), no caso de obras e serviços de engenharia ou de serviços de manutenção de veículos automotores;

II – Para contratação que envolva valores inferiores a R$ 50.000,00 (cinquenta mil reais), no caso de outros serviços e compras;

III – Para contratação que mantenha todas as condições definidas em edital de licitação realizada há menos de 1 (um) ano, quando se verificar que naquela licitação:

a) Não surgiram licitantes interessados ou não foram apresentadas propostas válidas;

b) As propostas apresentadas consignaram preços manifestamente superiores aos praticados no mercado ou incompatíveis com os fixados pelos órgãos oficiais competentes.

Cabe destacar que o legislador no § 1º, em referência aos incisos I e II do caput deste artigo, no que tange aos valores mencionados, deixa claro que deverão ser observados:

– O somatório do que for despendido no exercício financeiro pela respectiva unidade gestora;

– O somatório da despesa realizada com objetos de mesma natureza, entendidos como tais aqueles relativos a contratações no mesmo ramo de atividade.

Visando não deixar dúvidas quanto aos incisos I e II dispõe, de forma esclarecedora, em seus parágrafos de 2º, 3º e 4º, detalhes quanto aos valores, divulgação e meios de pagamentos:

§ 2º Os valores referidos nos incisos I e II do caput deste artigo serão duplicados para compras, obras e serviços contratados por consórcio público ou por autarquia ou fundação qualificadas como agências executivas na forma da lei.

§ 3º As contratações de que tratam os incisos I e II do caput deste artigo serão preferencialmente precedidas por divulgação em sítio eletrônico oficial, pelo prazo mínimo de 3 (três) dias úteis, de aviso com a especificação do objeto pretendido e com a manifestação de interesse da Administração em obter propostas adicionais de eventuais interessados, devendo ser selecionada a proposta mais vantajosa.

§ 4º As contratações de que tratam os incisos I e II do caput deste artigo serão preferencialmente pagas por meio de **cartão de pagamento**, cujo extrato deverá ser divulgado e mantido à disposição do público no Portal Nacional de Contratações Públicas.

Fechando os incisos I e II, esclarece ainda no § 7º quanto à não aplicação no disposto no § 1º, nas contratações de até R$ 8.000,00 (oito mil reais) de serviços de manutenção de veículos automotores de propriedade do órgão ou entidade contratante, incluído o fornecimento de peças.

19.7.10 PUBLICIDADE DO EDITAL DE LICITAÇÃO

O artigo 54 da nova lei dispõe sobre a publicidade do edital de licitação, que será realizada mediante divulgação e manutenção do inteiro teor do edital e de seus anexos à disposição do público em sítio eletrônico oficial, facultada a divulgação direta a interessados devidamente cadastrados para esse fim.

§ 2º É facultada a divulgação adicional e a manutenção do inteiro teor do edital e de seus anexos em sítio eletrônico oficial do ente federativo do órgão ou entidade responsável pela licitação ou, no caso de consórcio público, do ente de maior nível entre eles, admitida, ainda, a divulgação direta a interessados devidamente cadastrados para esse fim.

§ 3º Após a homologação do processo licitatório, serão disponibilizados no Portal Nacional de Contratações Públicas (PNCP) e, se o órgão ou entidade responsável pela licitação entender cabível, também no sítio referido no § 2º deste artigo os documentos elaborados na fase preparatória que porventura não tenham integrado o edital e seus anexos.

19.7.11 PRAZOS PARA APRESENTAÇÃO DE PROPOSTAS E LANCES

O artigo 55 da nova lei, estabelece prazos mínimos para a apresentação de propostas e lances, contados a partir da data de divulgação do edital de licitação. O quadro abaixo apresenta os prazos vinculados aos critérios de julgamentos.

Nos itens 7 e 8 do quadro não serão aplicadas apenas nos bens e serviço quanto à sua especificidade das modalidades de licitação (Pregão, Concorrência, Diálogo Competitivo), mas também nas modalidades de Concurso e Leilão.

BENS E SERVIÇOS	CRITÉRIO DE JULGAMENTO	PRAZOS
1. Aquisição de Bens	Menor preço ou de maior desconto	8 (oito) dias úteis
2. Aquisição de Bens	Não previsto no item anterior	15 (quinze) dias úteis
3. Serviços e Obras	Menor preço ou de maior desconto, no caso de serviços comuns e de obras e serviços comuns de engenharia	10 (dez) dias úteis
4. Serviços e Obras	Menor preço ou de maior desconto, no caso de serviços especiais e de obras e serviços especiais de engenharia	25 (vinte e cinco) dias úteis
5. Serviços e Obras	Regime de execução seja de contratação integrada	60 (sessenta) dias úteis
6. Serviços e Obras	Regime de execução seja de contratação semi-integrada, ou nas hipóteses não abrangidas nos itens 3, 4 e 5 da tabela	35 (trinta e cinco) dias úteis
7. Licitação em que se adotará o critério de julgamento ao lado	Maior lance	15 (quinze) dias úteis;
8. Licitação em que se adotará o critério de julgamento ao lado	Técnica e preço, ou de melhor técnica ou conteúdo artístico	35 (trinta e cinco) dias úteis

19.7.12 – GARANTIAS

O artigo 96 da nova lei, que trata das garantias, dispõe sobre o critério da autoridade competente, já mencionado nesse capítulo, que, em cada caso, poderá ser exigido mediante previsão no edital, prestação de garantia nas contratações de obras, serviços e fornecimentos.

Caberá ao contratado optar por uma das seguintes modalidades de garantias:

I – Caução em dinheiro ou em títulos da dívida pública, emitidos sob a forma escritural, mediante registro em sistema centralizado de liquidação e de custódia autorizado pelo Banco Central do Brasil, e avaliados por seus valores econômicos, conforme definido pelo Ministério da Economia;

II – Seguro-garantia;

III – Fiança bancária emitida por banco ou instituição financeira devidamente autorizada a operar no País pelo Banco Central do Brasil.

Nas contratações de obras e serviços de engenharia de grande vulto poderá ser exigida a prestação de garantia, na modalidade seguro-garantia, com cláusula de retomada prevista no art. 102 desta Lei, em percentual equivalente a até 30% (trinta por cento) do valor inicial do contrato.

Nos casos de contratos que impliquem a entrega de bens pela Administração, dos quais o contratado ficará depositário, o valor desses bens deverá ser acrescido ao valor da garantia.

A garantia prestada pelo contratado será liberada ou restituída após a fiel execução do contrato ou após a sua extinção por culpa exclusiva da Administração, e, quando em dinheiro, atualizada monetariamente conforme Artigo 100 da nova lei.

19.8 CRIMES EM LICITAÇÕES E CONTRATOS ADMINISTRATIVOS

A Lei insere o capítulo "Crimes em licitação em contratos administrativos". Nele são estabelecidas penas para quem admitir, possibilitar ou dar causa à contratação direta fora das hipóteses previstas em lei. Dentre os crimes e penas que elencamos a seguir, destacamos como exemplo afastar ou tentar afastar licitante por meio de violência, grave ameaça, fraude ou oferecimento de vantagem de qualquer tipo.

CRIMES EM LICITAÇÕES E CONTRATOS ADMINISTRATIVOS	TIPIFICAÇÃO DOS CRIMES	PENA
CONTRATAÇÃO DIRETA ILEGAL	Art. 337-E: Admitir, possibilitar ou dar causa à contratação direta fora das hipóteses previstas em lei.	Reclusão, de 4 (quatro) a 8 (oito) anos, e multa.
FRUSTRAÇÃO DO CARÁTER COMPETITIVO DE LICITAÇÃO	Art. 337-F: Frustrar ou fraudar, com o intuito de obter para si ou para outrem vantagem decorrente da adjudicação do objeto da licitação, o caráter competitivo do processo licitatório.	Reclusão, de 4 (quatro) anos a 8 (oito) anos, e multa.
PATROCÍNIO DE CONTRATAÇÃO INDEVIDA	Art. 337-G: Patrocinar, direta ou indiretamente, interesse privado perante a Administração Pública, dando causa à instauração de licitação ou à celebração de contrato cuja invalidação vier a ser decretada pelo Poder Judiciário.	Reclusão, de 6 (seis) meses a 3 (três) anos, e multa.
MODIFICAÇÃO OU PAGAMENTO IRREGULAR EM CONTRATO ADMINISTRATIVO	Art. 337-H: Admitir, possibilitar ou dar causa a qualquer modificação ou vantagem, inclusive prorrogação contratual, em favor do contratado, durante a execução dos contratos celebrados com a Administração Pública, sem autorização em lei, no edital da licitação ou nos respectivos instrumentos contratuais, ou, ainda, pagar fatura com preterição da ordem cronológica de sua exigibilidade.	Reclusão, de 4 (quatro) anos a 8 (oito) anos, e multa.
PERTURBAÇÃO DE PROCESSO LICITATÓRIO	Art. 337-I: Impedir, perturbar ou fraudar a realização de qualquer ato de processo licitatório.	Detenção, de 6 (seis) meses a 3 (três) anos, e multa.

CRIMES EM LICITAÇÕES E CONTRATOS ADMINISTRATIVOS	TIPIFICAÇÃO DOS CRIMES	PENA
VIOLAÇÃO DE SIGILO EM LICITAÇÃO	Art. 337-J: Devassar o sigilo de proposta apresentada em processo licitatório ou proporcionar a terceiro o ensejo de devassá-lo.	Detenção, de 2 (dois) anos a 3 (três) anos, e multa.
AFASTAMENTO DE LICITANTE	Art.337-K: Afastar ou tentar afastar licitante por meio de violência, grave ameaça, fraude ou oferecimento de vantagem de qualquer tipo.	Reclusão, de 3 (três) anos a 5 (cinco) anos, e multa, além da pena correspondente à violência. Parágrafo único. Incorre na mesma pena quem se abstém ou desiste de licitar em razão de vantagem oferecida.
FRAUDE EM LICITAÇÃO OU CONTRATO	Art. 337-L: Fraudar, em prejuízo da Administração Pública, licitação ou contrato dela decorrente, mediante: I – entrega de mercadoria ou prestação de serviços com qualidade ou em quantidade diversas das previstas no edital ou nos instrumentos contratuais; II– fornecimento, como verdadeira ou perfeita, de mercadoria falsificada, deteriorada, inservível para consumo ou com prazo de validade vencido; III – entrega de uma mercadoria por outra; IV– alteração da substância, qualidade ou quantidade da mercadoria ou do serviço fornecido, V– qualquer meio fraudulento que torne injustamente mais onerosa para a Administração Pública a proposta ou a execução do contrato.	Reclusão, de 4 (quatro) anos a 8 (oito) anos, e multa.

CRIMES EM LICITAÇÕES E CONTRATOS ADMINISTRATIVOS	TIPIFICAÇÃO DOS CRIMES	PENA
CONTRATAÇÃO INIDÔNEA	Art. 337-M Admitir à licitação empresa ou profissional declarado inidôneo.	Pena – Reclusão, de 1 (um) ano a 3 (três) anos, e multa. § 1º Celebrar contrato com empresa ou profissional declarado inidôneo: Pena – reclusão, de 3 (três) anos a 6 (seis) anos, e multa. § 2º Incide na mesma pena do *caput* deste artigo aquele que, declarado inidôneo, venha a participar de licitação e, na mesma pena do § 1º deste artigo, aquele que, declarado inidôneo, venha a contratar com a Administração Pública.
IMPEDIMENTO INDEVIDO	Art. 337-N: Obstar, impedir ou dificultar injustamente a inscrição de qualquer interessado nos registros cadastrais ou promover indevidamente a alteração, a suspensão ou o cancelamento de registro do inscrito.	Reclusão, de 6 (seis) meses a 2 (dois) anos, e multa.

CRIMES EM LICITAÇÕES E CONTRATOS ADMINISTRATIVOS	TIPIFICAÇÃO DOS CRIMES	PENA
OMISSÃO GRAVE DE DADO OU DE INFORMAÇÃO POR PROJETISTA	Art. 337-O Omitir, modificar ou entregar à Administração Pública levantamento cadastral ou condição de contorno em relevante dissonância com a realidade, em frustração ao caráter competitivo da licitação ou em detrimento da seleção da proposta mais vantajosa para a Administração Pública, em contratação para a elaboração de projeto básico, projeto executivo ou anteprojeto, em diálogo competitivo ou em procedimento de manifestação de interesse. § 1º Consideram-se condição de contorno as informações e os levantamentos suficientes e necessários para a definição da solução de projeto e dos respectivos preços pelo licitante, incluídos sondagens, topografia, estudos de demanda, condições ambientais e demais elementos ambientais impactantes, considerados requisitos mínimos ou obrigatórios em normas técnicas que orientam a elaboração de projetos. § 2º Se o crime é praticado com o fim de obter benefício, direto ou indireto, próprio ou de outrem, aplica-se em dobro a pena prevista no *caput* deste artigo.	Reclusão, de 6 (seis) meses a 3 (três) anos, e multa.

METODOLOGIA DA PENA DE MULTA.

Art. 337-P A pena de multa cominada aos crimes previstos neste capítulo seguirá a metodologia de cálculo prevista neste Código e não poderá ser inferior a 2% (dois por cento) do valor do contrato licitado ou celebrado com contratação direta.

19.9 OUTROS ASPECTOS RELEVANTES DA LEI 14.133/2021

Abordamos neste capítulo diversos tópicos da nova Lei 14.133de 01 de abril 2021, entendendo ser os mais relevantes para o desenvolvimento e consecução dos temas relacionados com a contabilidade e o orçamento governamental.

Ao fecharmos este capítulo com a Lei 14.133/2021, exemplificamos três itens não comentados nos tópicos anteriores, entendendo que esses são complementares para um melhor entendimento da nova lei. São eles:

A) CREDENCIAMENTO

O credenciamento poderá ser usado nas seguintes hipóteses de contratação:

I – Paralela e não excludente: caso em que é viável e vantajosa para a Administração a realização de contratações simultâneas em condições padronizadas;

II – Com seleção a critério de terceiros: caso em que a seleção do contratado está a cargo do beneficiário direto da prestação;

III – Em mercados fluidos: caso em que a flutuação constante do valor da prestação e das condições de contratação inviabiliza a seleção de agente por meio de processo de licitação.

Parágrafo único. Os procedimentos de credenciamento serão definidos em regulamento, observadas as seguintes regras estabelecidas no artigo 79.

B) DURAÇÃO DOS CONTRATOS

O artigo 105 dispõe que a duração dos contratos regidos por essa nova lei será a prevista em edital, e deverão ser observadas, no momento da contratação e a cada exercício financeiro, a disponibilidade de créditos orçamentários, bem como a previsão no plano plurianual, quando ultrapassar 1 (um) exercício financeiro.

A Administração poderá celebrar contratos com prazo de até 5 (cinco) anos nas hipóteses de serviços e fornecimentos contínuos, em conformidade com o que dispõe o artigo 106, observadas as seguintes diretrizes:

– A autoridade competente do órgão ou entidade contratante deverá atestar a maior vantagem econômica vislumbrada em razão da contratação plurianual;

– A Administração deverá atestar, no início da contratação e de cada exercício, a existência de créditos orçamentários vinculados à contratação e a vantagem em sua manutenção;

– A Administração terá a opção de extinguir o contrato, sem ônus, quando não dispuser de créditos orçamentários para a sua continuidade ou quando entender que o contrato não mais lhe oferece vantagem.

C) PORTAL NACIONAL DE CONTRATAÇÕES PÚBLICAS

O Portal Nacional de Contratações Públicas (PNCP), criado pelo artigo 174 na nova lei, refere-se a um sítio eletrônico destinado à divulgação centralizada e obrigatória dos atos exigidos por esta Lei e realização facultativa das contratações pelos órgãos e entidades dos Poderes Executivo, Legislativo e Judiciário de todos os entes federativos.

O portal será gerido pelo Comitê Gestor da Rede Nacional de Contratações Públicas, a ser presidido por representante indicado pelo Presidente da República e composto por:

I – 3 (três) representantes da União indicados pelo Presidente da República;

II – 2 (dois) representantes dos Estados e do Distrito Federal indicados pelo Conselho Nacional de Secretários de Estado da Administração;

III – 2 (dois) representantes dos Municípios indicados pela Confederação Nacional de Municípios.

EXERCÍCIOS

1. (CESPE – TRF2/Juiz 2013) São modalidades de licitação taxativamente expressas no texto da Lei nº 1993/8.666 a concorrência, a tomada de preços, o convite, o concurso, o leilão e o pregão.

( ) Certo   ( ) Errado

2. (CESPE – TJ/CE 2014) Obra cujo valor de referência constante do projeto básico seja de R$ 650.000,00 deve ser licitada, conforme disposto na Lei nº 1993/8.666, por

(A) concorrência ou convite.

(B) concorrência, obrigatoriamente.

(C) tomada de preços, obrigatoriamente.

(D) tomada de preços ou concorrência.

(E) tomada de preços ou convite.

3. (CESPE – CADE 2014) De acordo com a legislação vigente, as modalidades de licitação são a concorrência, a tomada de preços, o concurso, o convite, o leilão e o pregão. Em uma licitação, é permitido combinar duas ou mais formas de licitação.

( ) Certo   ( ) Errado

4. (CESPE – MDIC 2014) Caso a administração pública convoque, por meio de convite, dez empresas do mesmo ramo do objeto a ser licitado para contratação de determinado serviço, e, por desinteresse de alguns convidados, apenas uma empresa apresente proposta, a administração poderá prosseguir com o certame, desde que justifique devidamente o fato e as circunstâncias especiais

( ) Certo   ( ) Errado

5. (CESPE – CADE 2014) A licitação na modalidade concurso dispensa as formalidades específicas da concorrência.

( ) Certo   ( ) Errado

6. (CESPE – CADE 2014) A dispensa da licitação ocorre quando há inviabilidade de competição, isto é, inexigibilidade de licitar

( ) Certo   ( ) Errado

7. (CESPE – Suframa 2014) Se determinado município, para realizar festividade em razão do aniversário da cidade, decidir pela contratação de bandas compostas por renomados artistas nacionais, a contratação desses artistas poderá dar-se mediante inexigibilidade de licitação.

( ) Certo   ( ) Errado

8. (CESPE – Polícia Federal 2013) Trabalhos relativos à defesa de causas judiciais são considerados serviços técnicos profissionais especializados.
( ) Certo	( ) Errado

9. (CESPE – Suframa 2014) Caso o objeto da contratação seja serviço técnico profissional especializado, será inexigível a licitação, desde que a empresa contratada possua notória especialização e o objeto seja singular.
( ) Certo	( ) Errado

10. (CESPE – MDIC 2014) Caso pretenda comprar um medicamento produzido por apenas uma indústria farmacêutica, utilizado para tratar doença tropical típica em algumas regiões brasileiras, o responsável pelo setor de compras de um hospital público deverá considerar inexigível a licitação.
( ) Certo	( ) Errado

11. (CESPE – MTE 2014) Se a administração necessita adquirir equipamentos que só podem ser fornecidos por produtor, empresa ou representante comercial exclusivo, a licitação é dispensada, pois cabe ao poder público ajuizar a conveniência e oportunidade da dispensa.
( ) Certo	( ) Errado

12. (CESPE – Suframa 2014) Caso, em razão de fortes chuvas em determinado município, uma represa se rompa e ocasione alagamento em alguns bairros, e, em razão desse fato, o governo local decrete estado de calamidade pública, poderá o município valer-se da inexigibilidade de licitação para realizar obras de reparo da represa e evitar novos alagamentos.
( ) Certo	( ) Errado

13. (CESPE – MTE 2014) Caso o MTE pretenda celebrar contrato de prestação de serviços com organização social devidamente qualificada para atividade contemplada no contrato de gestão, a licitação será dispensável.
( ) Certo	( ) Errado

14. (CESPE – MTE 2014) Considere que um município tenha interesse em celebrar contrato de programa com outro ente da Federação, ou com entidade de sua administração indireta, para a prestação de serviços públicos de forma associada nos termos do autorizado em contrato de consórcio público. Nessa situação, a licitação será dispensável.
( ) Certo	( ) Errado

15. (CESPE – Polícia Federal 2014) Considere que determinado órgão da administração pública pretenda adquirir equipamentos de informática no valor

de R$ 5.000,00. Nesse caso, o referido órgão tem a opção discricionária de realizar licitação ou proceder à aquisição direta mediante dispensa de licitação, em razão do baixo valor dos equipamentos.

( ) Certo   ( ) Errado

16. (Questão elaborada pelo autor) Das modalidades previstas na Lei 14.133/21, assinale a seguir a opção correta:

(A) Dispensa, Tomada de Preços, Convite, Concurso, Leilão e Pregão

(B) Concorrência, Concurso, Leilão, Pregão e Diálogo Competitivo

(C) Tomada de Preços, Convite, Concurso, Leilão e Pregão

(D) Convite, Concorrência, Concurso, Leilão, Pregão e Diálogo Competitivo

17. (Questão elaborada pelo autor) Entende-se por Autoridade Superior previsto na Lei 14.133/21 das licitações,

(A) O Agente designado pela autoridade competente, entre servidores efetivos ou empregados públicos dos quadros permanentes da Administração Pública, para tomar decisões, acompanhar o trâmite da licitação, dar impulso ao procedimento licitatório e executar quaisquer outras atividades necessárias ao bom andamento da licitação

(B) Os Prefeitos nos Municípios, Governadores nos Estados e na União o Presidente da República

(C) A Autoridade responsável pela adjudicação e homologação do processo de licitação, acima do Agente de Contratação

(D) O Presidente da Comissão de Licitações

(E) Os pregoeiros nos certames licitatórios

18. (Questão elaborada pelo autor) Entende-se por Agente de Contratação previsto na Lei 14.133/21 das licitações,

(A) Aquele servidor responsável pelas compras diretas

(B) A Autoridade Competente, responsável pela adjudicação e homologação do processo de licitação, acima do Agente de Contratação. Deverá ser, preferencialmente, servidor efetivo ou empregado público dos quadros permanentes da Administração Pública

(C) Os Prefeitos nos Municípios, Governadores nos Estados e na União o Presidente da República

(D) E aquele designado pela autoridade superior, entre servidores efetivos ou empregados públicos dos quadros permanentes da Administração Pública, para tomar decisões, acompanhar o trâmite da licitação, dar impulso ao procedimento licitatório e executar quaisquer outras atividades necessárias ao bom andamento da licitação. Pode, ainda, receber auxílio de uma equipe de apoio, mas a decisão será sempre desse agente

(E) É aquele servidor que atesta a qualidade do material da empresa vencedora no processo licitatório. A validação desse agente, é que serve de base para homologação do processo de licitação

19. (Questão elaborada pelo autor) Os critérios de julgamento passam a ser os seguintes, após sanção da Lei 14.133/21,

(A) menor preço; melhor técnica ou conteúdo artístico; técnica e preço e menor lance

(B) menor preço; melhor técnica ou conteúdo artístico; técnica e preço; maior retorno econômico;

maior desconto e menor lance

(C) menor preço; melhor técnica ou conteúdo artístico; técnica e preço e maior lance

(D) menor preço; melhor técnica ou conteúdo artístico; técnica e preço; maior retorno econômico;

maior desconto e maior lance.

(E) menor preço; melhor técnica ou conteúdo artístico; técnica e preço; maior retorno econômico;

menor desconto e maior lance.

20. (Questão elaborada pelo autor) A Lei 14.133/21 insere o capítulo "Crimes em licitação em contratos administrativos". Nele são estabelecidas penas para quem admitir, possibilitar ou dar causa à contratação direta fora das hipóteses previstas em lei. Neste sentido, assinale a opção que representa a pena para crimes de **PERTURBAÇÃO DE PROCESSO LICITATÓRIO**.

(A) Detenção, de 2 (dois) anos a 3 (três) anos, e multa

(B) Reclusão, de 4 (quatro) anos a 8 (oito) anos, e multa.

(C) Reclusão, de 1 (um) ano a 3 (três) anos, e multa.

(D) Reclusão, de 3 (três) anos a 5 (cinco) anos, e multa

(E) Detenção, de 6 (seis) meses a 3 (três) anos, e multa.

GABARITO

1) GABARITO: Errado.

Comentário

O item está errado pois a modalidade pregão não está prevista de forma expressa na Lei 8.666/93. Tal modalidade foi instituída pela Lei 10.520/02.

2) GABARITO: D.

Comentário

Para obras de engenharia de até R$ 150 mil, a modalidade aplicável é o convite;

de R$ 150 mil a R$ 1,5 milhão, tomada de preços; e acima de R$ 1,5 milhão, concorrência. Portanto, uma obra de R$ 650 mil está no limite de tomada de preços, sendo possível também utilizar uma modalidade superior, no caso, a concorrência.

3) GABARITO: Errado.

Comentário

O item está errado com base nos termos do art. 22, § 8º da Lei 8.666.

4) GABARITO: Certo.

Comentário

Na situação apresentada, a administração poderá sim prosseguir com o certame, avaliando a proposta da única licitante, desde que demonstre, justificadamente, o manifesto desinteresse dos outros nove convidados a participar da licitação. Caso não existam essas justificativas, o convite deverá ser repetido. É o que prevê o art. 22, § 7º da Lei 8.666/93:

§ 7º Quando, por limitações do mercado ou manifesto desinteresse dos convidados, for impossível a obtenção do número mínimo de licitantes exigidos no § 3º deste artigo, essas circunstâncias deverão ser devidamente justificadas no processo, sob pena de repetição do convite.

5) GABARITO: Certo.

Comentário

Segundo Hely Lopes Meirelles (Direito Administrativo, 29 ed. 2003), a modalidade concurso é um tipo especial de licitação que, embora sujeita aos princípios da publicidade e da igualdade entre os licitantes, objetivando a escolha do melhor trabalho, dispensa as formalidades específicas da concorrência. Significa que o procedimento do concurso não precisa seguir rigorosamente as formalidades das demais modalidades, como habilitação, julgamento, adjudicação etc. Na verdade, a Lei 8.666 não define qual o procedimento aplicável ao concurso; ele será definido no regulamento específico de cada certame.

6) GABARITO: Errado.

Comentário

Nos casos de dispensa de licitação (dispensada ou dispensável), a competição é possível, mas não é obrigatória a utilização de qualquer uma das modalidades licitatórias previstas nos comandos legais.

A Lei 8.666/93 enumera todas as hipóteses em que a licitação é considerada dispensada ou dispensável, conforme disposto no art. 17 e no art. 24, respectivamente. A lista proposta, em ambos os casos, é exaustiva, não podendo ser ampliada pelo aplicador da norma.

Já nos casos em que há inviabilidade de competição, a contratação direta se dá por inexigibilidade de licitação, nos termos do art. 25 da Lei 8.666/93. Nesse caso, a lei apresenta uma lista exemplificativa, ou seja, o aplicador da norma poderá contratar por inexigibilidade em outras situações, não expressas na lei, desde que, justificadamente, a competição não seja viável.

7) GABARITO: Certo.

Comentário

A contratação de artistas consagrados pela crítica especializada ou pela opinião pública é uma das hipóteses de contratação direta, por inexigibilidade de licitação, nos termos do art. 25, III da Lei 8.666/93.

8) GABARITO: Certo.

Comentário

Nos termos do art. 13 da Lei 8.666, consideram-se serviços técnicos profissionais especializados os trabalhos relativos a:

I - estudos técnicos, planejamentos e projetos básicos ou executivos;

II - pareceres, perícias e avaliações em geral;

III - assessorias ou consultorias técnicas e auditorias financeiras ou tributárias;

IV - fiscalização, supervisão ou gerenciamento de obras ou serviços;

V - patrocínio ou defesa de causas judiciais ou administrativas;

VI - treinamento e aperfeiçoamento de pessoal;

VII - restauração de obras de arte e bens de valor histórico.

9) GABARITO: Certo.

Comentário

Para que um serviço técnico especializado possa ser contratado por inexigibilidade, deve atender a 4 requisitos, cumulativamente, nos termos do art. 25, II da Lei 8.666: (i) estar enumerado no art. 13 da Lei 8.666; (ii) possuir natureza singular, fora do comum; (iii) ser prestado por profissional ou empresa de notória especialização; (iv) não ser de publicidade e propaganda. A conjugação desses requisitos é que demonstra a inviabilidade de competição para contratar o serviço.

A questão não discriminou qual o serviço a ser contratado; apenas disse que seria um "serviço técnico especializado". Assumindo que esse serviço esteja enumerado no art. 13 e não seja de publicidade e propaganda, o quesito está correto.

10) GABARITO: Certo.

Comentário

Uma vez que o medicamento é produzido por apenas uma indústria farmacêutica, ou seja, por produtor exclusivo, há inviabilidade competição, fato que fundamenta a contratação direta por inexigibilidade de licitação, nos termos do art. 25, I da Lei 8.666/93.

11) **GABARITO: Errado.**

Comentário

A contratação de produtor, empresa ou representante comercial exclusivo é hipótese de inexigibilidade, nos termos do art. 25, I da Lei 8.666/1993, e não de licitação dispensada.

12) **GABARITO: Errado.**

Comentário

Os casos de calamidade pública permitem a contratação direta por dispensa de licitação nos termos do art. 24, IV da Lei 8.666/93, e não por inexigibilidade. Por exemplo, o município de que trata a questão poderia adquirir medicamentos para os feridos, contratar máquinas para retirar os entulhos nas ruas ou fazer obras para conter desabamentos. Perceba que, nos exemplos citados, há possibilidade de competição (considerando que o município possui vários fornecedores capazes de atender a essas demandas), o que de pronto já afasta a inexigibilidade. Mas a lei autoriza a contratação direta por dispensa em razão da emergência da situação – imagine se o município tivesse que, numa situação de calamidade, preparar um edital com 30 dias de antecedência, abrir um certame, julgar as impugnações, recursos e todas as demais formalidades de um procedimento licitatório.

Entretanto, ressalte-se que, na hipótese de calamidade pública ou de emergência, a contratação direta por dispensa é permitida somente para os bens necessários ao atendimento da situação calamitosa e para as parcelas de obras e serviços que possam ser concluídas no prazo máximo de 180 dias consecutivos e ininterruptos, contados da ocorrência da emergência ou calamidade, vedada a prorrogação dos respectivos contratos (art. 24, IV).

13) **GABARITO: Certo.**

Comentário

Trata-se de hipótese de licitação dispensável prevista no art. 24, XXIV da Lei 8.666/93:

Art. 24. É dispensável a licitação:

(...)

XXIV - para a celebração de contratos de prestação de serviços com as organizações sociais, qualificadas no âmbito das respectivas esferas de governo, para atividades contempladas no contrato de gestão.

14) **GABARITO: Certo.**

Comentário

Trata-se de hipótese de licitação dispensável prevista no art. 24, XXVI da Lei 8.666/93:

Art. 24. É dispensável a licitação:

(...)

XXVI – na celebração de contrato de programa com ente da Federação ou com entidade de sua administração indireta, para a prestação de serviços públicos de forma associada nos termos do autorizado em contrato de consórcio público ou em convênio de cooperação.

15) GABARITO: Certo.
Comentário

A Lei nº 8.666/93, nos incisos I e II do art. 24, dispensa licitação por considerar que o valor da contratação não compensa os custos para a Administração com o procedimento licitatório. Essa dispensa por valor não pode ultrapassar 10% do limite previsto para modalidade convite, ou seja, não pode ultrapassar R$ 15 mil nas obras e serviços de engenharia ou R$ 8 mil nas demais compras e serviços. Porém, mesmo a Administração podendo enquadrar uma contratação como dispensa do art. 24, deve-se levar em conta, sempre, a relação custo-benefício entre licitar ou dispensar, ou seja, trata-se de uma opção discricionária do administrador público. A questão está correta, portanto, já que o valor dos equipamentos está abaixo do limite máximo de R$ 8 mil.

16) GABARITO: B
Comentário

Nova Lei das licitações – Lei 14.133/21

Seção II

Das Modalidades de Licitação

Art. 28. São modalidades de licitação

17) GABARITO: C
Comentário

Nova Lei das licitações – Lei 14.133/21

CAPÍTULO VII

DO ENCERRAMENTO DA LICITAÇÃO

Art. 71.

18) GABARITO: D
Comentário

Nova Lei das licitações – Lei 14.133/21

Artigo 6º

LX - agente de contratação: pessoa designada pela autoridade competente, entre servidores efetivos ou empregados públicos dos quadros permanentes da Administração Pública, para tomar decisões, acompanhar o trâmite da licitação, dar impulso ao procedimento licitatório e executar quaisquer outras atividades necessárias ao bom andamento da licitação.

19) **GABARITO: D**

Comentário

Nova Lei das licitações – Lei 14.133/21

Seção III

Dos Critérios de Julgamento

Art. 33. O julgamento das propostas será realizado de acordo com os seguintes critérios:

I - menor preço;

II - maior desconto;

III - melhor técnica ou conteúdo artístico;

IV - técnica e preço;

V - maior lance, no caso de leilão;

VI -maior retorno econômico.

20) **GABARITO: E**

Comentário

Nova Lei das licitações – Lei 14.133/21

 Art. 337-I: Impedir, perturbar ou fraudar a realização de qualquer ato de processo licitatório.

Pena: Detenção, de 6 (seis) meses a 3 (três) anos, e multa

Capítulo 20

GESTÃO DO PATRIMÔNIO IMOBILIÁRIO NA ADMINISTRAÇÃO PÚBLICA

20.1 INTRODUÇÃO

Com o intuito de redefinir os processos de trabalho e aperfeiçoar a Administração Pública Federal, a Gestão do Patrimônio Imobiliário se apresenta como um desafio e assume como uma função estratégica da máquina estatal.

Identificar as ocupações dos prédios e terrenos públicos e aprimorar os procedimentos que envolvem o patrimônio imobiliário surge como uma alternativa eficiente sob o ponto de vista funcional e econômico, contribuindo para um ajuste do cenário e a redução de volume de gastos públicos.

A falta de diagnóstico da situação imobiliária, de planejamento nas manutenções prediais, a adoção de políticas de acessibilidade a portadores de necessidades especiais e implementação de ações voltadas para o uso racional dos recursos naturais e de sustentabilidade se apresentam como motivos determinantes para o retrocesso no assunto.

De fato, é premente um diagnóstico dos bens imóveis, uma atualização dos cadastros públicos, atualização dos registros contábeis e uma proposta de melhorias das instalações do patrimônio imobiliário público federal.

Outro aspecto relevante se refere à capacitação do quadro de pessoal que atua no assunto, já que é frequente servidores com insuficiente conhecimento para atuar no processo. Muitas vezes os recursos materiais e tecnológicos alocados são escassos e os mecanismos ultrapassados.

Para a compreensão do assunto, o capítulo inicia discorrendo sobre os princípios constitucionais explícitos e implícitos, conceitos doutrinários e jurídicos de bens imóveis, patrimônio público e classificações relevantes. São destacadas as modalidades de contratos imobiliários em evidência pelos operadores da Administração Pública como a Entrega, a Cessão de Uso, a Permissão, o Comodato e a Locação de Imóveis de Terceiros.

O Sistema de Gerenciamento do Patrimônio Imobiliária da Administração Pública dos imóveis de Uso Especial da União (SPIUnet) é enfatizado no capítulo, criado com o intuito de transparência e controle dos bens imóveis de propriedade da União.

É evidenciado o processo de trabalho para a locação de imóveis de terceiros pela Administração Pública, a pesquisa imobiliária, avaliação de preços de mercado, prazos contratuais, formação de preços na contratação ocupa espaço da prática dos servidores públicos nos seus dias.

Destacadas as contratações de locação sob medida *(Built to Suit)*, tipificado na Lei nº 8245/91, introduzido pela Lei nº 12.744/2012, que surge com a intenção de estreitamento das relações público-privadas.

Por fim, é apresentado aos leitores a abordagem do Tribunal de Contas da União (TCU), acordão nº 1214/2019, com considerações sobre auditoria nas locações de imóveis de terceiros na então Secretaria de Patrimônio da União (SPU), atual Secretaria de Coordenação e Governança do Patrimônio da União (SCGPU), no sentido de introduzir entendimento recente do órgão sobre o assunto.

20.2 PRINCÍPIOS CONSTITUCIONAIS DA ADMINISTRAÇÃO PÚBLICA

Os princípios são elementos fundamentais do sistema e da cultura jurídica, tendo como função a compreensão, aplicação e integração da norma e do direito ao momento em que passa a sociedade. Servem para orientar as tomadas de decisões e modelos da Administração Pública, estando previstos de forma explícita ou implícita na Constituição Federal da República do Brasil de 1988 (CFRB).

20.2.1 PRINCÍPIO DA LEGALIDADE

A atuação da Administração Pública somente será legítima se permitida em lei ou normas administrativas. Consiste na garantia dos direitos individuais do cidadão, estabelecendo limites na atuação do próprio gestor público.

Em caso de afastamento ou desvio do princípio da legalidade, o gestor é passível de ser imputado responsabilidades, tanto administrativa como civil e criminal.

20.2. 2 PRINCÍPIO DA IMPESSOALIDADE

Tem o condão de sobrepor o interesse coletivo e público ao interesse particular. Impõe ao gestor a prática de atos estritamente legais e voltados ao interesse público, vedando qualquer prática de atos eivados de vantagens pessoais.

Como consequência desse princípio está a obrigatoriedade de concurso público para contratação de pessoal da Administração e a regra de contratação por meio de licitação pública.

20.2.3 PRINCÍPIO DA MORALIDADE

Os atos administrativos devem ser praticados em observância à conduta ética, moral, aos costumes e às regras da boa administração. A moralidade funciona como pressuposto de validade para todo e qualquer ato da Administração Pública, vinculando o gestor à lei ética de sua instituição e à lei jurídica.

Por esse princípio, além da atuação do gestor ficar condicionada de forma legítima e eficaz, também fica o gestor obrigado à observância aos pressupostos da moralidade administrativa.

20.2.4 PRINCÍPIO DA PUBLICIDADE

Refere-se à obrigatoriedade de tornar públicos atos praticados pela Administração, tornando-se requisito primordial para sua prática com eficácia e moralidade. A divulgação dos atos deve ser clara para permitir ao cidadão fiscalizar os atos, de modo a demonstrar a transparência das decisões e atuação do gestor público.

A publicação dos atos em órgão oficial é apenas uma forma de tornar público os atos, sendo possível utilizar-se inclusive da internet para sua divulgação, como forma de transparência ativa da Administração.

20.2.5 PRINCÍPIO DA EFICIÊNCIA

Esse princípio condiciona o gestor a observar não somente a legalidade e a moralidade na prática de seus atos, mas a utilizar os recursos públicos com presteza e rendimentos, gerando resultados positivos com qualidade e economicidade e visando a perfeição e o rendimento funcional.

20.2.6 PRINCÍPIO DA ISONOMIA

Decorre do artigo 5º da Constituição Federal dispor que todos são iguais perante a lei. O princípio da isonomia garante o tratamento igualitário a todos perante a lei, não havendo privilégios a quaisquer cidadãos.

O tratamento deve ser igual para os iguais e desigual para os desiguais na medida de suas desigualdades.

20.2.7 PRINCÍPIO DA SUPREMACIA DO INTERESSE PÚBLICO SOBRE O PRIVADO

Caracteriza-se pela preponderância relativa do interesse público e coletivo sobre o interesse privado ou particular, em caso de eventuais conflitos. Isto porque a Administração Pública tem como propósito os fins previstos na lei, que são de interesse, conveniência e necessidade da sociedade, e não do interesse privado.

É o que acontece, por exemplo, nos casos de desapropriação de propriedades para construção de estradas e a presença de cláusulas extravagantes nos contratos firmados pela Administração.

20.2.8 PRINCÍPIO DA INDISPONIBILIDADE DO INTERESSE PÚBLICO SOBRE O PRIVADO

Trata-se de um princípio implícito à Administração Pública, que não pode dispor dos interesses públicos na prática de seus atos. É uma sujeição administrativa impondo limitações, restrições e a obrigatoriedade do gestor de zelar pelo seu fiel cumprimento, uma vez que atua em nome de terceiros e da coletividade.

20.2.9 - PRINCÍPIO DA RAZOABILIDADE

Prevê o exercício de atos administrativos não apenas em respeito à previsão legal, mas praticados de forma razoável e proporcional. É uma diretriz de senso comum, condicionando o gestor a atuar observando critérios aceitáveis do ponto de vista racional.

Mesmo que o administrador tenha a possibilidade de atuar com discricionariedade, não se pode fugir dos padrões de normalidades. Em casos de atuação desarrazoada, o Poder Judiciário ou a própria Administração Pública poderá anular o ato irracional.

20.2.10 PRINCÍPIO DA MOTIVAÇÃO

Pressupõe-se a obrigatoriedade de justificar os atos e decisões administrativas com indicação de fatos e fundamentos jurídicos, a fim de evitar arbitrariedade ou excessos à lei, na busca de controle sobre os atos praticados.

A motivação é aconselhável em todos os atos administrativos, sendo fundamental nos discricionários, em que se age por conveniência e oportunidade e não pela determinação legal.

20.2.11 PRINCÍPIO DA PRESUNÇÃO DE LEGITIMIDADE

A princípio, os atos e decisões da Administração são dotados de presunção de legitimidade e legalidade, isto é, presumíveis verdadeiros. Entretanto, esta presunção tem o condão de relatividade, já que admite prova em contrário e revisão.

20.2.12 PRINCÍPIO DA AUTO TUTELA

Trata-se de prerrogativa da Administração Pública de rever seus próprios atos sem o auxílio do Judiciário. Quando os atos forem inconvenientes, a revisão será por meio de revogação, produzindo efeitos a partir da data da revogação em diante. Já os atos eivados de ilegitimidade são passíveis de anulação, retroagindo desde a data da sua publicação.

20.3- DO BEM E DO PATRIMÔNIO PÚBLICO

Bem é tudo aquilo que é de propriedade de alguém, pública ou particular.

Bem Público é um conjunto de bens móveis e imóveis destinados ao uso direto do Poder Público ou à utilização direta ou indireta da coletividade, regulamentados pela Administração e submetidos a regime de direito público.

Segundo Marçal Justen Filho (2015, p. 1160), "bem público é aquele atribuído à titularidade do Estado, necessário ao desempenho das funções públicas ou merecedor de proteção especial".

O Código Civil, em seu capítulo III, do livro II, dispõe que bens públicos são aqueles de domínio nacional, pertencentes às pessoas jurídicas de direito público interno. Podem ser classificados como de uso comum do povo, de uso especial e dominicais, não estando sujeitos a usucapião.

Já o Patrimônio Público é o conjunto de bens e direitos, tangíveis e intangíveis, onerosos ou não, adquiridos ou recebidos, pertencentes à União, ao Estado, a um Município, Autarquia ou Empresa pública.

20.3.1 BENS MÓVEIS

São aqueles suscetíveis de movimento próprio ou alheio, sem perder a identidade física, servindo como meio para a produção de outros bens e serviços. Enquadram-se na categoria os equipamentos e materiais permanentes, como mobiliários em geral, utensílios, veículos, aeronaves, embarcações, equipamentos, materiais.

20.3.2 BENS IMÓVEIS

São aqueles insuscetíveis de movimentação, que não podem ser transportados de um lugar para outro sem serem destruídos. Fazem parte do sistema do patrimônio, sendo objetos de acompanhamento, fiscalização, controle e avaliação. São exemplos as terras, terrenos, edificações (escolas, hospitais, sedes de órgãos públicos), obras em andamento, benfeitorias e edificações incorporadas.

20.4 CLASSIFICAÇÃO DOS BENS QUANTO A SUA DESTINAÇÃO

Objetiva identificar os bens conforme a sua destinação e fim específico de uso.

20.4.1 DE USO COMUM DO POVO

São destinados por natureza ou lei ao uso coletivo, a toda população, podendo ser utilizados de forma gratuita ou onerosa. São exemplos os rios, mares, estradas, ruas e praças.

20.4.2 DE USO ESPECIAL

São utilizados com uma finalidade específica de uso da Administração e do Serviço Público. São os prédios, terrenos, veículos, móveis, cemitérios, biblioteca, teatros, materiais de consumo.

20.4.3 DOMINICAIS

Enquadram-se no conceito aqueles que não têm destinação pública definida, nem finalidade específica. São considerados o patrimônio disponível do Estado, podendo ser utilizados para obtenção de renda. Por exemplo: imóveis não utilizados pela Administração, terras devolutas, bens móveis inservíveis.

Os bens de uso comum e de uso especial, em regra, são inalienáveis, já que se encontram afetados a uma finalidade pública específica.

Os bens dominicais podem ser alienados, observadas as exigências legais, e podem ocorrer por meio de institutos como compra e venda, doação, permuta ou por institutos de direito público como investidura e retrocessão.

20.5 MOVIMENTAÇÃO DE BENS IMÓVEIS PÚBLICOS

Objetiva promover a utilização do Bem Imóvel Público de forma produtiva, movimentando-se de um Ente Público para outro Ente Público.

20.5.1 INGRESSO

Movimentação por meio de aquisição do bem, se transferindo do patrimônio de um Ente Público para outro Ente Público. São modalidades de ingresso: compra, desapropriação, doação, adjudicação, permuta, usucapião, doação em pagamento, sucessão/causa mortis, acessão e construção.

20.5.2 DISPONIBILIZAÇÃO

A disponibilização de imóveis de um Ente Público visa promover a utilização produtiva desses bens, evitando invasões e custos de manutenção sem o devido aproveitamento. Poderá ocorrer por autorização de uso, permissão de uso, cessão de uso, concessão de uso, concessão de direito real de uso.

20.5.3 ALIENAÇÃO

É a transferência de propriedade de bens imóveis de Entes Públicos, como União, Estado ou Município para terceiros. Está condicionada à existência de interesse público e disponibilidade do imóvel, devendo ocorrer sempre com avaliação prévia, devidamente justificado e, em regra, com a autorização legislativa.

20.6 ATOS E CONTRATOS DA ADMINISTRAÇÃO – BENS IMÓVEIS

Neste tópico serão abordados atos e contratos imobiliários celebrados pela Administração. Se enquadraram no contexto contratos imobiliários tipicamente administrativos e ainda aqueles considerados pela doutrina como híbridos, de direito público – privados.

20.6.1 ENTREGA DO IMÓVEL

É o ato administrativo, unilateral e discricionário, pelo qual a União transfere a administração do imóvel à utilização de determinado órgão vinculado à Administração Pública Federal Direta, para fins e destinação específica.

20.6.2 CESSÃO DE USO

Neste contrato, um órgão público consente a outro órgão a posse e o gozo do bem imóvel público para uso, por termo específico, tempo certo ou indeterminado. É ato de colaboração, em que aquele órgão que tem bens desnecessários aos seus serviços cede o uso a outros que deles estão precisando.

20.6.3 – PERMISSÃO DE USO

A permissão de uso de bem imóvel público é um ato administrativo unilateral, discricionário e precário, no qual se consente à pessoa física ou jurídica que demonstre capacidade, o uso de um bem, prevalecendo o interesse da coletividade.

20.6.4 COMODATO

É o instituto jurídico que estabelece o empréstimo gratuito de coisas não fungíveis, podendo ter prazo determinado ou indeterminado. Apesar da sua essência ser instituto de direito privado, não há impedimento de uso do instituto pela Administração Pública, segundo doutrinadores.

20.6. 5 AUTORIZAÇÃO DE USO

É o ato unilateral, discricionário e precário pelo qual a Administração consente a prática de determinada atividade individual, incidente sobre um bem público. O interesse nesse ato é predominantemente de direito privado.

20.6 6 CONCESSÃO DE USO

É modalidade de contrato administrativo submetida ao regime jurídico de direito público, firmado por órgão ou entidade da Administração Pública, cujo objetivo é o uso privativo de bem público. Pode ser onerosa ou gratuita e com necessidade de ser precedida de licitação, excetuadas as hipóteses legais que admitem contratação direta. E, ainda, não em caráter precário como a autorização de uso.

20.6.7 LOCAÇÃO DE IMÓVEL

É contrato oneroso regido pela legislação civil específica e pela legislação das contratações públicas, celebrado entre particulares ou entre Administração Pública e o particular, no qual o locatário se obriga ao pagamento de aluguéis e encargos, por tempo determinado ou não, em contrapartida ao direito de posse, uso e gozo do bem imóvel.

Quando a Administração Pública participa da contratação como locatária, o contrato apresentará condições específicas que serão abordadas nos próximos itens.

20.7 SISTEMA DE GERENCIAMENTO DE IMÓVEIS DA ADMNIS-TRAÇÃO PÚBLICA FEDERAL – SPIUnet

Com o intuito de gerenciamento e controle de bens imóveis da Administração Pública Federal foi criado o Sistema de Gerenciamento do Patrimônio Imobiliária da Administração Pública (SPIUnet), no que se refere aos imóveis de Uso Especial da União, utilizando-se da identificação, mensuração, a transparência e controle dos bens de sua propriedade.

Foi desenvolvido em plataforma WEB e concebido para utilização como ferramenta à disposição das Unidades Gestoras do Governo Federal, sendo estendido para os órgãos da Administração Direta Fundações e Autarquias Empresas Estatais Dependentes.

Objetiva o registro e atualização de cadastro dos usuários dos imóveis da União e de terceiros utilizados pelos Órgãos Federais, bem como a emissão de relatórios gerenciais. Além de possuir cadastro complementar com elementos gráficos para plantas; fotos e imagens de documentos relacionados aos imóveis;

É integrado ao Sistema SIAFI (Sistema Integrado de Administração Financeira), sendo atualizado de forma on-line a cada alteração no SPIUnet, com o objetivo de evidenciar no Balanço Patrimonial da União os bens imóveis da e suas alterações.

A Portaria Conjunta nº 703/2014 – STN/SPU disciplina os procedimentos de cadastramento, mensuração, atualização. reavaliação e depreciação dos bens no Sistema, no sentido de uniformizar os métodos e critérios da contabilização dos bens imóveis, que automaticamente procederá à depreciação dos bens por método contábil específico.

A identificação dos bens no Sistema será por número específico denominado de *RIP (Registro Imobiliário Patrimonial) - Imóvel*, gerado a partir da matrícula cartorial; e pela utilização que gerará um *RIP (Registro Imobiliário Patrimonial) - Utilização*.

20.8 LOCAÇÃO DE IMÓVEL DE TERCEIROS PELA ADMINISTRAÇÃO PÚBLICA

A necessidade de garantir uma prestação de serviços célere e de qualidade ao cidadão foi determinante na ampliação das esferas de negócios e formas de contratos praticados pela Administração Pública.

A expansão das relações público-privadas surge como alternativa para a eficiência que se espera da Administração, garantindo economicidade e vantajosidade das contratações. Neste sentido, os contratos tipicamente públicos abrem espaço para os acordos com características público - privadas, em que a Administração reduz suas prerrogativas de império e se aproximam de contratações privadas.

O contrato de locação de imóveis de terceiros firmado entre o particular e a Administração Pública prevalece a natureza jurídica híbrida, com conteúdo público e privado. São regidos pela Lei nº 91/8245 (Lei do Inquilinato), pelo Código Civil Brasileiro (CC/2002), no tocante às diretrizes de direito privado, e ainda pela Lei nº 8666/93 (Lei das Contratações Públicas), que regula as contratações públicas.

O artigo 2º da Lei nº 8666/93 ao definir as contratações com terceiros pela Administração não restringiu a sua abrangência apenas aos contratos típicos de direito público, precedidos de licitação, mas excepcionou o afastamento de licitação nas hipóteses previstas na lei.

Em uma análise conjugada com o artigo 62, §3º, I da mesma Lei nº 8666/93, é prevista expressamente a possibilidade da Administração celebrar contratos de locação com terceiros como locatária e, ainda, o artigo 24, X, ampara a dispensa de licitação nestes contratos.

20.8.1 PESQUISA IMOBILIÁRIA

Relevante na obtenção de um processo idôneo de locação de imóveis, a ampla pesquisa imobiliária na região a ser contratada cumpre o objetivo de avaliar aquele que agrega as melhores condições de preço de mercado, vantajosidade econômica e técnica na contratação.

Deverá ser realizada de forma ampla, *in loco*, por meio de imobiliárias ou pela internet e, em conjunto com a avaliação de preço de mercado, consubstanciarão a Administração na avaliação da vantajosidade da contratação.

O resultado eficiente na busca de imóvel está naquele que reúna condições de localização para acesso ao cidadão, instalações físicas adequadas ao atendimento público, conforto ambiental e acessibilidade a portadores de necessidades especiais, devendo ser apresentado com documentação comprobatória dos instrumentos consultados, para dar sustentação e transparência ao trabalho.

20.8.2 AVALIAÇÃO DE PREÇO DE MERCADO DA LOCAÇÃO

A avaliação do valor mensal do preço da locação proposta, regulada pela Associação Brasileira de Normas Técnicas (ABNT), deverá ser elaborada por profissional técnico competente e servirá para comprovar a vantajosidade econômica do seu valor para a contratação pública.

De fato, a Lei 8666/93, em seu artigo 24, X, prevê a necessidade de compatibilidade do preço do imóvel a ser contratado com o valor de mercado por meio de avaliação prévia.

Na prática deverá ser realizada uma avaliação de preço de mercado da região escolhida para locação, por contratação de profissional competente, empresa técnica especializada ou equipe técnica especializada do Órgão.

Através do laudo de avaliação do preço de mercado espera-se a confirmação de que o preço do valor mensal da locação do imóvel proposto esteja em conformidade com o valor de mercado da locação apurado pela empresa técnica.

20.8.3- PRAZO DOS CONTRATOS

Por se tratar de contratação regida por normas conjugadas, de direito privado e de direito público, há de se considerar aqui a previsão legal destes dois institutos.

A Lei nº 8245/91 prevê a possibilidade de contratos de locação com prazo certo e determinado ou mesmo prazo indeterminado. O artigo 57 da Lei nº 8666/93 veda em linhas gerais a celebração de contratos públicos por prazo indeterminado.

Entender as peculiaridades do tema não pacificado entre os operadores do direito proporcionará a determinação do prazo naquele contrato específico, para se adequar à pretensão da Administração Pública.

Destacando as oscilações do mercado e as necessidades da Administração, via de regra, é importante que o contrato de locação não se alongue indeterminadamente no tempo, a fim de possibilitar a frequência revisão das condições do pacto e consequente economicidade na contratação.

Nessa esteira, é razoável a previsão de prazo certo de duração do contrato nos coadunado com doutrinadores que amparam a duração de até 60 (sessenta) meses, conforme previsto na Lei nº 8666/93.

20.8.4 A COMPROVAÇÃO PRÉVIA DE REGULARIDADE DE QUITAÇÃO DOS TRIBUTOS

A comprovação de requisitos de habilitação do contratado com a Administração é exigência prevista nos artigos 27 a 31 da Lei nº 8666/93, devendo abranger tanto as contratações precedidas de licitação quanto as contratações diretas, por dispensa ou inexigibilidade.

Na celebração de contratos de locação de imóveis não é diferente: o locador e proprietário do imóvel deverá comprovar o recolhimento dos tributos previstos em lei junto aos órgãos públicos, como condição de habilitação na disputa pela contratação pública. Ao longo da vigência contratual, o locador deverá renovar a comprovação mensal da condição de regular de quitação desses tributos. No caso de inadimplemento da condição, a Administração Pública poderá impor sanções e penalidades previstas em contrato.

20.8.5 A APLICAÇÃO DO PRINCÍPIO DA SUPREMACIA DA ADMINISTRAÇÃO NOS CONTRATOS DE LOCAÇÃO DE IMÓVEL

O princípio estabelece direitos e deveres para a atividade administrativa e determina a prevalência do interesse da sociedade, da coletividade aos interesses do particular, em caso de conflitos.

Não se trata de um princípio absoluto e sim relativo, estando sujeito a limites estabelecidos pelo princípio da legalidade, os direitos e garantias individuais, o direito de propriedade dos particulares e a segurança jurídica.

É aplicado na elaboração de leis, nos atributos dos atos administrativos e na execução de contratos administrativos, impondo limitações ao exercício da atividade privada sempre em função do interesse geral.

Está presente nas cláusulas exorbitantes dos contratos de locação de imóveis permitindo, por exemplo, a devolução de um imóvel em prazos curtos ou a rescisão unilateral do contrato por parte da Administração.

Entre os doutrinadores, alguns defendem a não aplicação nestes contratos já que possui predominância de normas de direito privado. Entretanto, não me parece razoável despir a Administração Pública em sua totalidade do princípio, e sim relativizá-lo, utilizando em caso de necessidade de segurança jurídica em determinado assunto do contrato.

20.8.6 DESPESAS E FORMAÇÃO DO PREÇO

Com a intenção de suportar as despesas da contratação da locação do imóvel, a Administração deverá providenciar uma planilha de custos contemplando os gastos referentes ao período de vigência do contrato, no sentido de resguardar os pagamentos do acordo.

A planilha de custos deverá ser formada por estimativa de despesas com o pagamento dos aluguéis e despesas com concessionárias de energia elétrica, água/esgoto, taxas de incêndio, contratações de seguro e demais encargos previstos no contrato de locação. Nela serão evidenciados os valores anuais, além daqueles referentes a todo o período da contratação.

Os valores ainda são evidenciados no contrato de locação e empenhados adstritos ao crédito orçamentário anual, consubstanciando o planejamento orçamentário para os exercícios.

20.8.7 OS CONTRATOS DE LOCAÇÃO SOB ENCOMENDA *BUIT TO SUIT (BTS)*

O artigo 54-A da Lei nº 8245/91, incluído pela Lei nº 12.744/2012, tipificou os contratos de locação sob encomenda (*built to suit*), nos quais prevalece a parceria do público e do privado.

Ao contrário dos contratos de locações de imóveis tradicionais, nessa contratação o locador realiza prévia aquisição, construção ou reforma substancial do imóvel, com ou sem aparelhamento de bens. O locador oferece ao locatário um imóvel construído de acordo com as necessidades do locatário e o acordo firmado.

As vantagens da locatária - Administração Pública nestes contratos se evidenciam na medida que ela não se envolve com reformas e construção, na redução de gastos elevados antes da utilização do empreendimento, e assim, concentra a força de trabalho na atividade-fim do órgão ou entidade pública. Já ao locador é permitida a diversificação de investimentos, ampliando seu aporte de negócios.

A viabilidade de utilização dos contratos *built to suit* pela Administração Pública foi recentemente consagrada no âmbito do Regime Diferenciado de Contratações (RDC), com destaque para o art. 47-A da Lei 12.462/2011, inserido pela Lei 13.190/2015.

Segundo julgados do Tribunal de Contas da União (TCU), é admitida a utilização dos contratos *built to suit* pela Administração, desde que atendidos requisitos que condicionam a contratação, relacionados à atividade-fim do órgão, ou seja, caso demonstrada a efetiva necessidade do imóvel, no que tange à sua localização; se comprove a inexistência de disponibilidade de imóveis sem ônus de outros entes públicos e ainda a demonstração de compatibilidade de preço de mercado por meio de avaliação prévia do imóvel.

20.8.8 DIRETRIZES E JULGADOS DE AUDITORIA ACORDÃO TCU Nº 1214/2019

O acordão nº 1214/2019 do Tribunal de Contas da União (TCU) referente à auditoria realizada na então Secretaria de Patrimônio da União (SPU), atual Secretaria de Coordenação e Governança do Patrimônio da União (SCG-PU) dispõe sobre locações de imóveis de terceiros realizadas pela Administração Pública Federal. As recomendações provenientes do trabalho, com vistas à melhoria da sua gestão imobiliária pública são as seguintes:

a) Identificação das competências dos órgãos públicas federais envolvidos na locação de imóveis, a fim de criar uniformidade na gestão imobiliária, o controle, avaliação e as responsabilidades nos processos de trabalho;

b) Criação de normas internas específicas com diretrizes de procedimentos internos e fluxos de trabalho nos órgãos;

c) Aprofundamento de um sistema de governança com identificação dos objetivos, papéis e responsabilidades pelo processo de trabalho, além de desenvolvimento de mecanismos de avaliação e controle;

d) Criação de metodologia para a seleção adequada do imóvel, com relevância na demonstração do custo-benefício favorável à contratação;

e) Desenvolvimento de mecanismos de integração de dados de custos envolvidos nos processos de transferência dos imóveis, no sentido de reduzir gastos com adequação, manutenção e restituições dos imóveis;

f) Criação de mecanismos para análises comparativas entre as propostas de locação de imóveis, reforçando a demonstração de critérios de escolha do modelo de locação, das razões que a justificam em comparação a outros modelo locação como por exemplo a locação com *facilities* (modelo condomínio) ou locação do tipo *built to suit* (BTS);

g) Regulamentação interna acerca da contratação de avaliação do preço de mercado do imóvel;

h) Criação de mecanismos para disciplinar irregularidades identificadas.

20.8.9 ALTERAÇÕES APÓS LEI 14.133/2021, REFERENTE ÀS LICITAÇÕES E CONTRATOS PÚBLICOS

A Lei 14.133 sancionada em 01 de abril de 2021, referente às licitações e contratos públicos, altera a lei nº 8666/93 que regula o assunto.

Como regra, da mesma forma que a Lei nº 8666/93, determina a obrigatoriedade de licitação para as contratações públicas, recomendando também para os contratos de locação de imóveis.

O artigo 51, do capítulo II – da fase preparatória, na Subseção IV – Da Locação de Imóveis excepciona a obrigatoriedade de licitação para os casos previstos no artigo 74, V, e apresenta diretrizes para a sua efetivação, recomendando uma avaliação prévia do bem, do seu estado de conservação, dos custos de adaptações e do prazo de amortização dos investimentos no imóvel.

A novidade se refere ao enquadramento da contratação direta de locação de imóveis, que na Lei nº 8666/93 está prevista no artigo 24, X, como caso de dispensa de licitação a lei passa a se enquadrar em inexigibilidade de licitação, conforme o artigo 75, V.

O artigo 72 da lei acrescenta relação de documentos que deverão compor a instrução das contratações diretas, tanto para as inexigibilidades como para as dispensas de licitação, tais como estudo técnico preliminar, análise de riscos, termo de referência, lei básica ou lei executiva. Além de prever a obrigatoriedade de previsão orçamentária em relação à despesa.

Dispõe ainda a lei, de forma expressa, em seu artigo 73, penalidades para o contratado e o agente público em caso de contratação direta irregular, respondendo solidariamente por possíveis danos causados ao erário, sem prejuízo de demais sanções legais cabíveis.

BIBLIOGRAFIA

_____. Lei n° 14.133, de 01 de abril de 2021. Estabelece Normas Gerais de Licitação e Contratação para as Administrações Públicas diretas, autárquicas e fundacionais da União, dos Estados, do Distrito Federal e dos Municípios.2021. Brasília, DF.

_____. Lei n° 10.406, de 10 de janeiro de 2002. Institui o Código Civil. 2002. Brasília, DF.

_____. Lei n° 4.320, de 17 de março de 1964. Estatui Normas Gerais de Direito Financeiro para elaboração e controle dos orçamentos e balanços da União, dos Estados, dos Municípios e do Distrito Federal. 1964. Brasília, DF.

_____. Lei n° 8.666, de 21 de junho de 1993. Regulamenta o art. 37, inciso XXI, da Constituição Federal, institui normas para licitações e contratos da Administração Pública e dá outras providências. 1993. Brasília, DF.

_____. Manual de Contabilidade Aplicada aos Setor Público, STN/SOF, 8ª. 2018. Brasília, DF.

_____. Resolução CFC n° 1.268, de 21 de dezembro de 2009. Altera, incluem e exclui itens das NBC T 16.1, 16.2 e 16.6 que tratam das Normas Brasileiras de Contabilidade Técnicas aplicadas ao Setor Público e dá outras providências. 2009. Brasília DF.

_____. RESOLUÇÃO CFC N°. 1.128/08, de 25 de novembro de 2008. Aprova a NBC T 16.1 – Conceituação, Objeto e Campo de Aplicação. 2008. Brasília, DF.

_____. Resolução n° 1.129, de 25 de novembro de 2008. Aprova a NBC T 16.2 – Patrimônio e Sistemas Contábeis. 2008. Brasília, DF.

BRASIL. Constituição (1988). Constituição da República Federativa do Brasil. Brasília, DF: Senado Federal: Centro Gráfico, 1988.

BRASIL. Decreto nº 6.976, de 07 de outubro de 2009. Dispõe sobre o Sistema de Contabilidade Federal e dá outras providências. 2009. Brasília, DF.

BRASIL. Decreto-Lei n. 9.295, de 27 de maio de 1946. Cria o Conselho Federal de Contabilidade, define as atribuições do Contador e do Técnico em Contabilidade, e dá outras providências. Rio de Janeiro, RJ.

BRASIL. Decreto-Lei nº 200, 25 DE FEVEREIRO DE 1967. Dispõe sobre a organização da Administração Federal, estabelece diretrizes para a Reforma Administrativa e dá outras providências. 1967. Brasília, DF.

BRASIL. Manual de Contabilidade Aplicada aos Setor Público, STN/ SOF, 8ª. 2018. Brasília, DF.

BRASIL. Tesouro Nacional publica – Portaria STN nº 231, de 29 de março de 2012. Altera o prazo de divulgação do cronograma de ações para adequação aos procedimentos contábeis apresentados na Portaria STN nº 828/2011 e dá outras providências. 2012. Brasília, DF.

Conselho Federal de Contabilidade – CFC. Resolução nº 2018/ NBCTSP11, 31 outubro de 2018. Aprova a NBC TSP 11 – Apresentação das Demonstrações Contábeis. Esta norma revogou a(s) seguinte(s) Resolução(ões): 2009/001268 – Altera, inclui e exclui itens das NBC T 16.1, 16.2 e 16.6 – D.O.U de 21/12/2009; 2008/001135 – NBC T 16.8 – Controle Interno. – D.O.U de 25/11/2008; 2008/001133 – NBC T

16.6 – Demonstrações Contábeis. – D.O.U de 25/11/2008; e altera a Resolução: 2013/001437 – altera, inclui e exclui itens das NBCs – D.O.U de 02/04/2013. 2018. Brasília, DF.

Conselho Federal de Contabilidade – CFC. Resolução nº 2018/ NBCTSP12, 31 outubro dc 2018. Aprova a NBC TSP 12 – Demonstração dos Fluxos de Caixa. Esta norma deve ser aplicada nas entidades do setor

Conselho Federal de Contabilidade – CFC. Resolução nº 2018/ NBCTSP13, 31 outubro de 2018. Aprova a NBC TSP 13 – Apresentação de Informação Orçamentária nas Demonstrações Contábeis. Esta norma exige a comparação dos valores orçados com os valores realizados decorrentes da execução do orçamento, a ser incluída nas demonstrações contábeis das entidades que publicam seu orçamento aprovado, obrigatória ou voluntariamente e, em razão disto, submetem-se à prestação de contas e responsabilização (*accountability*). Esta norma também exige a divulgação das razões das diferenças materiais entre os valores realizados e os orçados. O atendimento das exigências desta norma deve garantir que as entidades do setor público cumpram suas obrigações de prestação de contas e responsabilização e aprimorem a transparência das suas demonstrações contábeis pela apresentação (a) da conformidade com o orçamento aprovado, quando tenham a obrigatoriedade de publicá-lo; e (b) no caso em que o orçamento e as demonstrações contábeis forem elaborados sob o mesmo regime, o desempenho da entidade no sentido de alcançar os resultados orçados. 2018. Brasília, DF.

Conselho Federal de Contabilidade – CFC. Resolução nº 1.020/05, 18 de fevereiro de 2005. Aprova a NBC T 2.8 – Das Formalidades da Escrituração Contábil em Forma Eletrônica. 2005. Brasília, DF.

Conselho Federal de Contabilidade – CFC. Resolução nº 1.366, 25 de novembro de 2011. Aprova a NBC T 16.11 – Sistema de Informação de Custos do Setor Público. 2011. Brasília, DF.

Conselho Federal de Contabilidade – CFC. Resolução nº 1.437/13, 2 de abril de 2013. Altera, incluem e exclui itens das NBCsT 16.1, 16.2, 16.4, 16.5, 16.6, 16.10 e 16.11, que tratam das Normas Brasileiras de Contabilidade Técnicas aplicadas ao Setor Público. 2013. Brasília, DF.

Conselho Federal de Contabilidade – CFC. Resolução nº. 1.135/08. Aprova a NBC T 16.8 – Controle Interno. 2008, Brasília. DF.

Conselho Federal de Contabilidade. Resolução CFC n. 560, 27 de maio de 1946. Dispõe sobre as prerrogativas profissionais de que trata o artigo 25 do Decreto-Lei 9.295, de 27 de maio de 1946. Rio de Janeiro, RJ.

CRETELLA JÚNIOR, José. *Curso de Direito Administrativo*. 13.ed. Rio de Janeiro: Forense, 1994.

DI PIETRO, Maria Silvia Zanella. *Direito Administrativo*. 23 ed. São Paulo: Atlas, 2010.

DI PIETRO, Maria Sylvia Zanella. *Direito Administrativo*. 27 ed. São Paulo. Editora Atlas. 2013.

FORTES, João. *Contabilidade Pública*. 10º ed. Brasília: Franco e Fortes, 2011.

GIACOMONI, James. *Orçamento Público*. 15ª ed. São Paulo: Editora Atlas, 2010.

JUSTEN FILHO, Marçal. *Comentários à Lei de Licitações e Contratos Administrativos*. 8ª ed. São Paulo Dialética, 2000JUSTEN FILHO, Marçal. *Curso de Direito Administrativo*, São Paulo: Revista dos Tribunais, 2015

MEIRELLES, Hely Lopes. *Direito Administrativo Brasileiro*. 36. Ed. São Paulo: Malheiros Editores, 2010.

MELLO, Celso Antônio Bandeira de. *Curso de Direito Administrativo*.

NBC TSP 11 – Apresentação das Demonstrações Contábeis. Esta norma revogou a(s) seguinte(s) Resolução(ões): 2009/001268 – Altera, inclui e exclui itens das NBC T 16.1, 16.2 e 16.6 – D.O.U de 1/12/2009; 2008/001135 – NBC T 16.8 – Controle Interno. – D.O.U de 25/11/2008; 2008/001133 – NBC T 16.6 – Demonstrações Contábeis. – D.O.U de 25/11/2008; e altera a Resolução: 2013/001437 – altera, inclui e exclui itens das NBCs – D.O.U de 02/04/2013. 2018. Brasília, DF.

PAULO, Vicente; ALEXANDRINO, Marcelo. *Direito Constitucional Descomplicado*. 7. ed. São Paulo: Método, 2011.

SILVA, Lino Martins. *Contabilidade Governamental: um enfoque administrativo*. São Paulo: Atlas, 2012.

TORRE, José Alfredo Pareja Gomez de La. *Gestão de custos no setor público*. Indaial. UNIASSELVI, 2016.

SITES

Disponível em:<*https://www.estrategiaconcursos.com.br/*>. Acesso em: 20 de jun. de 2019

Disponível em:< *https://www12.senado.leg.br/orcamentofacil/*> Acesso em: 20 de mar.de 2020

Disponível em *https://jus.com.br/artigos/56052/o-principio-da-indisponibilidade-do-interesse-publico* Acesso em: 22 de jun. de 2020

Disponível em *https://www.jusbrasil.com.br/topicos/292526/principio--da-razoabilidade* Acesso em: 12 de out. de 2020

Disponível *https://www.direitonet.com.br/artigos/exibir/8901/Motiva-cao-do-ato-administrativo-vinculado-e-discricionario* Acesso em: 12 de out. de 2020

Disponível em *https://jus.com.br/artigos/56061/o-principio-da-autotu-tela* Acesso em: 3 de nov. de 2020

Disponível em *https://www.jusbrasil.com.br/topicos/292526/principio--da-razoabilidade* Acesso em: 3 de nov. de 2020

Disponível *https://professorlfg.jusbrasil.com.br/artigos/121922808/o--que-se-entende-pela-indisponibilidade-do-interesse-publico* Acesso em: 3 de nov. de 2020

Disponível em *https://draflaviaortega.jusbrasil.com.br/noti-cias/334798287/diferenca-entre-autorizacao-permissao-e-concessao* Acesso em: 11 de nov. de 2020